Der majorisierte Stimmbindungspool

Europäische Hochschulschriften Recht

European University Studies in Law

Publications Universitaires Européennes de Droit

Band/Volume **6104**

Constanze Roth

Der majorisierte Stimmbindungspool

Einflusssicherung in Familienunternehmen und die aus einer Mehrheitsbildung entstehenden Konflikte mit dem Gesellschafts-, Konzern- und Kapitalmarktrecht

PETER LANG

Bibliografische Information der Deutschen Nationalbibliothek
Die Deutsche Nationalbibliothek verzeichnet diese Publikation in der Deutschen Nationalbibliografie; detaillierte bibliografische Daten sind im Internet über http://dnb.d-nb.de abrufbar.

Zugl.: Düsseldorf, Univ., Diss., 2019

D 61
ISSN 0531-7312
ISBN 978-3-631-79171-4 (Print)
E-ISBN 978-3-631-79765-5 (E-PDF)
E-ISBN 978-3-631-79766-2 (EPUB)
E-ISBN 978-3-631-79767-9 (MOBI)
DOI 10.3726/15967

Peter Lang – Berlin · Bern · Bruxelles · New York · Oxford · Warszawa · Wien

Diese Publikation wurde begutachtet.

www.peterlang.com

Meinen Großeltern

Vorwort

Die vorliegende Arbeit wurde im August 2018 von der juristischen Fakultät der Heinrich-Heine-Universität Düsseldorf als Dissertation angenommen. Rechtsprechung und Literatur wurden im Wesentlichen bis August 2018 berücksichtigt.

Ganz herzlich bedanken möchte ich mich bei meinem Doktorvater, Herrn Professor Dr. Ulrich Noack, der diese Arbeit durch seine freundliche Bereitschaft zur Übernahme der Betreuung ermöglicht hat. Er hat mir alle akademischen Freiheiten im Hinblick auf den Inhalt der Arbeit gelassen und sich ausnahmslos rasch in jeder Phase des Vorhabens meinen Fragen angenommen. Herrn Professor Dr. Kersting, LL.M. (Yale), danke ich für die zügige Erstellung des Zweitgutachtens.

Mein Dank gilt auch Frau Elisa Sophia Knorr, die mir während meiner ganzen Studien- und Promotionszeit stets eine hilfreiche Ansprechpartnerin war und durch wertvolle Diskussionen maßgeblich zum Erfolg dieser Arbeit beigetragen hat. Ebenfalls bedanken möchte ich mich bei Herrn Dr. Kevin Jansen für die Übernahme des Korrekturlesens.

Zu guter Letzt danke ich von ganzem Herzen meinen Eltern für ihre vorbehaltlose Unterstützung, ihre Liebe und ihren Rückhalt während meiner gesamten Ausbildungszeit. Zu tiefem Dank bin ich auch meinen Großeltern verpflichtet, die mir diese Ausbildung ermöglicht haben und mir jederzeit mit vollstem Verständnis unterstützend zur Seite standen. Ihnen ist diese Arbeit gewidmet.

Düsseldorf, im Mai 2019
Constanze Roth

Inhaltsübersicht

Inhaltsverzeichnis

Einführung

„*Hauptsache es bleibt in der Familie*“ heißt es in der Überschrift eines Zeitungsartikels im Wirtschaftsteil der Rheinischen Post.[1] Der Artikel handelt von der heutigen Wirtschaftsmacht deutscher Familienunternehmen und beschreibt wie ehemals kleine Familienunternehmen durch die Öffnung ihres Gesellschafterkreises für dritte Kapitalanleger zu Weltkonzernen geworden sind. Henkel, BMW oder auch Porsche sind nur einige Beispiele dafür, welch großen Einfluss die Familien noch heute in ihren Unternehmen ausüben. Mit der Öffnung des Gesellschafterkreises für außenstehende Kapitalanleger und dem Wachstum des Unternehmens nimmt der Einfluss der Familie und damit jedes einzelnen Familienmitgliedes in der Gesellschaft jedoch grundsätzlich ab. Um sich vor einem solchen Verlust der Einflussnahme schützen zu können, bündeln die Gründer und Familienangehörigen einer Familiengesellschaft ihre Stimmrechte in einem Stimmbindungsvertrag und schließen sich zu einer sog. Schutzgemeinschaft[2] zusammen. Im Stimmbindungsvertrag vereinbaren sie – außerhalb des Gesellschaftervertrages oder der Satzung – ihre Stimmrechte in der Hauptversammlung der Gesellschaft in vorher bestimmter Weise einheitlich auszuüben.[3] Auf diese Weise soll der Gefahr einer Fremdsteuerung der Familiengesellschaft durch außenstehende Gesellschafter vorgebeugt und eine gemeinschaftliche Einflussnahme der Familie gesichert werden.[4] Dieser Weg stellt in der Praxis ein probates Mittel

---

1 *Kowalewsky/Rinke*, Hauptsache es bleibt in der Familie, Rheinische Post vom 10. Juni 2016, abrufbar unter http://www.rp-online.de/wirtschaft/unternehmen/deutsche-wirschaft-hauptsache-es-bleibt-in-der-familie-aid-1.6037278 (Stand: 03.08.2018).

2 Die Terminologie ist uneinheitlich. Als Schutzgemeinschaft wird in der Regel die Stimmrechtsbindung unter Fammilienstämmen- und angehörigen bezeichnet. Im weiteren Sinne wird eine Schutzgemeinschaft jedoch auch als Konsortium oder als Stimmrechtspool bezeichnet; vgl. allgemein zur Begrifflichkeit ausführlich *Schücking*, in: MünchHdb. GesR I, § 4 Rn. 88.

3 *Ulmer*, in: FS Hommelhoff, 2012, S. 1249; *Odersky*, in: FS Lutter, 2000, S. 557 ff.; *Rieckers*, in: Spindler/Stilz, AktG, § 136 Rn. 45; *Noack*, Gesellschaftervereinbarungen, 1994, S. 41; *Schücking*, in: MünchHdb. GesR I, § 4 Rn. 111.

4 *Ulmer*, in: FS Hommelhoff, 2012, S. 1249; *Odersky*, in: FS Lutter, 2000, S. 557 ff.; *Rieckers*, in: Spindler/Stilz, AktG, § 136 Rn. 45; *Noack*,

dar, um Einzelinteressen zu bündeln und damit langfristig eine bestimmte Unternehmenspolitik in der Familiengesellschaft zu garantieren.[5]

Das Bedürfnis nach einem Zusammenschluss zu einer Schutzgemeinschaft besteht gerade bei Familiengesellschaften in der Rechtsform der AG oder GmbH[6] und dort bei den Gründungs- und Familiengesellschaftern, da sich diese trotz Gewinnung von Eigenkapitalgebern langfristig den Einfluss auf die Gesellschaft erhalten wollen.[7] Aber auch über den Zweck der Einflusssicherung hinaus treten Absprachen zwischen Gesellschaftern durch Vertrag oder aufgrund mündlicher Vereinbarung immer häufiger in Kapitalgesellschaften auf. So ist bei börsennotierten Aktiengesellschaften ein zunehmender Trend zu verzeichnen, dass sich Anteilseigner neben der Satzung bezüglich ihres Abstimmungsverhaltens durch sog. "Acting in Concert"[8] oder einem "Gentleman's Agreement"[9] absprechen.

A. Problemdarstellung und Ziele

Früher war die Aktiengesellschaft als Rechtsform bei mittelständischen Familienunternehmen unbeliebt.[10] Grund dafür waren zum einen steuerliche Nachteile sowie der Umstand, dass die Aktiengesellschaft ihrem Charakter als Publikumsgesellschaft und ihrem Aufbau nach auf Unternehmen mit starkem wirtschaftlichem Gewicht zugeschnitten war.[11] Kennzeichnend

---

Gesellschaftervereinbarungen, 1994, S. 41; *Schücking*, in: MünchHdb. GesR I, § 4 Rn. 111.

5 *Herriger*, MittRhNotK 1993, 269; *Wiedemann*, in: FS Schilling, 1973, S. 105, 115.

6 Bei der AG treten Poolvereinbarungen häufiger in Erscheinung als bei der GmbH. Grund dafür ist die in § 23 Abs. 5 AktG normierte Satzungsstrenge, vgl. *Sickinger*, Münchener Anwaltshdb. AktienR, § 11 Rn. 1.

7 *Schröder*, ZGR 1978, 578; *Schäfer*, in: MünchKomm/BGB, Vor § 705 Rn. 69; *Noack*, Gesellschaftervereinbarungen, 1994, S. 19 f.

8 Vgl. zum Acting in Concert ausführlich u.a. *Düchting*, Acting in Concert, 2009, S. 15 ff.; *Weiß*, Der Zurechnungstatbestand des acting in concert, 2006, S. 15 ff.

9 OLG Nürnberg, Urt. v. 11.08.2000 – Az. 6 U 1181/00 (Zur Bedeutung eines Gentleman's Agreement) = NJW-RR 2001, 636. Zur dogmatischen Einordnung und für eine ausführliche Definition des Begriffs des "Gentlemen's Agreement" siehe *Bahntje*, Gentlemen's Agreement, 1982.

10 *Böttcher/Beinert/Hennerkes*, DB 1971, 1998.

11 *Böttcher/Beinert/Hennerkes*, DB 1971, 1998.

für Familienunternehmen ist die strenge Organisationsverfassung sowie eine nicht disponible Machtverteilung, welche den gesellschaftsrechtlichen Strukturen der AG widersprachen. Erst durch eine Serie von Reformgesetzen wurden die gesellschafts- und kapitalmarktrechtlichen Rahmenbedingungen umfassend modifiziert, wodurch die Rechtsform der AG für den Mittelstand attraktiver wurde.[12] Die Umwandlung in die Rechtsform der AG sowie der Gang an die Börse sind häufig Anlass für den Abschluss eines Stimmbindungsvertrages in familiengeführten Gesellschaften.[13] Heute gehören Stimmbindungs- bzw. Konsortialverträge zwischen den Unternehmensgründern und Gründerfamilien in vielen DAX gelisteten Familienunternehmen zum festen Bestandteil der Unternehmensstruktur.[14] Aber auch darüber hinaus ist die „überragende praktische Bedeutung“[15] des Auftretens von Stimmbindungsverträgen in Kapitalgesellschaften nicht von der Hand zu weisen.[16]

Die Häufigkeit und Vielfalt von Stimmbindungsverträgen in börsennotierten Aktiengesellschaften bietet Anlass, die durch einen solchen Vertrag entstehenden Konflikte mit den gesetzlichen Vorschriften zur

---

12 *Mayer*, MittBayNot 2006, 281; Ende des Jahres 2003 gab es 15000 Aktiengesellschaften, wovon 976 Gesellschaften an der Börse notiert waren, eine Darstellung bei *Schüppen*, in: Münchener AnwaltsHdb. AktienR, § 1 Rn. 5.

13 *Hoffmann-Becking*, ZGR 1994, 442, 452; *Noack*, Gesellschaftervereinbarungen, 1994, S. 21 ff.; *Hopt*, ZGR 1997, 1, 2; *Menke*, NZG 2004, 697.

14 Unter den DAX 30 Unternehmen wohl bekannteste Familienunternehmen ist die Porsche SE. Diese haben ihre Anteile vertraglich in einem Stimmbindungsvertrag gebündelt. Ein Beispiel aus der Vergangenheit bildet die METRO AG. Auf S. 110 des Geschäftsberichts für das Geschäftsjahr 2002 heißt es: „Die METRO AG wird über die Metro Vermögensverwaltung GmbH & Co. KG bzw. weitere Gesellschaften der Mehrheitsaktionäre Beisheim, Haniel und Schmidt-Ruthenbeck beherrscht. Durch eine vertragliche Vereinbarung haben die Gesellschafterstämme die einheitliche Wahrnehmung der Rechte aus der Mehrheitsbeteiligung an der METRO AG sichergestellt.“ Vgl. dazu näher *Menke*, NZG 2004, 697, 697 Fn. 1.

15 Jüngst *Schneider*, Der Stimmbindungsvertrag, 2017, S. 2 ff.

16 *Zutt*, ZHR 1991, 190 ff., *Zutt*, ZHR 1991, 213; *Theißen*, DB 1993, 469, 470; vgl. auch die herausragende Bedeutung von Konsortialverträgen erkennend *Flume*, BGB AT I/2, § 7 VI S. 243 („*Stimmbindungsvereinbarung sind in der Rechtspraxis der Kapitalgesellschaften zu einer bewährten Institution geworden*“).

Aktiengesellschaft zu untersuchen. Stimmbindungsverträge wurden häufig in den 80er bzw. 90er Jahren oder vorher abgeschlossen,[17] weil in dieser Zeit viele mittelständische Unternehmen den Weg an die Börse wagten.[18] Im Laufe der Jahre haben die Verträge nur wenige Änderungen erfahren, so dass sich die im Konsortialvertrag enthaltenen Regelungen zwangsläufig auf die rechtlichen Gegebenheiten aus dieser Zeit beziehen. Dies hat zur Folge, dass die konsortialvertraglichen Regelungen aufgrund ihres individualvertraglichen Charakters mit dem geltenden Recht immer häufiger in Konflikt geraten. Die Konflikte entstehen insbesondere bei Verstößen der Konsortialmitglieder gegen Klauseln des Konsortialvertrages, da es aufgrund abweichender gesetzlicher Regelungen im Gesetz bzw. in der Satzung der Gesellschaft häufig an einer klaren Rechtsfolge fehlt.[19]

Ab den 70er Jahren waren insbesondere *Noack*[20], *Lübbert*[21] *und Overrath*[22] die Vorreiter, welche eine satzungsabweichende Gesellschaftervereinbarung und damit das gesellschaftsrechtliche Konstrukt des Konsortialvertrages umfassend untersuchten. Im Zuge dessen nahmen gewichtige Stimmen in der Literatur diese Untersuchungen zum Anlass weiterer Diskussionen.[23] Heute – fast mehr als 40 Jahre nach dieser Untersuchung – rücken Konsortialverträge und die aus ihnen resultierenden Konflikte vermehrt in den Vordergrund. Anlass bildet oft ein bevorstehender oder schon erfolgter Generationenwechsel unter den Familienmitgliedern

---

17 Die Familienmitglieder der Gelita AG sind bspw. durch Schutzgemeinschaftsvertrag aus dem Jahre 1972 verbunden. Der Formwechsel in die Rechtsform der Aktiengesellschaft erfolgte im Jahr 1989; vgl. LG Heidelberg, Urt. v. 28.07.2016 – 2 O 240/14 = AG 2017, 162.

18 *Noack*, Gesellschaftervereinbarungen, 1994, S. 21 ff.; *Mayer*, MittBayNot 2006, 281.

19 So wird häufig in den Konsortialverträgen das Mehrheitprinzip vereinbart, obwohl nach § 709 Abs. 2 BGB das Einstimmigkeitsprinzip gefordert wird. Ein weiteres Beispiel bildet die Abweichung von § 727 BGB durch vertraglich vereinbarte Nachfolgeregelungen.

20 *Noack*, Gesellschaftervereinbarungen, 1994.

21 *Lübbert*, Abstimmungsvereinbarungen, 1971.

22 *Overrath,* Stimmrechtsbindung, 1972.

23 *Schmidt,* ZIP 2009, 737 ff; *Hopt*, ZGR 1997, 1 ff.; *Rodemann*, Stimmbindungsvereinbarungen in den Aktien- und GmbH-Rechten, 1998; Siehe jüngst *Schneider,* Der Stimmbindungsvertrag, 2017.

oder eine sonstige Anteilsverschiebung unter den (Gründungs-)Mitgliedern innerhalb eines Familienpools. Eine solche Anteilverschiebung stellt in der Praxis ein immer häufiger auftretendes Szenario in familiengeführten Gesellschaften dar, da einzelne Familienmitglieder bzw. Unternehmensgründer vermehrt den Wunsch äußern, in ihren Konzernen in den Hintergrund zu rücken.

Ein aktuelles Beispiel aus der Praxis bildet der im Dezember 2017 erfolgte Rückzug von Ferdinand Piëch aus dem VW-Porsche Konzern, verbunden mit der vorher erfolgten Veräußerung seiner Beteiligungen an seinen Cousin Wolfgang Porsche und seinen Bruder Hans-Michel Piëch.[24] Anlass war ein jahrelanger Streit zwischen den Familienstämmen Porsche und Piëch, welche ihre Mehrheitsbeteiligungen an der Porsche SE seit mehreren Jahrzehnten in einem Konsortialvertrag gebündelt haben.[25]

Dass Anteilsverschiebungen unter Familienmitgliedern und die daraus entstehenden Konflikte von erheblicher Praxisrelevanz sind, zeigen auch die aktuellen Urteile des LG Heidelberg[26] und des OLG Karlsruhe[27] betreffend den jahrelangen Familienkrieg bei der in der Rechtsprechung nicht unbekannten Gelita AG[28]. Die Gründungsmitglieder haben ihre Stimmrechte seit 1972 vertraglich gebündelt.[29] Seit 2011 besitzt ein Familienmitglied

24 Ad-hoc Meldung der Porsche SE v. 3. April 2017, abrufbar unter https://www.porsche-se.com/mitteilungen/ad-hoc/details/?newsID=1614889&cHash=148e-5a8654399622b2aaeae580637d03 (Stand: 03.08.2018).

25 BaFin, Befreiungsbescheid vom 2. Februar 2016, abrufbar unter https://www.bafin.de/SharedDocs/Downloads/DE/Befreiungsentscheidung/porsche_ua.pdf?__blob=publicationFile&v=1 (Stand: 03.08.2018). Sämtliche stimmberechtigten Stammaktien der Porsche SE wurden unmittelbar von fünf Gründungsmitgliedern über ihre Gesellschaften gehalten und sind durch einen Konsortialvertrag gebunden. In den Konsortialversammlungen bestimmen die Familienmitglieder bis heute über die wesentlichen Entscheidungen und die Unternehmenspolitik in der Porsche SE.

26 LG Heidelberg, Urt. v. 28.07.2016 – 2 O 240/14 = AG 2017, 162.

27 OLG Karlsruhe, Urt. v. 29.04.2019 – 15 U 138/16.

28 Das Unternehmen war schon Gegenstand zahlreicher gerichtlicher Entscheidungen, vgl. BGH, Urt. v. 26.04.2004 – II ZR 154/02 („Gelantine-Entscheidung") = NZG 2004, 575, sowie BGH, Urt. v. 24.11. 2008 – II ZR 116/08 („Schutzgemeinschaftsvertrag II") = NJW 2009, 669.

29 LG Heidelberg, Urt. v. 28.07.2016 – 2 O 240/14 = AG 2017, 162; siehe auch OLG Karlsruhe, Urt. v. 29.04.2019 – 15 U 138/16.

unter den zu einer Schutzgemeinschaft verbundenen Familienmitgliedern aufgrund einer Anteilsverschiebung die Stimmenmehrheit.[30]

Gegenstand dieser Arbeit ist das Problem des majorisierten Stimmbindungspools. Die Majorisierung kennzeichnet die Situation, in der innerhalb eines Familienkonsortiums ein Mitglied – wie im Fall der Gelita AG – aufgrund einer poolinternen Anteilsverschiebung oder aufgrund eines Erwerbs weiterer Aktien die Stimmenmehrheit im Konsortium erlangt. Dies hat zur Folge, dass das majorisierende Mitglied die übrigen Poolmitglieder bei der Beschlussfassung im Pool regelmäßig überstimmen und Entscheidungen in der Familiengesellschaft nach seinem Belieben durchsetzen kann.[31]

In dieser Arbeit werden die rechtlichen Konsequenzen untersucht, die aus einer solchen Majorisierung innerhalb eines Familienpools für die Mitglieder des Pools, die Gesellschaft selbst und ihre Aktionäre entstehen. Die durch die Majorisierung hervorgerufenen Konflikte berühren dabei vor allem die Vorschriften über die BGB-Gesellschaft, das Konzernrecht sowie die kapitalmarktrechtlichen Schutzvorschriften.

Eine Bestandsaufnahme der Literatur zeigt, dass der Fall des majorisierten Stimmbindungspools bisher noch nicht hinreichend behandelt wird. Zumeist finden sich hierzu lediglich vereinzelt kurze Stellungnahmen, die jedoch das Problem nicht näher diskutieren. Unter den nur wenigen Fundstellen, die sich mit dem Problem der Majorisierung ausführlicher auseinandersetzen, ist darüber hinaus ein uneinheitliches Meinungsbild festzustellen. Auch die Rechtsprechung hat sich in den letzten zwanzig Jahren nur ansatzweise mit einzelnen Rechtsfragen bei Stimmbindungspools auseinandergesetzt. In der Entscheidung des LG Heidelberg betreffend den Familienpool beim deutschen Softwarehersteller SAP AG wurde zum ersten Mal das Problem der Majorisierung im Hinblick auf konzernrechtliche Fragestellungen Gegenstand einer gerichtlichen Entscheidung.[32]

---

30 In den aktuellen Entscheidungen setzen sich die Gerichte mit der Frage auseinander, welche Pflichten aus einer Stellung als Mehrheitsgesellschafter in einer Schutzgemeinschaft resultieren können. Vgl. LG Heidelberg, Urt. v. 28.07.2016 – 2 O 240/14 = AG 2017, 162; OLG Karlsruhe, Urt. v. 29.04.2019 – 15 U 138/16.

31 Vgl. ausführlich zur Situation der Majorisierung innerhalb eines Stimmbindungspools siehe Kapitel 1: B. II.

32 LG Heidelberg, Urt. v. 24.09.1997 – O 62/96 KfH II = AG 1998, 47.

Die Untersuchung des Problems des majorisierten Stimmbindungspools ist von großer Bedeutung, weil das Szenario nicht nur zu einem gesteigerten Maß an Rechtsunsicherheit zwischen den Stimmbindungsbeteiligten führt. Auch besteht die Gefahr, dass die innergesellschaftlichen Konflikte auf die Ebene der übrigen Gesellschafter sowie des Kapitalmarkts durchschlagen.

Ziel der Arbeit ist es, den Fall des majorisierten Stimmbindungspools anhand der bestehenden gesetzlichen Vorschriften zu untersuchen. Ferner werden *de lege ferenda* einzelne Lösungsansätze vorgeschlagen, welche einen rechtssicheren Umgang mit einer solchen Situation herbeiführen können. Die Arbeit liefert eine eingehende Analyse, welche praxisrelevanten Konflikte aus dem Spannungsfeld zwischen einer solchen Mehrheitsbildung innerhalb eines Familienpools und dem geltendem Recht entstehen. Ferner demonstriert der Fall der Majorisierung die unterschiedliche Behandlung von Beherrschungssituationen in den neuen Rechtssetzungen des Konzern- und Kapitalmarktrechts.

Die Untersuchung basiert auf der These, dass vertragliche Nebenabreden zwischen Gesellschaftern entgegen ihrem Sinn und Zweck zu Rechtsunsicherheit unter den Beteiligten führen. Sie geraten mit den gesetzlichen Vorschriften in Konflikt und werfen ungeklärte Probleme auf, die bisher vom Gesetzgeber im Gesetz keine Berücksichtigung gefunden haben. Grund dafür ist insbesondere die fehlende bzw. nur geringe Anerkennung von Stimmbindungsverträgen im Gesetz. Im Kapitalmarkt- und Konzernrecht wird eine Majorisierung innerhalb eines Pools aufgrund der offen formulierten Zurechnungsvorschriften unterschiedlich behandelt. Dies beruht auf dem Umstand, dass die Kontroll- und Beherrschungsbegriffe in den einzelnen Rechtsgebieten unterschiedlich ausgelegt werden. Auch ist die Zurechnung von bestehendem Machtpotential vom Gesetzgeber nicht hinreichend bestimmt geregelt. Im Kapitalmarktrecht fehlt es beim Wechsel von Beherrschungssituationen an einer rechtseinheitlichen Lösung, so dass eine Machtverschiebung innerhalb eines kontrollierenden Pools insbesondere im Übernahmerecht eine Art „Grauzone" darstellt. Ferner fehlt es bei einer solchen Anteilsverschiebung innerhalb eines Stimmbindungspools an einer klaren gesetzlichen Rechtsfolge, so dass die Konsortialmitglieder einzig einer Entscheidung der BaFin ausgesetzt sind. Dies führt in der Praxis zu einer erheblichen Eindämmung der Handlungsfreiheit bei Anteilsverschiebungen innerhalb von Familienpools.

Im Rahmen der Zurechnungsvorschriften ist *de lege lata* eine teleologische Reduktion erforderlich, damit eine Machtausübung über einen Familienpool keinen Nachteil für die Kapital- und Kleinanleger darstellt. Um den Bestand des Familienpools seinem Sinn und Zweck entsprechend aufrecht zu erhalten, ist eine kautelarjuristische Ausgestaltung des Konsortialvertrages unumgänglich. Durch eine Klausel im Konsortialvertrag kann einer Majorisierung *ex ante* vorgebeugt oder etwaige Unsicherheiten durch klare Rechtsfolgen *ex post* gelöst werden.

B. Gang der Untersuchung

Im **ersten Kapitel** sollen zunächst die wesentlichen Charakteristika eines Stimmbindungsvertrages knapp dargestellt werden, welche durch Literatur und Rechtsprechung weitestgehend geklärt sind.[33] Diese kennzeichnen das Grundkonstrukt des Stimmbindungsvertrages und sollen als Einstiegstor in das Problem des majorisierten Stimmbindungspools dienen. Ferner sollen die bestehenden gesetzlichen Regelungen zu Stimmbindungsverträgen in den Rechtsakten des Konzernrechts, Kartellrechts (*GWB*), des Wertpapierhandelsgesetzes (*WpHG*) und Wertpapierübernahmegesetzes (*WpÜG*) komprimiert dargestellt werden. Die gesetzlichen Regelungen aus diesen Bereichen sollen als dogmatisches Vorbild für die in den darauffolgenden Kapiteln zu untersuchenden Probleme gereichen. Ferner soll die Majorisierung eines Stimmbindungspools graphisch veranschaulicht und erläutert werden.

Im **zweiten Kapitel** soll anhand der Vorschriften über die Gesellschaft bürgerlichen Rechts (*GbR*) untersucht werden, welche Auswirkungen die Majorisierung auf die Wirksamkeit des Konsortialvertrages und damit auf den Bestand der Schutzgemeinschaft hat. Im Zuge dessen sollen mögliche Rechtsbehelfe der von der Mehrheitsbildung betroffenen Mitglieder der Schutzgemeinschaft untersucht werden, um sich von der Bindung an den Stimmbindungsvertrag lösen zu können. In Frage kommen hier

33 BGH, Urt. v. 13.06.1994 – II ZR 38/93 („Schutzgemeinschaftsvertrag I") = NJW 1994, 2536, 2538; BGH, Urt. v. 24.11.2008 – II ZR 116/08 („Schutzgemeinschaftsvertrag II") = NJW 2009, 669, 670; BGH, Urt. v. 29.05.1967 – II ZR 105/66 = BGHZ 48, 163, 166; BGH, Urt. v. 27.10.1986 – II ZR 240/85 = NJW 1987, 1890, 1892; *Koch*, in: Hüffer/Koch, AktG, § 133 Rn. 27; *Arnold*, in: MünchKomm, AktG, § 136 Rn. 62 m.w.N.

insbesondere das Recht zur Kündigung aus wichtigem Grund (§ 723 BGB), die Auflösung der Gesellschaft wegen Unmöglichkeit der Zweckerreichung (§ 726 BGB) sowie den Ausschluss eines Gesellschafters aus wichtigem Grund (§ 737 BGB). Auch wird die Majorisierung anhand der gesellschaftsrechtlichen Treuepflicht beleuchtet.

Im **dritten Kapitel** soll die Majorisierung innerhalb eines Stimmbindungspools unter dem Blickwinkel des Konzernrechts untersucht werden. Auf Tatbestandsseite relevant ist dabei die Frage, wer bei Abschluss eines mehrheitlich beteiligten Stimmbindungspools als herrschendes Unternehmen im Sinne des § 17 AktG in Betracht kommt. Im Rahmen der Untersuchung werden die für den klassischen Stimmbindungspool geltenden Grundsätzen und der Fall des majorisierten Stimmbindungspools gegenübergestellt.[34] Dabei bildet den Schwerpunkt der konzernrechtlichen Untersuchung die Frage nach der Zurechnungsrichtung bei der Ausübung von beherrschendem Einfluss innerhalb eines mehrheitlich beteiligten Konsortiums. Auf Rechtsfolgenseite werden die Rechnungslegungspflichten der Konsortialmitglieder im Falle einer Majorisierung erläutert sowie der Frage nachgegangen, wer Haftungsschuldner im Konsortium ist.

Im **vierten Kapitel** werden die übernahmerechtlichen Konsequenzen zum Schutz der (Minderheits-)Aktionäre untersucht. Es stellt sich die Frage, ob die Mehrheitserlangung durch ein Mitglied im Konsortium einen Wechsel von gemeinschaftlicher zu alleiniger Kontrolle darstellt. Ob eine Majorisierung innerhalb eines Stimmrechtskonsortiums einen Wechsel von gemeinsamer zu alleiniger Kontrolle darstellt, richtet sich im Kern nach der Auslegung und der Reichweite des Zurechnungstatbestandes des sog. *Acting in Concert* nach § 30 Abs. 2 S. 1 WpÜG. Hier ist inzident auf einen möglichen Gleichlauf zwischen der Auslegung von übernahmerechtlicher Kontrolle im WpÜG und der Auslegung des Kontrollbegriffs in § 37 GWB sowie dem konzernrechtlichen Beherrschungsbegriff einzugehen. Sofern man übernahmerechtlich von einem Wechsel von gemeinsam herrschendem Konsortium zu alleinherrschendem Mehrheitskonsorten ausgeht, stellt sich die Frage, ob in einem solchen Übergang ein neuerlicher Kontroll*erwerb*

34 Zur Darstellung beider Fallkonstellationen vgl. ausführlich Kapitel 1: B.

im Sinne des § 35 Abs. 1 WpÜG zu sehen ist, der die Verpflichtung zur Unterbreitung eines Pflichtangebots nach sich zieht.

Im **fünften Kapitel** soll ein Überblick über mögliche Publizitätspflichten des Emittenten selbst und der Mitglieder der Schutzgemeinschaft gegeben werden. Dabei stellt sich die Frage, inwieweit sich die für die Zurechnungsvorschrift des § 30 Abs. 2 S. 1 WpÜG vertretene Auslegung auf den wortgleich formulierten § 34 Abs. 2 S. 1 WpHG übertragen lässt. Ob im Fall einer Majorisierung innerhalb eines Stimmbindungspools der Emittent zum Schutz der Aktionäre zu einer frühzeitigen Ad-hoc-Meldung verpflichtet ist, betrifft die von der Literatur kontrovers diskutierte Frage, ob Veränderungen der Beteiligungsstruktur den Emittenten unmittelbar im Sinne des Art. 17 Abs. 1 MAR betreffen.

C. Eingrenzung des Untersuchungsgegenstandes

Wenn in dieser Arbeit von Konsortium, Stimmbindungspool, Stimmrechtspool, Familienpool oder Schutzgemeinschaft die Rede ist, bezeichnet dies allgemein den vertraglichen Zusammenschluss von Familienmitgliedern innerhalb eines Familienunternehmens. Dabei wird nicht verkannt, dass der Begriff der Schutzgemeinschaft den Sonderfall des Stimmbindungsvertrages zwischen Familienmitgliedern charakterisiert.[35] Der Zweck des Zusammenschlusses kennzeichnet die Schutzgemeinschaft und ist gerichtet auf langfristige Einflussnahme der Familie und andererseits auf Verhinderung von Fremdeinfluss.[36] Die vorgenannten Begriffe werden im Rahmen der Untersuchung als Synonyme verwendet, da die für den speziellen Fall der Majorisierung geltenden Konsequenzen *mutatis mutandis* auf Stimmbindungspools im Allgemeinen übertragen werden können. Die einzelnen Mitglieder als Vertragspartner eines Stimmbindungsvertrages werden im Nachfolgenden als Konsorten, Stimmbindungsbeteiligte oder auch als (Pool-)Mitglieder bezeichnet.

---

35 Vgl. dazu *Schäfer*, in: MünchKomm/BGB, Vor § 705 Rn. 69; *Ulmer*, in: FS Hommelhoff, 2012, S. 1249, 1250 Fn. 3; *Schrötter*, NJW 1979, 2592, 2592 ff.; *Schneider,* Der Stimmbindungsvertrag, 2017, S. 11.

36 Ausführlich zur Motivation und zur Zweckrichtung bei Gründung von Familienpools Kapitel 1: A. IV.

Stimmbindungsverträge sind ein weites Feld, welches eine Vielzahl von Fragestellungen und Problemen aufwirft. Dies verwundert insbesondere deshalb nicht, weil durch den Stimmbindungsvertrag als Nebenabrede zur Satzung eine zweite Regelungsebene geschaffen wird.[37] Diese besteht in der Gesellschaftsform des Personengesellschaftsrechts und wirkt mittelbar auf die verbandsrechtliche Ebene der Hauptgesellschaft in der Gesellschaftsform der Kapitalgesellschaft.[38] Dass das hierdurch hervorgerufene Spannungsfeld zwischen Personen- und Kapitalgesellschaftsrecht konfliktbehaftet ist, zeigten bereits die Entscheidungen des BGH „Schutzgemeinschaftsvertrag I und II".[39]

Die Arbeit beschränkt sich auf das Problem des majorisierten Stimmbindungspools.[40] Dabei bleibt eine Reihe von Problemfelder von der Untersuchung ausgenommen. Keiner näheren Erläuterung bedürfen allgemeine Fragen zu Stimmbindungsverträgen, welche von der Rechtsprechung und Literatur weitestgehend als geklärt angesehen werden.[41] Dies betrifft unter anderem die Frage nach der Zulässigkeit, Rechtsnatur und Durchsetzbarkeit solcher Stimmbindungsverträge, wo die Darstellung sich auf die nach heute herrschender Meinung geltenden Grundsätze beschränkt. Außer Betracht bleiben ferner gesellschaftsrechtlich oder erbschaftsteuerrechtliche Fragestellungen, die im Zuge einer Unternehmensnachfolge in einer Schutzgemeinschaft aufkommen.[42]

37 *Rodemann*, Stimmbindungsvereinbarungen in den Aktien- und GmbH-Rechten, 1998, S. 4 ff.

38 *Rodemann*, Stimmbindungsvereinbarungen in den Aktien- und GmbH-Rechten 1998, S. 4 ff. Zur Rechtsnatur eines Stimmbindungspools vgl. Kapitel 1: A. III.

39 BGH, Urt. v. 13.06.1994 – II ZR 38/93 („Schutzgemeinschaftsvertrag I") = NJW 1994, 2536, 2538; BGH, Urt. v. 24. 11. 2008 – II ZR 116/08 („Schutzgemeinschaftsvertrag II") = NJW 2009, 669; ausführlich besprochen von *Schmidt*, ZIP 2009, 737 ff.

40 Zur ausführlichen Darstellung der Majorisierung Kapitel: 1 B. II.

41 Repräsentativ aus dem kautelarjuristsischen Blickwinkel *Mayer*, BayMittNot 2006, 281, 287.

42 Vgl. für erbschaftssteuerrechtlich veranlasste Poolvereinbarungen *Wunsch*, BB 2011, 2315, 2316 f.; *Schücking*, in: MünchHdb. GesR I, § 4 Rn. 88a; vgl. ferner dazu *Wälzholz,* MittBayNot 2013, 281, 281 ff.; *Schulz/Lehmann*, ZIP 2009, 2231; *Bauer/Garbe,* ZEV 2014, 61, 61 f.; *Dutta*, ZGR 2016, 581, 584.

Den Untersuchungsgegenstand bilden Konsortialverträge börsennotierter, familiengeführter Aktiengesellschaften[43], wonach zwangsläufig der Schwerpunkt im Kapitalmarkt- und Konzernrecht zu verorten ist. Hinsichtlich der Rechtsform wird der Untersuchungsgegenstand dahingehend eingegrenzt, dass allein das Konsortium als Innengesellschaft bürgerlichen Rechts (*Innen-GbR*) beleuchtet wird. Von der Untersuchung ausgenommen bleiben somit sämtliche Problemfelder betreffend die Einflusssicherung durch Gründung von Stiftungen oder Personengesellschaften mit Außenwirkung. Personell bezieht sich der Untersuchungsgegenstand auf die Situation, dass ein Konsortialmitglied die dauerhaft beständige Mehrheit in der Konsortialversammlung besitzt. Auf im Einzelfall entstehende Mehrheiten im Konsortium und eine daraus resultierende Einflusslosigkeit einzelner Mitglieder bei einer Abstimmung soll daher in der Untersuchung nur beiläufig eingegangen werden.

Inhaltlich ist die Reichweite der Untersuchung auf bestimmte Themengebiete beschränkt. Den theoretisch fundierten Teil bildet die Untersuchung der rechtlichen Konsequenzen einer Majorisierung nach den Vorschriften über die BGB-Gesellschaft. Hier soll ein weiteres Spannungsfeld zwischen individualvertraglichen Regelungen und geltendem Recht aufgezeigt werden. Auf die bisher geltenden Grundsätze zur individualvertraglichen Abweichung von den BGB-Vorschriften soll daher nur in erforderlicher Kürze im ersten Kapitel eingegangen werden. Den praxisrelevanten Teil bilden die neuen Rechtsgebiete des Kapitalmarkt- und Konzernrechts. Hier ist hinsichtlich der Frage nach den rechtlichen Auswirkungen einer solchen Majorisierung mit Blick auf die Zurechnungsregeln ein uneinheitliches Meinungsbild festzustellen. Um die offenen Fragen in angemessener Gründlichkeit zu beleuchten, wird im Rahmen der Untersuchung im größten Teil auf Abwandlungen verzichtet.

---

43 Vorbehaltlich etwaiger Besonderheiten können die für die Aktiengesellschaft geltenden allgemeinen Charakteristika (Kapitel 1: A.) *mutatis mutandis* auf Stimmbindungsverträge in der Rechtsform der GmbH übertragen werden.

Kapitel 1: Mehrheitsbildung im Stimmbindungspool

A. Stimmbindungsverträge

Als Grundstein für eine ausführliche Auseinandersetzung mit dem Problem des majorisierten Stimmbindungspools bedarf es einer Charakterisierung von Stimmbindungsverträgen. Diese ist insbesondere deshalb notwendig, da der Begriff des Stimmbindungsvertrages nicht immer als einheitliches Koordinationsinstrument verwendet wird. Vielmehr stellen Stimmbindungsverträge ein Obergriff für eine Vielzahl von Gestaltungsvarianten der Bündelung von Abstimmungsverhalten dar.[44] Die Gemeinsamkeit aller vielfältigen Gestaltungsvarianten besteht dabei in der Absprache zwischen den einzelnen Gesellschaftern über die Koordination des Abstimmungsverhaltens und damit über die Stimmabgabe in der Haupt- bzw. Gesellschafterversammlung der Gesellschaft. Aufgrund der Vielfalt unterscheiden sich Stimmbindungsvereinbarungen meist in der Zusammensetzung, der Intention, der Intensität sowie der rechtlichen Struktur des Vertrages.[45] Einige Charakterisierungsparameter gelten unabhängig von der jeweiligen inhaltlichen Ausgestaltung des Vertrages für Stimmbindungsverträge im Allgemeinen. Diese betreffen insbesondere die Frage nach der generellen Zulässigkeit und Durchsetzbarkeit solcher schuldrechtlichen Vereinbarungen. Anders verhält es sich bei der Frage nach der Rechtsnatur sowie der Zulässigkeit einzelner individualvertraglichen Regelungen. Hier können sich im Einzelfall Unterschiede ergeben, die aus dem Grundsatz der Privatautonomie folgen.[46]

---

44 *Dittert*, Satzungsbegleitende Aktionärsvereinbarungen, 2009, S. 69; *Hopt*, ZGR 1997, 1; vgl. ausführlich zu den einzelenen Erscheinungsformen von Stimmbindungsvereinbarungen *Noack*, Gesellschaftervereinbarungen, 1994, S. 32.

45 *Coenen*, Konzernrechtliche Relevanz von Stimmbindungsvereinbarungen, 2014, S. 3.

46 Vgl. zu den Unterschieden bei der rechtlichen Ausgestaltung des Stimmbindungsvertrages Kapitel 1: A.V.

I. Terminologie und Erscheinungsformen

Es gibt keine einheitliche Terminologie in Bezug auf Stimmbindungsvereinbarungen. Auch ist der Begriff der Stimmbindungsvereinbarung im Gesetz nicht definiert. Eine ausdrückliche positive Verankerung hat der Begriff des Stimmbindungsvertrages erst durch die Einführung der europäischen Durchsetzungsregel[47] in § 33 b II 1 Nr. 2, 3 WpÜG erfahren.[48] Aber auch hier fehlt es an einer weitergehenden Spezifizierung des Begriffs.

Die Terminologie Konsortialabrede, Stimmbindungsvertrag, Poolvereinbarung oder auch Stimmrechtspool beschreibt dabei lediglich als Oberbegriff die Bildung von Gesellschafterzusammenschlüssen innerhalb einer Gesellschaft.[49]

In der Praxis haben sich besondere Erscheinungsformen von Stimmbindungsverträgen herausgebildet, welche sich auf der einen Seite durch ihren speziellen Schutzzweck und ihre inhaltliche Ausgestaltung unterscheiden sowie auf der anderen Seite eine Reihe von Gemeinsamkeiten aufweisen.[50] Eine besondere Form des Stimmbindungsvertrages bzw. Poolvertrages bildet die Schutzgemeinschaft. Die Schutzgemeinschaft kennzeichnet sich durch ihren besonderen Zweck, welcher nicht nur in der einheitlichen Stimmrechtsausübung nach einer vorher bestimmten Weise liegt, sondern darüber hinaus die Verhinderung von Fremdeinfluss und damit die Konservierung des maßgeblichen Einflusses in den Händen der Schutzgemeinschaftsmitglieder zum Ziel hat.[51] Den klassischen Fall der Schutzgemeinschaft stellt

---

47 Eingeführt durch das sog. Übernahmerichtlinie-Umsetzungsgesetz (Gesetz zur Umsetzung der Richtlinie 2004/25/EG des europäischen Parlaments und Rates vom 21. April 2004 betreffend Übernahmeangebot v. 8.7. 2006, BGBl. I. S. 1426) -

48 Darauf hinweisend auch *Schneider*, Der Stimmbindungsvertrag, 2017, S. 6.

49 *Dürr,* Nebenabreden im Gesellschaftsrecht, 1994, S. 6; *Ulmer*, FS Hommelhoff, 2012, S. 1249, 1250 Fn. 3; *Schrötter*, NJW 1979, 2592, 2593; *Coenen*, Konzernrechtliche Relevanz von Stimmbindungsvereinbarungen, 2014, S. 27.

50 Zu den einzelnen Erscheinungsformen von Stimmbindungsverträgen siehe *Hopt,* ZGR 1997, 1; vgl. auch die Ausführungen von *Schneider*, Der Stimmbindungsvertrag, 2017, S. 5 ff.

51 *Koch*, in: Hüffer/Koch, AktG, § 133 Rn. 25; *Ulmer*, FS Hommelhoff, 2012, S. 1249, 1250 Fn. 3.Vgl. zur Motivation und Zweckrichtung ausführlich Kapitel 1: A. IV.

der sog. Familienpool dar.[52] Dieser unterscheidet sich als Unterfall des Stimmbindungspools dadurch, dass der vertragliche Zusammenschluss unter Familienmitgliedern und nahen Angehörigen erfolgt. Er zeichnet sich, neben der gemeinsamen Stimmabgabe, durch den besonderen Zweck der dauerhaften Sicherung des gemeinsamen Einflusses auf das Familienunternehmen aus.[53] Ferner dient er der Organisation der Willensbildung innerhalb der Familienstämme.[54] Auch wenn in der Literatur bei der Begrifflichkeit zwischen Schutzgemeinschaften und sonstigen Stimmbindungspools nicht differenziert wird,[55] bildet die Schutzgemeinschaft aufgrund der spezifischen Zweckrichtung eine häufige und praxisrelevante Anwendungsform des Stimmbindungsvertrages.[56] Die besondere Bedeutung einer Schutzgemeinschaft folgt aus dem Umstand, dass neben den gesellschaftsrechtlichen Aktionärsrechten die familieninternen Besonderheiten zu berücksichtigen sind.

Vertragliche Abreden zwischen Gesellschaftern können jedoch auch in anderen Konstellationen als in der Schutzgemeinschaft in Erscheinung treten. Die Grenze zwischen den einzelnen Erscheinungsformen von Gesellschaftervereinbarungen ist fließend.[57] So treten Konsortialabreden in Form von Konzernabsprachen auf, wodurch sich zwei oder mehrere wesentliche Beteiligte zum Zweck der gemeinsamen Leitung, also nicht durch

---

52 Vgl. dazu *Schäfer*, in: MünchKomm/BGB, Vor § 705 Rn. 69; *Ulmer*, in: FS Hommelhoff, 2012, S. 1249, 1250 Fn. 3; *Schrötter*, NJW 1979, 2592, 2592 ff.; *Schneider*, Der Stimmbindungsvertrag, 2017, S. 11.

53 Vgl. *Noack*, Gesellschaftervereinbarungen, 1994, S. 21 f., 40 f.; *Schäfer*, in: MünchKomm/BGB, Vor § 705 Rn. 69; *Schrötter*, NJW 1979, 2592, 2592 ff.; *Hopt* ZGR 1997, 1, 2; *Westermann*, in FS Bezzenberger, 2000, S. 449 f.; *Ulmer*, in: FS Hommelhoff, 2012, S. 1249, 1253 f.; *Priester*, in: FS Reuter, 2010, S. 1139 ff.; *Koch*, in: Hüffer/Koch, AktG, § 133 Rn. 25.

54 *Noack*, Gesellschaftervereinbarungen, 1994, S. 41.

55 Auf die fehlende Differenzierung zwischen Stimmrechtspool und Schutzgemeinschaft hinweisend *Schneider*, Der Stimmbindungsvertrag, 2017, S. 11 Fn. 37 a.E. unter Verweis auf *Römermann*, in: Michalski, GmbHG, § 47 Rn. 475.

56 Vgl. *Westermann*, in: FS Bezzenberger, 2000, S. 449 f.; *Noack*, Gesellschaftervereinbarungen, 1994, S. 21 f., 40 f.; *Schrötter*, NJW 1979, 2592 ff; *Hopt* ZGR 1997, 1, 2; *Ulmer*, in: FS Hommelhoff, 2012, S. 1249, 1253 f.; *Priester*, in: FS Reuter, 2010, S. 1139 ff.

57 *Noack*, Gesellschaftervereinbarungen, 1994, S. 41.

Stimmbindung, einer Gesellschaft, meist der Tochtergesellschaft, zusammenschließen.[58] Auch schließen sich Gesellschafter bei Kapitalgesellschaften durch Stimmbindung zusammen, um in den Genuss von erbschaftsteuerlichen Vorteilen zu kommen, wie es § 13 b Abs. 1 Nr. 3 S. 2, Abs. 2 Nr. 2 ErbStG vorsieht.[59] In diesem Fall fehlt es im Unterschied zur Schutzgemeinschaft trotz Stimmbindung an der Sicherung des gemeinschaftlichen Einflusses auf die Hauptgesellschaft zur Abwehr des Einflusses außenstehender Gesellschafter als Zweck der Beteiligten.

II. Zulässigkeit

Früher war die Frage nach der Zulässigkeit des Abschlusses von Stimmbindungsverträgen umstritten. Grund für die weitreichende Diskussion war im Wesentlichen der Umstand, dass nach dem Leitbild der gesellschaftsrechtlichen Binnenorganisation sich die Willensbildung von Gesellschaftern in instituierten Gesellschaftsgremien zu vollziehen hat.[60] Ein solches Gremium bildet bei der Aktiengesellschaft die Hauptversammlung, welche der kollektiven Willensbildung der Aktionäre dient.[61] Gesetzlich verankert ist dieser Grundsatz in § 118 Abs. 1 S. 1 AktG, wonach die Aktionäre ihre Rechte in den Angelegenheiten der Gesellschaft in der Hauptversammlung ausüben. Diese Regelung hat jedoch seit Inkrafttreten des Aktiengesetzes im Laufe der Jahre an Praxisrelevanz verloren.[62] Denn immer häufiger wird heutzutage faktische Einflussnahme in das Vorfeld der Hauptversammlung

---

58 *Baumann/Reiß,* ZGR 1989, 157 ff.; *Noack,* Gesellschaftervereinbarungen, 1994, S. 28 ff.

59 *Ulmer*, FS Hommelhoff, 2012, S. 1249, 1251; *Blaum/Scholz*, in: Hoffmann-Becking/Rawert Beck'sches Formularbuch, VIII. A. 4. Poolvertrag zwischen mit Mehrheit beteiligten Aktionären, Anmerkung 5; vgl. für erbschaftssteuerrechtlich veranlasste Poolvereinbarungen *Wunsch*, BB 2011, 2315, 2316 f.; *Schücking*, in: MünchHdb. GesR I, § 4 Rn. 88a; vgl. ferner dazu *Wälzholz*, MittBayNot 2013, 281 ff.; *Schulz/Lehmann*, ZIP 2009, 2231; *Bauer/Garbe*, ZEV, 2014, 61 f.; *Dutta*, ZGR 2016, 581, 584.

60 *Coenen*, Konzernrechtliche Relevanz von Stimmbindungsvereinbarungen, 2012, S. 3.

61 *Kalass*, in: MünchKomm/AktG, § 118 Rn. 121; *Drinhausen*, in: Hölters, AktG, § 118 Rn. 9.

62 Vgl. dazu *Kubis*, in: MünchKomm/AktG, § 118 Rn. 33.

verlagert, obgleich die Bedeutung der Hauptversammlung als förmliches Forum für die Ausübung von Aktionärsinteressen im Gesellschaftsrecht unbestritten ist.[63] Bei Stimmbindungsverträgen wird die Entscheidung über die Stimmrechtsausübung einzelner Aktionäre oder einer Aktionärsgruppe in die Gesellschafterversammlung der Stimmbindungsbeteiligten vorverlagert. Durch schuldrechtliche Vereinbarung werden die einzelnen Aktionärsinteressen der vertraglich gebundenen Gesellschafter somit nicht in der Hauptversammlung selbst, sondern bereits im Pool in einer Art „Vorhof" ausgetragen.[64]

Nach heute ganz herrschender Auffassung in Rechtsprechung[65] und Literatur[66] werden Stimmbindungsverträge als zulässig erachtet und gelten zum regelmäßig genutzten Handwerkszeug der Kautelarjurisprudenz im Gesellschaftsrecht.[67] Dabei wird die Zulässigkeit von

63 *Kubis*, in: MünchKomm/AktG, § 118 Rn. 33. Siehe auch *Habersack*, ZHR 164 (2000), 1, 2; *Schröder*, ZGR 1978, 576 ff.

64 *Habersack*, ZHR 164 (2000), 1, 2; *Hoffmann-Becking*, ZGR 1994, 442, 443.

65 Noch heute RG, Urt. v. 11.06.1931 – II 398/29 = RGZ 133, 90, 93; RG, Urt. v. 21.09.1938 – II 183/37 = RGZ 158, 248, 253; BGH, Urt. v. 29.05.1967 – II ZR 105/66 = BGHZ 48, 163, 166; BGH, Urt. v. 27.10.1986 – II ZR 240/85 = NJW1987, 1890, 1892; BGH, Urt. v. 24. 11. 2008 – II ZR 116/08 („Schutzgemeinschaftsvertrag II") = NJW 2009, 669, 670; BGH, Beschl. v. 15.07.2014 – II ZR 375/13 = AG 2014, 705.

66 *Koch*, in: Hüffer/Koch, AktG, § 133 Rn. 27; *Arnold*, in: MünchKomm/AktG, § 136 Rn. 64; *Rieckers*, in: Spindler/Stilz, AktG, § 136 Rn. 36; *Spindler*, in: Schmidt/Lutter, AktG, 136 Rn. 36; *Grundmann*, in: Großkomm/AktG, § 136 Rn. 71; *Herrler*, in: Grigoleit, AktG, § 136 Rn. 27; *Holzborn*, in: Bürgers/Körber, AktG, § 136 Rn. 23; *Zöllner*, ZHR 155 (1991), 168, 170 ff.; *Butzke*, Die Hauptversammlung, Rn. E 50; *Hueck*, in: FS Nipperdey, 1965, S. 401, 403; *Jacob*, in: Semler/Volhard/Reichert, HV-HdB, § 11 Rn. 113; *Overrath*, Stimmrechtsbindung, 1973, S. 10ff.; *Priester*, in: FS Reuter, 2010, S. 1139, 1141; *Noack*, Gesellschaftervereinbarungen, 1994, S. 66 f.; *Rodemann*, Stimmbindungsvereinbarungen in den Aktien- und GmbH- Rechten, 1998, S. 24ff.; *Schmidt*, ZIP 2009, 737, 741; *Schröder*, ZGR 1978, 578; zur GmbH vgl. BGH, Urt. v. 29. 5. 1967 – II ZR 105/66 = NJW 1967, 1963, 1964 ff.; BGH, Urt. v. 20.01.1983 – II ZR 243/81 = BGH NJW 1983, 1910, 1911; *Zöllner/Noack*, in: Baumbach/Hueck, GmbHG, § 47 Rn. 113.

67 *Hoffmann-Becking*, ZGR 1994, 442. Zur Entwicklung der Zulässigkeitsdiskussion vgl. *Noack*, Gesellschaftervereinbarungen, 1994, S. 66 ff. sowie *Lübbert*, Abstimmungsvereinbarungen, 1971, S. 136 ff.

Stimmbindungsvereinbarungen vom Ausdruck der Abstimmungsfreiheit der Aktionäre geprägt.[68]

1. *Gesetzliche Regelungen*

Die Zulässigkeit folgt aus dem Grundsatz der Vertragsfreiheit und für das Aktienrecht aus dem Umkehrschluss zu § 136 Abs. 2 AktG und § 405 Abs. 3 Nr. 6 und 7 AktG.[69] Durch die Vorschrift des § 136 Abs. 2 AktG soll verhindert werden, dass sich die Verwaltung einer Aktiengesellschaft Einfluss auf das Abstimmungsverhalten ihrer Aktionäre verschaffen kann und somit in der Hauptversammlung für ihr genehme Abstimmungsergebnisse sorgen kann.[70] § 405 Abs. 3 Nr. 6 und Nr. 7 AktG regelt das Verbot eines Stimmkaufs, wenn dadurch besondere Vorteile als Gegenleistung gefordert oder angenommen, versprochen oder gewährt werden.[71] Bei dem Abschluss von Stimmbindungsverträgen unter Gesellschaftern bleiben diese Vorschriften unberührt.[72]

---

68 *Arnold,* in: MünchKomm/AktG, § 136 Rn. 66; BGH, Urt. v. 24.11.2008 – II ZR 116/08 („Schutzgemeinschaftsvertrag II") = NJW 2009, 669, 670; *Fischer,* GmbHR 1953, 65; *Hueck,* in: FS Nipperdey, 1965, S. 401, 412; *Rodemann*, Stimmbindungsvereinbarungen in den Aktien- und GmbH- Rechten, 1998, S. 25 f.; kritisch *Zöllner* ZHR 155 (1991) 168, 170 ff. Vgl. zum Prinzip der Abstimmungsautonomie bei Stimmbindungsvereinbarungen *Schneider*, Der Stimmbindungsvertrag, 2017, S. 61, 122.

69 BGH, Urt. v. 24.11.2008 – II ZR 116/08 („Schutzgemeinschaftsvertrag II") = NJW 2009, 669, 670; OLG Karlsruhe, Urt. v. 12.01.2005 – 7 U 181/03 = NZG 2005, 636, 637; *Hirschmann*, in: Hölters, AktG, § 133 Rn. 40; *Koch*, in; Hüffer/Koch, AktG, § 133 Rn. 24; *Spindler*, in: Schmidt/Lutter AktG, § 136 Rn. 39; *Janberg/Schlaus,* AG 1967, 33, 34; *Priester,* in: FS Reuter, 2010, S. 1139, 1141; *Noack*, Gesellschaftervereinbarungen, 1994, S. 68; *Hueck,* in: FS Nipperdey, 1965, S. 401, 403.

70 *Koch*, in: Hüffer/Koch, AktG, § 136, Rn. 1, 26; *Arnold,* in: MünchKomm/AktG, § 136 Rn. 1.

71 *Rieckers*, in: Spindler/Stilz, AktG, § 136 Rn. 48; *Arnold,* in: MünchKomm/AktG, § 136 Rn. 66; *Mayer*, MittBayNot 2006, 281, 287.

72 Stimmrechts- und Wahlabsprachen zwischen Aktionären erfüllen nicht den Tatbestand des Stimmenkaufs. Ein Vorteil im Sinne des § 405 Abs. 3 Nr. 6 AktG liegt für die Konsortialmitglieder nämlich nicht schon darin, dass die anderen Stimmbindungsbeteiligten entsprechend dem gewünschten Beschluss abstimmen und dieser im Pool zustande kommt, vgl. *Hoffmann-Becking*, in: MünchHdb. GesR IV, § 39 Rn. 51; *Rieckers*, in: Spindler/Stilz, AktG, § 136 Rn. 48;

Die Zulässigkeit von Stimmbindungsvereinbarungen folgt ferner aus dem Umstand, dass Stimmbindungsverträge in den neuen Rechtsgebieten an verschiedenen Stellen im Gesetz Erwähnung gefunden haben. Im Konzernrecht nimmt die Vorschrift des § 290 Abs. 3 S. 2 HGB auf Stimmbindungsvereinbarungen Bezug.[73] Nach § 290 Abs. 3 S. 2 HGB sind einem Unternehmen bei der Aufstellung eines Konzernabschlusses auch solche Stimmrechte zuzurechnen, über die ein Mutterunternehmen selbst oder eines seiner Tochterunternehmen *auf Grund einer Vereinbarung mit anderen Gesellschaftern* dieses Unternehmens verfügen kann.[74] Durch diese Zurechnungsregelung erkennt der Gesetzgeber die Zulässigkeit von Stimmbindungsvereinbarungen als Gestaltungsmittel zur Bündelung gesellschaftsrechtlichen Einflusses rechnungslegungsrechtlich an.[75] Eine vergleichbare Formulierung findet sich darüber hinaus im Zurechnungssystem des WpHG und WpÜG. Dort hat der Gesetzgeber ebenfalls durch die Vorschriften des § 34 Abs. 2 S. 1 WpHG (§ 22 Abs. 2 S. 1 WpHG a. F.) und dem wortgleichen § 30 Abs. 2 S. 1 WpÜG eine zurechnungsbegründende Wirkung von Stimmbindungsvereinbarung zum Ausdruck gebracht. Am meisten Aussagekraft für die Frage der Zulässigkeit von Stimmbindungsverträge ist wohl letztlich dem eingangs erwähnten § 33 b Abs. 2 Nr. 3 WpÜG[76] beizumessen. Durch die Einführung der europäischen Durchsetzungsrichtlinie[77] wird der

---

Arnold, in: MünchKomm/AktG, § 136 Rn. 68; *Holzborn*, in: Bürgers/Körber, AktG, § 136 Rn. 23; *Grundmann, in:* Großkomm/AktG, § 136 Rn. 79; *Koch*, in: Hüffer/Koch, AktG, § 133 Rn. 28; *Janberg/Schlaus*, AG 1967, 33, 35.

73 *Hoffmann-Becking*, ZGR 1994, 442, 452.

74 *Hoffmann-Becking*, ZGR 1994, 442, 452.

75 *Noack*, Gesellschaftervereinbarungen, 1994, S. 68.

76 § 33 b Abs. 2 S. 1 Nr. 2, 3 WpÜG regelt, dass nach Veröffentlichung einer Angebotsunterlage im Falle einer entsprechenden Satzungsregelung zum Zwecke der Vermeidung von Übernahmehindernissen Stimmbindungsverträge während der Annahmefrist und in der Abwehrhauptversammlung keine Wirkung entfalten. Mit dieser Regelung hat der Gesetzgeber das Konstrukt des Stimmbindungsvertrages ausdrücklich rechtlich anerkannt und deren Wirkungskraft bei einem möglichen Abwehrverhalten der zu übernehmenden Gesellschaft berücksichtigt.

77 Eingeführt durch das sog. Übernahmerichtlinie-Umsetzungsgesetz (Gesetz zur Umsetzung der Richtlinie 2004/25/EG des europäischen Parlaments und Rates vom. 21. April 2004 betreffend Übernahmeangebot v. 8.7. 2006, BGB l. I. S. 1426).

Begriff des Stimmbindungsvertrages ausdrücklich im Gesetz in § 33 b Abs. 2 S. 1 Nr. 2, 3 WpÜG genannt.[78]

Zuletzt findet sich eine gesetzliche Anerkennung von Stimmbindungsverträgen über das Gesellschaft- und Kapitalmarktrecht hinaus im Kartellrecht. Hier werden Stimmbindungsverträge vom Wortlaut sowie vom tatsächlichen Anwendungsbereich des kartellrechtlichen Kontroll- und Beherrschungstatbestands in § 36 Abs. 2 S. 2 GWB und § 37 Abs. 1 Nr. 2 GWB umfasst.[79]

2. *Kein Verstoß gegen das Abspaltungsverbot*

Die Zulässigkeit von Stimmbindungsverträgen wurde früher zudem im Hinblick auf das Abspaltungsverbot in Frage gestellt. Das Abspaltungsverbot ist im Personengesellschaftsrecht in § 717 S. 1 BGB verankert und verbietet die Übertragung von den Gesellschaftern gegeneinander aus dem Gesellschaftsverhältnis zustehenden Ansprüchen.[80] Ein Verstoß wurde insbesondere in solchen Fällen angenommen, in welchen ein Stimmbindungsvertrag mit Nichtgesellschaftern abgeschlossen wurde. Ein solcher Vertrag wurde als kritisch erachtet, da durch die vertragliche Bindung mit Nichtgesellschaftern Fremdeinfluss in die Gesellschaft einfließt, ohne dass diese selber beteiligt sind.[81] Der BGH hat zu einem solchen Vertrag das erste Mal in seinem Urteil vom 29. Mai 1967 Stellung genommen.[82] In seinem Urteil erklärte er Stimmbindungsverträge gegenüber Dritten, die nicht Aktionäre sind, generell für zulässig und vollstreckbar, weil die von der Stimmbindung

78 *Schneider*, Der Stimmbindungsvertrag, 2017, S. 123.

79 *Mattfeld*, in: MünchHdb. GesR I, § 52 Rn. 92.

80 BGH, Urt. v. 10.11.1951 – II ZR 111/50 = NJW 1952, 178, 179; BayObLG, Beschl. v. 21.11.1985 – BReg. 3 Z 146/85 = MittBayNot 1986, 35, 35 (zur GmbH); *Habersack*, Die Mitgliedschaft – subjektives und „sonstiges" Recht, 1995, S. 79; *Schürnbrand*, AcP 204, 2004, 177, 188; *Fleck*, in: FS Fischer, 1979, S. 107, 111; *Fleischer*, ZGR 2008, 185, 216.

81 So *Hüffer/Schürnbrand*, in: Ulmer/Habersack/Löbbe, GmbHG, § 47 Rn. 80 f.; *Habersack*, ZHR 164 (2000), 1, 11 f.; *Priester*, in: FS Werner, 1984, S. 657, 663 f.; vgl. auch *Noack*, Gesellschaftervereinbarungen, 1994, S. 150; *Enzinger*, in: MünchKomm/ HGB, § 119 Rn. 37; *Grunewald,* Gesellschaftsrecht, § 1 Rn. 76.

82 BGH, Urt. v. 29.5.1967 – II ZR 105/66 = BGH NJW 1967, 1963.

betroffenen Gesellschafter im Außenverhältnis weiterhin frei abstimmen können.[83] Trotz nicht unerheblicher Bedenken ist die Literatur dem Standpunkt des BGH gefolgt.[84] Stimmbindungsverträge sowohl zwischen Gesellschaftern selbst,[85] als auch mit Nichtgesellschaftern verstoßen somit nach heute überwiegender Auffassung nicht gegen das Abspaltungsverbot.

III. Rechtsnatur

Die Rechtsnatur von Stimmbindungsverträgen hängt im Einzelfall vom Willen der Vertragspartner ab.[86] Ist dieser auf Sicherung des Familieneinflusses auf die Gesellschaft durch Bündelung der Stimmkraft gerichtet, so entsteht durch Abschluss des Stimmbindungsvertrages eine Gesellschaft bürgerlichen Rechts.[87] Als Regelfall ist diese Gesellschaft als reine Innengesellschaft

83 BGH, Urt. v. 29.5.1967 – II ZR 105/66 = BGH NJW 1967, 1963.

84 Ausführlich zur Stimmbindung gegenüber Dritten *Zöllner*, ZHR 155 (1991),168, 180 f.; *Hopt*, ZGR 1979, 1, 8; *Noack/Zöllner*, in: Baumbach/Hueck, GmbHG, § 47 Rn. 119; *Ganzer*, in: Rowedder/Schmidt-Leithoff, GmbHG § 47 Rn. 37; *Schneider*, Der Stimmbindungsvertrag, 2017, S. 159 m.w.N.; einschränkend *Schmidt*, in: Scholz, GmbHG, § 47 Rn. 42; *Schäfer*, in: MünchKomm/BGB, § 717 Rn. 25; kritisch auch *Hüffer/Schürnbrand*, in: Ulmer/Habersack/Löbbe, GmbHG, § 47 Rn. 80 f. Bedenken ebenfalls bei *Westermann*, in: Erman, BGB, § 709 Rn. 22; *Schöne*, in: Bamberger/Roth, BeckOK/BGB, § 717 Rn. 15; *Hadding/Kießling*, in: Soergel, BGB § 709 Rn. 36; *Roth*, in: Baumbach/Hopt, HGB, § 119 Rn. 18; *Enzinger*, in: MünchKomm/HGB § 119 Rn. 37; *Habersack*, ZHR 164 (2000), 1, 11 f.; *Priester*, in: FS Werner, 1984, S. 657, 663 f.

85 Einen Verstoß gegen das Abspaltungsverbot bei Stimmbindungsverträgen unter Gesellschaftern nach heute einhelliger Auffassung verneinend *Westermann*, in: Erman, BGB, § 709 Rn. 21; *Schäfer*, in: MünchKomm/BGB, § 717 Rn. 23; *Habermeier*, in: Staudinger, BGB, § 717 Rn. 11; *K. Schmidt*, GesR § 21 II 4a; *Grunewald*, Gesellschaftsrecht, § 1 Rn. 75, 77; *Zöllner*, ZHR 155 (1991), 168, 170.

86 Vgl. ausführlich zur Rechtsnatur verschiedener Stimmrechtsmodelle jüngst *Schneider*, Der Stimmbindungsvertrag, 2017, S. 23 ff.; vgl. auch *Noack*, Gesellschaftervereinbarungen, 1994, S. 47 ff.

87 BGH, Urt. v. 13.6.1994 – II ZR 38/93 („Schutzgemeinschaftsvertrag I") = NJW 1994, 2536, 2538; BGH, Urt. v. 24. 11. 2008 – II ZR 116/08 („Schutzgemeinschaftsvertrag II") = NZG 2009, 183; *Koch*, in: Hüffer/Koch, AktG, § 133 Rn. 26; *Hirschmann*, in: Hölters, AktG, § 133 Rn. 38; *Riekers*, in: Spindler/Stilz, AktG, § 136 Rn. 46; *Wertenbruch*, NZG 2009, 645, 646; *Schäfer*, in: MünchKomm/BGB, Vor § 705 Rn. 69; *Arnold*, in: MünchKomm/AktG, § 136 Rn. 60;

ausgestaltet,[88] da bei Familienpools nach dem Willen der Vertragspartner die Gesellschaft allein zur innerorganisatorischen Bildung eines einheitlichen Familienwillens dient und als Gesellschaft nicht nach außen im Rechtsverkehr in Erscheinung tritt. Da auf die Einbringung der Beteiligungsrechte der Mitglieder verzichtet wird, bildet die Innengesellschaft kein eigenes Gesamthandsvermögen und besitzt somit keine Rechtsträgerschaft.[89] Die Eingehung der Verpflichtung zur einheitlichen Stimmabgabe bei der Abstimmung in der Hauptgesellschaft wirkt nur schuldrechtlich zwischen

---

Schücking, in: MünchHdb. GesR I, § 3 Rn. 49; *Hoffmann-Becking*, in: MünchHdb. GesR IV, § 39 Rn. 45; *Blaum/Scholz*, in: Hoffmann-Becking/Rawert, Beck'sches Formularbuch, VIII. A. 3. Schutzgemeinschaftsvertrag, Anmerkung Nr. 1; *Schmidt*, ZIP 2009, 737, 738; *Grundmann, in:* Großkomm/AktG, § 136 Rn. 70; *Holzborn, in:* Bürgers/Körber, AktG, § 136 Rn. 22; *Priester*, in: FS Reuter, 2010, S. 1139, 1140; *Spindler*, in: Schmidt/Lutter, AktG, § 136 Rn. 39; *Tröger*, in: Kölner Komm/AktG, § 136 Rn. 117.

88 BGH, Urt. v. 13.6.1994 – II ZR 38/93 („Schutzgemeinschaftsvertrag I") = NJW 1994, 2536, 2538; BGH, Urt. v. 24.11.2008 – II ZR 116/08 („Schutzgemeinschaftsvertrag II") = NZG 2009,183; *Koch*, in: Hüffer/Koch, AktG, § 133 Rn. 26; *Hirschmann*, in: Hölters, AktG, § 133 Rn. 38; *Riekers*, in: Spindler/Stilz, AktG, § 136 Rn. 46; *Herrler*, in: Grigoleit, AktG, § 136 Rn. 27; *Wertenbruch*, NZG 2009, 645, 646; *Priester*, in: FS Reuter, 2010, S. 1139, 1140; *Schäfer*, in: MünchKomm/BGB, Vor § 705 Rn. 69; *Arnold*, in: MünchKomm/AktG, § 136 Rn. 60; *Schücking*, in: MünchHdb. GesR I, § 3 Rn. 49; *Blaum/Scholz*, in: Hoffmann-Becking/Rawert, Beck'sches Formularbuch, VIII. A. 3. Schutzgemeinschaftsvertrag, Anmerkung Nr. 1; *Schmidt*, ZIP 2009 737, 738; *Grundmann, in:* Großkomm/AktG, § 136 Rn. 70; *Priester*, in: FS Reuter, 2010, S. 1139, 1140*; Dutta,* ZGR, 2016, 581, 593; *Schneider,* Der Stimmbindungsvertrag, 2017, S. 25; *Spindler*, in: Schmidt/Lutter, AktG, § 136 Rn. 39; so auch *Opitz,* in: Schäfer/Hamann, Kapitalmarktgesetze, § 21 WpHG Rn. 7, wonach es sich bei Stimmbindungspools *in der Regel* um Innengesellschaften handelt.

89 BGH, Urt. v. 13.6.1994 – II ZR 38/93 („Schutzgemeinschaftsvertrag I") = NJW 1994, 2536, 2538; BGH, Urt. v. 24.11.2008 – II ZR 116/08 („Schutzgemeinschaftsvertrag II") = NZG 2009,183; *Koch*, in: Hüffer/Koch, AktG, § 133 Rn. 26; *Riekers*, in: Spindler/Stilz, AktG, § 136 Rn. 46; *Wertenbruch*, NZG 2009, 645, 646; *Schäfer*, in: MünchKomm/BGB, Vor § 705 Rn. 69; *Schücking*, in: MünchHdb. GesR I, § 3 Rn. 49; *Blaum/Scholz*, in: Hoffmann-Becking/Rawert, Beck'sches Formularbuch, VIII. A. 3. Schutzgemeinschaftsvertrag, Anmerkung Nr. 1; *Schmidt*, ZIP 2009, 737, 738.

den Mitgliedern des Konsortiums.[90] Sie schlägt nicht auf die Stimmabgabe in der Hauptgesellschaft dergestalt durch, dass die Beschlussfassung in der Hauptgesellschaft unwirksam oder fehlerhaft würde, wenn Gesellschafter ihre Stimmen nicht entsprechend der Stimmbindung abgeben.[91] Die Rechtsform der Innengesellschaft ist deshalb so beliebt, weil sie aufgrund ihrer fehlenden Außenwirkung eine flexible Handhabe bei der inhaltlichen Ausgestaltung des Vertrages bietet und damit den spezifischen Bedürfnissen der Beteiligten hinreichend Rechnung trägt.[92]

Neben dem Hauptanwendungsfall einer Innengesellschaft bürgerlichen Rechts treten Familienpools auch in der Rechtsform der Stiftung, als Kommanditgesellschaft[93], als nicht rechtsfähiger Vereins[94], als GmbH[95] oder auch selten als BGB-Außengesellschaft auf, wobei in dieser Arbeit auf eine rechtliche Auseinandersetzung mit den vorgenannten Gesellschaftsformen verzichtet wird.

IV. Motivation und Zweckrichtung bei Gründung von Familienpools

§ 705 BGB erfordert die Verfolgung eines gemeinsamen Zwecks durch die beteiligten Gesellschafter. Dieser wird geprägt von der Motivation der Gesellschafter. Die Motivation zur Gründung eines Familienkonsortiums folgt häufig aus dem wirtschaftlichen Aufstieg des Unternehmens, da durch familienexterne Aktionäre Außeneinfluss in die Gesellschaft gelangt. Es

---

90 *Hirschmann*, in: Hölters, AktG, § 133 Rn. 37; *Spindler*, in: Schmidt/Lutter, AktG, § 136 Rn. 39; *Odersky*, in: FS Lutter, 2000, S. 557, *Schneider*, Der Stimmbindungsvertrag, 2017, S. 27.

91 RG, Urt. v. 10.1.1928 – II 173/27 = RGZ 119, 386, 388; *Odersky*, in: FS Lutter, 2000, S. 557, 557.

92 Vgl. *Noack*, Gesellschaftervereinbarungen, 1994, S. 47; *Schneider*, Der Stimmbindungsvertrag, 2017, S. 35 f.; *Kleinherne*, Erscheinungsformen und Gestaltungsmöglichkeiten, 1990, S. 111.

93 Vgl. zu den wesentlichen Charakteristika eines als KG ausgestalteten Familienpool *Munzig*, in: Münch, Familienrecht, § 12 Rn. 97 ff.

94 Aufgrund des Austrittsrecht in § 39 BGB ist ein Verein ungeeignet für den Zweck eines auf gewisse Dauer angelegten Abstimmungsverhaltens, vgl. *Noack*, Gesellschaftervereinbarungen, 1994, S. 54 mit Beispielen aus der Praxis.

95 Beispiele für Stimmbindungspools in der Rechtsform der GmbH bei *Noack*, Gesellschaftervereinbarungen, 1994, S. 52 f.

entsteht ein Nebeneinander von wirtschaftlichen Aufstiegszielen des Unternehmens und unternehmerischer Mitbestimmung der Familie, welche die Familienstrukturen im Unternehmen langfristig aufrechterhalten wollen. Gleichzeitig verbunden mit dem Streben nach wirtschaftlichem Erfolg sollen die wesentlichen Entscheidungen weiterhin nach dem Willen der Familie getroffen werden. Einfach gesagt: Man will das erhalten, was sich die Familie über Jahre oder Jahrzehnte aufgebaut hat. Diese Motivation spiegelt sich zwangsläufig im Gesellschaftszweck des Konsortiums wider. Der besondere Zweck bei der Gründung eines Familienpools besteht in der *dauerhaften Sicherung des gemeinsamen Einflusses auf die Familiengesellschaft* durch Stimmbindung der Gesellschafter.[96] Die Einflussnahme soll gesichert werden, weil die Öffnung des Gesellschafterkreises für Dritte die Gefahr einer Fremdsteuerung der Hauptgesellschaft mit sich bringt.[97]

V. Typische Vertragsklauseln bei Familienpools

In der Praxis findet sich eine Vielfalt von Stimmbindungsvereinbarungen unter Familienmitgliedern, so dass bei der Rechtsanwendung die Ausgestaltung des jeweiligen Stimmbindungsvertrages zu berücksichtigen ist.[98] Wesentliche Regelungen des Vertrages sind solche zur Vertraulichkeit, zum Gesellschaftszweck, zur Beschlussfassung und Durchsetzbarkeit, sowie zu Kündigungs- und Vorkaufs- bzw. Andienungsrechten.

---

96 BGH, Urt. v. 13.6.1994 – II ZR 38/93 („Schutzgemeinschaftsvertrag I") = NJW 1994, 2536, 2538; *Noack,* Gesellschaftervereinbarungen, 1994, S. 41; *Lübbert,* Abstimmungsvereinbarungen, 1971, S. 103; *Wertenbruch*, NZG 2009, 645; *Schäfer,* in: MünchKomm/BGB, Vor § 705 Rn. 69; *Ulmer,* in: FS Hommelhoff, 2012, S. 1249; *Schröder*, ZGR 1978, 578 f.; vgl. auch *Dutta*, ZGR 2016, 581, 588.

97 *Ulmer,* in: FS Hommelhoff, 2012, S. 1249, 1252; *Schäfer*, in: MünchKomm/BGB, Vor § 705 Rn. 69; *Dürr*, Nebenabreden im Gesellschaftsrecht, 1994, S. 6; *Dutta*, ZGR 2016, 581, 588.

98 *Schneider*, AG 1997, 81, 85; vgl. auch allgemein zur uneinheitlichen Rechtsanwendung bei Stimmbindungsverienbarungen *Schneider,* Der Stimmbindungsvertrag, 2017, S. 5 f.

Konsortialverträge werden meist streng vertraulich behandelt.[99] Die Vertraulichkeit wird durch Vertragsstrafen bei Verletzung einer Vertraulichkeitsverletzung gewährleitet.[100] Die Geheimhaltungspflicht der Stimmbindungsbeteiligten ist auch ein Grund, warum börsennotierte Familiengesellschaften ihre Konsortialverträge grundsätzlich nicht veröffentlichen.[101] Lediglich in einzelnen Urteilen betreffend konsortialvertragliche Streitigkeiten werden einzelne Regelungen aus solchen komplexen Vertragswerken bekannt.[102] Ebenfalls lassen einige Befreiungsbescheide der BaFin Rückschlüsse auf einzelne konsortialvertragliche Regelung schließen.[103]

Kernbestandteil des Stimmbindungsvertrages ist die Determinierung des Gesellschaftszwecks – die Einflusssicherung der Familie durch Bündelung der Stimmkraft. Durch die vertragliche Stimmbindung der Mitglieder des Familienkonsortiums wird die Verpflichtung begründet, jedes Stimmrecht in gleicher Weise in der Hauptgesellschaft auszuüben.[104] Damit steigt das Stimmgewicht in der Hauptgesellschaft, so dass die Mitglieder gemeinsam in der Lage sind, diese in ihrem Interesse zu führen. Der langfristige Bestand des Pools wird – wie eingangs erwähnt – durch Regelungen zum Kündigungsrecht[105] sowie von Vorkaufs- sowie Andienungsrechten gesichert. Das Andienungsrecht ermöglicht den übrigen Mitgliedern, die Anteile des kündigenden Konsorten zu erwerben. Ebenso ist in einem Konsortialvertrag regelmäßig vorgesehen, dass der kündigende Gesellschafter seinen poolgebundenen Anteil am Familienunternehmen den übrigen Poolmitgliedern zum Kauf anbieten muss, bevor er diese an Außenstehende veräußert. Durch

---

99 Anders als die Satzung einer Kapitalgesellschaft die nach § 9 HGB im Handelsregister zu veröffentlichen ist, besteht eine solche rechtliche Verpflichtung bei Abschluss eines Konsortialvertrages nicht.

100 *König*, ZGR 2005, 417, 419.

101 *Schröder*, ZGR 1978, 578 f.; *König*, ZGR 2005, 415, 419.

102 LG Heidelberg, Urt. v. 28.7.2016 – 2 O 240/14 = AG 2017, 162; OLG Karlsruhe, Urt. v. 29.04.2019 – 15 U 138/16.

103 Vgl. unter anderem BaFin, Befreiungsbescheid vom 2. Februar 2016, abrufbar unter https://www.bafin.de/SharedDocs/Downloads/DE/Befreiungsentscheidung/porsche_ua.pdf?__blob=publicationFile&v=1 (Stand: 03.08.2018).

104 *Rieckers,* in: Spindler/Stilz, AktG, § 136 Rn. 45; *Koch*, in: Hüffer/Koch, AktG, § 133 Rn. 25; *Herrler*, in: Grigoleit, AktG, § 136 Rn. 26.

105 Vgl. dazu näher unter Kapitel 2: B. I.

solche Klauseln wird langfristig der Besitz der familienzugehörigen Anteile im Verbund der Familie garantiert und eine dauerhafte Mehrheit des Konsortiums im Familienunternehmen aufrechterhalten.[106]

Vertragspartner der Schutzgemeinschaft sind die Gründer der Hauptgesellschaft bzw. die ihnen nach einem Generationswechsel Angehörigen der jeweiligen Gründerfamilien, welche dem Pool durch Gesamtrechtsnachfolge beitreten.[107] Diese halten in der Regel keine direkte Beteiligung am Familienunternehmen, sondern die jeweils zu einem Familienstamm gehörenden Gesellschafter sind über eine Holding in der Rechtsform der GmbH oder Stiftung am Unternehmen beteiligt, die Vertragspartner des Konsortialvertrages wird.[108] Die Erbfolge wird häufig durch eine Nachfolgeklausel im Stimmbindungsvertrag geregelt.[109] Eine solche Klausel ist zulässig und führt dazu, dass entgegen der gesetzlichen Regelung des § 727 BGB die Gesellschaft nicht durch den Tod eines Konsorten aufgelöst wird.[110]

Die wichtigsten Regelungen im Stimmbindungsvertrag betreffen die Beschlussfassung innerhalb des Konsortiums sowie die Bestandssicherung und Durchsetzbarkeit solcher Verträge. Nach § 709 Abs. 2 BGB gilt für Geschäftsführungsmaßnahmen in einer Gesellschaft bürgerlichen Rechts grundsätzlich das Einstimmigkeitsprinzip.[111] Dies hätte jedoch für die

---

106 In beiden Fällen handelt es sich materiell nicht um den Ausschluss des Kündigungsrechts, sondern um eine zulässige Vereinbarung über die Austrittpflichten eines Mitglieds, vgl. *Wirbel*, in: MünchHdb. GesR. I, § 28 Rn. 64.

107 *Ulmer*, in: FS Hommelhoff, 2012, S. 1249, 1253; *Blaum/Scholz*, in: Hoffmann-Becking/Rawert, Beck'sches Formularbuch, VIII. A. 3. Schutzgemeinschaftsvertrag, Anmerkung Nr. 1.

108 So haben sämtliche Mitglieder des Porsche-Familienstammes ihre Anteile in eine gemeinsame Stiftung eingebracht, die als Ferdinand Porsche Familien-Privat-Stiftung firmiert. Vgl. http://www.wiwo.de/unternehmen/auto/piech-steigt-bei-porsche-aus-der-porsche-clan-hat-eine-mehrheit/19607916-2.html (Stand: 03.08.2018). Siehe auch *Binz/Mayer*, NZG 2012, 201, 208 f.

109 vgl. dazu näher *Bärwaldt*, in: Beck'sches Hdb. Personengesellschaften, Prinz/Hoffmann, § 22 Rn. 34; *Blaum/Scholz*, in: Beck'sches Formularbuch Bürgerliches, Handels- und Wirtschaftsrecht, Hoffmann-Becking/Gebele, VIII. A.3, Anmerkung 21; *Schröder*, ZGR 1978, 578, 594.

110 *Bärwaldt*, in: Beck'sches Hdb. Personengesellschaften, Prinz/Hoffmann, § 22 Rn. 34; *Schröder*, ZGR 1978, 578, 594.

111 *Heidel/Hanke,* in: Dauner-Lieb/Langen, BGB Schuldrecht, § 709 Rn. 38; *Noack*, Gesellschaftervereinbarungen, 1994, S. 206.

Beschlussfassung in der Schutzgemeinschaft die Folge, dass eine Entscheidung schwerlich erreicht würde, weil sich die Mitglieder meist nicht über die Art ihrer Stimmabgabe in der Hauptgesellschaft einig sein werden.[112] Es besteht somit das Bedürfnis, die Willensbildung in der Schutzgemeinschaft derart auszugestalten, dass es nicht zu einer Blockadesituation kommt.[113] Aus diesem Grund regelt der Schutzgemeinschaftsvertrag meist, dass die Beschlussfassung bei der Vorabstimmung durch einfache Mehrheitsentscheidung erfolgt.[114] Davon unabhängig ist, wenn die Satzung oder der Gesellschaftervertrag der Hauptgesellschaft eine qualifizierte Mehrheit bei Beschlüssen vorsieht.[115] Das Erfordernis einer qualifizierten Mehrheit bei der Beschlussfassung in der Hauptgesellschaft schlägt nicht auf die Beschlussfassung in der Schutzgemeinschaft durch.[116] Die vorgelagerte Willensbildung richtet sich somit ausschließlich nach den dafür getroffenen Vereinbarungen im Schutzgemeinschaftsvertrag, so dass die anschließende Beschlussfassung in der Hauptgesellschaft, die Einhaltung der Stimmbindung unterstellt, nur noch den Charakter eines formalen Vollzugs der zuvor in einem „Vorhof" erfolgten Willensbildung besitzt.[117]

Verletzt ein Mitglied eine der wesentlichen Verpflichtungen aus dem Konsortialvertrag, stimmt es also beispielsweise entgegen der im Konsortium beschlossenen Weise ab, so dienen Vertragsstrafen als Sanktionen innerhalb des Konsortiums.[118] Diese sichern die Erfüllung der im Konsortialvertrag geregelten Verpflichtungen, da es bei einer Geltendmachung eines Schadensersatzanspruchs durch die betroffenen Mitglieder mangels Außenwirkung

---

112 *Noack,* Gesellschaftervereinbarungen, 1994, S. 206.

113 *Westermann*, Erman, BGB, Vor § 705 Rn. 44.

114 *Westermann*, Erman, BGB, Vor § 705 Rn. 44; *Koch*, in: Hüffer/Koch, AktG, § 133 Rn. 28a.

115 *Westermann,* Erman, BGB, Vor § 705 Rn. 44; *Koch*, in: Hüffer/Koch, AktG, § 133 Rn. 28a; *Noack*, Gesellschaftervereinbarungen, 1994, S. 206.

116 BGH, Urt. v. 24.11.2008 – II ZR 116/08 („Schutzgemeinschaftsvertrag II)" = NZG 2009, 183; *Noack*, Gesellschaftervereinbarungen, 1994, S. 207; *Zöllner*, in: FS Ulmer, 2003, S. 725, 737ff.; *Odersky*, in: FS Lutter, 2000, S. 557, 559f.; *König*, ZGR 2005, 417, 422; *Podewils,* BB 2009, 733, 735f.; *Schmidt,* ZIP 2009, 737, 741ff.; *Wertenbruch,* NZG 2009, 645, 648.

117 *Habersack*, ZHR 164 (2000), 1, 2; *Hoffmann-Becking*, ZGR 1994, 442, 443.

118 *Habersack*, ZHR 164 (2000), 1, 2; *Koch,* in: Hüffer/Koch, AktG, § 133 Rn. 30; *Hoffmann-Becking*, in: MünchHdb. GesR IV, § 39 Rn. 53 f.

des Familienpools an einem nachweisbaren Schaden fehlen würde.[119] Da eine Stimmabgabe entgegen der vorheigen Beschlussfassung im Konsortium in der Hauptversammlung gültig ist, sichern Vertragsstarfen die Einhaltung der konsortialvertraglichen Regelungen.

Aus dem Stimmbindungsvertrag erwächst der Anspruch der Vertragspartner, dass jedes Mitglied seine Stimme in der Gesellschaft so abgibt, wie es der Willensbildung im Pool entspricht.[120] Der Anspruch kann im Wege der Erfüllungsklage durchgesetzt werden.[121] In der Praxis wird man jedoch präventiv durch Vertragsklauseln, insbesondere Vertragsstrafen, die Einhaltung der Stimmbindung regeln, um ein langwierige gerichtliche Durchsetzung im Nachhinein zu vermeiden.[122]

Konsortialverträge enthalten oft Klauseln, welche einzelnen Mitgliedern Vorschlags- und Nominierungsrechte für die Besetzung der Aufsichtsorgane in der Hauptgesellschaft einräumen.[123] Die Einräumung solcher Nominierungsrechte ist grundsätzlich zulässig.[124] Nominierungsrechte können somit flexibel im Vertrag vereinbart werden, ohne dass sie den mit einer Satzungsbestimmung verbundenen Publizitätsanforderungen genügen müssen.[125]

---

119 *Blaum/Scholz*, in: Hoffmann-Becking/Rawert, Beck'sches Formularbuch, VIII. A. 3. Schutzgemeinschaftsvertrag, Anmerkung Nr. 23.

120 *Odersky*, in: FS Lutter, 2000, S. 557, 561.

121 BGH, Urt. v. 29.5.1967 – II ZR 105/66 = BGHZ 48, 163, 169 ff.; *Zöllner*, ZHR 155 (1991), 168, 185.

122 *Odersky*, in: FS Lutter, 2000, S. 557, 561.

123 *Faden,* Das Pflichtangebot nach dem WpÜG, 2008, S. 88; *Sickinger*, Münchener AnwaltsHdb. AktienR, § 11 Rn. 29; *Mayer*, MittBayNot 2006, 281, 287 f.

124 RG, Urt. v. 11.6.1931 – II 398/29 = RGZ 133, 90, 95; *Sickinger*, in: Münchener AnwaltsHdb. AktienR, § 11 Rn. 25; *Mertens/Cahn*, in: KölnerKomm/AktG, § 101 Rn. 26; *Spindler*, in: Spindler/Stilz, AktG, § 101 Rn. 23; *Hopt/Roth*, in: Großkomm/AktG, § 101 Rn. 26; *Habersack*, in: MünchKomm/AktG, § 101 Rn. 13; *Mayer*, MittBayNot 2006, 281, 287; *Drygala*, in: Schmidt/Lutter, AktG, § 101 Rn. 6.

125 Vgl. dazu *Sickinger*, Münchener AnwaltsHdb. AktienR, § 11 Rn. 25 f.; *Mayer*, MittBayNot 2006, 281, 287 f.

B. Die Machtverschiebung im Pool

Die Privatautonomie kann als Instrument benutzt werden, gesellschaftsrechtliche Macht auszuüben.[126] Sie legitimiert Gesellschafter dazu, Stimmbindungsvereinbarungen als Instrument zur Gestaltungen ihrer gesellschaftsrechtlichen Ziele abzuschließen und lässt diesen auch hinsichtlich der hiermit verfolgten Zwecke und des Vorgehens im Wesentlichen freien Raum. Hierdurch eröffnet sich allerding ein Problem der privatautonomen Gestaltungsfreiheit: die Missbrauchsgefahr. Der Zusammenschluss zu einem Stimmbindungspool durch privatautonome Vereinbarung bringt ein solche Missbrauchsgefahr mit sich. Denn im Poolvertrag werden in Abweichung von den kapitalgesellschaftsrechtlichen Vorschriften Regelungen festgelegt, welche sich mittelbar auch auf die Beschlussfassung der in der Hauptversammlung auswirken. Eine Missbrauchsgefahr besteht insbesondere dann, wenn die Interessen der einzelnen Poolmitglieder an der Stimmrechtsausübung in der Kapitalgesellschaft mit den Mehrheitsinteressen im Pool auseinandergehen. Hier können etwaige vertragliche und gesetzliche Lücken genutzt werden, um individuelle Eigeninteressen in der Hauptgesellschaft durchsetzen zu können.

Das Szenario des majorisierten Stimmbindungspools soll im Nachfolgenden dargestellt werden. Dafür soll zunächst auf den klassischen Stimmbindungspool eingegangen werden, um anschließend die Situation der Majorisierung näher zu erläutern.

I. Der „klassische" Stimmbindungspool

Der „klassische" Stimmbindungspool bildet die Ausgangssituation beim Abschluss von Stimmbindungsverträgen unter Familienmitgliedern. Das Stimmgewicht ist dabei entsprechend ihrem Anteilsbesitz auf die einzelnen Familienmitglieder verteilt.[127] Das bedeutet, dass sich das Stimmgewicht im Pool prozentual am Anteilsgewicht an der Familiengesellschaft bemisst. Der Zusammenschluss und damit die Bündelung der Stimmkraft erfolgt im

---

126 *Ellenberger*, in: Palandt, BGB, Überblick Vor § 104 Rn. 1.

127 *Ulmer*, in: FS Hommelhoff, 2012, S. 1249, 1251; *Blaum/Scholz*, in: Hoffmann-Becking/Rawert, Beck'sches Formularbuch, VIII. A. 3. Schutzgemeinschaftsvertrag, Anmerkung Nr. 7.

Interesse aller Familienmitglieder, gemeinsam die wesentlichen Unternehmensentscheidungen zu treffen und somit langfristig die Struktur und den Charakter des Verbands als „Familiengesellschaft“ aufrecht zu erhalten.[128] Das Konstrukt der Schutzgemeinschaft ermöglicht ihnen dann – trotz ihrer teilweise nur geringen Einzelbeteiligung – eine Mehrheit in der Hauptgesellschaft erreichen bzw. verteidigen zu können.[129] Um diesem Ziel vollumfänglich Rechnung zu tragen, ist der Stimmbindungspools regelmäßig so strukturiert, dass sich beim poolinternen Abstimmungsprozess Mehrheiten in jedem Einzelfall neu bilden können.[130] Durch den Mehrheitsbeschluss besteht die Möglichkeit, dass die Interessen eines Mitgliedes im Einzelfall in der Mehrheitsentscheidung des Pools repräsentiert und letztlich in der Gesellschaft durchgesetzt werden. Ferner hat jedes Poolmitglied potentiell die Möglichkeit, auf das Stimmverhalten anderer Poolmitglieder durch die Teilnahme an der Konsortialversammlung durch Redebeiträge Einfluss zu nehmen.

Zur Veranschaulichung soll folgendes Schaubild dienen:

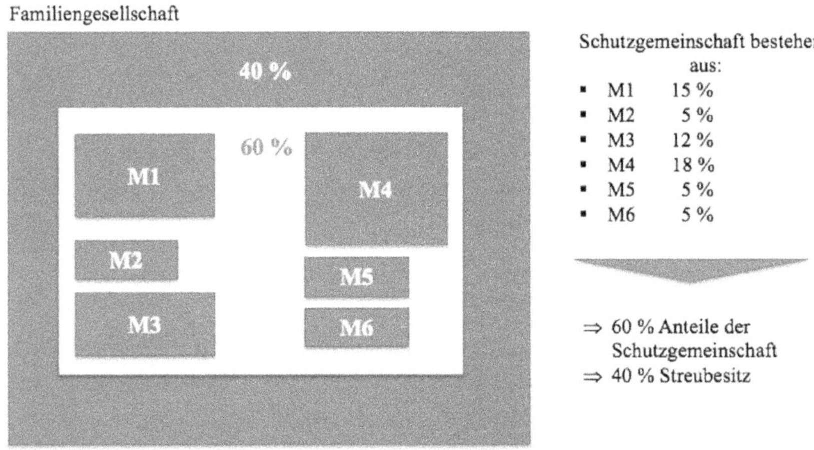

Abb. 1: Stimmbindungspool ohne Beherrschungsverhältnis

128 *Westermann*, in: FS Bezzenberger, 2000, S. 449; *Böttcher/Beinert/Hennerkes*, DB 1971, 1998 ff.; *Coenen*, Konzernrechtliche Relevanz von Stimmbindungsvereinbarungen, 2014, S. 3.

129 *Westermann*, in: FS Bezzenberger, 2000, S. 449 f.; *Mayer*, MittBayNot 2006, 281, 283.

130 *von Bülow*, in: KölnerKomm/WpHG, § 22 Rn. 245.

II. Situation der Majorisierung

Die Majorisierung[131] kennzeichnet die Situation, in der innerhalb eines Familienkonsortiums ein Mitglied aufgrund einer Anteilsverschiebung oder eines Erwerbs weiterer Aktien die Stimmenmehrheit im Konsortium erlangt. Dies hat zur Folge, dass das majorisierende Mitglied die übrigen Poolmitglieder bei der Beschlussfassung im Konsortium regelmäßig überstimmen und Entscheidungen in der Familiengesellschaft grundsätzlich nach seinem Belieben durchsetzen kann.

Anders als beim klassischen Stimmbindungspool sind durch die Majorisierung wechselnde Mehrheiten im Pool von Anfang an ausgeschlossen. Die Mitglieder nehmen zwar formal gesehen am Abstimmungsprozess teil, haben jedoch aufgrund des Mehrheitsprinzips bei der Beschlussfassung tatsächlich keinerlei Entscheidungsbefugnis. Sie können lediglich in der Konsortialversammlung beratend tätig werden und ihren Standpunkt zu den Beschlussgegenständen vortragen. Eine Durchsetzung mit Hilfe anderer Beteiligter ist jedoch durch die Mehrheitsverhältnisse im Pool ausgeschlossen. Dem majorisierenden Mitglied hingegen ist es möglich, durch die Beschlussmehrheit im Pool über die Stimmabgabe der anderen Mitglieder in der Hauptversammlung zu disponieren.

In der Praxis relevant ist der Fall, in dem *nach* Abschluss des Stimmbindungsvertrages ein Mitglied im Laufe der Jahre oder Jahrzehnte die Stimmenmehrheit im Konsortium erlangt und damit den Pool majorisiert. Das Konfliktpotential einer solchen Situation entsteht aus dem Umstand, dass der Zusammenschluss als Schutzgemeinschaft – wie bereit vorstehend dargestellt – im allseitigen Interesse einer gemeinsamen Willensbildung in der Konsortialversammlung entsteht. Dieses Interesse wird durch die Majorisierung beeinträchtigt, wenn die Möglichkeit wegfällt, dass das jeweilige Interesse eines Poolmitgliedes sich in einem gemeinsamen Mehrheitsbeschluss repräsentieren kann. Auch wenn es sich gesellschaftsrechtlich weiterhin um eine gemeinsame Entscheidung des Pools handelt, da die Stimmrechte abstrakt von den Gesellschaftern betrachtet werden, wird die

131 In der Literatur wird ein solcher Fall auch als sog. „strukturelle Dominanz" im Pool bezeichnet. Siehe jüngst bei *Schneider*, Der Stimmbindungsvertrag, 2017, S. 227, 343 f. Siehe ebenfalls *Schaub*, DStR 2018, 871, 874; *Kotzenberg/ Lorenz,* NJW 2017, 2433, 2435 („dominierendes Poolmitglied").

Entscheidungskompetenz in Bezug auf den konkreten Anteil von einem anderen Mitglied ausgeübt. Dieses Spannungsfeld entsteht, da Wertungen des Kapitalgesellschaftsrechts in personengesellschaftsrechtliche Strukturen transponiert werden.

Als Beispielsfall für die rechtliche Behandlung eines majorisierten Stimmbindungspools soll folgendes Schaubild dienen:

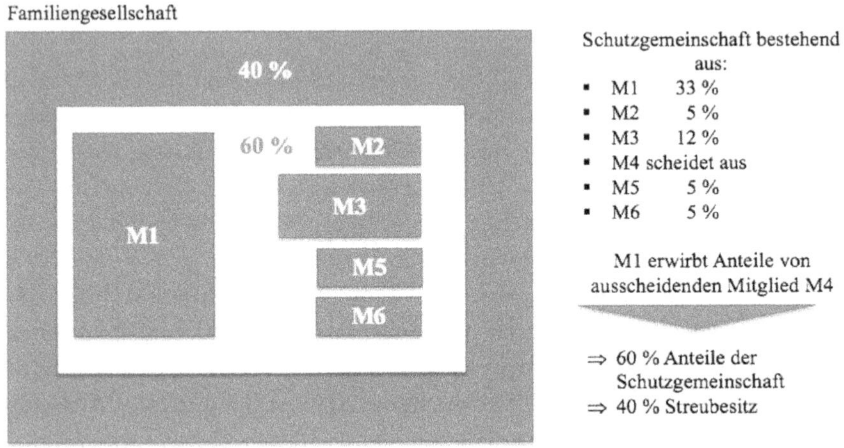

Abb. 2: Stimmbindungspool mit beherrschendem Poolmitglied

Bei der Entstehung einer Beherrschungssituation im Pool können sich in Bezug auf die Art und Weise der Mehrheitserlangung sowie die Gesellschaftsinteressen des Mehrheitskonsorten Unterschiede ergeben.

Erlangt ein Poolmitglied durch eine Anteilsverschiebung die Mehrheit im Pool, verändert sich die Anzahl der poolgebundenen Anteile nicht. Vielmehr veräußert ein Mitglied einen Teil oder die Gesamtheit seiner Stimmrechte an der Familiengesellschaft an ein anderes Mitglied.[132] Dies kann beispielsweise

132 So ist dies im Jahr 2017 bei der Porsche SE und im Jahr 2015 bei der Gelita AG erfolgt. Vgl. Ad-hoc Meldung der Porsche SE v. 3. April 2017, abrufbar unter https://www.porsche-se.com/mitteilungen/ad-hoc/details/?newsID=1614889&cHash=148e5a8654399622b2aaeae580637d03 (Stand: 03.08.2018). Vgl. zur Gelita AG das Urteil vom LG Heidelberg, Urt. v. 28.7.2016 – 2 O 240/14 = AG 2017, 162 sowei das Urteil vom OLG Karlsruhe, Urt. v. 29.04.2019 – 15 U 138/16.

durch Ausübung etwaiger Vorkaufsrechte bei Austritt oder Veräußerungswunsch eines Mitglieds erfolgen. Beim zweiten Szenario erlangt ein Mitglied durch Erwerb weiterer Anteile von außenstehenden Aktionären die Mehrheit im Konsortium. In diesem Fall erhöht sich die Anzahl der poolgebundenen Anteile und damit auch die Höhe der prozentualen Poolbeteiligung der einzelnen Mitglieder. In beiden Fällen stehen jedoch die übrigen Mitglieder im Pool im Moment des Closings den wirtschaftlichen Interessen des die Anteile erwerbenden Mitglieds gegenüber.

Ferner ergeben sich unterschiedliche Motivationslagen des Mehrheitskonsorten, welche gesellschaftsrechtlich für die Frage der Zweckförderung im Rahmen von § 705 BGB von Bedeutung sein können. So fordert § 705 BGB einen Förderungswillen des Gesellschaftszwecks von den an der GbR beteiligten Gesellschaftern. Dieses Tatbestandsmerkmal ist subjektiv geprägt, so dass sein Vorliegen durch Auslegung nach §§ 133, 157 BGB zu ermitteln ist.

Im Nachfolgenden sollen die Divergierenden Interessenlagen des Mehrheitskonsorten erläutert werden, wobei sich bei der rechtlichen Bewertung der Majorisierung in der Regel keine erheblichen Unterschiede ergeben.[133]

1. *Mehrheitserlangung als Mittel zur Durchsetzung von Eigeninteressen* (Unterwanderung)

Nicht immer sind sich die Mitglieder eines Konsortiums über ihre Vorgehensweise innerhalb des Familienpools und die damit verbundene Unternehmenspolitik einig.[134] So können sich im Laufe der Zeit die Interessen der Familienmitglieder auseinander entwickeln.[135] Es kann zu innergesellschaftlichen Streitigkeiten zwischen den verbundenen Konsortialmitgliedern kommen, die in der Regel dadurch hervorgerufen werden, dass die Mitglieder vermehrt im Familienunternehmen unterschiedliche wirtschaftliche Ziele verfolgen. Auch können gegenläufige Interessen der einzelnen Poolmitglieder dadurch hervorgerufen werden, dass Familienmitglieder aufgrund von Erbschaft dem Pool beitreten.

---

133 Vgl. *Schneider*, Der Stimmbindungsvertrag, 2017, S. 227.

134 Zu Meinungsverschiedenheiten innerhalb eines Konsortiums vgl. *Westermann*, in: FS Bezzenberger, 2000, S. 449, 459 ff.

135 *Westermann*, in: FS Bezzenberger, 2000, S. 449, 459.

In der Literatur wird der Fall der Mehrheitserlangung zur Durchsetzung von wirtschaftlichem Eigeninteresse in der Hauptgesellschaft als *Unterwanderung* bezeichnet.[136] Die Unterwanderung beschreibt als Unterfall der Majorisierung innerhalb eines Stimmbindungspools die Situation, in der ein Mitglied gezielt – das heißt gegen den Willen der Poolmehrheit – weitere Anteile an der Familiengesellschaft erwirbt, um die Mehrheit innerhalb des Konsortiums zu erlangen.[137] In diesem Moment der Mehrheitserlangung durch das unterwandernde Mitglied wird der Stimmbindungspool zur Möglichkeit der Ausübung einseitiger Herrschaftsmacht.

Die übrigen Mitglieder sind ab dann aufgrund der Bindungswirkung des Stimmbindungsvertrages den Entscheidungen des Mehrheitskonsorten ausgesetzt.[138]

2. *Interessenneutrale Mehrheitserlangung durch Anteilsverschiebung*

Eine Machtverschiebung innerhalb der Schutzgemeinschaft muss jedoch nicht gezielt hervorgerufen werden. So kann der Wunsch eines Gründungsmitglieds entstehen, seine Anteile an der Gesellschaft zu veräußern. Gerade in großen Familienkonzernen kann die Anteilsveräußerung eines Familienmitgliedes Probleme mit sich bringen. Aufgrund des meist erheblichen wirtschaftlichen Werts der Anteile muss sich innerhalb des Konsortiums zunächst ein geeigneter Erwerber finden. Dieser muss den Erwerb sowohl finanzieren können, als auch ein Interesse am erhöhten Einflusspotential im Pool und in der Gesellschaft haben. Letzteres ist in der Tat nicht selbstverständlich, da gerade in großen generationsübergreifenden Familienunternehmen wie der Porsche SE sich die meisten Familienmitglieder aus dem operativen Geschäft zurückgezogen haben und nur noch ihre Stimmrechte ausüben. Ein Interesse an dem Erwerb weiterer Anteile werden somit gerade

---

136 Zur Situation der Unterwanderung innerhalb eines Familienkonsortiums ausführlich *Ulmer,* in: FS Hommelhoff, 2012, S. 1249, 1250 ff.; vgl ferner auf dieses Problem eingehend *Tröger,* in: KölnerKomm/AktG, § 136 Rn. 117; *Koch*, in: Hüffer/Koch, AktG, § 133 Rn. 28a; *Westermann*, in: Erman, BGB, Vor § 705 Rn. 44. Jüngst dazu *Schneider*, Der Stimmbindungsvertrag, 2017, S. 227 f.

137 *Ulmer,* in: FS Hommelhoff, 2012, S. 1249, 1250 ff.

138 *Ulmer*, in: FS Hommelhoff, 2012, S. 1249, 1251; *Koch*, in: Hüffer/Koch, AktG, § 133 Rn. 28a.

solche Konsortialmitglieder haben, welche bereits ein erhebliches Stimmgewicht auf sich vereinen. Hier ist die Gefahr groß, dass durch Erwerb weiterer poolgebundener Anteile eine Beschlussmehrheit in der Konsortialversammlung erreicht wird.[139]

III. Abgrenzung zum Unterpooling

Eng mit der Situation einer Mehrheitserlangung durch ein Mitglied der Schutzgemeinschaft vergleichbar ist der Fall, in welchem sich innerhalb einer Schutzgemeinschaft eine Untergemeinschaft, auch Unterpool genannt, gründet.[140] Dabei binden sich Mitglieder nochmals vertraglich in der Weise, dass sie sich verpflichten, in der Schutzgemeinschaft gemeinsam und einheitlich zu handeln.[141]

Für einen Unterpoolvertrag gelten grundsätzlich die gleichen Regeln wie für den Poolvertrag im Allgemeinen, so dass auch der Unterpool rechtlich als Innengesellschaft bürgerlichen Rechts zu qualifizieren ist.[142] Im Unterpool beraten und stimmen die Mitglieder vorab über die Stimmrechtsausübung im Hauptpool ab. Die Stimmabgabe im Hauptpool erfolgt sodann einheitlich nach vorheriger Willensbildung innerhalb des engeren Kreises.[143] Es ist unverkennbar, dass in dem Moment der Unterpoolbildung der Hauptpool mit seinen „eigenen Waffen" geschlagen wird.[144] Einer solchen Unterpoolbildung kann jedoch nicht mit dem Einwand entgegen gewirkt werden, sie sei sittenwidrig.[145] Auch führt die Unterpoolbildung in der Regel nicht zu einem Verstoß gegen die mitgliedschaftliche Treuepflicht im

---

139 Vgl. LG Heidelberg, Urt. v. 28.07.2016 – 2 O 240/14 = AG 2017, 162.

140 Ausführlich dazu *Odersky*, in: FS Lutter, 2000, S. 557 ff. Ebenfalls darauf eingehend *Priester*, in: FS Reuter, 2010, S. 1139, 1151; *Gottschalk*, GmbHR 2009, 310, 312.

141 *Odersky*, in: FS Lutter 2000, S. 557 ff.

142 *Odersky*, in: FS Lutter, 2000, S. 557, 564; *Priester*, in: FS Reuter, 2010, S. 1139, 1151; *Ulmer*, in: FS Hommelhoff, 2012, S. 1249, 1252; *Gottschalk*, GmbHR 2009, 310, 312.

143 *Odersky*, in: FS Lutter, 2000, S. 557, 564; *Wertenbruch*, NZG 2009, 645, 647; *Priester*, in: FS Reuter, 2010, S. 1139, 1151.

144 *Odersky*, in: FS Lutter, 2000, S. 557, 565.

145 Die Sittenwidrigkeit von Unterpoolverträgen verneinend *Odersky*, in: FS Lutter, 2000, S. 557, 565; *Ulmer*, in: FS Hommelhoff, 2012, S. 1249, 1253.

Hauptpool.[146] Der wesentliche Unterschied zur Majorisierung durch einen Gesellschafter liegt darin, dass das Ergebnis der Beschlussfassung im Unterpool durch Abstimmung der in gleicher Weise am Unterpool beteiligten Gesellschafter erfolgt. Insoweit wird die Machtausübung nicht von einem Gesellschafter allein bestimmt, so dass die Durchsetzung von unternehmerischen Eigeninteressen beim Unterpooling größere Schwierigkeiten bereitet.

IV. Zwischenergebnis

Der Zusammenschluss und damit die Bündelung der Stimmkraft erfolgt im Interesse aller Familienmitglieder, gemeinsam die wesentlichen Unternehmensentscheidungen zu treffen. Das Konstrukt der Schutzgemeinschaft ermöglicht den Familienmitgliedern dann – trotz ihrer nur geringen Einzelbeteiligung – gemeinsam eine Mehrheit in der Hauptgesellschaft erreichen bzw. verteidigen zu können. Aus diesem Grund werden Stimmbindungspools regelmäßig so strukturiert, dass sich beim poolinternen Abstimmungsprozess Mehrheiten in jedem Einzelfall neu bilden können. Das Stimmgewicht der einzelnen Poolmitglieder ist somit entsprechend ihres Anteilsbesitzes auf diese verteilt. Eine Majorisierung kennzeichnet die Situation, in der innerhalb eines Familienkonsortiums ein Mitglied aufgrund einer poolinternen Anteilsverschiebung oder eines Erwerbs weiterer Aktien die Stimmenmehrheit im Konsortium erlangt. Dies hat zur Folge, dass das majorisierende Mitglied die übrigen Poolmitglieder bei der Beschlussfassung im Konsortium regelmäßig überstimmen und Entscheidungen in der Familiengesellschaft grundsätzlich nach seinem Belieben durchsetzen kann. Anders als beim klassischen Stimmbindungspool sind durch die Majorisierung wechselnde Mehrheiten im Pool ausgeschlossen. Verfolgt der Mehrheitskonsorte das Ziel, in der Hauptgesellschaft eigene wirtschaftliche Interessen durchzusetzen, die den Unternehmensinteressen der übrigen Poolmitglieder widersprechen, so wird ein solcher Fall in der Literatur als Unterwanderung bezeichnet. Bei der rechtlichen Bewertung eines solchen Mehrheitsverhältnisses im Pool ergeben sich jedoch keine wesentlichen Unterschiede.

---

146 *Wertenbruch*, NZG 2009, 645, 648; restriktiver *Odersky*, in: FS Lutter, 2000, S. 557, 567, der einen Verstoß von den Gesamtumständen abhängig macht; sich diesem anschließend *Ulmer*, in: FS Hommelhoff, 2012, S. 1249, 1253.

Kapitel 2: Auswirkungen der Majorisierung auf die Wirksamkeit des Stimmbindungsvertrages

A. Vorbemerkung

Es stellt sich die Frage, welche Auswirkungen die Majorisierung der Stimmanteile innerhalb einer Schutzgemeinschaft auf das vertragliche Konstrukt des Stimmbindungsvertrages und damit auf den Bestand der Schutzgemeinschaft hat. Grundlegend hat sich einzig *Peter Ulmer* in seinem Beitrag zur Festschrift für *Peter Hommelhoff* mit den vertraglichen Rechtsfolgen eines majorisierten Stimmbindungspools auseinandergesetzt.[147] Der Schwerpunkt seiner Untersuchung liegt dabei auf den Rechtsschutzmöglichkeiten der von der Unterwanderung betroffenen Minderheitsaktionäre, das heißt der Kündigungsmöglichkeiten der Poolmitglieder sowie einer möglichen Auflösung der Schutzgemeinschaft wegen Unmöglichkeit der Zweckerreichung nach § 726 Alt. 2 BGB.

In der Praxis hat die Frage nach den vertraglichen Auswirkungen einer Majorisierung in einem Familienpool durch den Fall der Paul Hartmann AG mit Sitz in Heidenheim an Aufmerksamkeit gewonnen. Die 1964 gegründete – damals ausschließlich aus Familienmitgliedern bestehende – Schutzgemeinschaft vereinigte 80 % der Stimmrechte an dem Pharmaunternehmen Paul Hartmann AG auf sich. Im Jahre 2009 konnte der Aktionär Schwenk Zement 60 % der Anteile in der Schutzgemeinschaft auf sich vereinen. Die Schutzgemeinschaft wurde ab diesem Zeitpunkt von diesem beherrscht. Die Mitglieder der Schutzgemeinschaft stritten über die Frage, welche Rechtsfolgen aus der durch Schwenk Zement hervorgerufenen Beherrschungssituation resultierten. Insbesondere stellte sich die Frage, ob die Schutzgemeinschaft aufgrund einer faktischen Unmöglichkeit der Erreichung des konsortialvertraglich vereinbarten Gesellschaftszwecks aufzulösen ist.[148]

---

147 *Ulmer,* in: FS Hommelhoff, 2012, S. 1249. Zur Situation der Unterwanderung vgl. Kapitel 1: B. II. 2. a)

148 Vgl. ausführlich dazu *Trittner*, Hartmann: Aktionärs-Schutzgemeinschaft wurde aufgelöst, Heidenheimer Zeitung v. 3. Dezember 2015, abrufbar unter http://

Zu einer gerichtlichen Auseinandersetzung mit den streitigen Rechtsfragen kam es nicht. Im Jahr 2015 löste sich die Schutzgemeinschaft durch Beschluss selbst auf.[149]

In der nachfolgenden Untersuchung sollen die entscheidenden Rechtsfragen anhand des Beispiels behandelt werden. Dabei konzentriert sich die Untersuchung unter Berücksichtigung der Ergebnisse *Ulmers* auf die Frage, welche Rechtsschutzmöglichkeiten die Rechtsordnung den Minderheitskonsorten bietet, um die Majorisierung zu beenden.

B. Rechtsschutzmöglichkeiten der Minderheitskonsorten

Da eine Schutzgemeinschaft rechtlich als Innengesellschaft bürgerlichen Rechts zu qualifizieren ist,[150] ist Rechtsschutz der Minderheitskonsorten über die Rechtsbehelfe des GbR-Rechts zu ersuchen. Dies betrifft zum einen das Recht zur Kündigung aus wichtigem Grund (§ 723 BGB), die Auflösung der Gesellschaft wegen Unmöglichkeit der Zweckerreichung (§ 726 Alt. 2 BGB) sowie den Ausschluss eines Gesellschafters aus wichtigem Grund (§ 737 BGB). Ferner kann eine Majorisierung als Verstoß gegen die gesellschaftsrechtliche Treuepflicht zu bewerten sein. Bei der Prüfung der in Frage kommenden Rechtsschutzmöglichkeiten ist zu berücksichtigen, dass der Schutzgemeinschaftsvertrag einige Vorschriften aus dem GbR-Recht konkretisiert, aber typischerweise auch abweichende Regelung trifft. Aus diesem Grund ist aufgrund der im Einzelfall geregelten Besonderheiten im Konsortialvertrag keine pauschale Aussage über den Rechtsschutz der Minderheitskonsorten möglich. Die nachfolgenden Ausführungen orientieren sich dabei an den geläufigen Klauseln in einem familiengebundenen Stimmrechtskonsortium.

---

www.swp.de/heidenheim/lokales/heidenheim/hartmann_-aktionaers-schutzgemeinschaft-wurde-aufgeloest-11894982.html (Stand: 03.08.2018); siehe auch *Scheele*, "Time to say goodbye", Manager Magazin v. 11. Juli 2004, abrufbar unter http://www.manager-magazin.de/unternehmen/karriere/a-308235.html (Stand: 03.08.2018).

149 Ad-hoc Meldung der Paul Hartmann AG v. 6 November 2015, abrufbar unter https://hartmann.info/en/pages/investor-relations/Ad-hoc-Mitteilungen (Stand: 03.08.2018).

150 Vgl. Kapitel 1: A. III.

I. Kündigungsrecht nach § 723 BGB

Das Kündigungsrecht von Personengesellschaften ist grundlegend in § 723 BGB geregelt. Dieser bestimmt die Kündigungsvoraussetzungen für Gesellschafter von Gesellschaften, die nicht für eine bestimmte Zeit eingegangen sind (Satz 1), während Gesellschaften von bestimmter Zeitdauer vor Ablauf dieser Zeit nur aus wichtigem Grund außerordentlich gekündigt werden können (Satz 2). Den Stimmbindungsbeteiligten steht es grundsätzlich als Ausdruck ihrer privatautonomen Entscheidungsfreiheit im Rahmen der §§ 705 ff. BGB frei, die Dauer der Stimmbindung im Vertrag in den Grenzen des § 723 Abs. 3 BGB zu bestimmen.

1. Ordentliches Kündigungsrecht, § 723 Abs. 1 S. 1 BGB

Grundsätzlich ist in Stimmbindungsverträgen die Vertragsdauer geregelt. Die fehlende Regelung hätte zur Folge, dass der Stimmbindungsvertrag auf unbestimmte Zeit gilt, so dass sich die Konsorten jederzeit durch ordentliche Kündigung nach § 723 Abs. 1 S. 1 BGB von der vertraglichen Bindung ihrer Stimmrechte lösen können. Der Zweck und die Wirkungskraft der Stimmbindung können nur dann erreicht werden, wenn die Poolmitglieder ihre Stimmrechte langfristig unter die Mehrheitsentscheidung des Pools stellen und nicht jedes Mitglied im Pool jederzeit kündigen und sich von der vertraglichen Bindung seines Stimmrechts lösen kann.[151] Insbesondere gilt es zu vermeiden, dass gegebenenfalls zur Mehrheitsbeteiligung des Pools erforderliche Familienkonsorten aus dem Stimmbindungspool durch einfache Kündigung ausscheiden.[152] Aus diesem Grund ist eine bestandsfeste und zukunftssichere Grundlage für einen Familienpool unumgänglich.[153]

In der Literatur und Rechtsprechung wurde früher diskutiert, wie mit solchen Stimmbindungspools zu verfahren ist, bei welchen eine entsprechende

151 *Tröger, in:* KölnerKomm/AktG, § 136 Rn. 117; *Janberg/Schlaus*, AG 1967, 34, 34 f.; *Noack*, Gesellschaftervereinbarungen, 1994, S. 230; *Löbbe*, in: Happ, Konzern- und Umwandlungsrecht, S. 449 zu Muster 5.01, Anmerkung 17.1; *Coenen*, Konzernrechtliche Relevanz von Stimmbindungsvereinbarungen, 2014, S. 36; *Lübbert*, Abstimmungsvereinbarungen, 1971, S. 143.

152 *Noack*, Gesellschaftervereinbarungen, 1994, S. 230.

153 *Noack*, Gesellschaftervereinbarungen, 1994, S. 230.

Regelung hinsichtlich der Dauer der Stimmbindung fehlt.[154] Nach Ansicht des Reichsgerichts wurde die Möglichkeit der ordentlichen Kündigung bei Stimmbindungsvereinbarungen aufgrund ihres Zwecks stillschweigend ausgeschlossen.[155] Dieser Standpunkt wurde von Teilen der Literatur – zu Recht – abgelehnt.[156] Die Kritik entspricht auch der heute herrschenden Meinung in der Literatur[157] und auch der des BGH[158], wonach zeitlich unbefristete Konsortialverträge die Möglichkeit zur ordentlichen Kündigung nicht ausschließen.

2. *Außerordentliches Kündigungsrecht, § 723 Abs. 1 S. 2 BGB*

Stimmbindungsverträge werden somit regelmäßig befristet mit einer festen Laufzeit abgeschlossen, welche sich um einen bestimmten Zeitraum verlängern kann.[159] Sie stellen damit grundsätzlich Dauerschuldverhältnisse dar.[160] Bei der Festlegung der Laufzeit des Kündigungsausschlusses ist

154 Grundlegend RG, DR 1940, 244, 246, welches sich aufgrund des Schutzzwecks für einen stillschweigenden Ausschluss der ordentlichen Kündigungsmöglichkeit aussprach. Ausführliche Diskussion bei *Lübbert*, Abstimmungsvereinbarungen, 1971, S. 143 f.; *Rodemann*, Stimmbindungsvereinbarungen in den Aktien- und GmbH-Rechten, 1998, S. 14 ff.

155 RG, DR 1940, 244, 246; sich der Judikatur anschließend *Lübbert*, Abstimmungsvereinbarungen, 1971, S. 143.

156 *Noack*, Gesellschaftervereinbarungen, 1994, S. 231; *Coenen*, Konzernrechtliche Relevanz von Stimmbindungsvereinbarungen, 2014, S. 36.

157 *Mertens,* in: KölnerKomm/AktG, § 101 Rn. 19; *Zöllner*, in: KölnerKomm/AktG, § 136 Rn. 86; *Noack*, Gesellschaftervereinbarungen, 1994, S. 231; *Rodemann*, Stimmbindungsvereinbarungen in den Aktien- und GmbH-Rechten, 1998, S. 15.

158 BGH, Urt. v. 13.06.1994 – II ZR 38/93 („Schutzgemeinschaftsvertrag I“) = BGHZ 126, 227, 230.

159 *Lorz*, in: Lorz/Pfisterer/Gerber, Beck'sches Formularbuch GmbH-Recht, 1. Stimmbindungs-/Poolvertrag Nr. 17; *Grundmann*, in: GroßKomm/AktG, § 136 Rn. 97; *Noack*, Gesellschaftervereinbarungen, 1994, S. 229; *Plückelmann*, in: Gummert, Personengesellschaftsrecht, § 8 Rn. 55; *Gersch*, BB 1971, 871. Vgl. insbesondere *Blaum/Scholz*, in: Hoffmann-Becking/Rawert, Beck'sches Formularbuch, 4. Poolvertrag zwischen mit Mehrheit beteiligten Aktionären, Anmerkung 1, 26.

160 *Tröger, in:* KölnerKomm/AktG, § 136 Rn. 116; *Arnold*, in: MünchKomm/AktG, § 136 Rn. 60; *Koch,* in: Hüffer/Koch, AktG, § 133 Rn. 26.

die Vorschrift des § 723 Abs. 3 BGB zwingend zu berücksichtigen. Nach § 723 Abs. 3 BGB ist eine Vereinbarung nichtig, durch welche das Kündigungsrecht ausgeschlossen oder den Kündigungsvorschriften zuwider beschränkt wird. In diesem Zusammenhang wird in der Literatur oft diskutiert, welche Zeitbestimmungen[161] als Grenze bei Gesellschaftervereinbarungen zulässig sind.[162] Zwar wird die Frage nicht immer speziell anhand von Stimmbindungspools behandelt, jedoch kann auf die allgemein geltenden Grundsätze zur zulässigen Zeitdauer bei langfristigen Gesellschafterverträgen zurückgegriffen werden.[163]

Der BGH hat in einem Urteil betreffend die Wirksamkeit einer Kündigungsklausel bei einem Rechtsanwalts-Sozietätsvertrag eine Maximaldauer von 30 Jahren als unzulässig erachtet.[164] Jedoch hat er auch betont, dass die Grenze der Zulässigkeit einer Klausel nicht generell-abstrakt festgestellt werden kann, sondern von einer Wertungsfrage im Einzelfall abhänge.[165] Bei der Bewertung des zu schützenden Interesses der einzelnen Gesellschafter an absehbaren einseitigen, ohne wichtigen Grund gewährten Lösungsmöglichkeiten ist die Struktur der Gesellschaft als Familiengesellschaft sowie das durch den Gesellschaftszweck begründete Interesse an einem möglichst langfristigem Bestand der Gesellschaft zu berücksichtigen.[166] Teilweise wird

---

161 Vgl. zur Laufzeitregelung enthaltende Vertragsmuster *Löbbe*, in: Happ, Konzern-und Umwandlungsrecht, S. 449 zu Muster 5.01; *Lorz*, in: Lorz/Pfisterer/Gerber, Beck'sches Formularbuch GmbH-Recht, 1. Stimmbindungs-/Poolvertrag Anmerkung 17 m.w.N.; vgl. auch *Blaum/Scholz*, in: Hoffmann-Becking/Rawert, Beck'sches Formularbuch, 4. Anmerkung 26; *Mayer,* MittBayNot 2006, 281, 291.

162 Eine Ausführliche Diskussion bei *Schneider*, Der Stimmbindungsvertrag, 2017, S. 181 ff.; *Noack*, Gesellschaftervereinbarungen, 1994, S. 233.

163 Vgl. in Bezug auf Familienpool Vgl. *Hueck*, in: FS Larenz, 1973, S. 741, 746 f.; *Gersch*, BB 1977, 871, 874; *Großfeld/Gersch*, JZ 1988, 937, 945.

164 Vgl. BGH, Urt. v. 18.9.2006 – II ZR 137/04 = NJW 2007, 295, 196. Vgl. ebenfalls *Schäfer*, in: MünchKomm/BGB, § 723 Rn. 66; *Schöne*, in: Bamberger/Roth, BeckOK/BGB, § 723 Rn. 33; *Sprau*, in: Palandt, BGB, § 723 Rn. 2.

165 BGH, Urt. v. 18.9.2006 – II ZR 137/04 = NJW 2007, 295, 296.

166 BGH, Urt. v. 18.9.2006 – II ZR 137/04 = NJW 2007, 295, 296; *Schäfer*, in: MünchKomm/BGB, § 723 Rn. 66; *Schöne*, in: Bamberger/Roth, BeckOK/BGB, § 723 Rn. 33; *Hueck*, in: FS Larenz, 1973, S. 741, 746 f.; *Ulmer*, ZIP 2010, 805, 806.

in der Kommentarliteratur eine Höchstdauer von 30 Jahren als Obergrenze angenommen.[167] Eine Laufzeit von bis zu 30 Jahren lässt sich wohl bei einem Pool ohne Außenwirkung rechtfertigen, da ein Verbleib im Pool den Mitgliedern aufgrund der fehlenden Erscheinung im Rechtsverkehr zumutbar sein wird.[168]

Um dem Pool ohne Bildung von Gesamthandsvermögen eine stärkere Bindung zu verleihen, wird in der Regel für den Fall der Kündigung des Poolvertrages zusätzlich die Verpflichtung des Kündigenden vereinbart, seine Anteile den verbleibenden Mitgliedern zum Erwerb anzubieten.[169] Eine solche Anbietungspflicht führt nicht zu einem faktischen Ausschluss des Kündigungsrechts entsprechend § 723 Abs. 3 BGB und ist daher grundsätzlich wirksam.[170] Im Ergebnis können Stimmbindungsverträge somit nach § 723 Abs. 1 S. 2 BGB gekündigt werden, wenn ein wichtiger Grund im Sinne des § 723 Abs. 1 S. 3 BGB vorliegt.

---

167 *Schäfer*, in: MünchKomm/BGB, § 723 Rn. 66; *Schöne*, in: Bamberger/Roth, BeckOK/BGB, § 723 Rn. 33; *Westermann*, in: Erman, BGB, § 723 Rn. 22; *Großfeld/Gersch*, JZ 1988, 937, 945; *Ulmer*, ZIP 2010, 805, 806, der dafür plädiert, bei großen, generationsübergreifenden Familien-KG'en zumindest an der 30-Jahres-Grenze festzuhalten. Allgemeine Aussagen zu einer Zeitdauer von 30 Jahren als Obergrenze bei *Gersch*, BB 1977, 871, 874; näher *Oetker*, Das Dauerschuldverhältnis und seine Beendigung, 1994, S. 499 f., 501 ff. Eine Herleitung einer 30-Jahre-Obergrenze bei *Schneider*, Der Stimmbindungsvertrag, 2017, S. 187 f.

168 So bereits OLG Stuttgart, Urt. v. 28.10.1985 – 5 U 202/84 = JZ 1987, 570; vgl. auch *Flume*, JZ 1997, 572.

169 *Lorz*, in: Lorz/Pfisterer/Gerber, Beck'sches Formularbuch GmbH-Recht, 1. Stimmbindungs-/Poolvertrag, Anmerkung 17; vgl. zur rechtlichen Ausgestaltung von Stimmbindungsverträgen bei Familienpools Kapitel 1: A. V.

170 BGH, Urt. v. 13.6.1994 – II ZR 38/93 („Schutzgemeinschaftsvertrag I") = BGHZ 126, 227, 234 ff.; dazu auch *Ulmer/Schäfer*, ZGR 1995, 134, 144 ff.; *Lorz*, in: Lorz/Pfisterer/Gerber, Beck'sches Formularbuch GmbH-Recht, 1. Stimmbindungs-/Poolvertrag, Anmerkung 17; *Blaum/Scholz*, in: Hoffmann-Becking/Rawert, Beck'sches Formularbuch, VIII. A. 3. Schutzgemeinschaftsvertrag, Anmerkung 16; *Schäfer*, in: MünchKomm/BGB, Vor § 705 Rn. 69a; *Westermann*, ZGR 1996, 272, 273 ff.

a) Vorliegen eines wichtigen Grundes

Nach dem Wortlaut des § 723 Abs. 1 S. 3 Nr. 1 BGB liegt ein wichtiger Grund *insbesondere* vor, wenn ein anderer Gesellschafter eine ihm nach dem Gesellschaftsvertrag obliegende wesentliche Verpflichtung vorsätzlich oder grob fahrlässig verletzt hat oder wenn die Erfüllung einer solchen Verpflichtung unmöglich wird. Der wichtige Grund in § 723 Abs. 1 S. 3 Nr. 1 BGB knüpft somit an die Verletzung wesentlicher Vertragspflichten an.

Fraglich ist, ob die Majorisierung eine wesentliche Verletzung des Stimmbindungsvertrages darstellt. Der Stimmbindungsvertrag enthält typischerweise Regelungen zum Abstimmungsverfahren, zur Bestandssicherung sowie zu etwaigen darüber hinaus gehenden Kompetenzen wie Vorschlags- bzw. Nominierungsrechten. Neben diesen Regelungen finden sich häufig Regelungen zu Vorkaufs- und Kündigungsrechten, die von den bestehenden gesetzlichen Regelungen des GbR-Rechtes abweichen oder diese modifizieren.[171] In Bezug auf solche Regelungen läge eine wesentliche Vertragsverletzung beispielsweise dann vor, wenn ein Gesellschafter die Anteile an der Hauptgesellschaft veräußert oder er nicht mehr zur Erreichung des Vertragszwecks beitragen könnte.[172] Der Erwerb von konsortialvertraglich gebundenen Anteilen, der einen Mehrheitserwerb der Stimmrechte zur Folge hat, berührt die Regelungen im Schutzgemeinschaftsvertrag regelmäßig nicht. Gegenstand des Abstimmungsvorgangs ist die gemeinsame Beratung der Stimmbindungsbeteiligten. Der Zweck der Beratung besteht nicht nur darin, die Interessen der Poolmitglieder hinsichtlich der Stimmrechtsausübung in der Hauptgesellschaft zu vertreten, sondern auch etwaige Konflikte im Pool unter den Mitgliedern auszutragen. In Bezug auf die Mehrheitsbildung wird der Zweck der gemeinsamen Beratung nicht beeinträchtigt. Vielmehr steht es den Mitgliedern weiterhin frei, ihre Stimmrechte entsprechend ihres Anteilsbesitzes in der Poolversammlung auszuüben. Die in § 723 Abs. 1 S. 3 Nr. 1 BGB beschriebenen Umstände treffen somit grundsätzlich auf die Majorisierung nicht zu.[173]

171 Vgl. dazu bereits unter Kapitel 1: A. V.
172 *Noack*, Gesellschaftervereinbarungen, 1994, S. 235.
173 So auch *Ulmer*, in: FS Hommelhoff, 2012, S. 1249, 1258.

Die Fälle des § 723 Abs. 1 S. 3 BGB stellen jedoch nur Regelbeispiele dar und haben keinen abschließenden Charakter.[174] Vielmehr kann über diese hinaus ein zur Kündigung berechtigender wichtiger Grund vorliegen, wenn einem Gesellschafter die Bindung an die GbR unter Berücksichtigung aller Umstände nach Treu und Glauben unzumutbar wird.[175] Das Kriterium der Unzumutbarkeit hat auch im allgemeinen Rechtsgedanken des § 314 Abs. 1 S. 2 BGB Niederschlag gefunden, der die Kündigung von Dauerschuldverhältnissen allgemein regelt.[176] Der wichtige Grund wird in diesem dahingehend umschrieben, dass dem Kündigenden unter Berücksichtigung aller Umstände des Einzelfalls und unter Abwägung der beteiligten Interessen eine Fortsetzung der Gesellschaft bis zum Vertragsende oder zum nächsten ordentlichen Kündigungstermin *nicht zugemutet* werden kann, insbesondere weil das Vertrauensverhältnis unter den Gesellschaftern oder die Zweckerreichung grundlegend gestört oder ein gedeihliches Zusammenwirken aus sonstigen Gründen nicht mehr möglich ist.[177] Eine solche Unzumutbarkeit liegt bei der Personengesellschaft unter anderem bei schweren und andauernden Zerwürfnissen unter den Gesellschaftern vor.[178]

Anknüpfungspunkt für das Vorliegen eines wichtigen Grundes ist somit die Frage, ob der Verbleib in der Schutzgemeinschaft für die betroffenen Mitglieder durch die Majorisierung unzumutbar wird. *Ulmer* vertritt für

---

174 BGH, Urt. v. 12.7.1982 – II ZR 157/81 = BGHZ 84, 379, 382 f; BGH, Urt. v. 24.7.2000 – II ZR 320/98 = NJW 2000, 3491; BGH, Urt. v. 22.5.2012 – II ZR 2/11 = WM 2012, 1484, 1487; *Schäfer,* in: MünchKomm/BGB, § 723 Rn. 28; *Sprau,* in: Palandt, § 723 Rn. 4.

175 BGH, Urt. v. 30.11.1951 – II ZR 109/51 = NJW 1952, 461; BGH, Urt. v. 12.7.1982 – II ZR 157/81 = NJW 1982, 2821; *Sprau,* in: Palandt, § 723 Rn. 4; *Schäfer,* in: MünchKomm/BGB, § 723 Rn. 28; *Ulmer*, in: FS Hommelhoff, 2012, S. 1249, 1258; *Hadding/Kießling*, in: Soergel, BGB, § 723 Rn. 34; *Habermeier*, in: Staudinger, BGB, § 723 Rn. 26.

176 *Schäfer,* in: MünchKomm/BGB, § 723 Rn. 28; *Ulmer*, in: FS Hommelhoff, 2012, S. 1249, 1258; *Geier*, in: MünchKomm/BGB, § 314 Rn. 10.

177 BGH, Urt. v. 24.7. 2000 – II ZR 320/98 = NJW 2000, 3491, 3492; BGH, Urt. v. 22. 5. 2012 – II ZR 2/11 = NZG 2012, 903, 906; *Sprau*, in: Palandt, BGB, § 723, Rn. 4; *Hadding/Kießling*, in: Soergel, BGB, § 723 Rn. 34; *Westermann*, in: Erman, BGB, § 723 Rn. 11.

178 *Westermann*, in: Erman, BGB, § 723 Rn. 12; *Schäfer*, in: MünchKomm/BGB, § 723 Rn. 31; *Hadding/Kießling*, in: Soergel, BGB, § 723 Rn. 34.

den Fall der Unterwanderung die Auffassung, dass diese unzweifelhaft eine unzumutbare Situation für die Minderheitsgesellschafter der Schutzgemeinschaft schaffe.[179] Dies begründet er damit, dass die Beteiligung der Mitglieder zur Verfolgung des gemeinsamen Zwecks sich in der Verbindung zwischen den Mitgliedern kennzeichne. Der Zusammenschluss erfolge gerade in der Erwartung bei der Willensbildung in der Schutzgemeinschaft entsprechend dem Anteilsbesitz auf die Hauptgesellschaft gleichrangigen Einfluss nehmen zu können. Verliere man diese gleichrangige Einflussnahme, so verkehre sich der Gesellschaftszweck in sein Gegenteil, so dass ein Festhalten am Schutzgemeinschaftsvertrag unzumutbar sei. Die gezielte Mehrheitsbildung zur Verfolgung eigener wirtschaftlicher Interessen eines Gesellschafters hindere nicht nur das Interesse der Minderheitengesellschafter an der Weiterverfolgung des Vertragszwecks durch gemeinsame Ausübung ihrer Stimmrechte. Auch werde das Vertrauensverhältnis unter den Gesellschaftern tiefgreifend beeinträchtigt.[180]

Die von *Ulmer* vertretenen Argumente lassen sich allgemein auf eine Majorisierung übertragen. *Ulmer* ist zuzugeben, dass eine Majorisierung grundsätzlich nicht den Interessen der Mitglieder des Pools entspricht. Anknüpfungspunkt für die Bewertung des Kriteriums der Unzumutbarkeit ist die gleichrangige Einflussnahme der Gesellschafter als Gesellschaftszweck. Diese besteht durch eine Majorisierung formal durch die Teilnahme und Beratung in der Konsortialversammlung fort. Die Einflussnahme in Höhe des jeweiligen Anteilsbesitzes ist jedoch aufgrund der Beherrschungssituation im Pool faktisch ausgeschlossen. Insoweit wird man wohl aus dem Willen der Poolmitglieder entnehmen können, dass diese sich mit der Erwartung dem Pool angeschlossen haben, entsprechend ihres Anteilsbesitzes Einfluss auf die Abstimmung in der Konsortialversammlung nehmen zu können. Erlangt ein Mitglied die Mehrheit, so stehen selbst Mitglieder mit einer nur geringfügig geringeren Beteiligung als die des Mehrheitskonsorten dauerhaft auf der Seite der Minderheit.

---

179 *Ulmer,* in: FS Hommelhoff, 2012, S. 1249, 1258. Im Ergebnis zustimmend *Tröger, in:* KölnerKomm/AktG, § 136 Rn. 117; *Koch*, in: Hüffer/Koch, AktG, § 133 Rn. 28a

180 Zum Ganzen *Ulmer,* in: FS Hommelhoff, 2012, S. 1249, 1258.

Gegen eine Zumutbarkeit des Umstandes der Majorisierung ließe sich zwar anführen, dass die Mitglieder freiwillig die vertragliche Verpflichtung der Stimmbindung eingegangen sind. Jedoch ist in gleicher Weise hervorzuheben, dass die Konsorten in Kenntnis eines solchen ständigen Mehrheitsverhältnisses eine solche Bindung wahrscheinlich nicht eingegangen wären. Der vertraglichen Bindung lag somit die Erwartung zugrunde gestaltend und mitbestimmend an den wesentlichen Mehrheitsentscheidungen des Pools mitwirken zu können. Aus diesen vorgenannten Gründen ist es sachgerecht, den betroffenen Mitgliedern im Fall einer Majorisierung die Möglichkeit einzuräumen, den Schutzgemeinschaftsvertrag wegen der unzumutbar gewordenen Bindung an die GbR aus wichtigem Grund gem. § 723 Abs. 1 S. 2 BGB zu kündigen.[181]

b) Rechtsfolgen der außerordentlichen Kündigung

Fraglich erscheint, ob das außerordentliche Kündigungsrecht im Hinblick auf die Rechtsfolgen der Kündigung für die Konsortialmitglieder sachgerechten Rechtsschutz bietet.

Grundsätzlich bewirkt die Kündigung *eo ipso* die Auflösung der Gesellschaft, also der Schutzgemeinschaft.[182] Enthält der Schutzgemeinschaftsvertrag – wie im Regelfall – eine Fortsetzungsklausel im Kündigungsfall, so hat die Kündigung aus wichtigem Grund zur Folge, dass der Kündigende aus der Gesellschaft ausscheidet und die Gesellschaft ohne ihn fortbesteht.[183] Ferner hat eine Kündigung eines Konsortialmitgliedes in der Regel zur Folge, dass das kündigende Mitglied seine Anteile an der Familiengesellschaft verliert. Grund dafür ist das regelmäßig im Schutzgemeinschaftsvertrag enthaltene Übernahmerecht bei Ausscheiden eines Mitglieds.[184] Bei einer Kündigung

181 So auch *Koch*, in: Hüffer/Koch, AktG, § 133 Rn. 28a; *Tröger,* in: Kölner-Komm/AktG, § 136 Rn. 117.

182 *Kilian*, in: Henssler/Strohn, § 723 BGB Rn. 24; *Schäfer,* in: MünchKomm/BGB, § 723 Rn. 28; *Gummert*, in: MünchHdb. GesR I, § 21 Rn. 21; *Hadding/Kießling*, in: Soergel, BGB, § 723 Rn. 48.

183 *Kilian*, in: Henssler/Strohn, § 723 BGB Rn. 24; *Mutter/Gündisch*, in: Gummert, Personengesellschaftsrecht, § 723 Rn. 221; *Gummert*, in: MünchHdb. GesR I, § 21 Rn. 21.

184 Vgl. BGH, Urt. v. 13.6.1994 – II ZR 38/93 („Schutzgemeinschaftsvertrag I") = NJW 1994, 2536, 2538; *Ulmer*, in: FS Hommelhoff, 2012, S. 1249, 1259.

läuft der kündigende Gesellschafter somit Gefahr, beim Ausscheiden seine Beteiligungen an der Hauptgesellschaft zu verlieren. In diesem Fall würde er sich zwar von der vertraglichen Bindung seiner Stimmrechte lösen, diese jedoch gleichzeitig vollständig verlieren. Zweifelhaft ist deshalb, ob eine solche Rechtsfolge im Fall der Majorisierung interessengerecht ist. Zwar ist das Vorkaufs- und Andienungsrecht freiwillig bei Abschluss des Vertrages vereinbart worden. Die Mitglieder sind sich somit von Anfang an der Gefahr eines etwaigen Verlustes ihrer Anteile im Falle einer Kündigung bewusst. Dabei ist auch nicht zu verkennen, dass ein solches Vorkaufsrecht wirtschaftlich nicht zwangsläufig für das kündigende Mitglied nachteilig ist. Im Hinblick auf das Interesse der Mitglieder im Falle der Majorisierung entspricht die Kündigung jedoch nicht vollumfänglich den Interessen der Minderheitsaktionäre. Denn diese wollen durch Kündigung gerade nicht wirtschaftliche Vorteile aus dem Verkauf ihrer Anteile ziehen, sondern weiterhin ihre Aktionärsrechte ausüben. Dies gilt insbesondere für das Recht auf faktischen Einfluss auf die Hauptgesellschaft über die Poolentscheidung. Aus diesem Grund bietet die Kündigungsmöglichkeit aus wichtigem Grund im Falle einer Majorisierung durch ein Poolmitglied im Ergebnis keinen sachgerechten Interessenausgleich für die betroffenen Poolmitglieder.

II. Auflösung des majorisierten Stimmbindungspools wegen Unmöglichkeit der Zweckerreichung, § 726 Alt. 2 BGB

Als Rechtsschutzmöglichkeit kommt ferner die Anwendung des § 726 BGB in Betracht. Im Unterschied zur Kündigung führt § 726 BGB *ex lege* zur Auflösung der Gesellschaft, wenn der *Gesellschaftszweck erreicht* oder die *Erreichung unmöglich* ist.[185] Diese Gründe führen unmittelbar zu Auflösung der Gesellschaft, unabhängig davon, ob die Gesellschafter von den Auflösungsgründen Kenntnis haben.[186] Das Eingreifen der Vorschrift ist von großer Bedeutung für die Gesellschaft, da § 726 BGB nicht

185 *Noack*, Gesellschaftervereinbarungen, 1994, S. 238; *Ulmer*, in: FS Hommelhoff, 2012, S. 1249, 1259.

186 Siehe oben *Ulmer*, in: FS Hommelhoff, 2012, S. 1249, 1259; vgl. auch *Habermeier*, in: Staudinger, BGB, § 726, Rn. 6; *Schäfer*, in: MünchKomm/BGB, Vor § 723 Rn. 10; *Gummert*, in: MünchHdb. GesR I, § 21 Rn. 62.

durch Gesellschaftsvertrag abbedungen werden kann.[187] Auch kommen im Anwendungsbereich des § 726 BGB Fortsetzungsklauseln nicht zum Zuge, die für den Fall der Kündigung durch einen Gesellschafter dessen Ausscheiden an Stelle der Auflösung vorsehen.[188] Die Vorschrift greift somit gravierend in die Gesellschaftsstruktur ein.[189] Dies begründet das Erfordernis, an die Feststellung der Voraussetzungen hohe Anforderungen zu stellen.[190]

Es stellt sich die Frage, ob durch eine Majorisierung der Gesellschaftszweck der Schutzgemeinschaft unmöglich wird. In dem von *Ulmer* thematisierten Fall einer unterwanderten Schutzgemeinschaft bejaht dieser die Voraussetzungen und das Eingreifen des § 726 Alt. 2 BGB.[191] Dies begründet er damit, dass die Interessendiskrepanz zwischen dem Mehrheitserwerber und den übrigen Mitgliedern der Schutzgemeinschaft zur Veränderung der Geschäftsgrundlage der Schutzgemeinschaft führe.[192] Ferner komme es durch den Mehrheitserwerb zu einer Strukturänderung in der Schutzgemeinschaft, die ein dauerhaftes Über-/Unterordnungsverhältnis begründe.[193] Dies sei ausschlaggebend dafür, dass die Erreichung des Gesellschaftszwecks dauerhaft unmöglich sei.[194]

Im Folgenden soll die Ansicht *Ulmers* einer kritischen Würdigung unterzogen werden. Insbesondere soll kritisch untersucht werden, ob eine Mehrheitsbildung innerhalb eines Pools eine dauerhafte Unmöglichkeit

---

187 *Habermeier*, in: Staudinger, BGB, § 726 Rn. 3; *Hadding/Kießling*, in: Soergel, BGB, § 726 Rn. 2; *Schöne*, in: Bamberger/Roth, BeckOK/BGB, § 726 Rn. 2; *Sprau*, in: Palandt, BGB, § 726 Rn. 1; *Schäfer,* in: MünchKomm/BGB, § 726 Rn. 9; *Westermann*, in: Erman, BGB, § 726 Rn. 2.

188 *Schäfer*, in: Ulmer/Schäfer, GbR und PartG, § 726 Rn. 1.

189 *Schäfer,* in: MünchKomm/BGB, § 726 Rn. 1 ff.

190 BGH, Urt. v. 15.6.1962 – VI ZR 268/61 = WM 1970, 962 (Wegfall des Interesses eines von zwei Großaktionären an dem zwischen ihnen bestehenden Poolvertrag kein Fall von § 726); *Saenger*, in: Schulze, BGB, § 726 Rn. 1; *Schäfer*, in: MünchKomm/BGB, § 726 Rn. 4; *Hadding/Kießling,* in: Soergel, BGB, § 726 Rn. 5.

191 *Tröger*, in: KölnerKomm/AktG, § 136 Rn. 117, einschränkend *Koch*, in: Hüffer/Koch, AktG, § 133 Rn. 28a, welcher die Auflösung der Schutzgemeinschaft wegen Unmöglichkeit der Zweckerreichung vom Einzelfall abhängig macht.

192 *Ulmer*, in: FS Hommelhoff, 2012, S. 1249, 1260.

193 *Ulmer*, in: FS Hommelhoff, 2012, S. 1249, 1260.

194 *Ulmer*, in: FS Hommelhoff, 2012, S. 1249, 1260.

begründet. In der Literatur finden sich zwei Stimmen, die sich unter Bezugnahme auf *Ulmer* dieser Ansicht anschließen.[195] Jedoch weist *Koch* bereits daraufhin, dass die Frage nach der Unmöglichkeit der Zweckerreichung vom Einzelfall abhängen muss.[196]

1. Tatbestandsvoraussetzungen des § 726 Alt. 2 BGB

a) Bestimmung des Gesellschaftszwecks

Konstitutiver Bestandteil jedes Gesellschaftervertrages ist die Vereinbarung der Verfolgung eines gemeinsamen Gesellschaftszwecks.[197] Der Zweck ergibt sich aus dem Gesellschaftsvertrag.[198] Je weiter die Zweckbestimmung ist, umso unwahrscheinlicher kommt es zu einer Auflösung der Gesellschaft nach § 726 BGB.[199] Bei einer Schutzgemeinschaft liegt der nach § 705 BGB erforderliche Zweck wie bereits in unter Kapitel 1: A. IV. dargestellt ausschließlich in der Sicherung des gemeinsamen Einflusses auf die Hauptgesellschaft unter Abwehr der Gefahr einer Fremdsteuerung.[200]

b) Unmöglichkeit der Zweckerreichung

Für die Unmöglichkeit des Gesellschaftszwecks reicht es nicht aus, wenn Störungen in der Zusammenarbeit der Gesellschafter vorliegen oder ein

---

195 *Tröger*, in: KölnerKomm/AktG, § 136 Rn. 117, einschränkend *Koch*, in: Hüffer/Koch, AktG, § 133 Rn. 28a.

196 Vgl. insbesondere *Koch*, in: Hüffer/Koch, AktG, § 133 Rn. 28a, welcher die Auflösung der Schutzgemeinschaft wegen Unmöglichkeit der Zweckerreichung vom Einzelfall abhängig macht.

197 *Schäfer*, in: MünchKomm/BGB, § 705 Rn. 142; *Servatius*, in: Henssler/Strohn, § 705 Rn. 3; *Noack*, Gesellschaftervereinbarungen, 1994, S. 48.

198 *Schöne*, in: Bamberger/Roth, BeckOK/BGB, § 726 Rn. 5; *Schäfer*, in: MünchKomm/BGB, § 705 Rn. 142.

199 *Schöne*, in: Bamberger/Roth, BeckOK/BGB, § 726 Rn. 5.

200 BGH, Urt. v. 13.6.1994 – II ZR 38/93 („Schutzgemeinschaftsvertrag I") = NJW 1994, 2536, 2538; *Noack*, Gesellschaftervereinbarungen, 1994, S. 41; *Koch*, in: Hüffer/Koch, AktG, § 133 Rn. 25; *Ulmer*, in: FS Hommelhoff, 2012, S. 1249, 1259.

Gesellschafter das Interesse am Gesellschaftszweck verliert.[201] Die Unmöglichkeit muss jedenfalls dauerhaft und offenbar sein.[202]

Der Gesellschaftszweck bildet auf Tatbestandsseite das zentrale Element für die Beurteilung der Unmöglichkeit der Zweckerreichung. Liegt der Zweck bei Familienpools in der Sicherung des maßgebenden Einflusses der Mitglieder unter Abwehr der Gefahr einer Fremdsteuerung, ist durch Auslegung zu ermitteln, ob dieser Zweck wirklich dauerhaft durch die Unterwanderung unmöglich wird.[203] Bei jeder Zweckverwirklichung sind Krisen und Schwierigkeiten, die im persönlichen Verhältnis aller oder einzelner Mitglieder ihre Ursache haben, im Grunde normal und einzukalkulieren.[204] Die Zerwürfnisse, welche die Unmöglichkeit der Zweckerreichung begründen, müssen deshalb von hohem Ausmaß und für jeden offenbar, dauernd und unheilbar sein.[205]

Stellt man allein auf das Zweckelement der Stimmbindung zur Abwehr der Gefahr einer Fremdsteuerung durch außenstehende Gesellschafter ab, kann dieser Zweck trotz Anteilskonzentration in der Schutzgemeinschaft weiterhin verfolgt werden. In dem Moment der Mehrheitsbildung verschieben sich zwar die Beteiligungsverhältnisse innerhalb der Schutzgemeinschaft zugunsten des Mehrheitskonsorten. Die Beteiligungsmehrheit an der Hauptgesellschaft bleibt jedoch in den Händen der Schutzgemeinschaft bestehen. Die mit der Stimmbindung verbundene Veräußerungsbeschränkung entsprechend dem Schutzgemeinschaftsvertrag behält somit trotz der Majorisierung ihren Sinn, so dass dadurch der Charakter der Schutzgemeinschaft weiterhin erhalten bleibt und die Zweckerreichung nicht unmöglich wird.[206]

---

201 *Schäfer*, in: MünchKomm/BGB, § 726 Rn. 6; *Schöne*, in: Bamberger/Roth, BeckOK/BGB, § 726 Rn. 6; *Westermann*, in: Erman, BGB, § 726 Rn. 1; *Ulmer*, in: FS Hommelhoff, 2012, S. 1249, 1260.

202 Übereinstimmend BGH, Urt. v. 23.05.1957 – II ZR 250/55 = BGHZ 24, 279, 293; BGH, Urt. v. 12.07.1982 – II ZR 157/82 = BGHZ 84, 379, 381; *Ulmer*, in: FS Hommelhoff, 2012, S. 1249, 1260; *Noack*, Gesellschaftervereinbarungen, 1994, S. 238; *Schäfer*, in: MünchKomm/BGB, § 726 Rn. 4.

203 Vgl. zur Zweckrichtung bereits Kapitel 1: A. IV.

204 *Westermann*, in: FS Bezzenberger, 2000, S. 449, 464; *Westermann*, in: Erman, BGB, § 726 Rn. 1.

205 Zu den hohen Anforderungen BGH, Urt. v. 23.5.1957 – II ZR 250/55 = BGHZ 24 279, 293; *Hadding/Kießling*, in: Soergel, BGB, § 726 Rn. 2.

206 *Ulmer*, in: FS Hommelhoff, 2012, S. 1249, 1260 Fn. 26.

Bezieht man die gleichrangige[207] Einflussnahme der Mitglieder der Schutzgemeinschaft in Bezug auf den Niederschlag ihrer Interessen im Mehrheitsbeschluss in die Beurteilung der Unmöglichkeit des Gesellschaftszwecks mit ein, so ist unverkennbar, dass diese gleichrangige Einflussnahme durch die Majorisierung verhindert wird. Die gleichrangige Einflussnahme beinhaltet von ihrem Sinn und Zweck das Interesse jedes Mitglieds, an der Interessenbildung in der Schutzgemeinschaft unmittelbar in Höhe ihrer jeweiligen Beteiligung Einfluss nehmen zu können. Durch die Majorisierung bleibt den Gesellschaftern bei einem Mehrheitsbeschluss weder die Möglichkeit, sich der im Pool vertretenen überwiegenden Entscheidung anzuschließen, noch können sie eine solche blockieren. Der Mehrheitskonsorte kann sich somit durch die Mehrheitsbildung über die Interessen der Mitgesellschafter unabhängig von deren jeweiligen Beteiligung hinwegsetzen. Es kommt nicht nur zu einer Veränderung der Interessenlage, sondern auch zu einer Strukturänderung der Beteiligungsverhältnisse. Das Eigeninteresse des Mehrheitskonsorten hindert die Interessenwahrnehmung durch die anderen Mitglieder, so dass die gleichrangige Einflussnahme durch die Majorisierung nicht mehr möglich ist. Dies zeigt, dass die individualvertragliche Bestimmung des Gesellschaftszwecks maßgeblich ist für die Frage, ob die Majorisierung zur Unmöglichkeit der Zweckerreichung führt. Die Frage, ob eine solche Mehrheitsbildung zur Unmöglichkeit der Zweckerreichung hängt somit vom Einzelfall ab, so dass eine generelle Anwendung von § 726 BGB im Fall des majorisierten Stimmbindungspool ausscheidet.[208] Die Majorisierung führt im Ergebnis grundsätzlich nicht zur Auflösung der Gesellschaft. Dies gilt auch für den Fall, dass ein Mitglied gezielt eigene wirtschaftliche Interessen über die „Hebelwirkung"[209] des Stimmpools in der Familiengesellschaft durchsetzen möchte. Zwar ist *Ulmer* in dem Punkt zuzustimmen, dass die konkrete Möglichkeit der Einflussnahme auf

---

207 Der Grad des Einflusspotentials bemisst sich grundsätzlich nach dem Stimmanteil nach Köpfen. Damit soll gewährleistet werden, dass die Interessen der Mitglieder mit höhrem Stimmanteil auch dementsprechend häufiger im Mehrheitsbeschluss repräsentiert werden.

208 So im Ergebnis auch jünst *Schneider,* Der Stimmbindungsvertrag, 2017, S. 227; *Koch*, in: Hüffer/Koch, AktG, § 133 Rn. 27a.

209 *Koch*, in: Hüffer/Koch, AktG, § 133 Rn. 28a.

die Willensbildung in der Gesellschaft durch jedes einzelne Familienmitglied durch die Majorisierung faktisch unmöglich wird. Dieser Umstand ist für die Anwendung von § 726 BGB nur dann von Bedeutung, wenn die Gewährleistung einer gleichrangigen Einflussnahme Gegenstand des Gesellschaftszweckes ist. Eine pauschale Anwendung von § 726 BGB ist somit grundsätzlich als überschießend einzustufen und würde die Interessen der Mitglieder konterkarieren.

2. *Rechtsfolgenbewertung des § 726 Alt. 2 BGB für den majorisierten Stimmbindungspool*

Gegen eine Anwendung des § 726 Alt. 2 BGB auf den Fall der Unterwanderung spricht ferner, dass die Rechtsfolgen des § 726 BGB zu keinem sachgerechten Ausgleich der Interessen der Mitglieder in der Schutzgemeinschaft führen.

Entgegen dem Wortlaut („endigt") führt die Unmöglichkeit der Zweckerreichung grundsätzlich nicht zur sofortigen Beendigung einer Gesellschaft, sondern vielmehr zu einer Auflösung.[210] Mit dem Eintritt des auflösenden Umstandes wird die Gesellschaft grundsätzlich in eine Liquidationsgesellschaft umgewandelt, die nach den Regeln der §§ 730 ff. BGB zu liquidieren ist.[211] Da bei Innengesellschaften ohne Gesamthandsvermögen eine Auflösung der Gesellschaft nicht praktikabel ist, führt in diesem Fall die Unmöglichkeit der Zweckerreichung automatisch zur Beendigung.[212] Die Beendigung des Konsortiums würde somit in dem Zeitpunkt eintreten, in dem der Mehrheitskonsorte die Mehrheit im Konsortium erlangt.

Nach *Ulmer* bestehe der Vorteil der Anwendung des § 726 Alt. 2 BGB im Vergleich zur Kündigung aus wichtigem Grund darin, dass die Beendigung der Majorisierung unmittelbar eintrete, ohne dass es einer Gestaltungserklärung der betroffenen Mitglieder bedürfe.[213] Die Notwendigkeit für eine

210 LSG Berlin-Brandenburg, Beschl. v. 4.02.2014 – L 22 SF 28/09 B = BeckRS 2014, 67170; *Schäfer*, in: MünchKomm/BGB, § 726 Rn. 7; *Ulmer/Schäfer*, GbR/Personengesellschaft, § 726 Rn. 7; vgl. auch *Westermann*, in: Erman, BGB, § 723 Rn. 2.

211 *Hadding/Kießling*, in: Soergel, BGB, § 726 Rn. 7; *Schäfer*, in: MünchKomm/BGB § 726 Rn. 6.

212 *Schäfer*, in: MünchKomm/BGB, § 726 Rn. 7.

213 *Ulmer*, in: FS Hommelhoff, 2012, S. 1249, 1259.

sofortige Auflösung der Gesellschaft nach § 726 Alt. 2 BGB lasse sich damit begründen, dass der gemeinsame Zweck das zentrale Element einer jeden GbR und der Anlass für den vertraglichen Zusammenschluss sei.[214] Werde dieser unmöglich, so sei die Beendigung der GbR die einzige Konsequenz, da die Unmöglichkeit jeden Minderheitsgesellschafter der Schutzgemeinschaft gleich treffe.[215] Die Beendigung der Schutzgemeinschaft wegen Unmöglichkeit der Zweckerreichung stelle somit im Verhältnis zur Kündigung aus wichtigem Grund die interessengerechtere Rechtsfolge dar.[216]

Betrachtet man die Rechtsfolge des § 726 Alt. 2 BGB, ergeben sich erhebliche Zweifel, ob diese in der Ausgestaltung der Schutzgemeinschaft als Innengesellschaft bürgerlichen Rechts ohne Gesamthandsvermögen einen sachgerechten Rechtsschutz bietet.

a) Grundsatz: Liquidation

Die Umwandlung der Gesellschaft in eine Liquidationsgesellschaft hat ihren Sinn und Zweck darin, dass die Gesellschafter im gleichen Maße aus der Gesellschaft ausscheiden sollen, wenn die Zweckerreichung nachträglich unmöglich wird.[217] In diesem Fall führt die Beendigung und Aufteilung des Vermögens dazu, dass jeder Gesellschafter so abgefunden wird, wie es den Gesellschafterinteressen entspricht.[218]

Dieser Telos ist jedoch auf den Fall der Schutzgemeinschaft nicht zu übertragen. Die Schutzgemeinschaft besitzt als reine Innengesellschaft keine Vermögenswerte, so dass schon gar nicht das Bedürfnis nach der gesetzlich angeordneten Liquidation und damit einer gerechten Aufteilung des Gesellschaftsvermögens besteht. Zudem kommt, dass der Umstand für die Unmöglichkeit der Zweckerreichung durch das Verhalten eines Gesellschafters entsteht. Es bestehen im Zeitpunkt der Beendigung somit unterschiedliche Interessen bei den Gesellschaftern der Schutzgemeinschaft, die nicht mit den Interessen im Fall einer Liquidation vergleichbar sind.

---

214 *Ulmer,* in: FS Hommelhoff, 2012, S. 1249, 1259.
215 *Ulmer,* in: FS Hommelhoff, 2012, S. 1249, 1261.
216 *Ulmer,* in: FS Hommelhoff, 2012, S. 1249, 1261.
217 *Schäfer*, in: MünchKomm/BGB, § 730 Rn. 3 ff.
218 *Schäfer*, in: MünchKomm/BGB, § 730 Rn. 3 ff.

b) Rechtsunsicherheit

Die Rechtsfolge des § 726 Alt. 2 BGB führt auch zu erheblicher Rechtsunsicherheit innerhalb der Schutzgemeinschaft. Ein Grund dafür ist, dass die Norm zugeschnitten ist auf Gelegenheitsgesellschaften,[219] bei denen der Umstand für die Unmöglichkeit der Zweckerreichung nicht durch Kündigung bewältigt werden kann. Die Schutzgemeinschaft wird hingegen regelmäßig für eine gewisse Dauer abgeschlossen.[220] Ein weiterer Grund liegt darin, dass es häufig zu Streitigkeiten zwischen den Gesellschaftern über das Vorliegen der zur Unmöglichkeit der Zweckerreichung begründenden Umstände kommt.[221] Da die die Unmöglichkeit herbeiführenden Umstände aufgrund der subjektiven Elemente im Allgemeinen schwer feststellbar sind,[222] werden Streitigkeiten zwischen den Konsorten regelmäßig im Wege einer Feststellungsklage ausgetragen, was zu einer Unsicherheit über das Fortbestehen der Schutzgemeinschaft führen kann.[223]

Auch führt die Anwendung des § 726 Alt. 2 BGB auf den Fall der Majorisierung dazu, dass die Schutzgemeinschaft dauerhaft der Gefahr einer Mehrheitsbildung und damit ihrer sofortigen Beendigung ausgesetzt ist. § 726 BGB hängt somit wie ein Damoklesschwert über dem Bestehen der Schutzgemeinschaft.[224]

c) Kein sachgerechter Interessenausgleich

Die Rechtsfolge des § 726 BGB führt des Weiteren wie vielfach[225] zu keinem sachgerechten Interessenausgleich bei den Mitgliedern der Schutzgemeinschaft. Kommt es zu einer Unterwanderung durch ein Mitglied, werden die ursprünglichen Interessen der Betroffenen – gerichtet auf Abwehr von Fremdeinfluss – grundsätzlich nicht verändert. Vielmehr besteht darüber

219 *Grunewald,* Gesellschaftsrecht, § 1 Rn. 191; *Schäfer,* in: Ulmer/Schäfer, GbR/Personengesellschaft, § 726 Rn. 3.
220 *Grunewald*, Gesellschaftsrecht, § 1 Rn. 191.
221 *Schäfer,* in: MünchKomm/BGB, § 726 Rn. 6; *Grunewald*, Gesellschaftsrecht, § 1 Rn. 191; *Sprau*, in: Palandt, BGB, § 726 Rn. 2.
222 *Grunewald*, Gesellschaftsrecht, § 1 Rn. 191; *Sprau*, in: Palandt, BGB, § 726 Rn. 2.
223 *Schäfer,* in: MünchKomm/BGB, § 726 Rn. 6.
224 *Ulmer*, in: FS Hommelhoff, 2012, S. 1249, 1253.
225 *Grunewald*, Gesellschaftsrecht, § 1 Rn. 191.

hinaus das Interesse, sich von der Situation der herbeigeführten Unterwanderung in der Weise zu lösen, dass die betroffenen Mitglieder weiterhin die Möglichkeit haben, ihren Familieninteressen nachzugehen. Diesem Interesse wird durch die ipso iure Beendigung der Schutzgemeinschaft nicht entsprochen. Die automatische Auflösung der Schutzgemeinschaft hat vielmehr zur Folge, dass die Minderheitsgesellschafter durch den Wegfall der Anteile des Mehrheitskonsorten die Möglichkeit verlieren, einen neuen mehrheitlich beteiligten Pool einzugehen. Ein erneuter Zusammenschluss wäre somit im Sinne des Schutzzwecks nicht erfolgsversprechend.[226] Auch wird den Mitgliedern durch eine automatische Beendigung der Schutzgemeinschaft im Fall der Majorisierung die Möglichkeit genommen, über die Auswirkungen der Mehrheitsbildung selbst zu entscheiden.[227]

Der Mehrheitskonsorte ist hingegen durch die automatische Beendigung der Schutzgemeinschaft keinen gesonderten Konsequenzen ausgesetzt. Auch wenn er in der Hauptgesellschaft ohne die Schutzgemeinschaft nicht die Mehrheit besitzt, löst er sich durch die Majorisierung von der Bindung an die Schutzgemeinschaft und umgeht damit auch etwaige Vorkauf- bzw. Andienungsrechte. Die Schutzgemeinschaft hingegen ist der Gefahr einer Steuerung der Hauptgesellschaft entgegen ihrem Interesse im gleichen Maße ausgesetzt wie ohne die Stimmbindung. Durch das Eingreifen des § 726 BGB kann eine langfristige Zwecksicherung nicht gewährleistet werden. Die automatische Beendigung der Schutzgemeinschaft führt somit zu keinem sachgerechten Rechtsschutz der betroffenen Minderheitsgesellschafter.

d) Die ultima ratio der Kündigung

Gegen die Anwendung des § 726 BGB kann ferner die Kündigung als *ultima ratio* angeführt werden. Danach kommt eine außerordentliche Kündigung nur in Betracht, wenn dem Kündigenden ein „milderes Mittel" nicht zur Verfügung steht.[228] Die Möglichkeit der außerordentlichen Kündigung im Gesellschaftsrecht ist gerade für die Fälle vom Gesetzgeber geschaffen, in denen es einem Gesellschafter in seiner Person nicht zugemutet werden

226 *Ulmer*, in: FS Hommelhoff, 2012, S. 1249, 1261.
227 So auch *Schneider*, Der Stimmbindungsvertrag, 2017, S. 227.
228 *Kilian*, in: Henssler/Strohn, § 723 Rn. 10; *Schmidt*, in: MünchKomm/HGB, § 132 Rn. 40; *Scheifele*, BB 1989, 792, 793.

kann, an der Bindung an die Gesellschaft festzuhalten.[229] Sie regelt damit als „letzter Ausweg" die Fälle, in denen der Gesellschafter nicht mehr im Einklang mit dem Gesellschafszweck steht.[230] Verantwortlich für das Eingreifen der in § 726 Alt. 2 BGB genannten Voraussetzungen wäre somit allein der Mehrheitskonsorte, welcher durch die Anteilsmehrheit eine Zweckerreichung unmöglich macht. Es widerspräche der ultima ratio der Kündigung, wenn schon einzig und allein ein Gesellschafter die Schutzgemeinschaft durch sein störendes Verhalten auflösen könnte. Es sprechen somit gute Gründe dafür, dass die Kündigung gerade diese Fälle erfassen soll und im Verhältnis zur Anwendung des § 726 BGB für die betroffenen Gesellschafter ein „milderes Mittel" darstellt.

3. *Zwischenergebnis*

Festzustellen bleibt, dass entsprechend der Ansicht *Ulmers* jedem Mitglied ein außerordentliches Kündigungsrecht zusteht, weil die Majorisierung eine unzumutbare Situation schafft, die die Zweckförderung beeinträchtigt. Der Nachteil der Kündigung aus wichtigem Grund besteht dann aber darin, dass ein Gesellschafter durch die Kündigung Gefahr läuft, durch das Übernahmerecht der übrigen Mitglieder seine Anteile an der Hauptgesellschaft zu verlieren. Die Unterwanderung kann in Ausnahmefällen zu einer Unmöglichkeit der Erreichung des Gesellschaftszwecks und damit zur automatischen Beendigung nach § 726 Alt. 2 BGB führen. Dies hängt jedoch maßgeblich von der konkreten Bestimmung des Gesellschaftszwecks ab und somit im Einzelfall von der rechtlichen Ausgestaltung des Schutzgemeinschaftsvertrages.[231] Ein generelles Eingreifen des § 726 BGB im Falle einer Majorisierung ist abzulehnen.[232] Das Eingreifen von § 726 Alt. 2 BGB im Fall einer Majorisierung führt zu erheblichen Nachteilen für die betroffenen

---

229 BGH, Urt. v. 24.07.2000 – II ZR 320/98 = NJW 2000, 3491, 3492; *Habermeier*, in: Staudinger, BGB, § 723 Rn. 26.

230 *Kilian*, in: Henssler/Strohn, § 723 Rn. 10, § 737 Rn. 5; *Scheifele*, BB 1989, 792, 793.

231 So im Ergebnis auch *Schneider*, Der Stimmbindungsvertrag, 2017, S. 227.

232 So auch jünst *Schneider*, Der Stimmbindungsvertrag, 2017, S. 227; ähnlich *Koch*, in: Hüffer/Koch, AktG, § 133 Rn. 27a, wonach die Anwendung von § 726 BGB vom Einzelfall abhänge. Anderer Ansicht *Ulmer*, in: FS Hommelhoff, 2012, S. 1249, 1260.

Gesellschafter und somit zu keinem sachgerechten Interessenausgleich. Ferner besteht bei der Anwendung des § 726 Alt. 2 BGB auf Beherrschungssituationen innerhalb von Stimmbindungspools ein dauerhafter Zustand der Rechtsunsicherheit, da die Mitglieder in der Schutzgemeinschaft ständig der Gefahr ausgesetzt sind, dass ein Mitglied innerhalb ihres Bündnisses eine Anteilsmehrheit zur Verfolgung eigennütziger Ziele erlangt und in diesem Moment über das Schicksal der Schutzgemeinschaft entscheidet. Im Ergebnis wird man ein Eingreifen von § 726 Alt. 2 BGB somit einzig in dem Fall annehmen müssen, in dem eine Stimmenmehrheit durch ein Poolmitglied *ex ante* im Schutzgemeinschaftsvertrag verboten wird und damit der Zweckförderung widerspricht. An einer solchen Regelung wird es jedoch in den gängigen Stimmbindungsverträgen in der Regel fehlen.

III. Ausschluss des Mehrheitskonsorten nach § 737 BGB

Es muss vielmehr Rechtsschutz in der Form erzielt werden, dass die Schutzgemeinschaft nicht durch die Majorisierung ihr Ende findet, sondern die von der Majorisierung betroffenen Mitglieder ihre Interessen in der Schutzgemeinschaft weiterverfolgen können. Anknüpfungspunkt dafür sind Regelungen, die den Bestand der Schutzgemeinschaft als solchen unangetastet lassen und Auswirkungen auf das Innenverhältnis der Poolmitglieder haben.

Vor diesem Hintergrund ist zu untersuchen, ob nicht der Ausschluss des Mehrheitskonsorten nach § 737 BGB für die betroffenen Gesellschafter eine interessengerechte Rechtsfolge darstellt. Dieser Ausschluss kann deshalb vorteilhaft sein, weil die Schutzgemeinschaft durch die Majorisierung nicht ihr Ende findet. Ferner ist gemäß § 737 S. 3 BGB die Ausübung des Gestaltungsrechts erforderlich. Die Geltendmachung kann somit von dem Verhalten und den Interessen der Minderheitskonsorten abhängig gemacht werden. Dadurch, dass über die Ausschließung des Mehrheitskonsorten die übrigen Gesellschafter durch Beschluss entscheiden, wird eine Alleinentscheidung einzelner Mitglieder vermieden.

1. *Anwendbarkeit*

Aufgrund der rechtlichen Ausgestaltung der Schutzgemeinschaft als Innengesellschaft bürgerlichen Rechts ohne Gesamthandsvermögen stellt sich zunächst die Frage nach der Anwendbarkeit der Vorschrift des § 737 BGB.

Dies ist vor dem Hintergrund nicht unzweifelhaft, als dass die Schutzgemeinschaft keinerlei Außenwirkung entfaltet, so dass es an einem gesteigerten Interesse der Gesellschafter für den Ausschluss eines Mitgliedes fehlen könnte.[233] Diesen Zweifeln treten vermehrt Stimmen in der Literatur entgegen.[234] Es ist zwar zuzugeben, dass mangels Gesamthandsvermögen eine Anwachsung nach § 738 Abs. 1 S. 1 BGB als Rechtsfolge des Ausschlusses nicht in Betracht komme.[235] Jedoch könne auch bei mehrgliedrigen Innengesellschaften mit Fortsetzungsklausel insgesamt ein berechtigtes Interesse der Gesellschafter bestehen, die Gesellschaft auch ohne den ausgeschlossenen Mitgesellschafter fortzusetzen.[236] Diesem Interesse wird das Kündigungsrecht allein nicht gerecht.[237]

2. *Voraussetzungen*

Nach § 737 BGB kann ein Gesellschafter, in dessen Person ein die übrigen Gesellschafter nach § 723 Abs. 1 S. 2 BGB zur Kündigung berechtigender Umstand eintritt, aus der Gesellschaft ausgeschlossen werden.[238] Die für den Fortbestand der Schutzgemeinschaft erforderliche Fortsetzungsklausel im Kündigungsfall ist in Schutzgemeinschaftsverträgen typischerweise enthalten.[239]

Neben der Fortsetzungsklausel erfordert § 737 BGB als Tatbestandsvoraussetzung somit einen Umstand, der zur Kündigung aus wichtigem Grund

---

233 OLG Bamberg, Urt. v. 15.4.1998 – 3 U 74/95 = NZG 1998, 897.

234 *Schäfer*, in: MünchKomm/BGB, § 737 Rn. 5; *Schöne,* in: Bamberger/Roth, BeckOK/BGB, § 736 Rn. 3; *Westermann*, Erman, BGB, § 737 Rn. 2; *Hadding/Kießling,* in: Soergel, BGB, § 737 Rn. 2; *Habermeier*, in: Staudinger, BGB, § 737 Rn. 3; *Sprau,* in: Palandt, BGB, § 737 Rn. 1.

235 *Schäfer,* in: MünchKomm/BGB, § 737 Rn. 5.

236 *Schäfer*, in: MünchKomm/BGB, § 737 Rn. 5; *Schöne,* in: Bamberger/Roth, BeckOK/BGB, § 736 Rn. 3; *Westermann*, in: Erman, BGB, § 737 Rn. 2; *Hadding/Kießling,* in: Soergel, § 737 Rn. 2; *Habermeier*, in: Staudinger, BGB, § 737 Rn. 3; *Sprau,* in: Palandt, BGB, § 737 Rn. 1; anderer Ansicht OLG Bamberg, Urt. v. 15.04.1998 – 3 U 74/95 = NZG 1998, 897.

237 *Habermeier*, in: Staudinger, BGB, § 736 Rn. 3; *Westermann*, in: Erman, BGB, § 737 Rn. 2.

238 *Koch*, Gesellschaftsrecht, § 10 Rn. 26.

239 *Ulmer,* in: FS Hommelhoff, 2012, S. 1249, 1261.

berechtigt und in der Person des ausschließenden Gesellschafters vorliegt.[240] In dem Zusammenhang kann auf die obigen Ausführungen zum außerordentlichen Kündigungsrecht verwiesen werden.[241] Die Anteilskonzentration wird durch den Mehrheitserwerber gezielt herbeigeführt und begründet einen Zustand, in welchem es den übrigen Gesellschaftern nicht zugemutet werden kann, an der Schutzgemeinschaft festzuhalten.[242]

3. *Rechtsfolgen*

Als Rechtsfolge folgt aus dem Zugang des Ausschließungsbeschlusses die Wirksamkeit der Ausschließung, so dass der betroffene Gesellschafter aus der Gesellschaft ausscheidet und einen Abfindungsanspruch nach Maßgabe des § 738 Abs. 1 S. 2 BGB erhält.[243] *Ulmer* lehnt den Ausschluss des Unterwanderers aus der Schutzgemeinschaft mit der Begründung ab, dass diesem ein Abfindungsanspruch zustehe, weshalb die Anwendung des § 737 BGB im Fall der Unterwanderung „nicht leicht durchführbar" sein werde.[244] Dieser Einwand ist nicht von der Hand zu weisen und überzeugt bei Schutzgemeinschaften mit Gesamthandsvermögen, da die Minderheitsgesellschafter ggf. dem Unterwanderer zur Zahlung horrender Geldsummen verpflichtet wären. Diese Verpflichtung besteht jedoch bei der Ausgestaltung der Schutzgemeinschaft als Innengesellschaft bürgerlichen Rechts ohne Gesamthandsvermögen nicht. Die Regelung über den Abfindungsanspruch des Ausscheidenden ist in vorliegender Konstellation der Innengesellschaft ohne Bildung von Gesamthandsvermögen bedeutungslos und läuft mangels Gesellschaftsvermögen ebenso leer wie die Anwachsungsregelung des § 738 Abs. 1 S. 1 BGB.[245]

---

240 *Habermeier*, in: Staudinger, BGB, § 737 Rn. 9.
241 Vgl. Kapital 2: A. V. 1. a).
242 *Ulmer*, in: FS Hommelhoff, 2012, S. 1249, 1258.
243 *Schöne*, in: Bamberger/Roth, BeckOK/BGB, § 737 Rn. 19.
244 *Ulmer*, in: FS Hommelhoff, 2012, S. 1249, 1261 Fn. 27.
245 *Habermeier*, in: Staudinger, BGB, § 737 Rn. 3; *Schäfer*, in: MünchKomm/BGB, § 738 Rn. 10; *Hadding/Kießling*, in: Soergel, BGB, Vor § 730, Rn. 8.

4. Übernahmerecht der Minderheitskonsorten

Ohne Eingreifen der Anwachsungsregel stellt sich jedoch wiederum die Frage, ob und wie vermieden werden kann, dass der Mehrheitsgesellschafter sich der Bindung der Schutzgemeinschaft in der Weise entzieht, dass er seine Beteiligung an der Hauptgesellschaft behält. Ebenso wie bei der durch den Gesellschafter selbst ausgesprochenen Kündigung kann für diesen Fall das Übernahmerecht in Bezug auf die Beteiligung des ausgeschlossenen Gesellschafters eingreifen.[246] Das Übernahmerecht ermöglicht somit den betroffenen Mitgliedern, bei Ausschluss des Unterwanderers seine Anteile an der Hauptgesellschaft zu erwerben.[247] Dies kann für die betroffenen Mitglieder deswegen eine günstige Rechtsschutzmöglichkeit bieten, weil sie so die Möglichkeit haben, durch Erwerb der Anteile des Mehrheitskonsorten die Schutzgemeinschaft im vereinbarten Interesse fortzuführen. Im Ergebnis bietet der Ausschluss des Unterwanderers eine sachgerechte Lösung der Situation im Interesse der betroffenen Minderheitsgesellschafter der Schutzgemeinschaft.

C. Verstoß gegen die gesellschaftsrechtliche Treuepflicht

Fraglich ist, ob eine Mehrheitsbildung in einem Stimmbindungspool ein Verstoß gegen die gesellschaftsrechtliche Treuepflicht darstellt. Dafür ist zunächst erforderlich, dass zwischen den Poolmitgliedern Treuepflichten bestehen (*nachfolgend unter II.)*. Ferner muss die konkrete Mehrheitsbildung eines Konsorten als treuwidriges Verhalten im Verhältnis zu den übrigen Konsorten zu qualifizieren sein (*nachfolgend unter III.*).

I. Inhalt der Treuepflicht

Die gesellschaftsrechtliche Treuepflicht ist ein zentraler Grundsatz des Personengesellschaftsrechts.[248] Er ist besonders ausgeprägt bei personalisiert strukturierten Gesellschaften, weil bei diesen ein gesteigertes Bedürfnis

---

246 OLG Köln, Urt. v. 15.03.2000 – 13 U 134/99 = NZG 2000, 834.
247 OLG Köln, Urt. v. 15.03.2000 – 13 U 134/99 = NZG 2000, 834.
248 *Schäfer*, in: MünchKomm/BGB, § 705 Rn. 221; *Koch*, in: Hüffer/Koch, § 53a Rn. 13 f.

nach Loyalität und Rücksichtnahme besteht.[249] Die Pflicht zu Loyalität und Rücksichtnahme besteht gegenüber der Gesellschaft, aber auch gegenüber Mitgesellschaftern und geht in ihrem Umfang über den allgemeinen Grundsatz von Treu und Glauben hinaus.[250] Ausdruck dieses allgemeinen Rechtsgedankens ist somit nicht § 242 BGB, sondern die Förderungspflicht des § 705 BGB.[251]

Aber auch über das Personengesellschaftsrecht hinaus findet die Treuepflicht auch im Kapitalgesellschaftsrecht allgemein Geltung.[252] So hat die Rechtsprechung gewisse Treuepflichten auch zwischen Aktionären ausdrücklich anerkannt.[253] Durch die sog. *Linotype-Entscheidung*[254] hat das Bestehen von Treupflichten im Verhältnis der Aktionäre untereinander in der Gerichtspraxis ihren Durchbruch gefunden.[255] Als weiterer Meilenstein der Entwicklung ist die sog. *Girmes-Entscheidung* zu erwähnen, in welcher der BGH den Geltungsbereich der Treuepflicht nicht nur auf Mehrheitsaktionäre beschränkte, sondern klarstellte, dass die Treupflicht auch Minderheitsaktionären auferlegt werden kann, wenn diese ausnahmsweise in eine kontrollbedürftige Einflussposition gelangen.[256]

Allgemein besteht der Inhalt der Treuepflicht darin, die mitgliedschaftlichen Interessen von Mitgesellschaftern zu wahren.[257] Bei der Bestimmung

---

249 *Müller*, in: Beck'sches Hdb. Personengesellschaften, Prinz/Hoffmann, § 4 Rn. 169; *Koch*, in: Hüffer/Koch, AktG, § 53a Rn. 13 f.

250 *Marsch-Barner*, ZHR 157 (1993), 172, 173; *Schöne,* in: Bamberger/Roth, BeckOK/BGB, § 705 Rn. 101.

251 *Marsch-Barner,* ZHR 157 (1993), 172, 173.

252 *Schäfer*, in: MünchKomm/BGB, § 705 Rn. 221; *Fleischer*, in: MünchKomm/GmbHG, Einleitung, Rn. 187 f.; BGH, Urt. v. 1.2.1988 – II ZR 75/87 ("Linotype") = BGHZ 103, 184; *Koch*, in: Hüffer/Koch, AktG, § 53a Rn. 13.

253 Hierzu ausführlich *Koch*, in: Hüffer/Koch, AktG, § 53a Rn. 14, 21.

254 BGH, Urt. v. 1.2.1988 – II ZR 75/87 ("Linotype") = NJW 1988, 1579, 1582 ff.

255 Seitdem BGH, Urt. v. 19.9.1994 – II ZR 248/92 = NJW 1994, 3094; BGH, Urt. v. 20.3.1995 – II ZR 205/94 („Girmes") = NJW 1995, 1739, 1741 ff.; anders noch BGH, Urt. v. 16.2.1976 – II ZR 61/74 = AG 1976, 218 f.

256 BGH, Urt. v. 20.3.1995 – II ZR 205/94 („Girmes") = NJW 1995, 1739, 1741 ff.; vgl. ebenfalls ausführlich dazu *Koch*, in: Hüffer/Koch, AktG, § 53a Rn. 14, 21.

257 BGH, Urt. v. 22.6.1992 – II ZR 178/90 = ZIP 1992, 1464, 1270; *Laubert*, in: Hölters, AktG, § 53a Rn. 17; *Dreher*, ZHR 157 (1993), 150, 153.

des Inhalts der Treuepflicht ist strikt zwischen den Treuepflichten der Gesellschafter untereinander und der Treuepflicht gegenüber der Gesellschaft zu trennen. Die Treuepflicht hat somit zwei unterschiedliche Schutzrichtungen.[258] Sie bezweckt zum einen den Schutz der Gesellschaft selbst und zum anderen den Schutz der Mitglieder untereinander.[259] Die Treuepflicht der Gesellschafter gegenüber der Gesellschaft lässt sich dahingehend beschreiben, dass die Gesellschafter verpflichtet sind, bei der Ausübung der ihnen im Gesellschaftsinteresse verliehenen mitgliedschaftlichen Befugnisse diejenigen Handlungen vorzunehmen, die der Förderung des Gesellschaftszwecks dienen und die Interessen der Gesellschaft bei der Ausübung angemessen und vorrangig zu berücksichtigen.[260] Gegenüber den Mitgesellschaftern gebietet die Treuepflicht den Gesellschaftern bei der Ausübung eigennütziger Mitgliedsrechte das schonendste Mittel zu wählen und andere Belange zu berücksichtigen sowie sich nicht willkürlich über Interessen hinwegzusetzen.[261] Die Treuepflicht zielt somit darauf ab, den gemeinsamen Zweck mit den individuellen Interessen der Gesellschafter so gut wie möglich zu versöhnen.

II. Treuepflichten im Stimmbindungspool

Stellt man auf das Verhältnis der Stimmbindungsbeteiligten zu den übrigen Gesellschaftern und Aktionären der Gesellschaft ab, so ist zunächst

---

258 BGH, Urt. v. 20.3.1995 – II ZR 205/94 („Girmes") = NJW 1995, 1739, 1741 ff.; *Winter*, Mitgliedschaftliche Treuepflichten im GmbH-Recht, 1996, S. 88 ff.; *Laubert*, in: Hölters, AktG, § 53a Rn. 15; *Koch*, in: Hüffer/Koch, AktG, § 53a Rn. 16; *Koch*, Gesellschaftsrecht, § 8 Rn. 11; *Laubert*, in: Hölters, AktG, § 53a Rn. 15.

259 BGH, Urt. v. 20.3.1995 – II ZR 205/94 („Girmes") = NJW 1995, 1739, 1741ff.; *Winter*, Mitgliedschaftliche Treuepflichten im GmbH-Recht, 1996, S. 88 ff.; *Laubert*, in: Hölters, AktG, § 53a Rn. 15; *Koch*, in: Hüffer/Koch AktG, § 53a Rn. 16; *Koch*, Gesellschaftsrecht, § 8 Rn. 11.

260 LG Heidelberg, Urt. v. 28.7.2016 – 2 O 240/14 = AG 2017, 162; *Koch*, Gesellschaftsrecht, § 8, Rn. 10; *Sprau*, in: Palandt, § 705 Rn. 27; *Weipert*, in: MünchHdb. GesR I, § 6 Rn. 32; *Podewils*, BB 2009, 733, 736.

261 BGH, Urt. v. 01.02.1988 – II ZR 75/87 = BGHZ 103, 184, 195; LG, Heidelberg, Urt. v. 28.07.2016 – 2 O 240/14 = AG 2017, 162; *Koch*, in: Hüffer/Koch, AktG, § 53a Rn. 16; *Koch*, Gesellschaftsrecht, § 8 Rn. 10; *Laubert*, in: Hölters, AktG, § 53a Rn. 17; *Podewils*, BB 2009, 733, 736.

festzustellen, dass der Abschluss eines Stimmbindungsvertrages selbst die Treuepflichten der übrigen Aktionäre grundsätzlich nicht berührt.[262] Dies gilt nach wohl herrschender Auffassung in der Literatur sowohl bei Abschluss eines Stimmbindungsvertrags unter Gesellschaftern als auch bei Verträgen mit Dritten.[263] Zwar besteht die Treuepflicht grundsätzlich auch im Verhältnis der Gesellschafter untereinander.[264] Eine Pflicht der Aktionäre untereinander, Poolbildungen zu unterlassen, kann aus dem Wesen der Aktiengesellschaft jedoch nicht hergeleitet werden.[265]

Bedeutung erlangt die Treuepflicht im Stimmbindungspool im Verhältnis der einzelnen Poolmitglieder untereinander. Mit Eingehung eines Stimmbindungsvertrages übernimmt jedes Poolmitglied die Verpflichtung, sein Stimmrecht in der Gesellschaft in der nach dem Stimmbindungsvertrag bestimmten Weise auszuüben.[266] Handelt es sich bei diesem um eine Innengesellschaft bürgerlichen Rechts, so findet die Treuepflicht unter den Konsorten besonders Berücksichtigung, da gerade die Personengesellschaften auf ein persönliches Zusammenwirken der Gesellschafter ausgerichtet sind.

III. Treuepflichtverstoß durch Majorisierung

Fraglich ist, ob das Innehaben der Stimmenmehrheit im Pool durch einen Konsorten und damit das ständige Überstimmen der übrigen Konsorten eine Verhaltensweise darstellt, die als Verstoß gegen die gesellschaftsrechtliche Treuepflicht zu qualifizieren ist.

Stellt man auf das reine „Überstimmen“ der anderen Poolmitglieder ab, so stellt dies allein wohl noch kein treuwidriges Verhalten dar.[267] Eine treuwidrige Stimmausübung liegt nämlich nicht schon dann vor, wenn

---

262 Herrschende Meinung siehe *Odersky*, in: FS Lutter 2000, S. 557, 566 Fn. 23 m.w.N.

263 *Rieckers*, in: Spindler/Stilz, AktG, § 136 Rn. 50; *Dürr*, in: Wachter, AktG, § 136 Rn. 25; *Grundmann*, in: Großkomm/AktG, § 136 Rn. 84; *Holzborn*, in: Bürgers/Körber, AktG, § 136 Rn. 23; *Koch*, in: Hüffer/Koch, AktG, § 133 Rn. 27; *Spindler*, in: Schmidt/Lutter, AktG, § 136 Rn. 37.

264 Vgl. zur Anerkennung der gesellschaftsrechtlichen Treuepflicht bei Kapitalgesellschaften bereits unter I.

265 Vgl. insgesamt dazu Kapitel 1: A. II. 3.

266 *Weipert*, in: MünchHdb. GesR I, § 6 Rn. 36.

267 *Drasdo*, NJW – Spezial 2013, 225, 225.

der Mehrheitsgesellschafter gegen den Willen der restlichen Gesellschafter entscheidet.[268] Die Wahrnehmung eigener Interessen wird man somit grundsätzlich als zulässig ansehen müssen.[269] Ein Verstoß gegen die gesellschaftsrechtliche Treuepflicht kann erst dann angenommen werden, wenn der Mehrheitsgesellschafter sein Stimmrecht in der Art und Weise gebraucht, dass die anderen Mitglieder geschädigt werden oder er bewusst rechtsmissbräuchlich handelt.[270]

Das LG Heidelberg[271] hat in der Entscheidung betreffend die Schutzgemeinschaft der Gelita AG zu zwei konkreten Fragen hinsichtlich treuwidrigen Verhaltens und einer daraus resultierenden Verpflichtung der Poolmitglieder Stellung genommen. Das Gericht stellte fest, dass aus der gesellschaftsrechtlichen Treuepflicht kein Anspruch eines Minderheitskonsorten auf Repräsentanz im Aufsichtsrat der Familiengesellschaft erwächst.[272] Auf der anderen Seite darf einem Poolmitglied aufgrund der vertraglichen Bindung an das Stimmverhalten im Pool nicht willkürlich die Wahrnehmung von Minderheitsrechten in der Hauptversammlung – wie das Recht zur Bestellung eines Sonerprüfers nach § 142 Abs. 1 AktG – genommen werden.[273]

Aber auch über Stimmbindungspools hinaus lassen sich die Maßstäbe der Rechtsprechung hinsichtlich möglicher Treuepflichten unter Gesellschaftern auf die Treuepflichten zwischen Poolmitgliedern übertragen. So hat der BGH in einer Entscheidung zur Beschlussfassung einer Wohnungseigentümergesellschaft einen Rechtsmissbrauch dann als gegeben angenommen, wenn ein Mehrheitseigentümer ein ihm zustehendes Stimmenübergewicht zur Herbeiführung einer eigennützigen, sachlich nicht gerechtfertigten oder gesetzwidrigen Entscheidung einsetzt.[274] Auch im *Grimes*-Urteil[275] hat der

268 *Drasdo*, NJW – Spezial 2013, 225, 225.
269 *Drasdo*, NJW – Spezial 2013, 225, 225.
270 *Dreher*, ZHR 157 (1993), 150, 158.
271 LG Heidelberg, Urt. v. 28.07.2016 – 2 O 240/14 = AG 2017, 162; vgl auch OLG Karlsruhe, Urt. v. 29.04.2019 – 15 U 138/16.
272 Das Gericht stellte fest, dass die Treuepflicht der Konsorten keine weitergehenden Rechte begründen kann als die Treuepflicht der Gesellschafter der Aktiengesellschaft. Vgl. LG Heidelberg, Urt. v. 28.07.2016 – 2 O 240/14 = AG 2017, 162 (Leitsätze)
273 LG Heidelberg, Urt. v. 28.07.2016 – 2 O 240/14 = AG 2017, 162, 164 ff.
274 BGH, Urt. v. 19.9.2002 – V ZB 30/02 = NJW 2003, 3704.
275 BGH, Urt. v. 20.03.1995 – II ZR 205/94 („Girmes") = NJW 1995, 1739.

BGH zum rechtsmissbräuchlichen Verstoß gegen die mitgliedschaftliche Treuepflicht Stellung bezogen. Dort hat der BGH entschieden, dass es dem einzelnen Aktionär nicht erlaubt sei, aufgrund der unter den Aktionären bestehenden Treuepflicht eine sinnvolle und mehrheitlich angestrebte Sanierung der Gesellschaft aus eigennützigen Gründen zu verhindern. Ein weiteres Beispiel für einen Verstoß gegen die mitgliedschaftliche Treuepflicht stellt die *Macrotron*-Entscheidung des BGH dar, in welcher ein treuwidriges Verhalten deswegen angenommen wurde, dass dem Vorstand und dem Aufsichtsrat Entlastung erteilt wurde, obwohl offensichtlich maßgebliche Verstöße gegen die Satzung der Gesellschaft vorlagen.[276]

Überträgt man die Entscheidungen auf die Situation des majorisierten Stimmbindungspools, so wird es vom Einzelfall abhängen, ob das Vorgehen des Mehrheitsgesellschafters als rechtsmissbräuchlich zu qualifizieren ist. An die Annahme eines Verstoßes gegen die mitgliedschaftliche Treuepflicht sind hohe Anforderungen zu stellen. Ein rechtsmissbräuchliches Vorgehen wird man wohl noch nicht annehmen können, wenn ein Mehrheitskonsorte sich im Einzelfall gegen die Interessen der Minderheiten wendet und entsprechend seinem Interesse in der Hauptversammlung der Familiengesellschaft entscheidet. Anders könnte man die Situation beurteilen, in der sich der Mehrheitskonsorte bewusst über die Interessen der Minderheit hinwegsetzt, um eigene wirtschaftliche Ziele in der Familiengesellschaft dursetzten zu können. Hier ließe sich vertreten, dass aufgrund des Zwecks und des Ideals eines solchen Familienpools das eigennützige Vorgehen unter Ausnutzung der Stimmbindung als rechtsmissbräuchliches Verhalten zu qualifizieren ist. Im Ergebnis ist die Frage eines möglichen Treuepflichtenverstoßes letztlich eine Einzelfallentscheidung.

IV. Rechtsfolgen treuwidriger Mehrheitsentscheidungen

Nimmt man im Einzelfall einen Verstoß gegen die mitgliedschaftliche Treuepflicht an, so kann die Nichtbeachtung der Treuepflicht eine Reihe unterschiedlicher Rechtsfolgen auslösen. Die Rechtsfolge liegt primär in der Unbeachtlichkeit der gegen die Treuepflicht verstoßenden Rechtsausübung.[277] Ferner kann ein Verstoß gegen die mitgliedschaftliche Treuepflicht

---

276 BGH, Urt. v. 25.11.2002 – II ZR 133/01 ("Macrotron") = BGHZ 153, 47, 51.
277 *Schäfer*, in: MünchKomm/BGB, § 705 Rn. 239.

Handlungs- und Unterlassungspflichten begründen sowie bei schuldhaftem Verhalten einen Schadensersatzanspruch auslösen.[278] Bezogen auf den Fall der Unterwanderung kann der Verstoß gegen die mitgliedschaftliche Treuepflicht somit dazu führen, dass die Stimme des unterwandernden Mitglieds bei der Beschlussfassung in der Schutzgemeinschaft, auch wenn es in dieser die Mehrheit besitzt, nicht gewertet wird.[279] Die Stimme muss somit bei der Feststellung des Beschlussergebnisses unberücksichtigt bleiben.

V. Zwischenergebnis

Unter Gesellschaftern einer Personen- bzw. Kapitalgesellschaft gebietet die Treuepflicht den Gesellschaftern bei der Ausübung eigennütziger Mitgliedsrechte das schonendste Mittel zu wählen und andere Belange zu berücksichtigen sowie sich nicht willkürlich über deren Interessen hinwegzusetzen. Von Bedeutung ist die Treuepflicht im Stimmbindungspool unter den einzelnen Poolmitgliedern, da der Zusammenschluss geprägt ist von den familiären Interessen der Mitglieder. Welche Verhaltensweisen in einem solchen Familienpool als treuwidrig zu qualifizieren sind, hat die Rechtsprechung nur in Bezug auf etwaige Nominierungs- und Minderheitenrechte festgestellt. Das reine Überstimmen der Mitglieder wird man alleine jedoch nicht als treuwidriges Verhalten des Mehrheitskonsorten ansehen können. Ein Verstoß gegen die mitgliedschaftliche Treuepflicht durch die Majorisierung eines Poolmitgliedes kann nur dann vorliegen, wenn sie im Einzelfall rechtsmissbräuchlich erfolgt. In diesem Fall führt der Verstoß zur Unwirksamkeit der Stimmabgabe. An die Annahme eines solchen rechtsmissbräuchlichen Vorgehens und damit eines Verstoßes gegen die mitgliedschaftliche Treuepflicht sind jedoch hohe Anforderungen zu stellen.

---

278 *Schöne*, in: Bamberger/Roth, BeckOK/BGB, § 705 Rn. 105; *Schäfer*, MünchKomm/BGB, § 705 Rn. 242.
279 *Spindler*, in: Schmidt/Lutter, AktG, § 136 Rn. 39.

Kapitel 3: Konzernrechtliche Behandlung eines majorisierten Stimmbindungspools

A. Das Schutzsystem des Konzernrechts

Betrachtet man das Problem des majorisierten Stimmbindungspools unter dem Blickwinkel des Konzernrechts, so lässt sich zumindest eines voranstellen: Machtausübung ist bei Einhaltung der gesetzlichen Vorschriften des Konzernrechts nicht per se unerwünscht. Denn das Konzernrecht erkennt die Gefahren, welche aus der Machtausübung eines Unternehmens bzw. einer Unternehmensgruppe auf eine Gesellschaft für deren Aktionäre entstehen können.[280] Eine solche Machtausübung wird nach den konzernrechtlichen Vorschriften jedoch nicht verboten. Vielmehr sollen auch die Vorteile von Machtausübung und Konzernierung für die wirtschaftliche Funktionsfähigkeit einer (beherrschten) Gesellschaft bestehen bleiben.[281] Die konzernrechtlichen Vorschriften drängen die Missbrauchsgefahr dahingehend zurück, als dass sie im Wege eines *Schutz- und Ausgleichssystems*[282] präventiv den Anreiz von unangemessener Ausnutzung von Machtpotential nehmen. Gleichzeitig ordnet das Konzernrecht repressiv Rechtsfolgen an, wonach korrekturbedürftige Machtausübung auszugleichen ist.

Die Identifikation mit einem bestehenden gesetzlichen Schutz- und Ausgleichssystem für gesellschaftsrechtliche Herrschaftsmacht führt jedoch nicht zwangsläufig dazu, dass Stimmbindungsverträge unter ein solches System zu subsumieren sind.[283] Somit stellt sich bereits die erste Frage, inwieweit Stimmbindungsverträge in den Anwendungsbereich des Konzernrechts fallen. Im Konzernrecht findet sich zumindest eine Vorschrift, die ausdrücklich auf

---

280 *Coenen*, Konzernrechtliche Relevanz von Stimmbindungsvereinbarungen, 2014, S. 56 f.

281 Dieser Gedanke auch bei *Schall*, in: Spindler/Stilz, AktG, Vor §§ 15 Rn. 7.

282 Der Begriff des Schutz- und Ausgleichssystems näher erläuternd von *Coenen*, Konzernrechtliche Relevanz von Stimmbindungsvereinbarungen, 2014, S. 56.

283 Vgl. zu diesem Gedanken bereits *Coenen*, Konzernrechtliche Relevanz von Stimmbindungsvereinbarungen, 2014, S. 56 f.

Stimmbindungsvereinbarungen mit Gesellschaftern Bezug nimmt.[284] Nach § 290 Abs. 3 S. 2 HGB sind einem Unternehmen bei der Aufstellung eines Konzernabschlusses auch solche Stimmrechte zuzurechnen, über die ein Mutterunternehmen selbst oder eines ihrer Tochterunternehmen *auf Grund einer Vereinbarung mit anderen Gesellschaftern* über dieses Unternehmens verfügen kann.[285] Der Gesetzgeber erkennt durch diese Regelung Gesellschaftervereinbarungen als Gestaltungsmittel konzernrechtlich an und stellt die daraus resultierende Stimmkraft eigenen Stimmrechten gleich. Die rechtliche Anerkennung von Stimmbindungsverträgen im Konzernrecht wird somit durch die Vorschrift des § 290 Abs. 3 S. 2 HGB indiziert.

Zu einem anderen Ergebnis kommt man auch nicht bei dogmatischer Untersuchung. Nach Sinn und Zweck dient das Konzernrecht gerade der Lösung divergierender Interessenlagen von Gesellschaftern sowie geballter Machtkonzentration.[286] Der Gesetzgeber beabsichtigt durch die konzernrechtlichen Regelungen das bestehende Konfliktpotential zu regulieren.[287] Stimmbindungsvereinbarungen werden gerade von diesem Spannungsfeld erfasst, weil sie ein Mittel zur Durchsetzung von konzentriertem Einflusspotential darstellen.[288] Der Zusammenschluss als Konsortium und die damit verbundene vertragliche Bindung wird dazu eingesetzt, gemeinsam Macht auf die Gesellschaft auszuüben und/oder die Machtausübung durch außenstehende Gesellschafter zu verhindern.[289] In diesem vertraglichen Verbund

---

284 *Hoffmann-Becking,* ZGR 1994, 442, 452; *Noack,* Gesellschaftervereinbarungen, 1994, S. 68.

285 *Hoffmann-Becking,* ZGR 1994, 442, 452.

286 Vgl. zu den Regelungsaufgaben des Konzernrechts *Koch*, in: Hüffer/Koch, AktG, § 15 Rn. 3 ff., Regierungsbegründung zu Verbundenen Unternehmen des Regierungsentwurfs zum AktG 1965 bei *Kropff*, Textausgabe des AktG vom 6.9.1965 und des EG AktG 1965, S. 373 f.

287 *Coenen*, Konzernrechtliche Relevanz von Stimmbindungsvereinbarungen, 2014, S. 57.

288 *Schäfer*, in: MünchKomm/BGB, Vor § 705 Rn. 69; *Noack*, Gesellschaftervereinbarungen, 1994, S. 19, 36; *Coenen*, Konzernrechtliche Relevanz von Stimmbindungsvereinbarungen, 2014, S. 57.

289 Vgl. zur Zweckrichtung von Schutzgemeinschaften Kapitel 1: A. IV.; *Noack*, Gesellschafterverinbarungen, 1994, S. 19; *Schäfer*, in: MünchKomm/BGB, Vor § 705 Rn. 68 ff.; *Coenen*, Konzernrechtliche Relevanz von Stimmbindungsvereinbarungen, 2014, S. 57.

als Konsortium bestehen oder vielmehr entstehen gegenläufige Interessen unter den Konsortialmitgliedern, was die Anwendung der konzernrechtlichen Vorschriften auf die beteiligten Unternehmen grundsätzlich erforderlich macht.

In Rechtsprechung und Literatur bisher nicht abschließend geklärt ist die Frage, in welchen Situationen ein Stimmrechtskonsortium und/oder ihre Mitglieder ein Konzernverhältnis im Sinne der §§ 15 ff. AktG begründen. Auch fehlt eine ausdrückliche Regelung im Gesetz dazu, wie konzernrechtlich solche Fälle behandelt werden, in denen das Einflusspotential nicht unmittelbar durch einen Gesellschafter, sondern durch vertraglichen Zusammenschluss mehrerer ausgeübt wird.[290] Dies erfordert, die konzernrechtliche Behandlung eines majorisierten Stimmbindungspools zu untersuchen. Dabei geht es um die Frage, zu welchen Unternehmensgesellschaftern im Fall der Majorisierung ein Abhängigkeitsverhältnis besteht. Für die Unternehmenspraxis ist diese Frage von großer Bedeutung, da die Beantwortung dieser Frage darüber entscheidet, wer in einem solchen Beherrschungsverhältnis den konzernrechtlichen Rechtsfolgen unterliegt.

So ist nach § 312 AktG die Gesellschaft zur Erstellung eines Abhängigkeitsberichts verpflichtet.[291] Die einzelnen Konsortialmitglieder sind als Unternehmensgesellschafter verpflichtet, ihren Mitteilungspflichten nach §§ 20 ff. AktG nachzukommen, sofern die Gesellschaft nicht börsennotiert ist.[292] Darüber hinaus hat ein Abhängigkeitsverhältnis Auswirkungen darauf, ob ein Unternehmensgesellschafter zur Aufstellung eines Konzernabschlusses unter Konsolidierung des Familienunternehmens verpflichtet ist. Ferner kann im Pool Uneinigkeit darüber bestehen, welches Herrschaftssubjekt im Fall einer nachteiligen Machtausübung der Ausgleichspflicht nach § 311 AktG unterliegt.[293]

---

290 Einzig ins Gestz aufgenommen hat der Gesetzgeber die Möglichkeit einer mittelbaren Beherrschung im Sinne des § 17 Abs. 1 AktG. Damit wird der Vorschrift des § 16 Abs. 4 AktG Rechnung getragen, vgl. zur mittelbaren Abhängigkeit *Emmerich*, in: Emmerich/Habersack, Aktien- und GmbH- KonzernR, § 17 Rn. 26 f.

291 näher dazu unter Kapitel 3: C. II. 2.

292 näher dazu unter Kapitel 3: C. I.

293 näher dazu unter Kapitel 3: C. II. 1.

Für die Gesellschaft und ihre Aktionäre werden diese Fragen in der Praxis dann relevant, wenn in einer Hauptversammlung bestimmte Abstimmungsergebnisse durch den einheitlich abstimmenden Familienverbund erzielt werden und Minderheitsaktionäre diese Beschlüsse im Wege einer Anfechtungsklage angreifen.[294]

Die nachfolgenden Erläuterungen sollen das Problem der Majorisierung durch einen Gesellschafter in einem als Innengesellschaft ausgestalteten Stimmbindungspool aus konzernrechtlicher Sicht beleuchten. Dabei soll zunächst ein abstrakter Überblick über die Regelungen und die Systematik der §§ 15 ff. AktG gegeben werden. Anschließend wird die allgemeine Geltung der konzernrechtlichen Vorschriften auf Stimmbindungspools untersucht, um sodann deren Anwendung auf den majorisierten Stimmbindungspool zu beleuchten. Unberücksichtigt bleiben konzernrechtliche Diskussionsfelder im Hinblick auf den Unternehmensbegriff und den Abhängigkeitstatbestand, die über den Fall der Majorisierung hinausgehen.[295]

B. Stimmbindung im allgemeinen Konzernrecht

Ausgangspunkt für die Untersuchung der konzernrechtlichen Behandlung des majorisierten Stimmbindungspools bilden die gesetzlichen Vorschriften des allgemeinen Konzernrechts, welche systematisch im Aktienrecht in den §§ 15 ff. AktG verortet sind. § 15 AktG definiert den Begriff der verbundenen Unternehmen und bestimmt abschließend, wann und in welchen Formen bei Unternehmensverbindungen von „verbundenen Unternehmen“ gesprochen werden kann.[296] Der Charakter als allgemeiner Teil

---

294 Eine solche Begründung lag dem Urteil des OLG Hamm, Urt. v. 2. 11. 2000 – 27 U 1/00 = NZG 2001, 563 zu Grunde, wo sich die klagenden Aktionäre die Unzulässigkeit des Entlastungsbeschlusses geltend gemacht hatten, da die Gesellschaft keinen Abhängigkeitsbericht zu dem mehrheitlich beteiligten Stimmbindungskonsortium erstellt hatten. Vgl zur Besprechung *Bauer*, NZG 2001, 742.

295 Für die einzelnen konzernrechtlichen Fragestellungen bei Stimmbindungsverträgen wird an dieser Stelle verwiesen auf *Coenen*, Konzernrechtliche Relvanz von Stimmbindungen, 2014, S. 73 ff.

296 *Hirschmann*, in: Hölters, AktG, § 15 Rn. 1; *Koppensteiner*, in: KölnerKomm/AktG, § 15 Rn. 2; *Windbichler*, in: Großkomm/AktG, § 15 Rn. 2.

berechtigt sich aus dem Umstand, dass in zahlreichen Normen außerhalb des Aktiengesetzes auf die §§ 15 ff. AktG Bezug genommen wird.[297] Welche aktienrechtlichen Rechtsfolgen sich aus dem Vorliegen eines herrschenden Unternehmens ergeben, regelt das Gesetz an verschiedenen Stellen.[298] Zunächst enthalten die Vorschriften der §§ 20, 22 AktG Regelungen über Mitteilungspflichten bei Erreichen bestimmter Beteiligungshöhen. Darüber hinaus bestehen Sondervorschriften, die an das Vorliegen eines der in §§ 15 – 19 AktG definierten Tatbestände anknüpfen.[299] Die wichtigsten Vorschriften sind die Konzernvermutung des § 18 Abs. 1 S. 3 AktG sowie das Verbot der Nachteilszufügung aufgrund der §§ 311 – 318 AktG im sog. faktischen Konzern.[300] § 311 AktG bestimmt die Schranken der Ausübung von Einflusspotential und schützt die (abhängige) Gesellschaft vor kompensationsloser Benachteiligung.[301]

I. Unternehmensbegriff und Abhängigkeitstatbestand

Der Begriff des Unternehmens ist von zentraler Bedeutung im Aktiengesetz, weil er über die Einordnung eines Normadressaten als verbundenes Unternehmen im Sinne der §§ 15 ff. AktG entscheidet.[302] Der Anwendungsbereich

---

297 Ein Beispiel bildet § 51a Abs. 2 S. 1 GmbHG, wonach ein Geschäftsführer einem GmbH-Gesellschafter die Auskunft und die Einsicht verweigern darf, wenn die Gefahr besteht, dass einem *verbundenen Unternehmen* durch die zweckwidrige Verwendung der Information ein nicht unerheblicher Nachteil zugefügt wird. Von Bedeutung ist ferner der Verweis in § 36 Abs. 2 GWB, welcher anordnet, dass mehrere *verbundene Unternehmen* als ein einheitliches Unternehmen im kartellrechtlichen Sinne anzusehen sind, vgl. näher dazu *Emmerich*, in: Emmerich/Habersack, Aktien- und GmbH-KonzernR, § 15 Rn. 2.

298 Ausführlich dazu *Krieger*, in: MünchHdb. GesR IV, § 69 Rn. 3.

299 *Krieger*, in: MünchHdb. GesR IV, § 69 Rn. 3.

300 *Emmerich*, in: Emmerich/Habersack, Aktien- und GmbH- KonzernR, § 17 Rn. 2; *Krieger*, in: MünchHdb. GesR IV, § 69 Rn. 3.

301 Regierungsbegründung zu § 311 des Regierungsentwurfs zum AktG 1965 bei *Kropff*, Textausgabe des AktG vom 6.9.1965 und des EG AktG 1965, S. 408; *Koch*, in: Hüffer/Koch, AktG, § 311 Rn. 1.

302 *Bayer*, in: MünchKomm/AktG, § 15 Rn. 7; *Koppensteiner*, in: KölnerKomm/AktG, § 15 Rn. 9; *Schall*, in: Spindler/Stilz, AktG, § 15 Rn. 10; *Hirschmann*, in: Hölters, AktG, § 15 Rn. 1 f.

des Konzernrechts ist auf Beziehungen einer Aktiengesellschaften zu Unternehmen beschränkt, da allein bei einem Unternehmensgesellschafter im Vergleich zu einem Privatgesellschafter die Gefahr besteht, dass er Rechte aus der Beteiligung zum Nachteil der Gesellschafter für seine eigenen unternehmerischen Interessen ausnutzt.[303] Gelangt man auf der *ersten Stufe* zu dem Ergebnis, dass ein Unternehmen im Sinne des § 15 AktG vorliegt, so ist anschließend auf *zweiter Stufe* zu prüfen, in welcher Verbindung dieses Unternehmen zu einem anderen steht.

§ 17 AktG bestimmt, wann zwischen einer Gesellschaft und einem Unternehmensgesellschafter ein Abhängigkeitsverhältnis besteht. Nach § 17 Abs. 1 AktG ist dies der Fall, wenn der Gesellschafter unmittelbar oder mittelbar auf die Gesellschaft beherrschenden Einfluss ausüben kann. Besitzt ein Gesellschafter die Mehrheit an einer Gesellschaft, so wird nach § 17 Abs. 2 AktG widerlegbar vermutet, dass die Gesellschaft von dem Gesellschafter konzernrechtlich abhängig ist.

1. *Unternehmen im Sinne des Konzernrechts*

Das Gesetz definiert den Begriff des Unternehmens selbst nicht. Auch hat der Gesetzgeber auf eine Umschreibung des Begriffs verzichtet.[304] Die Beschränkung des Anwendungsbereichs des Konzernrechts erfordert es jedoch, Kriterien zu entwickeln, die im Konzernrecht eine Unterscheidung zwischen einem Unternehmensgesellschafter und einem Privatgesellschafter erlauben.[305]

In den letzten Jahrzehnten kreiste eine kontroverse Diskussion über die Auslegung und das Verständnis des Begriffs des (herrschenden) Unternehmens, auf deren Ausführung an dieser Stelle verzichtet werden soll.[306] Nach

---

303 *Emmerich*, in: Emmerich/Habersack, Aktien- und GmbH- KonzernR, § 15 Rn. 6a; Ausschussbericht zu den §§ 20 und 21 bei *Kropff*, Textausgabe des AktG vom 6.9.1965 und des EG AktG 1965, S. 41, 42.

304 vgl. Regierungsbegründung zu § 15 des Regierungsentwurfs zum AktG 1965 bei *Kropff*, Textausgabe des AktG vom 6.9.1965 und des EG AktG 1965, S. 27; *Koppensteiner*, ZHR 131 (1968), 289, 302; *Janberg/Schlaus*, AG 1967, 33, 27.

305 *Emmerich*, in: Emmerich/Habersack, Aktien- und GmbH-KonzernR, § 15 Rn. 7.

306 Ausführlich zur Entwicklung des konzernrechtlichen Unternehmensbegriffs vgl. *Kort*, DB 1986, 1909.

heute herrschender Auffassung ist der Unternehmensbegriff dem Sinn und Zweck der jeweiligen Norm oder Normgruppe zu entnehmen, in der er verwendet wird (*teleologischer Unternehmensbegriff*).[307] Dabei besteht der Sinn und Zweck der Anwendung der konzernrechtlichen Vorschriften im Wesentlichen im Schutz der abhängigen Gesellschaft, ihrer Minderheitsaktionäre sowie ihrer Gläubiger.[308]

Die Rechtsprechung[309] hat sich diesem teleologischen Verständnis angeschlossen und den Unternehmensbegriff definitionsartig umschrieben. Danach ist jeder Aktionär – gleich welcher Rechtsform[310] – als Unternehmen zu qualifizieren, der neben seiner Beteiligung an der Aktiengesellschaft noch anderweitige wirtschaftliche Interessenbindungen hat, die nach Art und Intensität die ernsthafte Besorgnis begründen, er könne seinen aus der Mitgliedschaft folgenden Einfluss zum Nachteil der Aktiengesellschaft geltend machen.[311] Der zweite Teil der Beschreibung des teleologischen Begriffsverständnisses legt fest, dass anderweitige wirtschaftliche Interessenbindungen nur dann relevant für die Qualifikation als Unternehmen im

---

307 BGH, Urt. v. 13.10.19977 – II ZR 123/76 („VEBA/Gelsenberg") = AG 1978, 50, 51; *Krieger,* in: MünchHdb. GesR IV, § 69 Rn. 5; *Bayer*, in: MünchKomm/AktG, § 15 Rn. 10; *Emmerich*, in: Emmerich/Habersack, Aktien- und GmbH-KonzernR, § 15 Rn. 8; *Koch*, in: Hüffer/Koch, AktG, § 15 Rn. 9; *Schall*, in: Spindler/Stilz, AktG, § 15 Rn. 12.

308 *von Bülow/Bücker*, ZGR 2004, 669, 678.

309 Der rein teleologische konzernrechtliche Unternehmensbegriff wurde durch die Rechtssprechung maßgeblich geprägt, vgl. grundlegend dazu BGH, Urt. v. 13.10.19977 – II ZR 123/76 („VEBA/Gelsenberg") = AG 1978, 50, 51.

310 OLG Hamburg, Urt. v. 8.8.2003 -11 U 45/03 = AG 2003, 698, 699; *Hirschmann*, in: Hölters, AktG, § 15 Rn. 1; *Koch*, in: Hüffer/Koch, AktG, § 15 Rn. 14; *Emmerich,* in: Emmerich/Habersack, Aktien- und GmbH- KonzernR, § 15 Rn. 11. Zur Rechtsformunabhängigkeit *Windbichler*, in: GroßKomm/AktG, § 15 Rn. 15 ff.

311 So zuerst BGH, Urt. v. 13.10.19977 – II ZR 123/76 („VEBA/Gelsenberg") = AG 1978, 50, 51; BGH, Beschl. v. 8.5.1979 – KVR 1/78 = NJW 1979, 2401; BGH, Urt. v. 17.03.1997 – II ZB 3/96 = BGHZ 135, 107, 113. Die Kommentarliteratur ist einhellig derselben Auffassung vgl. nur *Koppensteiner*, in: KölnerKomm/AktG, § 15 Rn. 20; *Bayer,* in: MünchKomm/AktG, § 15 Rn. 13.

Sinne des Konzernrechts sind, wenn sie im Ergebnis „stark genug“ sind, eine Konzerngefahr zu begründen.[312]

Für die Begriffsbestimmung des Unternehmens im konzernrechtlichen Sinne prägend ist der Begriff der *anderweitig wirtschaftlichen Interessenbindung.*[313] Der Sinn und Zweck dieses Begriffsmerkmals besteht darin, dass der Zugang zum Konzernrecht erst dann eröffnet ist, wenn ein potentieller Interessenkonflikt besteht.[314] Ein solcher Interessenkonflikt ergibt sich jedoch erst dann, wenn ein Gesellschafter wegen seiner zusätzlichen unternehmerischen Betätigung *außerhalb* der Gesellschaft seine Entscheidungen nicht einzig im Gesellschaftsinteressen fällt und damit die Gefahr einer Schädigung der Gesellschaft im Interesse anderer Unternehmen besteht (*sog. Konzerngefahr*).[315] Als Unternehmen im konzernrechtlichen Sinne scheiden folglich schon solche Gesellschafter aus, die weder an einer anderen Gesellschaft beteiligt sind, noch in einer organschaftlichen Beziehung zu einer solchen stehen und somit über keinerlei anderweitiger unternehmerischen Interessen außerhalb der Gesellschaft verfügen können.

Wann eine anderweitig wirtschaftliche Interessenbindung konkret vorliegt, ist im Gesetz nicht geregelt. Die Beurteilung, ob Gesellschafter anderen Interessenbindungen unterliegen, erfolgt ausschließlich anhand objektiver Kriterien.[316] Dabei muss die Unternehmenseigenschaft bei jedem

312 *Koppensteiner*, in: KölnerKomm/AktG, § 15 Rn. 20; *Koppensteiner,* in: FS Ulmer, 2003, S. 349, 350 ff.; *Klosterkemper,* Abhängigkeit von einer Innengesellschaft, 2003, S. 79.

313 Kritisch zum teleologischen Unternehmensbegriff *Schall*, in: Spindler/Stilz, AktG, § 15 Rn. 15 ff., der das Wesensmerkmal der anderweitig wirtschaftlichen Interessenbindung zur Bestimmung der Unternehmenseigenschaft als überholt ansieht. Ein Überblick ebenso bei *Emmerich*, in: Emmerich/Habersack, Aktien- und GmbH- KonzernR, § 15 Rn. 9; *Vetter*, in: Schmidt/Lutter, AktG, § 15 Rn. 34.

314 *Bayer*, in: MünchKomm/AktG, § 15 Rn. 21; *Emmerich*, in: Emmerich/Habersack, Aktien- und GmbH- KonzernR, § 15 Rn. 9; *Krieger*, in: MünchHdb. GesR IV, § 69 Rn. 6.

315 *Emmerich*, in: Emmerich/Habersack, Aktien- und GmbH-KonzernR, § 15 Rn. 6a; *Hirschmann*, in: Hölters, AktG, § 15 Rn. 3; *Koch*, in: Hüffer/Koch, AktG, § 15 Rn. 9; *Bayer*, in: MünchKomm/AktG, § 15 Rn. 7 ff.

316 *Koppensteiner*, in: KölnerKomm/AktG, § 15 Rn. 21.

Gesellschafter gesondert geprüft werden.[317] Der unbestimmte Begriff der anderweitig wirtschaftlichen Interessenbindung ist weit auszulegen, um möglichst viele potentielle Interessenkonflikte von dem konzernrechtlichen Schutz- und Ausgleichsystem erfassen zu können.[318] Maßgeblich für die Frage, ob eine anderweitige wirtschaftliche Interessenbindung vorliegt, ist der Sinn und Zweck der konzernrechtlichen Vorschriften, nämlich ob die Interessen des Gesellschafters potentiell eine Schädigungsgefahr der Gesellschaft auslösen. Als Beispiele reicht eine maßgebliche Beteiligung an einer einzigen Gesellschaft grundsätzlich nicht aus, um eine Unternehmenseigenschaft zu begründen, wenn der Gesellschafter unternehmerischen Einfluss auf die Gesellschaft ausübt.[319] Einem Gesellschafter wird man nach überwiegender Ansicht in der Literatur[320] und Rechtsprechung[321] auch nicht schon kraft seiner Rechtsform als GmbH die Unternehmenseigenschaft zusprechen. Auch besitzt ein Mehrheitsgesellschafter einer Aktiengesellschaft nicht schon dann die Unternehmenseigenschaft, wenn er auf die Unternehmenspolitik der Aktiengesellschaft im Wesentlichen Einfluss nehmen kann.[322]

---

317 *Joussen*, AG 1998, 329, 331; *Löbbe*, in: Happ, Konzern- und Umwandlungsrecht, S. 469 zu Muster 5.01, Anmerkung 1.17.

318 BGH, Urt. v. 8. Mai 1979 – KVR 1/78 („WAZ") = NJW 1979, 2401; *Wirtz*, AG 1999, 114, 117.

319 *Emmerich*, in: Emmerich/Habersack, Aktien- und GmbH- KonzernR, § 15 Rn. 12; *Koppensteiner*, in: KölnerKomm/AktG, § 15 Rn. 22; *Grigoleit*, in: Grigoleit, AktG, § 15 Rn. 18.

320 Der Unternehmensbegriff ist rechtsformneutral, vgl. näher dazu *Koch*, in: Hüffer/Koch, AktG, § 15 Rn. 8; *Emmerich*, in: Emmerich/Habersack, Aktien- und GmbH- KonzernR, § 15 Rn. 5; *Schall*, in: Spindler/Stilz, AktG, § 15 Rn. 19; *Grigoleit*, in: Grigoleit, AktG, § 15 Rn. 6.

321 Herrschende Meinung, vgl. BAG, Beschl. v. 30.3.2004 – 1 ABR 61/01 = NZA 2004, 863, 868; BAG, Beschl. v. 13.10.2004 – 7 ABR 56/03 = NZG 2005, 512, 513; BAG, Beschl. v. 27. 10. 2010 –7 ABR 85/09 = NZA 2011, 524, 525; OLG Hamburg, Urt. v. 8.8.2003 – 11 U 45/03 = NZG 2003, 978, 980.

322 *Emmerich*, in: Emmerich/Habersack, Aktien- und GmbH- KonzernR, § 15 Rn. 12.

2. *Der Abhängigkeitstatbestand, § 17 AktG*

Der Abhängigkeitsbegriff des Konzernrechts bildet nach der Feststellung der Unternehmenseigenschaft die *zweite Stufe* bei der Untersuchung der konzernrechtlichen Rechtsfolgen eines majorisierten Stimmrechtskonsortiums. Auf welche Weise der Einfluss des Unternehmensgesellschafters ausgeübt wird, bestimmt § 17 AktG. Danach kann Einflusspotential auf zwei Weisen zur Begründung eines Abhängigkeitsverhältnisses führen. Zum einen über § 17 Abs. 1 AktG, welcher den Abhängigkeitsbegriff legal definiert. § 17 Abs. 1 AktG wird in § 17 Abs. 2 AktG durch eine widerlegbare Abhängigkeitsvermutung für den Fall der Mehrheitsbeteiligung eines Unternehmens an einem anderen ergänzt.

a) Beherrschender Einfluss im Sinne des § 17 Abs. 1 AktG

Nach § 17 Abs. 1 AktG liegt Abhängigkeit vor, wenn die Möglichkeit[323] eines Unternehmens besteht, unmittelbar oder mittelbar beherrschenden Einfluss auf ein anderes rechtlich selbständiges Unternehmen auszuüben.[324] Wann ein solcher Einfluss beherrschend ist, sagt das Gesetz ausdrücklich nicht. Die einschneidenden konzernrechtlichen Vorschriften erfordern es jedoch, Kriterien festzulegen, bei dessen Vorliegen der beherrschende Einfluss eines Unternehmens in der Regel anzunehmen ist. Um dem Ziel nach Rechtssicherheit ausreichend Rechnung zu tragen, hat der Gesetzgeber sich in § 17 Abs. 2 AktG für eine widerlegbare Abhängigkeitsvermutung entschieden.[325] Das bedeutet, dass ein Abhängigkeitsverhältnis nach § 17 Abs. 2 AktG immer dann besteht, wenn ein Gesellschafter mehrheitlich an einer Gesellschaft beteiligt ist und diese Abhängigkeit nicht widerlegt wird. Aus dem Umkehrschluss zu § 17 Abs. 2 AktG folgt, dass beherrschender Einfluss im Sinne des § 17 Abs. 1 AktG jedenfalls dann vorliegt, wenn der Einfluss eines Gesellschafters seiner Art nach dem Einflusspotential eines

---

323 BGH, Urt. vom 4.3.1974 – II ZR 89/72 („Seitz") = NJW 1974, 855.

324 Ständige Rechtsprechung; vgl. schon BGH, Urt. v. 13. 10. 1977 – II ZR 123/76 = NJW 1978, 104; BGH, Urt. v. 5.12.1983 – II ZR 242/82 = NJW 1984, 1351.

325 Regierungsbegründung zu § 17 des Regierungsentwurfs zum AktG 1965 bei *Kropff*, Textausgabe des AktG vom 6.9.1965 und des EG AktG 1965, S. 31; *Koch*, in: Hüffer/Koch, AktG, § 17 Rn. 16.

Mehrheitsgesellschafters entspricht.[326] Wann ein Unternehmen an einem anderen mit Mehrheit beteiligt ist bzw. in Mehrheitsbesitz steht, bestimmt § 16 AktG.

Anders als in anderen Rechtsgebieten wird im Konzernrecht ein materielles Begriffsverständnis von beherrschendem Einfluss zugrunde gelegt. Das Begriffsverständnis unterscheidet sich damit maßgeblich beispielsweise vom formalen Kontrollbegriff[327] im WpÜG.[328] Das Bestehen der Einflussmöglichkeit wird im Konzernrecht somit nicht an das Vorliegen formaler Kriterien geknüpft, sondern es werden die rein tatsächlichen Umstände berücksichtigt.

In Literatur und Rechtsprechung haben sich Merkmale herausgebildet, welche die Umschreibung des Begriffs des beherrschenden Einflusses präzisieren. Beherrschend ist der Einfluss eines Unternehmens zunächst dann, wenn er sicher, beständig und nicht jederzeit entziehbar ist.[329] Hingegen gilt der Einfluss eines Unternehmens nicht als beherrschend, wenn das Unternehmen für die Ausübung der Beherrschungsmittel auf die Mitwirkungen anderer bzw. auf sonstige von ihm nicht kontrollierbare Umstände angewiesen ist.[330] Diese Präzisierung entspricht dem Sinn und Zweck des Konzernrechts, da beherrschender Einfluss eines Gesellschafters nur dann konzernrechtlich relevant ist, wenn daraus eine Schädigungsgefahr für die Gesellschaft und ihre Aktionäre entstehen kann.[331] Bei einer punktuellen Einflussnahme durch Gesellschafter wird man eine solche Gefahr in der Regel ausschließen können.

---

326 *Koch*, in: Hüffer/Koch, AktG, § 17 Rn. 5; *Koppensteiner*, in: KölnerKomm/AktG, § 17 Rn. 21; *Bayer*, in: MünchKomm/AktG, § 17 Rn. 25.

327 Vgl. zum formalen Kontrollbegriff in § 29 Abs. 2 WpÜG Kapitel 4: B. I. 1. a)

328 *Emmerich*, in: Emmerich/Habersack, Aktien- GmbH- KonzernR, § 17 Rn. 3a; BGH, Urt. v. 15.12.2011 = AG 2012, 594, 596; vgl. ausführlich *Brellochs*, NZG 2012, 1010.

329 Regierungsbegründung zu § 17 des Regierungsentwurfs zum AktG 1965 bei *Kropff*, Textausgabe des AktG vom 6.9.1965 und des EG AktG 1965, S. 31; *Koppensteiner*, in: KölnerKomm/AktG, § 17 Rn. 20; *Koch*, in: Hüffer/Koch, AktG, § 17 Rn. 6.

330 *Koppensteiner*, in: KölnerKomm/AktG, § 17 Rn. 20; *Emmerich*, in: Emmerich/Habersack, Aktien- und GmbH-KonzernR, § 17 Rn. 8.

331 Vgl. zur Regelungsaufgabe des Konzernrechts bereits oben unter A.

b) Die Abhängigkeitsvermutung des § 17 Abs. 2 AktG

Nach § 17 Abs. 2 AktG wird von einem nach § 16 AktG in Mehrheitsbesitz stehenden Unternehmen vermutet, dass es von dem an ihm mit Mehrheit beteiligten Unternehmen abhängig ist. Eine Mehrheitsbeteiligung im Sinne des § 16 AktG führt folglich *im Zweifel* zur Abhängigkeit und zur Annahme eines Konzernverhältnisses. Der Gesetzgeber hat mit der Abhängigkeitsvermutung des § 17 Abs. 2 AktG den klassischen Fall des herrschenden Unternehmens beschrieben.[332] Er liegt dann vor, wenn ein Unternehmensgesellschafter einer Kapitalgesellschaft (GmbH oder AG) mit 51 % oder mehr an einer Gesellschaft beteiligt ist, so dass von ihm vermutet wird, dass er im Verhältnis zur abhängigen Gesellschaft als herrschendes Unternehmen anzusehen ist. Daraus folgt, dass für die Annahme eines Abhängigkeitsverhältnisses nach § 17 Abs. 2 AktG bereits die Voraussetzungen einer Mehrheitsbeteiligung nachgewiesen werden müssen, ohne dass es zusätzlich auf den Nachweis des Bestehens beherrschenden Einflusses ankommt.[333] Voraussetzung einer Mehrheitsbeteiligung nach § 16 AktG ist das Bestehen einer Kapital- oder Stimmenmehrheit. Die Kapital- oder Stimmenmehrheit bildet die wichtigste Grundlage für die Feststellung der Abhängigkeit, weil durch sie regelmäßig eine Stimmenmehrheit in der Haupt- oder Gesellschafterversammlung der abhängigen Gesellschaft erzielt wird. Dem Mehrheitsgesellschafter ist es damit nicht nur möglich, wesentliche Entscheidungen in der Hauptversammlung mitzubestimmen, auch ermöglicht ihm seine Mehrheitsbeteiligung den Einfluss auf die personelle Zusammensetzung des Aufsichtsrats und dadurch mittelbar auf den Vorstand der Gesellschaft.[334] Diese Personalentscheidungsgewalt sichert im Regelfall deshalb einen beherrschenden Einfluss, weil das Gesetz davon ausgeht, dass Aufsichtsrat und Vorstand in der Regel den Wünschen des Mehrheitsaktionärs folgen.[335]

---

332 *Bauer*, NZG 2001, 742 f.

333 *Klosterkemper*, Abhängigkeit von einer Innengesellschaft, 2003, S. 38 f.; vgl. auch *Bauer*, NZG 2001, 742, 742.

334 Vgl. dazu *Bayer*, in: MünchKomm/AktG, § 17 Rn. 26; *Bayer*, ZGR 2002, 933, 937.

335 *Bayer*, in: MünchKomm/AktG, § 17 Rn. 27; *Bayer*, ZGR 2002, 933, 937.

Die Abhängigkeitsvermutung kann jedoch auch widerlegt werden. Eine Widerlegung der Abhängigkeitsvermutung kommt dann in Betracht, wenn ein Mehrheitsgesellschafter aus Rechtsgründen keinen beherrschenden Einfluss auf die abhängige Gesellschaft ausüben kann.[336] Daraus folgt, dass beherrschender Einfluss nach § 17 Abs. 2 AktG in der Regel, aber nicht zwingend dann vorliegt, wenn ein Unternehmensgesellschafter an einer Gesellschaft eine Mehrheitsbeteiligung hält. Durch diese Regelung wird bezweckt, die Weite und Unbestimmtheit des Abhängigkeitstatbestands zu kompensieren und dadurch Rechtssicherheit zu schaffen.[337]

II. Unternehmenseigenschaft im Stimmbindungspool

Im Nachfolgenden soll der Frage nachgegangen werden, in welchem Abhängigkeitsverhältnis eine Familiengesellschaft zu einem majorisierten Stimmrechtskonsortium und/oder seinen Mitgliedern steht. Bei der Beantwortung der Frage ist zunächst auf die konzernrechtliche Behandlung des klassischen Stimmbindungspools einzugehen, um anschließend den Fall der Majorisierung anhand der beim klassischen Stimmbindungspool geltenden Grundsätze zu untersuchen. Auf *erster Stufe* ist zunächst das potentiell herrschende Unternehmen zu bestimmen. Nur wenn ein Herrschaftssubjekt Unternehmenseigenschaft nach den oben dargestellten Grundsätzen besitzt, muss dessen Einflusspotential auf die Familiengesellschaft festgestellt werden. Als potentielle Herrschaftssubjekte in Betracht kommen dabei der Stimmbindungspool selbst, seine Mitglieder in ihrer Gesamtheit und/oder alleine.

1. *Unternehmenseigenschaft von Stimmrechtskonsortien*

Die erste Frage betrifft die Unternehmenseigenschaft des Stimmrechtskonsortiums, nämlich ob das Stimmrechtskonsortium, welches rechtlich als

---

336 *Hirschmann*, in: Hölters, AktG, § 17 Rn. 16; *Koch*, in: Hüffer/Koch, AktG, § 17 Rn. 19.

337 Regierungsbegründung zu § 17 des Regierungsentwurfs zum AktG 1965 bei *Kropff*, Textausgabe des AktG vom 6.9.1965 und des EG AktG 1965, S. 31; *Koch*, in: Hüffer/Koch, AktG, § 17 Rn. 16.

Innengesellschaft bürgerlichen Recht zu qualifizieren ist, als Unternehmen im Sinne des § 15 AktG einzuordnen ist.

a) Unternehmenseigenschaft einer Innengesellschaft bürgerlichen Rechts

Früher wurde die Frage nach der Unternehmenseigenschaft einer Innengesellschaft kontrovers diskutiert.[338] Auch in den letzten 15 Jahren haben sich Gerichte mit dieser Frage wiederholt auseinandersetzen müssen.[339] Nach heute herrschender Auffassung besitzen Stimmrechtskonsortium in der Rechtsform einer Innengesellschaft bürgerlichen Rechts keine Unternehmenseigenschaft.[340] Sie besitzen keine Rechtspersönlichkeit, so dass diese schon aus konstruktiven Schwierigkeiten nicht als (Unternehmens-)Gesellschafter von Gesellschaften in Frage kommen.[341] Das

338 Die Abhängigkeit bejahend noch *Kropff,* BB 1965, 1281, 1285; *Barz,* in: FS Kaufmann, 1972, S. 59, 63 f.; vgl. dazu auch *Koppensteiner*, in: KölnerKomm/AktG, § 17 Rn. 87; früher *Koppensteiner*, ZHR 131 (1968), 289, 310 ff., welcher jedoch von seinem Standpunkt aufgrund der Entwicklung des Diskussionsgegenstandes zum Unternehmensbegriff und der heute ausgearbeiteten Unterscheidung zwischen Innen- und Außengesellschaft abgerückt ist, vgl. *Koppensteiner,* in: FS Ulmer, 2003, S. 349, 350 ff.

339 Die Frage offen gelassen OLG München, Beschl. v. 18.7.2012 – 7 AktG 1/12 = AG 2012, 802, 803; die Abhängigkeit von einer Innengesellschaft verneinend BAG, Beschl. v. 13. 10. 2004 – 7 ABR 56/03 = NZG 2005, 512; OLG Hamburg, Beschl. v. 3.8.2000 – 11 W 36/95 = AG 2001, 479, 481.

340 OLG Hamm, Urt. v. 2.11.2000 – 27 U 1/00 = NZG 2001, 563, 565; OLG Hamburg, Beschl. v. 3.8.2000 – 11 W 36/95 = AG 2001, 479, 481, OLG Köln, Urt. v. 27.09.2001-18 U 49/01 = AG 2002, 89, 90; LG Heidelberg, Urt. v. 24.09.1997 – O 62/96 KfH II = AG 1998, 47, 48; *Koppensteiner*, in: Kölner-Komm/AktG, § 15 Rn. 62; *Bayer*, in: MünchKomm/AktG, § 15 Rn. 28; *Koch,* in: Hüffer/Koch, AktG, § 15 Rn. 13; *Hirschmann*, in: Hölters, AktG, § 15 Rn. 7; *Krieger,* in: MünchHdb. GesR IV, § 69 Rn. 9; *Joussen*, GmbHR 1996, 574, 576 f.; *Joussen*, AG 1998, 329, 330; *Löbbe*, in: Happ, Konzern- und Umwandlungsrecht, S. 468 zu Muster 5.01, Anmerkung 1.14; ebenso *Noack*, Gesellschaftervereinbarungen, 1994, S. 264; *Janberg/Schlaus,* AG 1967, 33, 38; *Schall*, in: Spindler/stilz, AktG, § 15 Rn. 34.

341 *Emmerich*, in: Emmerich/Habersach, Aktien- und GmbH-KonzernR, § 15 Rn. 20a.

Stimmrechtskonsortium ist somit nur notwendiges Instrument, um die Beherrschung zu verwirklichen.[342]

Dem ist zuzustimmen. Methodisch belegt werden kann dieses Ergebnis mit Hilfe der juristischen Auslegungsmethoden. Aus dem Wortlaut des § 15 AktG („rechtlich selbständiges Unternehmen“) sowie dem dogmatischen Grundansatz des Gesetzes, der sich auf Regelungen der Rechtsbeziehungen von verbundenen Unternehmensträgern zueinander beschränkt, folgt, dass nur Rechtswirkungen von Rechtsträgern ausgehen können, die im Rechtsverkehr in Erscheinung treten.[343] Auch im Hinblick auf den Sinn und Zweck der konzernrechtlichen Vorschriften und dem teleologischen Verständnis des Unternehmensbegriffs besteht kein Bedürfnis für die Anwendung der Konzernvorschriften, wenn eine Konzerngefahr und damit eine nachteilige Einflussnahme durch ein Unternehmen rechtlich ohne Rechtsfolgen bleibt.[344] Die Unternehmenseigenschaft eines Stimmrechtskonsortiums kommt somit einzig und allein dann in Betracht, wenn das Stimmrechtskonsortium als Außengesellschaft im Rechtsverkehr in Erscheinung tritt.[345] Welche konzernrechtlichen Rechtsfolgen dies für das Konsortium und deren Mitglieder *in concreto* hat, bedarf an dieser Stelle aufgrund der nur geringen Praxisrelevanz[346] keiner näheren Erörterung.

b) *Auswirkungen der Majorisierung auf die Unternehmenseigenschaft der Innengesellschaft*

Eine Ausnahme vom Grundsatz der fehlenden Unternehmenseigenschaft eines Stimmrechtskonsortiums wird in der Literatur für den Fall vertreten, in dem das Konsortium – wie im untersuchten Fall – von einem Konsorten,

---

342 *Joussen*, AG 1998, 329, 330; *Noack*, Gesellschaftervereinbarungen, 1994, S. 264.

343 OLG Hamm, Urt. v. 2.11.2000 – 27 U 1/00 = NZG 2001, 563, 565; OLG Hamburg, Beschl. v. 3.8.2000 – 11 W 36/95 = AG 2001, 479, 481, *Vetter*, in: Schmidt/Lutter, AktG, § 15 Rn. 66; *Krieger*, in: MünchHdb. GesR IV, § 69 Rn. 9.

344 *Krieger*, in: MünchHdb. GesR IV, § 69 Rn. 9; *Koppensteiner*, in: FS Ulmer, 2003, S. 349, 351.

345 *Hirschmann*, in: Hölters, AktG, § 15 Rn. 7; *Koppensteiner*, in: KölnerKomm/AktG, § 15 Rn. 62; *Koch*, in: Hüffer/Koch, AktG, § 15 Rn. 13.

346 *Opitz*, in: Schäfer/Hamann, Kapitalmarktgesetze, § 21 WpHG Rn. 7.

der Unternehmenseigenschaft besitzt, beherrscht wird. In diesem Fall sei auch der Zusammenschluss selbst als Unternehmen zu qualifizieren.[347]

Dieses Ergebnis überzeugt nicht.[348] Maßgeblich für Einordnung einer Gesellschaft als Innen- oder Außengesellschaft ist einzig der Parteiwille im Gesellschaftsvertrag.[349] In diesem wird regelmäßig deutlich, dass die Gesellschafter gerade auf die Einbringung ihrer Beteiligungen und dem Auftreten der Gesellschaft im Rechtsverkehr verzichten. Sinn und Zweck des Zusammenschlusses besteht in der internen Willensbildung der Familie. Dieser kann nicht durch eine Majorisierung unterlaufen werden, indem allein durch die Majorisierung eines herrschenden Unternehmensgesellschafters die Innengesellschaft quasi zur Außengesellschaft aufsteigt.[350] Eine solche Zurechnung der Unternehmenseigenschaft des herrschenden Unternehmenskonsorten auf die Innengesellschaft lehnt *Schall* – zu Recht – mit der Begründung ab, dass das Konsortium nur das Beherrschungs*mittel* des Mehrheitskonsorten darstelle.[351] Eine „umgekehrte Zurechnung" von Herrscher zum Beherrschten verbiete sich grundsätzlich nach der gesetzlichen Konzeption der Zurechnungsvorschriften.[352]

Gegen die Einordnung des majorisierten Stimmrechtskonsortiums als Unternehmen sprechen neben dem Gesellschafterwillen letztlich praktische Erwägungen. Die Einstufung des majorisierten Konsortiums als (herrschendes) Unternehmen würden dazu führen, dass das Konsortium durch die Majorisierung an die Spitze eines Konzerns rücken würde mit der Folge,

---

347 LG Heidelberg, Urt. v. 24.09.1997 – O 62/96 KfH II = AG 1998, 47, 48; *Noack*, Gesellschaftervereinbarungen, 1994, S. 265, welcher jedoch auf die geringe Praxisrelevanz aufgrund der fehlenden Außenwirkung hinweist; *Koppensteiner*, in: KölnerKomm/AktG, § 15 Rn. 69; *Gessler*, in: FS Knur, 1972, S. 145, 159; *Marchand*, Abhängigkeit von Gemeinschaftsunternehmen, 1985, S. 71 f., der jedoch vom funktionalen Unternehmensbegriff ausgeht. Unklar OLG Köln, Urt. v. 27.09.2001-18 U 49/01 = AG 2002, 89, 91; kritisch insbesondere *Schall*, in: Spindler/Stilz, AktG, § 15 Rn. 34.

348 So auch *Joussen*, AG 1998, 329, 330, welcher in diesem Fall zurecht allein eine Abhängigkeit zu dem majorisiereden Gesellschafterunternehmen bejaht; ebenfalls *Schall*, in: Spindler/Stilz, AktG, § 15 Rn. 34.

349 *Koppensteiner*, in: FS Ulmer, 2003, S. 349, 352; *Joussen*, AG 1998, 329, 330.

350 *Joussen*, AG 1998, 329, 330.

351 *Schall*, in: Spindler/Stilz, AktG, § 15 Rn. 34.

352 Mit ausführlicher Begründung vgl. *Schall*, in: Spindler/Stilz, AktG, § 15 Rn. 34.

dass rechtliche Beziehungen zu rechtlich selbständigen Dritten entstehen würden.[353] Für die Praxis ist die Qualifikation als Unternehmens jedoch ohne Bedeutung, da das Konsortium mangels Rechtsfähigkeit nicht rechtlich als Partei im Rechtverkehr in Erscheinung treten kann.[354] Wenn die Unternehmenseigenschaft eines Stimmrechtskonsortiums in der Rechtsform der Innengesellschaft bürgerlichen Rechts mit der Begründung verneint wird, dass es an der Rechtsfähigkeit fehle, so kann im Fall einer Beherrschung des Konsortiums durch einen Unternehmensgesellschafter sich an diesem Ergebnis nichts ändern. Denn ein Beherrschungsverhältnis ist konzernrechtlich nur dann von Bedeutung, wenn aus diesem eine Schädigungsgefahr resultiert. Eine solche besteht bei einer Innengesellschaft ohne eigenes Gesamthandsvermögen im Ergebnis nicht.

2. *Unternehmenseigenschaft der einzelnen Konsortialmitglieder*

Wenn das Stimmrechtskonsortium somit als potentiell herrschendes Unternehmen ausscheidet, so stellt sich die wohl bedeutendere Frage, unter welchen Voraussetzungen den Mitgliedern des Stimmrechtskonsortiums die Unternehmensstellung zugesprochen werden kann. Wie oben bereits erwähnt, ist die Qualifikation als Unternehmen rechtsformunabhängig zu beurteilen.[355] Notwendig ist somit nicht, dass die Konsortialmitglieder ihre Interessen durch eine GmbH oder Stiftung repräsentieren. Auch ein Familienmitglied als Privatgesellschafter kommt in seiner Person als potentiell herrschendes Unternehmen in Betracht.[356] Maßgeblich für die Einordnung eines Gesellschafters als Unternehmen ist jedoch, dass er ein wirtschaftliches Eigeninteresse *außerhalb* der Gesellschaft verfolgt, was im Einzelfall dazu geeignet ist, eine Konzerngefahr zu begründen.

---

353 *Joussen*, AG 1998, 329, 330.

354 *Noack,* Gesellschaftervereinbarungen, 1994, S. 265.

355 Siehe „Der (teleologische) Unternehmensbegriff" Kapitel 3: B. I. 1.

356 Urt. v. 13.10.19977 – II ZR 123/76 („VEBA/Gelsenberg") = AG 1978, 50, 51; vgl. OLG Hamm, Urt. v. 2.11.2000 – 27 U 1/00 = NZG 2001, 563, 565; *Hirschmann,* in: Hölters, AktG, § 15 Rn. 5; *Emmerich*, in: Emmerich/Habersack, Aktien- und GmbH- KonzernR, § 15 Rn. 9a.

a) *Beteiligung an einer Innengesellschaft als Indiz für das Vorliegen anderweitiger wirtschaftlicher Interessen*

Teilweise wird diskutiert, ob bereits aufgrund der Beteiligung eines Gesellschafters an einer Innengesellschaft die Schlussfolgerung des Vorliegens anderweitiger unternehmerischer Interessen aller an der Innengesellschaft beteiligter Gesellschafter gezogen werden kann.[357] Ausschlaggebend für die Annahme anderweitiger Interessenbindungen der an einem Konsortium beteiligten Gesellschafter ist dabei das Halten einer Mehrheitsbeteiligung an der Familiengesellschaft. Für eine anderweitige Interessenbindung könnte der Umstand sprechen, dass durch den Zusammenschluss der Konsortialmitglieder die im Konsortium vertretene Interessenpolitik maßgeblich ist, welche sich gegebenenfalls von den Interessen anderer, familienexterner Gesellschafter unterscheidet.

Dieser Gedanke greift jedoch im Ergebnis nicht.[358] Gegen diesen Ansatz spricht, dass für die Annahme anderweitiger wirtschaftlicher Interessen sowohl vom Wortlaut als auch vom Sinn und Zweck der Vorschriften des Konzernrechts nicht ausreichend ist, wenn sich die Unternehmensinteressen von Mehrheitsbeteiligten oder einer Aktionärsgruppe von denen der anderen Gesellschafter unterscheiden. Vielmehr ist erforderlich, dass ein Unternehmensinteresse an bzw. in einem *anderen* Unternehmen besteht. Die Bildung eines Stimmbindungspools allein und damit das bloße Halten der Mehrheitsbeteiligung an nur einem Unternehmen machen das Konsortium bzw. seine Mitglieder nicht zum Unternehmern im konzernrechtlichen Sinne.[359]

b) *Zurechnung der Unternehmenseigenschaft auf Privatgesellschafter*

Eine für § 17 Abs. 1 AktG relevante Gefährdung des abhängigen Unternehmens kann ausgeschlossen werden, wenn weder das Konsortium selbst

---

357 Eingehend *Klosterkemper*, Abhängigkeit von einer Innengesellschaft, 2003, S. 134; dagegen OLG Köln, Urt. v. 27.09.2001 – 18 U 49/01 = AG 2002, 89, 90; OLG Hamm, Urt. v. 2.11.2000 – 27 U 1/00 = NZG 2001, 563, 565.

358 Im Ergebnis so auch OLG Hamm, Urt. v. 2.11.2000 – 27 U 1/00 = NZG 2001, 563, 565.

359 OLG Hamm, Urt. v. 2.11.2000 – 27 U 1/00 = NZG 2001, 563, 565.

eigene wirtschaftliche Interessen verfolgt, noch bei den an der Innengesellschaft Beteiligten anderweitige wirtschaftliche Interessen vorliegen.[360]

Unproblematisch ist der Fall, in dem alle Konsorten neben ihren Interessen an der Gesellschaft noch anderweitig wirtschaftliche Interessen außerhalb der Gesellschaft verfolgen. In diesem Fall ist jeder Konsorte als Unternehmen im Sinne des § 15 AktG zu qualifizieren. Besitzt nur ein Mitglied bzw. besitzen nicht alle Mitglieder im Konsortium die Unternehmenseigenschaft, so ist fraglich, wie sich die Unternehmensstellung auf die der Privatgesellschafter im Pool auswirkt. Dabei ist zu untersuchen, ob und unter welchen Voraussetzungen eine Zurechnung der Unternehmenseigenschaft im Konsortium erfolgt. Vorangestellt ist festzustellen, dass das Gesetz die Zurechnung der Unternehmensstellung nicht regelt. Eine Zurechnung hat im Konzernrecht lediglich in § 16 Abs. 4 AktG sowie § 20 Abs. 2 AktG Erwähnung gefunden, wo es jedoch um die Zurechnung von Anteilen zum Zwecke der Berechnung der Beteiligungshöhe geht.

Voraussetzung für eine mögliche Zurechnung der Unternehmensstellung ist das Vorliegen anderweitiger wirtschaftlicher Interessen in der Person eines Konsortialmitgliedes. Zwar wird man in der Regel davon ausgehen, dass der Zusammenschluss als Familienkonsortium in der Annahme erfolgt, dass ausschließlich die Interessen der Familiengesellschaft gewahrt und verfolgt werden. Allerdings lässt sich wohl nicht vermeiden, dass die einzelnen Konsorten auch neben ihrer Mitgliedschaft im Konsortium an einer anderen Gesellschaft eine Kapitalbeteiligung halten. Auch ist es in der Praxis nicht unüblich, dass sich ein Teil der Familienkonsorten aus dem operativen Geschäft des Familienunternehmens zurückziehen und ihre unternehmerische Tätigkeit in anderen Unternehmen wahrnehmen. In diesem Fall üben sie lediglich weiterhin ihr Stimmrecht im Familienkonsortium aus.

Ob sich bereits die Unternehmenseigenschaft eines Konsortialmitgliedes auf die Stellung der Privatgesellschaft auswirkt, wird in der Literatur nur vereinzelnd diskutiert. Soweit ersichtlich sprechen sich insbesondere

---

360 *Klosterkemper*, Abhängigkeit von einer Innengesellschaft, 2003, S. 82; *Gansweid*, Gemeinsame Tochtergesellschaften, 1976, S. 129; *Haesen*, Abhängigkeitsbericht, 1970, S. 53; *Joussen*, GmbHR 1996, 574, 577; *Lutter*, NJW 1973, 113, 116; *Nordmeyer*, Unternehmensbegriff, 1970, S. 88.

Gansweid[361], *Koppensteiner*[362], *Klosterkemper*[363] und *Berger*[364] für eine Zurechnung der Unternehmenseigenschaft im Stimmrechtskonsortien aus. *Koppensteiner* nimmt eine Zurechnung an, wenn das Konsortium als solches der Durchsetzung von unternehmerischen, mit denen des abhängigen Unternehmens nicht identischen Interessen diene.[365] *Gansweid* begründet die Zurechnung damit, dass die Privatkonsorten aufgrund ihrer Bindung an den Gesellschaftszweck des Konsortiums der Verfolgung von unternehmerischen Zielen verpflichtet sind.[366] Der Privatgesellschafter werde dann zum Unternehmen, wenn er an den auf diese Weise erlangten Vorteilen teilhabe, was regelmäßig der Fall sei.[367] Als Argument stellt diese Meinung auf die gemeinsame Förderung des Gesellschaftszwecks ab.[368] Da dieser in der Beeinflussung der Gesellschaft liege, würden auch die Privatgesellschafter diesen Zweck bei der Teilnahme an der Abstimmung im Konsortium fördern.[369]

Dem kann – wie auch nach der überwiegenden Ansicht in der Literatur und Rechtsprechung – nicht gefolgt werden.[370] Ein Konsorte wird nicht

---

361 *Gansweid*, Gemeinsame Tochtergesellschaften, 1976, S. 129 f.

362 *Koppensteiner*, ZHR 131 (1968), 289, 299 Fn. 30a.

363 *Klosterkemper*, Abhängigkeit von einer Innengesellschaft, 2003, S. 137 f.

364 *Berger*, Nebenverträge, 1995, S. 215.

365 *Koppensteiner*, ZHR 131 (1968), 289, 299 Fn. 30a.

366 *Gansweid*, Gemeinsame Tochtergesellschaften, 1976, S. 129 f.; so auch *Koppensteiner*, ZHR 131 (1968), 289, 299 Fn. 30a, welcher eine Differenzierung zwischen Unternehmenskonsorten und Privatkonsorten nicht für zutreffend hält.

367 *Gansweid*, Gemeinsame Tochtergesellschaften, 1976, S. 129 f.

368 *Gansweid*, Gemeinsame Tochtergesellschaften, 1976, S. 129 f.; *Klosterkemper*, Abhängigkeit von einer Innengesellschaft, 2003, S. 137 f.; wohl auch *Gaede*, Koordiniertes Aktionärsverhalten, 2008, S. 139 f.

369 *Gansweid*, Gemeinsame Tochtergesellschaften, 1976, S. 129 f.; wohl auch *Gaede*, Koordiniertes Aktionärsverhalten, 2008, S. 139 f.; anderer Ansicht *Schulze*, WPg 1968, 85, 88 f.

370 OLG Hamm, Urt. v. 2.11.2000 – 27 U 1/00 = NZG 2001, 563, 565; LG Bielefeld, Urt. v. 12. 11. 1999 – 13 O 37/99 = DB 2000, 266, 267; *Vetter*, in: Schmidt/Lutter, AktG, § 15 Rn 67; *Bauer*, NZG 2001, 742, 745; *Joussen*, Gesellschafterabsprachen, 1994, S. 169 f.; *Joussen*, GmbHR 1996, 574, 577; *Joussen*, AG 1998, 329, 331; *Maier-Reimer*, in: Henssler/Strohn, § 17 Rn. 11; *Noack*, Gesellschaftervereinbarungen, 1994, S. 267; *Marchand*, Abhängigkeit und Konzernzugehörigkeit von Gemeinschaftsunternehmen, 1985, S. 75;

durch den Zusammenschluss als Konsortium aufgrund der Unternehmensstellung eines seiner Mitkonsorten zu einem Unternehmen im Sinne des § 15 AktG.[371] Der Konsorte nimmt nur an der Einflussmöglichkeit eines Unternehmenskonsorten teil, jedoch nicht an dessen anderweitigen Interessen.[372] Die Privatkonsorten bringen keinen Fremdunternehmenseinfluss in das Konsortium ein, sondern fördern diesen allenfalls, wenn dieser sich im Mehrheitsbeschluss niederschlägt. Die Förderung des Fremdeinflusses kann jedoch nicht als Kriterium zur Qualifizierung eines Konsorten als Unternehmen herangezogen werden.[373] Dieser Ansicht hat sich das OLG Frankfurt am Main[374] angeschlossen. Die Anwendbarkeit der konzernrechtlichen Vorschriften auf einen Gesellschafter scheidet demnach aus, wenn diesem in seiner Person die Unternehmenseigenschaft fehlt.[375] Nach zutreffender Auffassung des Gerichts soll aufgrund der rechtspolitischen Konzeption verhindert werden, dass jeder einflussreiche Aktionär in den Anwendungsbereich der Konzernvorschriften fällt.[376] Ein solcher restriktiver Standpunkt

---

restriktiv *Rodemann*, Stimmbindungsvereinbarungen in den Aktien- und GmbH-Rechten, 1998, S. 157, der eine Zurechnung der Unternehmenseigenschaft nur für den Fall des dominierenden Unternehmenskonsorten befürwortet. Vgl. auch *Kropff*, in: MünchKomm/AktG, § 312 Rn. 131; mit anderer Begründung auch *Haesen*, Abhängigkeitsbericht, 1970, S. 53, *Nordmeyer*, Unternehmensbegriff, 1970, S. 91 Fn. 1, welche vom institutionalisierten Unternehmensbegriff ausgehen.

371 OLG Hamm, Urt. v. 2.11.2000 – 27 U 1/00 = AG 2001, 146, 147; LG Bielefeld, Urt. v. 12. 11. 1999 – 13 O 37/99 = DB 2000, 266, 267; *Vetter*, in: Schmidt/Lutter, AktG, § 15 Rn. 67; *Bauer*, NZG 2001, 742, 745; *Joussen*, AG 1998, 329, 331; *Noack*, Gesellschaftervereinbarungen, 1994, S. 267; *Marchand*, Abhängigkeit von Gemeinschaftsunternehmen, 1985, S. 75; restriktiv *Rodemann*, Stimmbindungsvereinbarungen in den Aktien- und GmbH-Rechten, 1998, S. 157, der eine Zurechnung der Unternehmenseigenschaft nur für den Fall des dominierenden Unternehmenskonsorten befürwortet.

372 So *Maier-Reimer*, in: Henssler/Strohn, § 17 Rn. 11; anderer Ansicht *Schall*, in: Spindler/Stilz, AktG, § 17 Rn. 18.

373 *Noack*, Gesellschaftervereinbarungen, 1994, S. 267, so auch *Marchand*, Abhängigkeit von Gemeinschaftsunternehmen, 1985, S. 75.

374 OLG Frankfurt a. M., Beschl. v. 22.12.2003 – 19 U 78/03 = AG 2004, 567.

375 OLG Frankfurt a. M., Beschl. v. 22.12.2003 – 19 U 78/03 = AG 2004, 567, 568.

376 OLG Frankfurt a. M., Beschl. v. 22.12.2003 – 19 U 78/03 = AG 2004, 567, 568; *Bayer*, in: MünchKomm/AktG, § 15 Rn. 14.

lässt sich auch der Entscheidung des OLG Hamm entnehmen.[377] Danach sollen die in der GbR verbundenen Konsorten nur dann jeweils für sich die Unternehmenseigenschaft besitzen, wenn sie im Verbund anderweitig wirtschaftliche Interessen verfolgen.

Auch bei dogmatischen Untersuchung kommt man zu keinem anderen Ergebnis. Denn stellt man auf den teleologischen Unternehmensbegriff ab, wonach eine Qualifizierung als Unternehmen immer dann erforderlich ist, wenn ein potentieller Interessenkonflikt entsteht, so ist jedenfalls eine Zurechnung anderweitiger wirtschaftlicher Interessen für die Fälle ausgeschlossen, bei denen die einzelnen Mitglieder in ihrer Person zur Durchsetzung gesellschaftsfremder Interessen allein nicht in der Lage sind. Es fehlt bereits an einer Konzerngefahr, wenn der Unternehmensgesellschafter zur Durchsetzung gesellschaftsfremder Interessen an die Mehrheitsentscheidung im Konsortium gebunden ist.[378] Einer Zurechnung der Unternehmensstellung lässt sich ferner entgegenhalten, dass es gerade dem Wesen der Mehrheitsentscheidung entspricht, dass nicht alle individuellen Interessen eines Gesellschafters in der Mehrheitsentscheidung zum Tragen kommen. Ein Interessenkonflikt besteht allenfalls dann, wenn das Abstimmungsergebnis dem Willen des Unternehmensgesellschafters entspricht. Ein Interessenkonflikt ist daher stets vom Einzelfall abhängig. Dies reicht im Ergebnis aber nicht aus, um eine abstrakte Schädigungsgefahr dauerhaft anzunehmen. Eine Zurechnung der Unternehmenseigenschaft auf Privatgesellschafter im Konsortium scheidet somit grundsätzlich aus. Es entspricht weder dem Sinn noch dem Zweck der konzernrechtlichen Vorschriften, Privatgesellschafter den konzernrechtlichen Vorschriften zu unterwerfen.

---

377 OLG Hamm, Urt. v. 2.11.2000 – 27 U 1/00 = AG 2001, 146, 147; kritisch gegen das enge Verständis *Schall*, in: Spindler/Stilz, AktG, § 15 Rn. 34.

378 Kritisch zu diesem Gedanken *Klosterkemper*, Abhängigkeit von einer Innengesellschaft, 2003, S. 138 f., nach diesem die Zurechnung der Unternehmenseigenschaft sich materiell aus dem Sinn und Zweck rechtfertige.

c) Zurechnung der Unternehmenseigenschaft bei Beherrschungssituationen im Pool

Fraglich ist, ob man – entgegen den vorgenannten Grundsätzen – zu einer anderen Beurteilung gelangt, wenn ein Konsorte mit Unternehmenseigenschaft das Konsortium beherrscht.

Das LG Heidelberg[379] hat die Zurechnung der Unternehmensstellung für den Fall bejaht, dass ein Konsortialmitglied beherrschenden Einfluss auf das Konsortium ausüben kann. Dies trifft bei einigen Vertretern in der Literatur auf Zustimmung.[380] Besitzt einer von mehreren Konsorten die Unternehmenseigenschaft, weil er neben den Interessen in der Familiengesellschaft noch anderweitige Gesellschaftsinteressen verfolgt und dominiert er das Konsortium, so sei seine Unternehmenseigenschaft auch den übrigen Mitgliedern zuzuordnen.[381] Für eine Einbeziehung sei nämlich nur erforderlich, dass in seiner Person eine Gefahrenlage bestehe, so dass er die Rechte seiner Beteiligung zum Nachteil der Gesellschaft ausüben könne.[382] Als Begründung wird ferner angeführt, dass es durch das Zusammenwirken im Rahmen der Stimmbindung zu einer Überlagerung der individuellen

---

379 LG Heidelberg, Urt. v. 24.09.1997 – O 62/96 KfH II = ZIP 1997, 1787, 1788.

380 *Koppensteiner*, in: FS Ulmer, 2003, S. 349, 357; *Rodemann*, Stimmbindungsvereinbarungen in den Aktien- und GmbH-Rechten, 1998, S. 157; *Windbichler*, in: Großkomm/AktG, § 15 AktG Rn. 48; *Gansweid*, Gemeinsame Tochtergesellschaften, 1976, S. 129 f.; so auch *Menke*, NZG 2004 697, 699; weitergehend *Schall*, in Spindler/Stilz, § 15 AktG Rn. 34, der im Sinne einer abstrakten Gefährlichkeit für eine Zurechnung der anderweitigen Interessenbindung bereits ausreichen lässt, wenn ein Konsorte maßgeblich beteiligt ist; anderer Ansicht *Joussen*, AG 1998, 329, 331 *Joussen*, Gesellschafterabsprachen, 1994, S. 169; *Joussen*, GmbHR 1996, 574, 577; *Noack*, Gesellschaftervereinbarungen, 1994, S. 267; *Bauer*, NZG 2001, 742, 745.

381 *Gansweid*, Gemeinsame Tochtergesellschaften, 1976, S. 129 f.; *Koppensteiner*, in: FS Ulmer, 2003, S. 349, 359; *Emmerich*, in: Emmerich/Habersack, Aktien- und GmbH-KonzernR, § 15 Rdn. 20b; *Rodemann*, Stimmbindungsvereinbarungen in Aktien- und GmbH-Rechten, S. 157; *Klosterkemper*, Abhängigkeit von einer Innengesellschaft, 2003, S. 134 ff.; anderer Ansicht *Joussen*, AG 1998, 329, 331; sowie *Noack*, Gesellschaftervereinbarungen, 1994, S. 267; *Joussen*, Gesellschafterabsprachen, 1994, S. 169; *Joussen*, GmbHR 1996, 574, 577; *Bauer*, NZG 2001, 742, 745.

382 OLG Frankfurt a. M., Beschl. v. 22.12.2003 – 19 U 78/03 = AG 2004, 567, 568.

unternehmensfreien Interessen der Minderheitskonsorten komme,[383] letztere also rein faktisch ihr konzernneutrales Einflusspotential den konzernrelevanten wirtschaftlichen Interessen des dominierenden Konsorten zur Verfügung stellen.[384]

Diese Meinung überzeugt nicht.[385] Eine juristische Grundlage für die Zurechnung von einer anderweitig wirtschaftlichen Interessenbindung besteht nicht. Eine unmittelbare oder analoge Heranziehung von § 16 AktG scheidet aus. Unmittelbar ist § 16 AktG schon nicht anzuwenden, da § 16 AktG originär die Zurechnung von Anteilen zur Bestimmung der Beteiligungshöhe erfasst. Für eine analoge Anwendung von § 16 AktG fehlt es bereits an einer Vergleichbarkeit der dort geregelten Fälle mit dem des herrschenden Unternehmenskonsorten. Voraussetzung für die Anwendung von § 16 AktG ist nämlich, dass ein Gesellschafter bereits Unternehmensqualität besitzt. Dies folgt aus dem Wortlaut des § 16 Abs. 4 AktG, der zwischen Unternehmen und „anderen" unterscheidet. Wenn die Unternehmensstellung eines Konsorten sich bei einem Stimmbindungspool ohne Beherrschungssituation nicht auf die Unternehmensstellung der Privatgesellschafter auswirkt, so kann nichts Anderes für den majorisierten Stimmbindungspool gelten.[386]

Eine Zurechnung scheidet ferner im „umgekehrten Fall" aus, in dem ein Privatgesellschafter ein Konsortium beherrscht, an dem auch ein Unternehmensgesellschafter beteiligt ist. In diesem Fall wird vertreten, dass er aufgrund seiner Schlüsselstellung im Konsortium über die Stimmabgabe

---

383 *Klosterkemper*, Abhängigkeit von einer Innengesellschaft, 2003, S. 137 f.; *Schall*, in: Spindler/Stilz, AktG, § 15 Rn. 34; *Rodemann*, Stimmbindungsvereinbarungen in den Aktien- und GmbH-Rechten, 1998, S. 157.

384 *Koppensteiner*, in: FS Ulmer, 2003, S. 349, 359.

385 Vgl. ebenso *Joussen*, AG 1998, 329, 331; *Joussen*, Gesellschafterabsprachen, 1994, S. 169; *Joussen*, GmbHR 1996, 574, 577; *Noack*, Gesellschaftervereinbarungen, 1994, S. 267; *Bauer*, NZG 2001, 742, 745.

386 So auch *Joussen*, AG 1998, 329, 331; *Bauer*, NZG 2001, 742, 745; *Vetter*, in: Schmidt/Lutter, AktG, § 15 Rn. 67; *Klosterkemper*, Abhängigkeit von einer Innengesellschaft, 2003, S. 134 f.; restriktiv *Schall*, in: Spindler/Stilz, AktG, § 15 Rn. 34.

der Unternehmensgesellschafter disponieren könne.[387] Diese Einflussmöglichkeit begründe die Notwenigkeit, ihm die Unternehmenseigenschaft der Minderheitskonsorten zuzurechnen.[388] Diese Auffassung kann nicht überzeugen. Bei dieser Situation fehlt es schon offensichtlich an einer konzernrechtlichen Gefahrenlage. Durch die alleinige Entscheidungsmacht des Mehrheitskonsorten wird vielmehr die anderweitige Interessenbindung der übrigen Gesellschafter überlagert. Diese sind rein faktisch nicht in der Lage ihre Unternehmensinteressen durchzusetzen, so dass es im Ergebnis an einer möglichen Schädigungsgefahr der Gesellschaft fehlt.

Die Unternehmenseigenschaft eines Herrschaftssubjektes muss folglich jeweils ausschließlich in seiner Person begründet sein.[389] Die Unternehmenseigenschaft eines oder mehrerer Konsorten schlägt somit nicht auf die übrigen Mitglieder durch.

III. Konsortialmitglieder als *herrschendes* Unternehmen im Sinne des § 17 AktG

Als potentiell herrschende Unternehmen kommen nur solche Konsortialmitglieder in Betracht, die nach den vorgenannten Grundsätzen Unternehmenseigenschaft besitzen. Die nachfolgende Untersuchung erfasst damit die Konstellation, in der alle Konsortialmitglieder Unternehmenseigenschaft aufweisen. In welchem Verhältnis die Familiengesellschaft zu den einzelnen Unternehmenskonsorten steht, regelt § 17 AktG. Nach den unter B. 2. dargestellten Grundsätzen kommt eine Abhängigkeit zu einem oder mehreren Konsortialmitgliedern dann in Betracht, wenn ein/oder mehrere Unternehmenskonsorten gemäß § 17 Abs. 1 AktG unmittelbar oder mittelbar beherrschenden Einfluss auf die Familiengesellschaft ausüben. Ein Abhängigkeitstatbestand wird jedoch jedenfalls dann vermutet, wenn – was der Ausnahme entspricht – ein Konsorte gemäß § 17 Abs. 2 AktG selbst eine Mehrheitsbeteiligung an der Familiengesellschaft hält.

---

387 *Vetter*, in: Schmidt/Lutter, AktG, § 15 Rn. 67; *Klosterkemper*, Abhängigkeit von einer Innengesellschaft, 2003, S. 134 f.; restriktiv *Schall*, in: Spindler/Stilz, AktG, § 15 Rn. 34.

388 *Schall*, in: Spindler/Stilz, AktG, § 15 Rn. 34.

389 *Bauer*, NZG 2001, 742, 745.

1. Abhängigkeitsvermutung nach § 17 Abs. 2 AktG

Ausgehend von der gesetzlichen Konzeption ist ein Abhängigkeitsverhältnis als Regelfall im Sinne des § 17 Abs. 2 AktG dann anzunehmen, wenn ein Unternehmen mit Mehrheit an einem anderen Unternehmen beteiligt ist.

Ein Abhängigkeitsverhältnis der einzelnen Mitglieder wird somit nach § 17 Abs. 2 AktG vermutet, wenn die einzelnen Konsortialmitglieder kraft ihrer unmittelbaren Beteiligung am Unternehmen Mehrheitsgesellschafter im Sinne des § 16 Abs. 1 AktG sind und diese Abhängigkeitsvermutung nicht widerlegt wird. Auf den Nachweis des beherrschenden Einflusses im Sinne des § 17 Abs. 1 AktG käme es in diesem Fall nicht an.

a) Mehrheitsbeteiligung nach § 16 Abs. 1 AktG

§ 16 definiert in Abs. 1 den Begriff der Mehrheitsbeteiligung. Danach ist ein Unternehmen ein in Mehrheitsbesitz stehendes Unternehmen, wenn die Mehrheit der Anteile dieses Unternehmens einem anderen Unternehmen gehören (Var. 1) oder einem anderen Unternehmen die Mehrheit der Stimmrechte an diesem zusteht (Var. 2). Wann einem Unternehmen die Mehrheit der Anteile gehört, konkretisiert Abs. 2, während Abs. 3 regelt, wann einem Unternehmen die Mehrheit der Stimmrechte zusteht. Das Merkmal des „Gehörens" von Anteilen gemäß § 16 Abs. 2 AktG ist dinglich zu verstehen, so dass als Zuordnungssubjekt der Anteilsinhaber und Eigentümer der Aktien in Betracht kommt.[390] Auch § 16 Abs. 3 AktG stellt für die Frage, ob die Stimmrechte einem Unternehmen zustehen, auf das „Gehören" der Anteile ab.[391]

Eine Mehrheitsbeteiligung im Sinne des § 16 Abs. 1 AktG kann bei Stimmbindungsbeteiligten in zwei Fällen vorliegen. Zum einen dann, wenn Konsortialmitglieder, die bereits unabhängig von der innengesellschaftlichen Verbundenheit – das heißt auch ohne den Zusammenschluss als Konsortium – Mehrheitsgesellschafter im Sinne des § 16 Abs. 1 AktG sind, weil sie

390 *Windbichler*, in: GroßKomm/AktG, § 16 Rn. 21; *Emmerich*, in: Emmerich/Habersack, Aktien- und GmbH- KonzernR, § 16 Rn. 13; *Koch*, in: Hüffer/Koch, AktG, § 16 Rn. 6; *Fett*, in: Bürgers/Körber, AktG, § 16 Rn. 12; *Vetter*, in: Schmidt/Lutter, AktG, § 16 Rn. 5; *Koppensteiner*, in: KölnerKomm/AktG, § 16 Rn. 27.

391 *Klosterkemper*, Abhängigkeit von einer Innengesellschaft, 2003, S. 39.

beispielsweise eine unmittelbare Beteiligung von 51 % an der Familiengesellschaft halten. Dieser Fall wird in der Praxis nur geringe Relevanz haben, da die Familienmitglieder sich gerade aus dem Grund zusammenschließen, zusammen eine Mehrheitsbeteiligung am Familienunternehmen zu halten. Nur so kann der Familieneinfluss langfristig aufrechterhalten und Fremdeinfluss außenstehender Dritter verhindert werden.

Halten die Stimmbindungsbeteiligten selbst keine Anteilsmehrheit, so begründet die vertragliche Bindung des Stimmrechts allein keine Mehrheitsbeteiligung. Denn die durch den Stimmbindungsvertrag gesicherten Anteile stehen einzig den jeweiligen Konsortialmitgliedern zu. Eine darüber hinaus gehende Eigentumsstellung der übrigen Mitglieder scheidet aus.[392] Ein Konsortialvertrag bewirkt somit keine Zuordnung gemäß § 16 Abs. 1 in Verbindung mit § 16 Abs. 2 und Abs. 3 AktG.[393]

b) Der Zurechnungstatbestand des § 16 Abs. 4 AktG

Die Konsortialmitglieder kommen jedoch dann als potentielle Mehrheitsgesellschafter in Betracht, wenn ihnen die Stimmrechte der übrigen Konsortialmitglieder nach § 16 Abs. 4 AktG zugerechnet werden.

Nach dem Wortlaut des § 16 Abs. 4 AktG gelten als Anteile, die einem Unternehmen gehören, auch die Anteile, (i) die einem von ihm abhängigen Unternehmen oder (ii) einem anderen für Rechnung des Unternehmens oder eines von diesem abhängigen Unternehmen gehören (iii) und, wenn der Inhaber des Unternehmens ein Einzelkaufmann ist, auch die Anteile, die sonstiges Vermögen des Inhabers sind. § 16 Abs. 4 AktG enthält somit eine Zurechnungsnorm für fremde Beteiligungen. Auf der anderen Seite wird der Begriff des „Gehörens“ erweitert, wonach dem fraglichen Unternehmen, um dessen Mehrheitsbeteiligung es geht, in den vorgenannten Fällen auch Anteile zugerechnet werden, die an sich einem anderen gehören.[394] Die

---

392 *Klosterkemper* sieht als Zuordnungssubjekt die Innengesellschaft an, da nach seiner Ansicht die Unternehmenseigenschaft für die die Frage nach der Mehrheitsbeteiligung ohne Bedeutung ist, vgl. *Klosterkemper*, Abhängigkeit von einer Innengesellschaft, 2003 S. 38 ff.

393 *Emmerich*, in: Emmerich/Habersack, Aktien- und GmbH- KonzernR, § 16 Rn. 12; *Klosterkemper*, Abhängigkeit von einer Innengesellschaft, 2003, S. 40.

394 *Emmerich*, in: Emmerich/Habersack, Aktien- und GmbH- KonzernR, § 16 Rn. 12 ff.

wesentliche Funktion der Zurechnungsvorschrift besteht darin, die vom Gesetz vorgesehen Rechtsfolgen auch in solchen Fällen zu erweitern, in denen die Verwirklichung durch Aufspaltung eines Sachverhalts auf mehrere Personen umgangen wird.[395]

Fraglich ist, ob nach § 16 Abs. 4 AktG die Stimmrechte den Konsortialmitgliedern wechselseitig zuzurechnen sind mit der Folge, dass jedes Mitglied die Stellung eines Mehrheitsgesellschafters einnimmt. Ausgehend vom Wortlaut des § 16 Abs. 4 AktG könnte gegen eine Anwendung der Zurechnungsvorschrift auf Stimmpools sprechen, dass der Wortlaut eine Zurechnung bei Anteilen vorsieht, wohingegen im Stimmbindungspool die Zurechnung von Stimmrechten in Rede steht. Es entspricht jedoch mittlerweile der überwiegenden Meinung, dass eine Zurechnung von mit den Anteilen verbundenen Stimmrechten – über den Wortlaut hinaus – von § 16 Abs. 4 AktG erfasst wird.[396] Dass der Gesetzeswortlaut allein den Begriff der Anteile verwendet, wird in der Literatur mit einem Redaktionsversehen des Gesetzgebers begründet.[397]

Wenn somit auch Stimmrechte allgemein in den Anwendungsbereich des § 16 Abs. 4 AktG fallen, so ist maßgeblich für die Anwendung des § 16 Abs. 4 AktG, ob Stimmbindungsverträge von einer der in § 16 Abs. 4 AktG beschriebenen Fallgruppen erfasst werden. Ausdrücklich sind Stimmbindungsverträge in § 16 Abs. 4 AktG nicht genannt. Fraglich ist somit, ob Stimmbindungsverträge unter eine der genannten Fallgruppen zu subsumieren sind. Leicht feststellbar ist, dass die erste und die dritte Variante

---

395 *von Bülow/Bücker*, ZGR 2004, 669, 670; *Hüffer,* in: FS K. Schmidt, 2009, S. 747, 751; Regierungsbegründung zu § 16 des Regierungsentwurfs zum AktG 1965 bei *Kropff*, Textausgabe des AktG vom 6.9.1965 und des EG AktG 1965, S. 30; *Koch*, in: Hüffer/Koch, AktG, § 16 Rn. 12; *Hirschmann,* in: Hölters, AktG, § 16 Rn. 11; *Vedder*, Zum Begriff „für Rechnung", 1999, S. 154 ff.

396 *Vetter,* in: Schmidt/Lutter, AktG, § 16 Rn. 22; *Bayer,* in: MünchKomm/AktG, § 16 Rn. 46; *Schall,* in: Spindler/Stilz, AktG, § 16 Rn. 33; *Krieger*, in: MünchHdB. GesR IV, § 69, Rn. 34; *Noack,* Gesellschaftervereinbarungen, 1994, S. 91; *Mertens*, in: FS Beusch, 1993, S. 583, 590 f.; *Coenen,* Konzernrechtliche Relevanz von Stimmbindungsvereinbarungen, 2014, S. 102.

397 *Vetter,* in: Schmidt/Lutter, AktG, § 16 Rn. 22; *Bayer,* in: MünchKomm/AktG, § 16 Rn. 46; *Noack,* Gesellschaftervereinbarungen, 1994, S. 91; *Mertens*, in: FS Beusch, 1993, S. 583, 590 f.; *Coenen,* Konzernrechtliche Relevanz von Stimmbindungsvereinbarungen, 2014, S. 102.

des § 16 Abs. 4 AktG schon vom Wortlaut ausscheiden müssen.[398] Denn die *erste* Fallgruppe erfasst die Zurechnung solcher Anteile, die einem abhängigen Unternehmen gehören. Dem Stimmpool gehören die in Frage stehenden Aktien jedoch nicht, da der Pool rechtlich als reine Innengesellschaft zu qualifizieren ist.[399] Darüber hinaus fehlen dem Stimmbindungspool mangels Einbringung der Beteiligungen schon Anteile, die zugerechnet werden können.[400]

aa) Zurechnung nach § 16 Abs. 4 Var. 2 AktG

Eine Zurechnung nach § 16 Abs. 4 Var. 2 AktG setzt voraus, dass die Aktien einem anderen als den Gesellschaftern für deren Rechnung oder für Rechnung eines von ihnen abhängigen Unternehmens gehören. Anteile gehören dann einem solchen Dritten für Rechnung des Unternehmens, wenn der Dritte zwar formal Rechtsinhaber ist, das Unternehmen jedoch die Kosten und auch das wirtschaftliche Risiko trägt.[401] Erfasst werden Geschäftsbesorgungs- und insbesondere Treuhandverhältnisse.[402] Sinn und Zweck dieser Zurechnungsvorschrift besteht darin, denjenigen von den

---

398 Für die erste Fallgruppe wohl *Koppensteiner,* in: FS Ulmer, 2003, S. 349, 361; anderer Ansicht *Löbbe*, in: Happ, Konzern- und Umwandlungsrecht, S. 468 zu Muster 5.01, Anmerkung 1.16 m.w.N.

399 *Hüffer*, in: FS K. Schmidt, 2009, S. 747, 750. Auch eine „umgekehrte Zurechnung" von den einzelnen Mitgliedern zum Pool ist ausgeschlossen, da die vertragliche Gebundenheit aufgrund der Stimmbindungsvereinbarung nicht mit der Abhängigkeit im Sinne des § 17 AktG gleichzusetzen ist, vgl. *Klosterkemper*, Abhängigkeit von einer Innengesellschaft, 2003, S. 41; *Löbbe*, in: Happ, Konzern- und Umwandlungsrecht, S. 468 zu Muster 5.01, Anmerkung 1.16.

400 *Löbbe*, in: Happ, Konzern- und Umwandlungsrecht, S. 468 zu Muster 5.01, Anmerkung 1.16.

401 *Hirschmann*, in: Hölters, AktG, § 16 Rn. 13; *Koch*, in: Hüffer/Koch, AktG, § 16 Rn. 12; *Schall,* in: Spindler/Stilz, AktG, § 16 Rn. 34; *Bayer*, in: MünchKomm/AktG, § 16 Rn. 47; *Koppensteiner*, in: KölnerKomm/AktG, § 16 Rn. 24; *Emmerich*, in: Emmerich/Habersack, Aktien- und GmbH- KonzernR, § 16 Rn. 18a; *Vetter*, in: Schmidt/Lutter, AktG, § 16 Rn. 26; ausführlich *Vedder*, Zum Begriff „für Rechnung", 1999, S. 121 ff., 154 ff.

402 *Koch,* in: Hüffer/Koch, AktG, § 16 Rn. 12; *Vedder,* Zum Begriff „für Rechnung", 1999, S. 154 ff.

konzernrechtlichen Rechtsfolgen zu erfassen, welche die mit dem Anteilsbesitz verbundene Vorteile und Risiken trägt.[403]

In der Literatur und der Rechtsprechung besteht zur Frage der Anwendbarkeit des § 16 Abs. 4 Var. 2 AktG auf Stimmbindungspools ein uneinheitliches Meinungsbild. Nach wohl herrschender Meinung in der Literatur erfolgt in einem Stimmbindungspool keine Zurechnung der Stimmrechte nach § 16 Abs. 4 Var. 2 AktG unter den Mitgliedern zum Zwecke der Berechnung der Mehrheitsbeteiligung nach § 17 Abs. 2 AktG.[404] Grund für die fehlende Zurechnung besteht darin, dass eine vertragswidrig abgegebene Stimme wirksam ist.[405] Nur dort, wo die Möglichkeit nicht besteht, entgegen einer Verpflichtung abzustimmen, ist eine Zurechnung geboten.[406]

Nach einer Mindermeinung in der Literatur erfolgt bei Stimmbindungsverträgen eine Stimmrechtzurechnung nach § 16 Abs. 4 2. Var. AktG.[407]

---

403 *Hirschmann,* in: Hölters, AktG; § 16 Rn. 13; *Koch*, in: Hüffer/Koch, AktG, § 16 Rn. 12; *Schall,* in: Spindler/Stilz, AktG, § 16 Rn. 34; *Bayer*, in: MünchKomm/AktG, § 16 Rn. 47; *Koppensteiner*, in: KölnerKomm/AktG, § 16 Rn. 24; *Emmerich*, in: Emmerich/Habersack, Aktien- und GmbH- KonzernR, § 16 Rn. 18a; *Vetter*, in: Schmidt/Lutter, AktG, § 16 Rn. 26; *Vedder*, Zum Begriff „für Rechnung", 1999, S. 121 ff., 154 ff.

404 *Hüffer*, in: FS K. Schmidt, 2009, S. 747, 751 f.; *Schall,* in: Spindler/Stilz, AktG, § 16 Rn. 34; *Vetter,* in: Schmidt/Lutter, AktG, § 16 Rn. 14; *Krieger*, in: MünchHdB. GesR IV, § 69, Rn. 34; *Koppensteiner,* in: KölnerKomm/AktG, § 16 Rn. 43; *Windbichler,* in: GroßKomm/AktG, § 16 Rn. 37 ff.; *Löbbe*, in: Happ, Konzern- und Umwandlungsrecht, S. 468 zu Muster 5.01, Anmerkung 1.16; *Koch,* in: Hüffer/Koch, AktG, § 16 Rn. 13; *Fett,* in: Bürgers/Körber, AktG, § 16 Rn. 15; *Müller*, Der Aktionärspool in der Familienaktiengesellschaft, 2011, S. 112 f; *Vedder,* Zum Begriff „für Rechnung", 1999, S. 135; differezierend *Noack*, Gesellschaftervereinbarungen, 1994, S. 91, wonach die Stimmrechte nach § 16 Abs. 4 2. Var. AktG zugerechnet werden, wenn die Stimmbindung mit quasi-dinglicher Wirkung gesichert ist.

405 *Koppensteiner,* in: KölnerKomm/AktG, § 16 Rn. 43; *Krieger*, in: MünchHdB. GesR IV, § 69 Rn. 34.

406 *Koppensteiner,* in: KölnerKomm/AktG, § 16 Rn. 43.

407 *Emmerich*, in: Emmerich/Habersack, Aktien- und GmbH- KonzernR, § 16 Rn. 25; *Bayer,* in: MünchKomm/AktG, § 16 Rn. 41; *Mertens*, in: FS Beusch, 1993, S. 583, 589ff; *Grigoleit*, in: Grigoleit, AktG, § 16 Rn. 19, der eine Zurechnung im Wege teleologischer Extension von § 16 Abs. 4 AktG befürwortet; *Wolframm,* Mitteilungspflichten, 1997, S. 129 ff., ähnlich *Klosterkemper*, Abhängigkeit zu einer Innengesellschaft, 2003, S. 42, welcher für

Begründet wird dies mit § 290 Abs. 3 S. 2 HGB, wonach eine Zurechnung von Stimmrechten immer dann erfolgt, wenn ein Unternehmen über fremde Rechte aufgrund einer Vereinbarung *verfügen* kann.[408] Dem tritt die herrschende Meinung zu Recht entgegen.[409] Zwar stimmt die herrschende Meinung dem Argument der Mindermeinung zu, dass ohne Zurechnung eine Umgehungsmöglichkeit des Abhängigkeitstatbestands des § 17 Abs. 2 AktG geschaffen wird.[410] Eine Umgehungsmöglichkeit dürfte jedoch in der Praxis nicht von erheblicher Relevanz sein, weil die Stimmbindungsbeteiligten aufgrund ihrer gemeinsamen Ausübungsherrschaft von § 17 Abs. 1 AktG erfasst werden.[411]

Auch eine analoge Anwendung von § 16 Abs. 4 Var. 2 AktG ist abzulehnen. Es fehlt insbesondere an einer vergleichbaren Interessenlage. Stellt man auf den vom Sinn und Zweck der Vorschrift beabsichtigten Umgehungsschutz ab, so ist eine solche Umgehung durch Konsortialvertrag zwar grundsätzlich möglich.[412] Denn im Einzelfall spiegelt die konkrete Beteiligung eines Konsortialmitglieds sein faktisches Einflusspotential gerade nicht wider. Eine analoge Anwendung erfordert jedoch auch, dass die Interessenlage im Konsortium mit der in § 16 Abs. 4 Var. 2 AktG genannten Konstellation vergleichbar ist. Betrachtet man allein den Begriff „für Rechnung", so

---

eine anaolge Anwendung des § 16 Abs. 4 AktG auf Stimmbindungsverträge plädiert.

408 *Emmerich*, in: Emmerich/Habersack, Aktien- und GmbH- KonzernR, § 16 Rn. 25.

409 *Hüffer*, in: FS K. Schmidt, 2009, S. 747, 751 f.; *Schall,* in: Spindler/Stilz, AktG, § 16 Rn. 34; *Vetter,* in: Schmidt/Lutter, AktG, § 16 Rn. 14; *Krieger*, in: MünchHdB. GesR IV, § 69, Rn. 34; *Koppensteiner*, in: KölnerKomm/AktG, § 16 Rn. 43; *Windbichler*, in: GroßKomm/AktG, § 16 Rn. 37 ff.; *Löbbe*, in: Happ, Konzern- und Umwandlungsrecht, S. 468 zu Muster 5.01, Anmerkung 1.16; *Koch,* in: Hüffer/Koch, AktG, § 16 Rn. 13; *Fett,* in: Bürgers/Körber, AktG, § 16 Rn. 15; *Vedder,* Zum Begriff „für Rechnung", 1999, S. 135.

410 *Schall,* in: Spindler/Stilz, AktG, § 16 Rn. 34; *Koch,* in: Hüffer/Koch, AktG, § 16 Rn. 13.

411 *Schall,* in: Spindler/Stilz, AktG, § 16 Rn. 34; *Koch,* in: Hüffer/Koch, AktG, § 16 Rn. 13.

412 *Bayer,* in: MünchKomm/AktG, § 16 Rn. 41; *Mertens*, in: FS Beusch, 1993, S. 583, 589 ff.; *Klosterkemper,* Abhängigkeit von einer Innengesellschaft, 2003, S. 43.

ist für eine Zurechnung erforderlich, dass demjenigen, dem die Anteile zugerechnet werden, auch die wirtschaftlichen Auswirkungen der zugerechneten Anteile treffen.[413] Daran fehlt es bei einer Stimmbindung, wodurch aufgrund der fehlenden Außenwirkung schon rein praktisch keine wirtschaftlichen Folgen entstehen können.[414] Eine wirtschaftliche Flankierung besteht bei Stimmbindungspool gerade nicht.[415] Auch ist das Einflusspotential im Pool nicht mit dem eines Treugebers vergleichbar.[416] Zuletzt überzeugt auch ein Vergleich mit dem Anwendungsbereich des § 290 Abs. 3 S. 2 HGB nicht. Denn der Konsolidierungskreis deckt sich nicht vollständig mit dem Kreis der verbundenen Unternehmen, so dass die Konsolidierungspflicht in grundsätzlicher Übereinstimmung mit dem Kapitalmarktrecht früher eingreift als die Vorschriften für verbundene Unternehmen.[417] Es sprechen somit die besseren Argumente gegen eine analoge Anwendung von § 16 Abs. 4 Var. 2 AktG auf Stimmbindungspools. Denn die Situation der Stimmbindung unterschiedet sich von den in § 16 Abs. 4 Var. 2 AktG genannten Fallgruppen. Aus diesem Grund ist eine die Analogie begründende vergleichbare Interessenlage abzulehnen.

bb) Anwendung des § 16 Abs. 4 AktG analog auf den majorisierten Stimmpool

Teilweise wird vertreten, § 16 Abs. 4 Var. 2 AktG analog für den Fall anzuwenden, in dem ein Mitglied das Konsortium beherrscht. Insbesondere *Klosterkemper* hat sich ausführlich mit Frage beschäftigt, ob im Falle einer Majorisierung des Pools durch ein Mitglied eine Stimmrechtszurechnung

---

413 Allgemeine Auffassung LG Hannover, Urt. v. 29.05.1992 – 23 O 64/91 = AG 1993, 187, 188; *Emmerich*, in: Emmerich/Habersack, Aktien- und GmbH-KonzernR, § 16 Rn. 18a; *Koppensteiner*, in: KölnerKomm/AktG, § 16 Rn. 24; *Windbichler*, in: GroßKomm/AktG, § 16 Rn. 27; *Schall*, in: Spindler/Stilz, AktG, § 16 Rn. 22; *Koch*, in: Hüffer/Koch, AktG, § 16 Rn. 12; *Hirschmann*, in: Hölters, AktG, § 16 Rn. 13; *Bayer*, in: MünchKomm/AktG, § 16 Rn. 47; *Mertens*, in: FS Beusch, 1993, S. 583, 589; *Vedder*, Zum Begriff „für Rechnung", 1999, S. 121, 154.

414 *Schall*, in: Spindler/Stilz, AktG, § 16 Rn. 23.

415 *Schall*, in: Spindler/Stilz, AktG, § 16 Rn. 23.

416 Dem Treugeber steht ein Weisungsrecht gegenüber dem Treunehmer zu.

417 *Hüffer*, in: FS K. Schmidt, 2009, S. 747, 751 f.

nach § 16 Abs. 4 Var. 2 AktG erfolgt.[418] Nach *Klosterkemper* sei das Einflusspotential der in § 16 Abs. 4 Var. 2 AktG geregelten Situation mit dem Fall der Majorisierung vergleichbar.[419] Der Mehrheitskonsorte kann wie bei einem Weisungsrecht sicher und beständig über die Ausübung der Stimmrechte *verfügen*.[420] Die Verfügungsmöglichkeit begründet die Notwendigkeit der Anwendung des § 16 Abs. 4 Var. 2 AktG.[421] Die Vorschrift des § 16 Abs. 4 AktG gebietet eine Zurechnung immer dort, wo Einflussmöglichkeiten auf die Ausübung fremder Stimmrechte bestehen.

Die Auffassung überzeugt im Ergebnis nicht.[422] Es fehlt auch hier an einer vergleichbaren Interessenlage. Wie bereits erläutert ordnet § 16 Abs. 4 AktG eine Zurechnung von Stimmrechte für solche Fälle an, bei denen die wirtschaftlichen Folgen nicht den Stimmrechtsausübenden selbst treffen. In diesen Fall ist eine Zurechnung unter anderem zur Verhinderung von Umgehungspotential geboten. Stellt man auf das wirtschaftliche Risiko ab, so unterscheidet sich der Fall des majorisierenden Mitglieds nicht von dem klassischen Stimmbindungspool. Das als Innengesellschaft ausgestaltete Konsortium tritt weder im Rechtsverkehr auf, noch werden sonstige wirtschaftliche Verpflichtungen begründet. Aus diesem Grund überzeugt das Argument der herrschenden Meinung, dass die fehlenden wirtschaftlichen

---

418 vgl ausführlich *Klosterkemper*, Abhängigkeit von einer Innengesellschaft, 2003, S. 130 ff. so auch *Bauer*, NZG 2001, 742, 743.

419 *Klosterkemper*, Abhängigkeit von einer Innengesellschaft, 2003, S. 130 ff.

420 *Klosterkemper*, Abhängigkeit von einer Innengesellschaft, 2003, S. 130; wohl auch auch *Emmerich*, in: Emmerich/Habersack, Aktien- und GmbH-KonzernR, § 16 Rn. 25; *Bayer*, in: MünchKomm, AktG, § 16 Rn. 41; *Wolframm*, Mitteilungspflichten, 1997, S. 135 ff. Offen gelassen *Janberg/Schlaus*, AG 1967, 33, 38f.

421 Im Ergebnis wohl auch auch *Emmerich*, in: Emmerich/Habersack, Aktien- und GmbH-KonzernR, § 16 Rn. 25; *Bayer*, in: MünchKomm|AktG, § 16 Rn. 41; *Wolframm*, Mitteilungspflichten, 1997, S. 135 ff.; *Koppensteiner*, in: FS Ulmer, 2003, S. 349, 360f.;

422 Eine analoge Anwendung von § 16 Abs. 4 AktG auf Stimmbindungspools genrell ablehnend *Müller*, Der Aktionärspool in der Familienaktiengesellschaft, 2011, S. 113; *Schall,* in: Spindler/Stilz, AktG, § 15 Rn. 34; *Windbichler,* in: GroßKomm/AktG, § 16 Rn. 29, *Koppensteiner,* in: KölnerKomm/AktG, § 16 Rn. 43; *Vetter*, in: Schmidt/Lutter, AktG, § 16 Rn. 29; *Fett*, in: Bürgers/Körber, AktG, § 16 Rn. 21; *Koch*, in: Hüffer/Koch, AktG, § 16 Rn. 13.

Folgen absprachewidriger Stimmabgabe sowohl die unmittelbare als auch die analoge die Anwendung von § 16 Abs. 4 AktG verhindern.

Gegen eine analoge Anwendung des § 16 Abs. 4 AktG auf den Fall des majorisierten Stimmbindungspools sprechen auch Schutzzweckerwägungen. Es besteht mit Blick auf eine Ausstrahlungswirkung der Verhaltensabstimmung unter Gesellschaftern kein Anlass für eine erweiternde Auslegung, da sich wegen § 17 Abs. 1 AktG keine gravierenden Schutzlücken ergeben.[423] Die Verhaltensabstimmung durch Gesellschafter ist dabei maßgeblich von § 17 Abs. 1 AktG erfasst.

2. *Abhängigkeit durch beherrschenden Einfluss, § 17 Abs. 1 AktG*

Ein Abhängigkeitsverhältnis kann sich jedoch abweichend von der formalen Stimmenmehrheit aus dem tatsächlich beherrschenden Einfluss des Pools bzw. der Poolmitglieder ergeben. Gemäß § 17 Abs. 1 AktG sind abhängige Unternehmen rechtlich selbständige Unternehmen, auf die ein anderes (herrschendes) Unternehmen unmittelbar oder mittelbar einen beherrschenden Einfluss ausüben kann. Aus der Legaldefinition folgt, dass die Bestimmung des Abhängigkeitsverhältnisses aus der Sicht des abhängigen Unternehmens bestimmt wird.[424]

Es stellt sich somit die Frage, wer aus Sicht der Familiengesellschaft beherrschenden Einfluss im Sinne des § 17 Abs. 1 AktG auf sie ausübt und somit als herrschendes Unternehmen zu qualifizieren ist.

---

423 *Schall,* in: Spindler/Stilz, AktG, § 16 Rn. 23.

424 Allgemeine Meinung; BGH, Urt. v. 4.3.1974 – II ZR 89/72 („Seitz") = BGHZ 62, 193, 196 f.; BGH, Beschl. v. 17.3.1997 – II ZB 3/96 („VW") = BGHZ 135, 107, 114; OLG Düsseldorf, Beschl. v. 08.11.2004 – 19 W 9/03 = AG 2005, 538; KG Berlin, Beschl. v. 29.07.2004 – 2 W 291/01 = AG 2005, 398; OLG Karlsruhe, Urt. v. 11.12.2003 – 12 W 11/02 = AG 2004, 147; *Windbichler,* in: Großkomm/AktG, § 17 Rn. 18; *Maier-Reimer/Kessler,* in: Henssler/Strohn, § 17 Rn. 2; *Emmerich,* in: Emmerich/Habersack, Aktien- und GmbH- KonzernR, § 17 Rn. 11; *Fett,* in: Bürgers/Körber, AktG, § 17 Rn. 3; *Koch,* in: Hüffer/Koch, AktG, § 17 Rn. 4; *Vetter,* in: Schmidt/Lutter, AktG, § 17 Rn. 3.

a) *Grundsatz der gemeinsamen Beherrschung* („Mehrmütterherrschaft“)

Der beherrschende Einfluss im Sinne des § 17 Abs. 1 AktG muss nicht zwingend von *einem* Unternehmen ausgeübt werden, sondern kann sich auch gemeinsam durch Mitwirkung Dritter ergeben.[425] Die gemeinsame Beherrschung durch mehrere Unternehmensgesellschafter zielt auf solche Fälle ab, in denen die spezifische Gefährdung einer gesellschaftsrechtlich vermittelten Abhängigkeit nicht von einem Anteilseigner allein, sondern von mehreren, sich koordinierenden Gesellschaftern ausgeht.[426]

Ob ein Unternehmen von mehr als einem Unternehmen abhängig sein kann, wurde früher wegen des ausdrücklichen Wortlautes des § 17 Abs. 1 AktG („ein herrschendes Unternehmen“) sowie der Unmöglichkeit der Einordnung eines Unternehmens in mehrere Konzerne abgelehnt.[427] Nach heute ständiger Rechtsprechung[428] und Auffassung in der Literatur[429] ist allgemein anerkannt, dass eine gemeinsame Beherrschung, die unter den

---

425 *Schall*, in: Spindler/Stilz, AktG, § 17 Rn. 14; *Koch*, in: Hüffer/Koch, AktG, § 17 Rn. 6; *Grigoleit*, in: Grigoleit, AktG, § 17 Rn. 5; *Maier-Reimer*, in: Henssler/Strohn, § 17 Rn. 9 f.; *Vetter*, in: Schmidt/Lutter, AktG, § 17 Rn. 18; *Emmerich*, in: Emmerich/Habersack, Aktien- und GmbH- KonzernR, § 17 Rn. 26f.

426 *von Bülow/Bücker*, ZGR 669, 675.

427 Ausführlich dazu *Koppensteiner*, ZHR 131 (1968), 289, 296 ff.

428 BGH, Urt. v. 4.3.1974 – II ZR 89/72 („Seitz“) = BGHZ 62, 192, 196 ff., „Zwischen einer Gruppe von Familiengesellschaften… und einem Unternehmen, an dem diese Gesellschaften zusammen mehr als 50 % der Anteile innehaben, kann ein Abhängigkeitsverhältns im Sinne des § 17 Abs. 1 AktG bestehen.“; ebenfalls eine mehrfache Abhängigkeit bejahend BGH, Beschl. v. 8.5.1979 – KVR 1/78 = NJW 1979, 2401, 2403; BGH, Urt. v. 16.2.1981 – II ZR 168/79 = NJW 1981, 1512, 1514; BGH, Urt. v. 16.09.1985 – II ZR 275/84 = NJW 1986, 188, 192; BAG, Beschl. vom 16.8.1995 – 7 ABR 57/94 = NJW 1996, 1691, 1692.

429 *Koppensteiner*, in: KölnerKomm/AktG, § 17 Rn. 84; *Koch*, in: Hüffer/Koch, AktG, § 17 Rn. 13; *Bayer*, in: MünchKomm/AktG, § 17 Rn. 77; *Lutter*, ZHR 151 (1987), 444, 450; *Emmerich*, in: Emmerich/Habersack, Aktien- und GmbH- KonzernR, § 17 Rn. 29ff.; *Vetter*, in: Schmidt/Lutter, AktG, § 17 Rn. 45; *Windbichler*, in: Großkomm/AktG, § 17 Rn. 66 f.; *K. Schmidt*, in: FS Lutter, 2000, S. 1167, 1184ff.; *Maul*, NZG 2000, 470ff.; *Joussen*, AG 1998, 329, 330; *Koppensteiner*, in: FS Ulmer, 2003, S. 349, 359; *Menke*, NZG 2004, 697, 699.

Begriffen der *„mehrfachen Abhängigkeit"* bzw. *„Mehrmütterherrschaft"* verwendet wird, möglich ist. Unternehmen müssen vor den Gefahren der Konzernierung auch dann geschützt werden, wenn der Einfluss nicht von einem Gesellschafter allein, sondern von mehreren Gesellschaftern gemeinsam ausgeübt wird.[430] Darüber hinaus besteht ein gesteigertes Bedürfnis der Anwendung der Konzernvorschriften, da durch eine gemeinsame Herrschaftsmacht die Missbrauchsgefahr noch mehr in den Vordergrund rückt.

Fraglich ist, welche Art und Intensität die Einflusskoordination der sich abstimmenden Gesellschafter haben muss, um einen Abhängigkeitstatbestand zu jedem abstimmenden Gesellschafter zu begründen. Denn nicht allein die Tatsache der Koordination des Stimmrechts durch mehrere Unternehmensgesellschafter kann bereits ausreichend sein, um einen beherrschenden Einfluss mehrerer Unternehmensgesellschafter zu bejahen.[431] Voraussetzung für eine gemeinsame Beherrschung ist, dass aus Sicht der abhängigen Gesellschaft die einheitliche Stimmausübung durch die betreffenden Unternehmensgesellschafter von vorneherein und beständig gesichert ist.[432] Somit soll die Anwendung der Konzernrechtsvorschriften für solche Fälle ausgenommen werden, bei denen die Unternehmensgesellschafter sich lediglich spontan – etwa zur Durchsetzung eines einmaligen Ziels in der Hauptversammlung – zusammenschließen. In der Praxis bilden Konsortialverträge die am geläufigsten auftretende Form der Verhaltensabstimmung, da die vertragliche Bindung eine rechtlich gesicherte Herrschaftsmacht begründet und regelmäßig dauerhaft oder zumindest auf viele Jahre angelegt ist.[433] Der Annahme einer rechtlich gesicherten Herrschaftsposition steht dabei auch nicht der Umstand entgegen, dass das Konsortium als reine Innengesellschaft bürgerlichen Rechts konzipiert ist. Denn die Beständigkeit

---

430 *von Bülow/Bücker*, ZGR 2004, 669, 678.

431 *Noack*, Gesellschaftervereinbarungen, 1994, S. 92.

432 BGH, Urt. v. 4.3.1974 – II ZR 89/72 („Seitz") = NJW 1974, 855, 857; OLG Köln, Urt. v. 28.05.2009 – 18 U 108/07 = AG 2009, 584, 585; *Krieger*, in: MünchHdB. GesR IV, § 69 Rn. 51; *Bayer*, in: MünchKomm/AktG, § 17 Rn. 78; *Böttcher/Liekefett*, NZG 2003, 701, 703.

433 *Krieger*, in: MünchHdB. GesR IV, § 69, Rn. 51; *Bayer*, in: MünchKomm/AktG, § 17 Rn. 78; *Emmerich*, in: Emmerich/Habersack, Aktien- und GmbH- KonzernR, § 17 Rn. 30.

wird trotz fehlender Auswirkung regelmäßig durch Vertragsstrafen und deren Vollstreckbarkeit gesichert.[434]

Nach heute einhelliger Auffassung beherrschen die sich abstimmenden Unternehmenskonsorten die Gesellschaft gemeinsam und sind somit jeweils als herrschendes Unternehmen zu qualifizieren.[435] Der in der Innen-GbR gebildete Gesamtwille wird von jedem der beteiligten Unternehmensgesellschafter in den eigenen Beherrschungswillen aufgenommen. Insoweit ist jedes Mitglied in der Lage, den eigenen Willen gegenüber der Gesellschaft durchzusetzen und somit beherrschenden Einfluss auszuüben.[436] Da das Konsortium – wie in der Regel üblich – durch Mehrheitsbeschluss entscheidet, ließe sich der gemeinsamen Beherrschung entgegenhalten, dass nicht jedes Abstimmungsergebnis den jeweils einzelnen Willen der Gesellschafter beinhaltet.[437] Dieser Einwand überzeugt jedoch nach herrschender Meinung nicht.[438] Denn gerade bei der Vereinbarung eines Mehrheitsprinzips im Pool erfolgt die nach § 709 Abs. 2 BGB getroffene Vereinbarung von vorneherein mit dem Einverständnis, dass die von der Mehrheit beschlossenen Maßnahmen durchgesetzt werden.[439] Die Mehrheitsentscheidung ist den

---

434 Vgl. insgesamt zur rechtlichen Ausgestaltung von Stimmbindungsverträgen bei Familiengesellschaften Kapitel 1: A. IV.

435 BGH, Urt. v. 4.3.1974 – II ZR 89/72 („Seitz") = NJW 1974, 855, 857.

436 *Koppensteiner*, in: KölnerKomm/AktG, § 17 Rn. 87; *Klosterkemper*, Abhängigkeit von einer Innengesellschaft, 2003, S. 120 f.

437 Statt vieler VGH Baden-Württenberg, Urt. v. 25.09.1987 – 14 S 2612/86 = AG 1989, 216, 217; *Schulze*, WPg 1968, 85, 88 f.; *Richardi*, Konzernzugehörigkeit, 1977, S. 28 f.; *Säcker*, NJW 1980, 801, 805.

438 *Koppensteiner*, in: KölnerKomm/AktG, § 17 Rn. 90; *Krieger*, in: MünchHdb. GesR IV, § 69 Rn. 54; *Böttcher/Liekefett*, NZG 2003, 701, 703, *von Bülow/Bücker*, ZGR 2004, 669, 679; *Gansweid*, Gemeinsame Tochtergesellschaften, 1976, S. 121 f.; *Marchand*, Abhängigkeit und Konzernzugehörigkeit von Gemeinschaftsunternehmen, 1985, S. 117 f; *Rodemann*, Stimmbindungsvereinbarungen in den Aktien- und GmbH-Rechten, 1998, S. 155; *Noack*, Gesellschaftervereinbarungen, 1994, S. 93; *Klosterkemper*, Abhängigkeit von einer Innengesellschaft, 2003, S. 120 f.; *Coenen*, Konzernrechtliche Relevanz von Stimmbindungsvereinbarungen, 2014, S. 118. Anderer Ansicht VGH Baden-Württenberg, Urt. v. 25.09.1987 – 14 S 2612/86 = AG 1989, 216, 217; *Schulze*, WPg 1968, 85, 88 f.; *Richardi*, Konzernzugehörigkeit, 1977, S. 28 f.; *Säcker*, NJW 1980, 801, 805.

439 *Koppensteiner*, ZHR 131 (1968), 289, 329; *Klosterkemper*, Abhängigkeit von einer Innengesellschaft, 2003, S. 121.

überstimmten Gesellschaftern somit als eigene zuzurechnen.[440] Auch liegt die durch § 17 AktG erfasste Gefahrenlage vor, wenn eine „institutionell gesicherte Vorabstimmungsmöglichkeit“[441] besteht.[442] Maßgeblich ist somit nicht die Art des Abstimmungsverfahrens, sondern allein die Bildung eines Gesamtwillens nach eben diesem festgelegten Abstimmungsverfahren.[443]

Beim Stimmbindungspool, welcher die Anteile der Konsortialmitglieder vereint und gemeinsam durch Mehrheitsbeschluss über die einheitliche Stimmabgabe in der Hauptversammlung entscheidet, begründet somit jedes Mitglied – gleich welcher Beteiligungshöhe – einen Abhängigkeitstatbestand zur beherrschten Gesellschaft und ist als herrschendes Unternehmen zu qualifizieren.[444] Die an die Abhängigkeit anknüpfenden Rechtsfolgen finden folglich auf die Beziehungen des Familienunternehmens zu jedem Konsorten Anwendung. Dies hat im faktischen Konzern[445] zur Rechtsfolge[446], dass die Familiengesellschaft Abhängigkeitsberichte nach § 312

---

440 *Schulze*, WPg 1968, 85, 88 f., der jedoch im Ergebnis diesen Ansatz ablehnt und damit auch die Stellung der Gesellschafter als herrschendes Unternehmen verneint; *Koppensteiner*, ZHR 131 (1968), 289, 329, *Klosterkemper*, Abhängigkeit von einer Innengesellschaft, 2003, S. 121.

441 *Kinkhammer*, Mitbestimmung, 1977, S. 78.

442 *Noack*, Gesellschaftervereinbarungen, 1994, S. 93.

443 *Gansweid*, Gemeinsame Tochtergesellschaften, 1976, S. 121 f.; *Noack*, Gesellschaftervereinbarungen, 1994, S. 93; *Klinkhammer*, Mitbestimmung, 1977, S. 77; *Rodemann*, Stimmbindungsvereinbarungen in den Aktien- und GmbH-Rechten, 1998, S. 155; *Koppensteiner*, in: KölnerKomm/AktG, § 17 Rn. 90; *Klosterkemper*, Abhängigkeit von einer Innengesellschaft, 2003, S. 121.

444 Die Grundsätze gelten jedoch nur für solche Konsortialmitglieder, welche bereits aufgrund ihrer Unternehmenseigenschaft in den Anwendungsbereich des Konzernrechts fallen; vgl. Unternehmenseigenschaft von Konsortialmitgliedern Kapitel 3: B. II 2.

445 In börsennotierten Familienunternehmen besteht in der Regel ein faktisches Konzernverhältnis, da gerade der Konsortialvertrag als Beherrschungsgrundlage eingesetzt wird. Der Abschluss eines Beherrschungsvertrages wird in der Regel nicht dem Sinn und Zweck der innerfamiliären Willensbildung Rechnung tragen. Ob darüberhinaus einzelne Unternehmensverträge mit Konsortialmitgliedern abgeschlossen werden dürfen, ist fraglich. Häufig wird dies im Konsortialvertrag geregelt.

446 Zu weiteren Rechtsfolgen, die aus der Stellung eines oder mehrerer Konsortialmitglieder als herrschendes Unternehmen resultieren, vgl. Kapitel 3: C.

AktG über ihre Beziehungen zu jedem einzelnen Konsortialmitglied erstellen muss.[447] Anwendbar auf die Beziehungen zu jedem Konsorten sind ferner die §§ 302, 303 AktG, wohingegen ein Ausgleich und eine Abfindung von den herrschenden Konsorten nach den §§ 304, 305 AktG gesamtschuldnerisch geschuldet werden.[448] Schließlich ist das Familienunternehmen im Wege der anteilsmäßigen Konsolidierung in die Konzernabschlüsse aller herrschenden Konsorten nach § 310 HGB einzubeziehen, soweit diese zur Aufstellung eines Konzernabschlusses verpflichtet sind.[449]

b) Ausnahme vom Grundsatz der gemeinsamen Beherrschung bei Majorisierung

Es stellt sich die Frage, ob im Fall einer Majorisierung eine Ausnahme von Grundsatz der gemeinsamen Beherrschung zu machen ist. Dies könnte insbesondere deshalb geboten sein, weil der Mehrheitskonsorte den tatsächlichen Einfluss auf die abhängige Gesellschaft besitzt. Erfolgt die poolinterne Willensbildung nach dem Mehrheitsprinzip, so ist der den Pool dominierende Gesellschafter in der Lage, die übrigen Konsortialmitglieder schon bei einer poolinternen Beteiligungshöhe von 51 % regelmäßig zu überstimmen.[450] Die Mitglieder nehmen zwar weiterhin an dem nach Konsortialvertrag bestimmten Abstimmungsvorgang teil, jedoch besteht keine Möglichkeit ein Abstimmungsergebnis im Pool zu verhindern. Auch sind wechselnde Mehrheiten durch zwei oder mehrere Gesellschafter beim Abstimmungsvorgang ausgeschlossen, da allein das majorisierende Mitglied aus eigener Kraft über die Stimmenmehrheit im Konsortium verfügt. In einer solchen Situation stellt sich schon rein begrifflich die Frage, ob man weiterhin von einer gemeinsamen Beherrschung der Konsortialmitglieder sprechen kann. Darüber hinaus ist aus Rechtsgründen zu untersuchen, ob die Anwendung der vorgenannten Grundsätze zur Mehrmütterherrschaft

---

447 *Hirschmann*, in: Hölters, AktG, § 17 Rn. 14; *Emmerich*, in: Emmerich/Habersack, Aktien- und GmbH- KonzernR, § 17 Rn. 32.

448 *Emmerich*, in: Emmerich/Habersack, Aktien- und GmbH- KonzernR, § 17 Rn. 32.

449 Vgl. Kapitel 3: C. III.

450 Vgl. zu den jeweiligen poolinternen Mehrheitsverhältnissen Kapitel 1: B. II.

auf den Fall des majorisierten Stimmbindungspools mit dem Sinn und Zweck der konzernrechtlichen Vorschriften vereinbar ist.

aa) Meinungsstand

In der Literatur finden sich unter Verweis auf eine Entscheidung des OLG Hamm Stellungnahmen zu der Frage der gemeinsamen Beherrschung im Falle eines majorisierten Stimmbindungspools. Das OLG Hamm[451] hat sich in seiner Entscheidung gegen die Annahme einer gemeinsamen Beherrschung für den Fall ausgesprochen, in dem ein Mitglied das Konsortium beherrscht.

Nach wohl herrschender Meinung[452] ist im Falle eines dominierenden Mitglieds im Pool eine Ausnahme vom Grundsatz der gemeinsamen Beherrschung zu machen. Das dominierende Mitglied wird durch die Mehrheit im Konsortium zum Alleinherrscher, so dass ein Abhängigkeitstatbestand nur zu dem dominierenden Mitglied besteht.[453] Begründet wird dieses Ergebnis mit einer einseitigen Zurechnung des Einflusses der übrigen Konsorten in

---

451 OLG Hamm, Urt. v. 02.11.2000 – 27 U 1/00 = NZG 2001, 563, 565.

452 vgl. LG Heidelberg, Urt. v. 24.09.1997 – O 62/96 KfH II = DB 1997, 2265; OLG Hamm, Urt. v. 02.11.2000 – 27 U 1/00 = NZG 2001, 563, 565; OLG Köln, Urt. v. 27.09.2001 – 18 U 49/01 = AG 2002, 89, 90; *Maier-Reimer/Kessler*, in: Henssler/Strohn, § 17 Rn. 10; *Windbichler*, in: GroßKomm/AktG, § 17 Rn. 67; *Klosterkemper,* Abhängigkeit von einer Innengesellschaft, 2003, S. 123 f.; *Löbbe*, in: Happ, Konzern- und Umwandlungsrecht, S. 468 zu Muster 5.01, Anmerkung 1.16; *Joussen*, AG 1998, 329, 330 f.; *Bauer,* NZG 2001, 742; *Maul,* NZG 2000, 470; *Marchand,* Abhängigkeit und Konzernzugehörigkeit von Gemeinschaftsunternehmen, 1985, S. 120 ff.; so auch *Janberg/Schlaus*, AG, 1967 33, 38; *Lübbert*, Abstimmungsvereinbarungen, 1971, S. 201; *Berger,* Nebenverträge, 1995, S. 193; im Ergebnis wohl auch *Schall*, in: Spindler/stilz, AktG, § 15 Rn. 34.

453 LG Heidelberg, Urt. v. 24.09.1997 – O 62/96 KfH II („SAP") = DB 1997, 2265, 2265; OLG Hamm, Urt. v. 02.11.2000 – 27 U 1/00 = AG 2001, 146, 157; OLG Köln, Urt. v. 27.09.2001 – 18 U 49/01 = AG 2002, 89, 90; *Maier-Reimer/Kessler*, in: Henssler/Strohn, § 17 Rn. 10; *Windbichler*, in: GroßKomm/AktG, § 17 Rn. 67; *Klosterkemper,* Abhängigkeit von einer Innengesellschaft, 2003, S. 123 f.; *Löbbe*, in: Happ, Konzern- und Umwandlungsrecht, S. 468 zu Muster 5.01, Anmerkung 1.16; *Joussen*, AG 1998, 329, 330 f.; *Bauer,* NZG 2001, 742; *Maul,* NZG 2000, 470; *Marchand,* Abhängigkeit und Konzernzugehörigkeit von Gemeinschaftsunternehmen, 1985, S. 120 ff.; so auch *Janberg/Schlaus*, AG, 1967 33, 38; *Lübbert*, Abstimmungsvereinbarungen, 1971, S. 201; *Berger,* Nebenverträge, 1995, S. 193.

Richtung des Mehrheitskonsorten.[454] Die übrigen Poolmitglieder scheiden – trotz ihrer Unternehmenseigenschaft – als herrschendes Unternehmen aus.

Dem treten einige Stimmen in der Literatur entgegen.[455] Sie stützen sich auf den Standpunkt, dass auch die regelmäßig überstimmten Mitglieder an der Willensbildung im Konsortium teilnehmen. Aus diesem Grund sei eine wechselseitige Zurechnung des Einflusses auch bei herrschender Dominanz im Pool zwingend. Für die Beurteilung der Abhängigkeit komme es nicht auf die individuelle Einflussmöglichkeit der Mitglieder an, sondern nur darauf, dass die Mitglieder sich dem Gesellschaftszweck entsprechend zur gemeinsamen Herrschaft der Familiengesellschaft dem Konsortium angeschlossen haben.[456] Mit der Teilnahme am Abstimmungsvorgang fördern die Mitglieder den Gesellschaftszweck weiterhin, was für die Annahme einer gemeinsamen Beherrschung ausreichend und entscheidend sei.[457] Begründet wird dies mit der Tatsache, dass auch einflusslose Mitglieder ihre Stimmen

454 LG Heidelberg, Urt. v. 24.09.1997 – O 62/96 KfH II („SAP") = DB 1997, 2265, 2265; OLG Hamm, Urt. v. 02.11.2000 – 27 U 1/00 = NZG 2001, 563, 565; OLG Köln, Urt. v. 27.09.2001 – 18 U 49/01 = AG 2002, 89, 90; *Maier-Reimer/Kessler*, in: Henssler/Strohn, § 17 Rn. 10; *Windbichler*, in: GroßKomm/AktG, § 17 Rn. 67; *Klosterkemper,* Abhängigkeit von einer Innengesellschaft, 2003, S. 123 f.; *Löbbe*, in: Happ, Konzern- und Umwandlungsrecht, S. 468 zu Muster 5.01, Anmerkung 1.16; *Joussen*, AG 1998, 329, 330 f.; *Bauer,* NZG 2001, 742; *Maul,* NZG 2000, 470; *Marchand,* Abhängigkeit und Konzernzugehörigkeit von Gemeinschaftsunternehmen, 1985, S. 120ff.; so auch *Janberg/Schlaus*, AG, 1967 33, 38; *Lübbert*, Abstimmungsvereinbarungen, 1971, S. 201; *Berger,* Nebenverträge, 1995, S. 193.

455 *Krieger*, in: MünchHdb. GesR IV, § 69 Rn. 54; *Koppensteiner*, in: FS Ulmer, 2003, S. 349, 357; *Koppensteiner*, in: KölnerKomm/AktG, § 17 Rdn. 90; *Noack*, Gesellschaftervereinbarungen, 1994, S. 93f.; *Rodemann*, Stimmbindungsvereinbarungen in den Aktien- und GmbH-Rechten, 1998, S. 155f. Zu der parallelen Fragestellung bei §§ 34 Abs. 2 WpHG siehe Kapitel 5: A. III. 1. und bei § 30 Abs. 2 WpÜG siehe Kapitel 4: B. II. 2.

456 Vgl. dazu insgesamt *Krieger*, in: MünchHdb. GesR IV, § 69 Rn. 54.; *Koppensteiner*, in: Kölner Komm/AktG, § 17 Rn. 90; *Noack*, Gesellschaftervereinbarungen, 1994, S. 93f.; *Rodemann*, Stimmbindungsvereinbarungen in den Aktien- und GmbH-Rechten, 1998, S. 155f.

457 So *Krieger*, in: MünchHdb. GesR IV, § 69 Rn. 54.; *Koppensteiner*, in: KölnerKomm/AktG, § 17 Rn. 90; *Noack*, Gesellschaftervereinbarungen, 1994, S. 93f.; *Rodemann*, Stimmbindungsvereinbarungen in den Aktien- und GmbH-Rechten, 1998, S. 155f.

dem Konsortium zur Verfügung stellen.[458] Dies hat zur Folge, dass – aus Sicht der abhängigen Gesellschaft – ein Abhängigkeitsverhältnis auch zu den einflusslosen Konsortialpartnern besteht.

bb) Stellungnahme

Der vorstehend dargestellte Meinungsstand soll im Nachfolgenden einer kritischen Würdigung unterzogen werden.

Die gemeinsame Zweckförderung durch Teilnahme an der Konsortialversammlung hat grundsätzlich keinen Einfluss auf die Bestimmung der Zurechnung von Einflusspotential. Legt man das materielle Verständnis von beherrschendem Einfluss zugrunde, so ist einzig das die Poolentscheidung bestimmende Poolmitglied als herrschendes Unternehmen im Sinne des § 17 Abs. 1 AktG zu qualifizieren. Eine solches Ergebnis entspricht auch dem Sinn und Zweck der konzernrechtlichen Vorschriften, die abgängige Gesellschaft vor tatsächlichem Einflusspotential zu schützen.

(1) Gemeinsame Zweckförderung

Eine gemeinsame Beherrschung kann nicht mit dem Argument begründet werden, dass die Poolmitglieder den Gesellschaftszweck des Konsortiums fördern, indem sie an dem Abstimmungsvorgang teilnehmen. Bildet man die Brücke zur Frage nach den vertraglichen Auswirkungen der Mehrheitsbildung, so ist dem Argument der Zweckförderung zwar dahingehend zuzustimmen, als das – wie bereits oben festgestellt – die Erreichung des Gesellschaftszwecks durch die Mehrheitsbildung gerade nicht unmöglich wird.[459] Es verschiebt sich lediglich einseitig die Entscheidungskompetenz zu Lasten der Minderheitsgesellschafter, welche weiterhin am Abstimmungsvorgang teilnehmen. Auch ist es aus Sicht der Gesellschaft nicht erkennbar, wer im Stimmbindungspool das Sagen hat. Die Teilnahme an der Willensbildung und damit die Förderung des Gesellschaftszwecks ist jedoch kein sachgerechtes Kriterium zur Bestimmung der Zurechnungsrichtung von

---

458 *Koppensteiner,* in: KölnerKomm/AktG, § 17 Rn. 90; *Krieger,* in: MünchHdb. GesR IV, § 69 Rn. 54, *Rodemann,* Stimmbindungsvereinbarungen in den Aktien- und GmbH-Rechten, 1998, S. 156, *Noack,* Gesellschaftervereinbarung, 1994, S. 93f.

459 Vgl. dazu Kapitel 2: B. II.

beherrschendem Einfluss.[460] Ein Abhängigkeitsverhältnis soll gerade zu solchen Gesellschaftern bestehen, welche eine materiell rechtliche Einflussposition haben. Dafür spricht auch das materiell geprägte Verständnis des Begriffs des beherrschenden Einflusses.[461] Es sollen tatsächliche Beherrschungssituationen erfasst werden.[462] In der gemeinsamen Zweckförderung spiegelt sich die rein tatsächliche Einflussposition nicht wider.

(2) Berücksichtigung des tatsächlichen Einflusses

Stellt man für die Bestimmung des Herrschaftssubjekts im majorisierten Stimmbindungspool – wie vorstehend bereits erwähnt – auf die rein tatsächliche Einflussmöglichkeit ab, so überzeugt die Annahme einer gemeinsamen Beherrschung nicht. Denn tatsächlich bestimmt der Mehrheitskonsorte über das Abstimmungsergebnis und beherrscht somit die Willensbildung des Konsortiums maßgeblich. Die übrigen Konsorten haben selbst bei wechselnder Koalitionsbildung keine Möglichkeit, eine Mehrheit im Konsortium zu erreichen, um ihren Willen durchzusetzen. Zwar haben diese rechtlich die Möglichkeit durch die Teilnahme am Abstimmungsvorgang ihre Interessen zu äußern und zu vertreten, diese rechtliche Möglichkeit wird jedoch vom tatsächlichen Stimmgewicht des Mehrheitskonsorten überlagert.

Das Innehaben tatsächlicher Herrschaftsmacht begründet dabei die einseitige Ausübung von beherrschendem Einfluss im Sinne des § 17 Abs. 1 AktG. Dafür spricht auch ein Vergleich mit den in § 16 Abs. 4 AktG genannten Fällen, wo eine einseitige Zurechnung von Einflusspotential erfolgt. Denn wer die Ausübung fremder Stimmrechte determinieren kann, entspricht der durch § 16 Abs. 4 AktG geregelten Sachlage.[463] Für eine

460 Ebenso *Ganswεid*, Gemeinsame Tochtergesellschaften, 1976, S. 122, der zur Abgrenzung von Abhängigkeitsbeziehung nicht die bloße Teilnahme an der Willensbildung für ausreichend ansieht.

461 Vgl. im Gegensatz dazu das formale Verständnis von Kontrolle im WpÜG, Kapitel 4: B. I. 1.

462 Vgl. zu dem Begriffsverständnis von beherrschendem Einfluss bereits Kapitel 3: B. I. 2. a)

463 So auch *Coenen*, Konzernrechtliche Relevanz von Stimmbindungsvereinbarungen, 2014, S. 111.

solche Betrachtungsweise hat sich auch das OLG Hamm ausgesprochen, welches für die Frage der Abhängigkeit auf das tatsächliche Einflusspotential abstellt.[464]

(3) Dauerhafte Einflusslosigkeit der Poolmitglieder (Rechtssicherheit)

Gegen eine gemeinsame Beherrschung spricht der Umstand, dass die Einflusslosigkeit der Konsortialmitglieder nicht vom Einzelfall abhängt, sondern dauerhaft besteht. Durch das Kriterium der Dauerhaftigkeit unterscheidet sich der hier untersuchte Fall von solchen Situationen, in denen zwei oder mehrere Konsortialmitglieder sich zu einer Mehrheit zusammenschließen, um die übrigen Mitglieder zu überstimmen. Hier besteht rein faktisch die Möglichkeit, dass sich die Koalitionen in jedem Abstimmungsvorgang unterschiedlich zusammensetzen. Es ist somit nicht ausgeschlossen, dass sich jedes Poolmitglied auch einmal auf der Seite der Mehrheit befindet.[465] Die Einflusslosigkeit ist damit eine Frage des Einzelfalls. Aus diesem Grund erscheint es aus Gründen der Rechtssicherheit geboten, bei einer dauerhaften Beherrschungssituation eine Ausnahme vom Grundsatz der gemeinsamen Beherrschung zu machen.

(4) Teleologische Reduktion bei fehlendem Einflusspotential

Gegen eine gemeinsame Beherrschung beim majorisierten Pool spricht auch der Sinn und Zweck des konzernrechtlichen Abhängigkeitstatbestandes. *Gansweid* betont richtigerweise, dass bei der Bestimmung der Abhängigkeit von mehreren Unternehmen die konzerntypische Gefahrensituation von Bedeutung ist.[466] Die abhängige Gesellschaft soll durch das Konzernrecht vor der Durchsetzung individueller und gesellschaftsfremder Eigeninteressen geschützt werden.[467] An einer solchen Gefahrenlage fehlt es in Bezug

---

464 OLG Hamm, Urt. v. 02.11.2000 – 27 U 1/00 = NZG 2001, 563, 565; vgl. auch *Bauer*, NZG 2001, 742, 743.

465 So auch *Coenen*, Konzernrechtliche Relevanz von Stimmbindungsvereinbarungen, 2014, S. 112 f.

466 *Gansweid*, Gemeinsame Tochtergesellschaften, 1976, S. 122; zustimmend *Klosterkemper*, Abhängigkeit von einer Innengesellschaft, 2003, S. 122.

467 Vgl. zur Regelungsaufgabe des Konzernrechts bereits oben unter A. Das Schutzsystem des Konzernrechts.

auf die Konsorten, die keinerlei Entscheidungsbefugnis haben.[468] So betont auch *Klosterkemper*, dass der Einfluss eines Unternehmens schon erst recht keine Bedeutung gegenüber einem abhängigen Unternehmen entfalten kann, wenn die Einflussnahme schon im Konsortium selbst irrelevant ist.[469]

Würde man eine Abhängigkeit zu den einflusslosen Gesellschaftern annehmen, so hätte dies auf Rechtsfolgenseite zur Konsequenz, dass ein Minderheitsgesellschafter zum Nachteilsausgleich gesamtschuldnerisch für Maßnahmen des Beherrschers ersatzpflichtig wäre, auf die er faktisch keinerlei Einflussmöglichkeit hat. Aus Rechtsschutzgründen ist es geboten, die faktische Einflussmöglichkeit bei der Bestimmung des Abhängigkeitstatbestandes zu berücksichtigen. Die überstimmten Konsorten müssen vor einer Mehrheitsbildung geschützt werden, indem die konzernrechtlichen Rechtsfolgen einzig dem Beherrscher auferlegt werden.

(5) Vergleich mit vertraglich vereinbarten Weisungsrechten

Für die Situation des majorisierten Stimmbindungspools kann auch eine Parallele zu dem Fall eines vertraglich vereinbarten Weisungsrechts im Konsortium gezogen werden.[470] Wird einem Konsorten durch ein vertragliches Weisungsrecht eine überragende Stellung im Konsortium eingeräumt, so wird vertreten, dass dem Weisungsberechtigten der Einfluss der weisungsunterworfenen Mitglieder einseitig zugerechnet wird.[471] Herrschend ist demnach allein der Weisungsberechtigte. Begründet wird dieses Ergebnis mit dem Tatbestand des § 17 Abs. 1 AktG, welcher auf die

468 *Klosterkemper,* Abhängigkeit von einer Innengesellschaft, 2003, S. 123 mit entsprechendem Beispiel Fn. 525.

469 *Klosterkemper,* Abhängigkeit von einer Innengesellschaft, 2003, S. 123.

470 Ausführlich dazu *Coenen*, Konzernrechtliche Relevanz von Stimmbindungsvereinbarungen, 2014, S. 110 ff.

471 *Müller,* Der Aktionärspool in der Familienaktiengesellschaft, 2011, S. 74; *Janberg/Schlaus*, AG 1967, 33, 38; *Klosterkemper,* Abhängigkeit von einer Innengesellschaft, 2003, S. 118; *Coenen*, Die konzernrechtliche Relevanz von Stimmbindungsvereinbarungen, 2014, S. 110 ff.; *Lübbert*, Abstimmungsvereinbarungen, 1971, S. 201; *Rodemann*, Stimmbindungsvereinbarungen in den Aktien- und GmbH-Rechten, 1998, S. 150f., der jedoch im Falle einer Majorisierung im Konsortium eine einseitige Zurechnung ablehnt.

Herrschaftsmöglichkeit eines Unternehmens abstellt.[472] Dem Weisungsberichtigten stehen durch seine Entscheidungskompetenz die weisungsunterworfenen Stimmrechte wie eigene zu.[473] Dieses Ergebnis berechtigt sich auch aus dem Vergleich mit den in § 16 Abs. 4 AktG geregelten Fällen.[474] So wird durch § 16 Abs. 4 Var. 1 AktG zum Ausdruck gebracht, dass nur diejenigen Stimmrechte bzw. Anteil zuzurechnen sind, der die faktische Einflussmöglichkeit besitzt.[475]

Auch wird im Zusammenhang mit der Frage angeführt, dass, ähnlich wie der Gedanken von *Schall*[476] bei der Frage der Zurechnung der Unternehmenseigenschaft eines herrschenden Poolmitgliedes, eine „umgekehrte Zurechnung" von Einflusspotential nicht besteht.[477] Die Situation des dominierenden Poolmitglieds kommt somit einem vertraglich vereinbarten Weisungsrecht gleich, so dass die selbigen Grundsätze Geltung beanspruchen.

(6) Gleichlauf mit dem kartellrechtlichen Beherrschungsbegriff

Gegen die Annahme einer gemeinsamen Beherrschung spricht die Parallele zu den kartellrechtlichen Grundsätzen der Mehrmütterklausel in § 36 Abs. 2 S. 2 GWB. Danach gilt bei Zusammenwirken mehrerer Unternehmen jedes Unternehmen als herrschend, sofern die Unternehmen gemeinsam beherrschenden Einfluss auf ein anderes Unternehmen ausüben. Der BGH hat in seiner Entscheidung[478] betreffend den Zusammenschluss Hussel/Mara sich mit den Voraussetzungen der gemeinsamen Beherrschung nach § 36 Abs. 2 S. 2 GWB bei dominierender Stellung eines Unternehmens

---

472 *Coenen*, Konzernrechtliche Relevanz von Stimmbindungsvereinbarungen, 2014, S. 110.

473 *Coenen*, Konzernrechtliche Relevanz von Stimmbindungsvereinbarungen, 2014, S. 110.

474 Vgl. bereits dazu oben Kapitel 3: B. II. 3. a) bb) (b); ebenso *Coenen*, Konzernrechtliche Relevanz von Stimmbindungsvereinbarungen, 2014, S. 111.

475 Zu weiteren Beispielen bei § 16 Abs. 4 AktG vgl. *Coenen*, Konzernrechtliche Relevanz von Stimmbindungsvereinbarungen, 2014, S. 111.

476 Zur Frage einer „umgekehrten Zurechnung" der Unternehmenseigenschaft, vgl. *Schall*, in: Spindler/Stilz, AktG, § 15 Rn. 34.

477 Diesen Vergleich ebenfalls aufgreifend *Coenen*, Konzernrechtliche Relevanz von Stimmbindungsvereinbarungen, 2014, S. 113. Vgl. dazu bereits die Ausführungen unter Kapitel 3: B. II. 1. b).

478 BGH, Beschl. v. 18.11.1986 – KVR 9/85 („Hussel/Mara") = NJW 1987, 1700.

auseinandergesetzt. Dabei hat er festgestellt, dass die gemeinsame Beherrschung im Sinne des § 36 Abs. 2 S. 2 GWB nicht vorliege, wenn einem Unternehmen eine herausragende Stellung zusteht, die dazu führt, dass dieses die Verantwortung für die Führung des gemeinsamen Unternehmens trägt und die Unternehmenspolitik bestimmt.[479] Die kartellrechtliche Literatur hat sich diesem Verständnis angeschlossen und ist bis heute davon nicht abgewichen.[480] In Anlehnung an die kartellrechtliche Behandlung ist somit auch konzernrechtlich geboten, eine gemeinsame Beherrschung in den Fälle abzulehnen, in den ein Unternehmen über das wesentliche Einflusspotential verfügt. Das materielle Begriffsverständnis beider Rechtsgebiete spricht somit für einen Gleichlauf zwischen kartellrechtlicher und konzernrechtlicher Beurteilung einer poolinternen Dominanz.

IV. Zwischenergebnis

Die Untersuchung zeigt, dass die Bestimmung des Herrschaftssubjekts in einem Stimmrechtskonsortium mit einer zweistufigen Prüfung verbunden ist, bei der das Abhängigkeitsverhältnis von der Unternehmenseigenschaft der einzelnen Mitglieder abhängig ist. Das Konsortium selbst scheidet in der Regel mangels Rechtsfähigkeit als Herrschaftssubjekt aus. Als potentiell herrschendes Unternehmen kommen nach dem teleologischen Unternehmensbegriff nur solche Konsorten in Betracht, die neben ihrem Familieninteresse noch anderweitig wirtschaftlichen Interessen in einer anderen Gesellschaft verfolgen. Unterliegt nur ein Mitglied im Konsortium einer anderweitigen Interessenbindung, ist die Unternehmenseigenschaft nicht auf die übrigen Privatkonsorten zu übertragen. Im klassischen Stimmbindungspool besteht ein Abhängigkeitsverhältnis zu jedem einzelnen Unternehmenskonsorten, so dass die Unternehmensgesellschafter im Pool die Familiengesellschaft nach den Grundsätzen der Mehrmütterherrschaft gemeinsam nach § 17 Abs. 1 AktG beherrschen. Diese Grundsätze sind jedoch nicht auf den Fall des majorisierten Stimmbindungspools zu

479 BGH, Beschl. v. 18.11.1986 – KVR 9/85 („Hussel/Mara“) = NJW 1987, 1700, 1701 f.

480 *Thomas*, in: Immenga/Mestmäcker, GWB, § 36 Rn. 868; Bechtold/Bosch, GWB, § 36 Rn. 68; *Neuhaus*, in: Loewenheim/Meessen/Riesenkampf/Kersting/Meyer-Lindemann, Kartellrecht, § 36 Rn. 236.

übertragen. Wird der Stimmbindungspool von einem Mitglied beherrscht, so ist einzig dieses als herrschendes Unternehmen im Sinne des § 17 Abs. 1 AktG zu qualifizieren. Dies hat zur Folge, dass im Falle einer kontinuierlichen Beherrschungssituation einflusslose Konsorten aus dem Anwendungsbereich der konzernrechtlichen Vorschriften fallen. Diese teleologische Reduktion ist aus Rechtsschutzgesichtspunkten sowie nach dem Sinn und Zweck des Konzernrechts geboten, um tatsächlich bestehendes Einflusspotential vom Schutz- und Ausgleichsystem des Konzernrechts zu erfassen. Der Fall des majorisierten Stimmbindungspools verdeutlicht, dass bei Bestimmung des Herrschaftssubjektes die Anwendung der konzernrechtlichen Vorschriften nicht nur formal beurteilt werden kann, sondern vielmehr tatsächliche Gegebenheiten berücksichtigt werden müssen. Dies entspricht dem Sinn und Zweck der konzernrechtlichen Vorschriften sowie dem teleologischen Begriffsverständnis des Unternehmensbegriffs im Konzernrecht.

C. Stimmbindung im besonderen Konzernrecht

Nachdem das allgemeine Konzernrecht bestimmt, wann und ob ein Unternehmen zu einem anderen in einer konzernrechtlich relevanten Beziehung steht, regelt das besondere Konzernrecht die Rechtsfolgen, welche aus einer solchen Beziehung resultieren. Diese treffen sowohl das herrschende Unternehmen selbst, als auch die beherrschte Gesellschaft. Im Nachfolgenden soll untersucht werden, welche Rechtsfolgen das Konzernrecht für den Fall des majorisierten Stimmbindungspools anordnet. Ein Abschnitt, welcher die Rechtsfolgen bei Vorliegen eines Abhängigkeitstatbestandes regelt, findet sich im Konzernrecht nicht. Vielmehr bestehen im Aktiengesetz verteilt einzelne Regelungen, die an das Vorliegen eines Abhängigkeitstatbestandes anknüpfen. So finden sich im Abschnitt zu verbundenen Unternehmen Schutzvorschriften, die es im Rahmen eines Abhängigkeitsverhältnisses zu befolgen gilt. Auch im Anschluss an den Allgemeinen Teil regeln die §§ 20 ff. AktG Mitteilungspflichten der herrschenden und abhängigen Gesellschaft und tragen damit der Transparenz von Beherrschungssituationen Rechnung. Außerhalb des Aktiengesetzes regeln die §§ 290 ff. HGB, welche konzernrechnungslegungsrechtlichen Rechtsfolgen mit dem Vorliegen eines Abhängigkeitsverhältnisses verbunden sind.

Die nachfolgenden Erläuterungen beschränken sich auf die für das Problem der Majorisierung relevanten Rechtsfolgen. Außer Betracht bleiben eine allgemeine Darstellung der Schutzvorschriften sowie eine Darstellung solcher Rechtsfolgen, die an das Vorliegen eines Vertragskonzerns anknüpfen.

I. Mitteilungspflichten nach § 20 ff. AktG

Nach § 20 Abs. 1 S. 1 AktG sind Unternehmen zur Stimmrechtsmitteilung verpflichtet, wenn ihnen mehr als 25 % der Anteile an einem nicht börsennotierten Unternehmen gehören. § 20 AktG nennt dabei zwei verschiedene Stufen, welche eine Mitteilungspflicht auslösen können. So ist für das Eingreifen von § 20 Abs. 1 AktG Voraussetzung, dass einem Unternehmen alleine oder durch Zurechnung mehr als der vierte Teil der Aktien einer Aktiengesellschaft gehört. § 20 Abs. 4 AktG greift als zweite Stufe erst dann ein, wenn ein Unternehmen an der Aktiengesellschaft eine Mehrheitsbeteiligung hält. Sinn und Zweck dieser Mitteilungspflichten ist die Schaffung von Transparenz über die Beteiligungsverhältnisse.[481] Diese wird durch Unterrichtung der Gesellschaft, der Aktionäre, der Gläubiger und der Öffentlichkeit über die bestehenden Anteilsverhältnisse erreicht.[482] Die schuldhafte Verletzung von Mitteilungspflicht kann weitreichende Konsequenzen für die mitteilungspflichtigen Gesellschafter haben, da die Nichterfüllung der Mitteilungspflicht nach § 20 Abs. 7 AktG zu einem Verlust an allen Rechten führen kann, die dem Aktionär aus seinen Aktien zustehen.

Voraussetzung für eine Mitteilungspflicht nach den §§ 20 ff. AktG ist jedoch, dass es sich um eine Beteiligung an einem nicht börsennotierten Unternehmen handelt. Der Anwendungsbereich der Vorschrift ist bei Familienpools somit gering, da das Bedürfnis zum Abschluss eines Stimmbindungsvertrages gerade bei solchen Familienunternehmen besteht, welche an der Börse notiert sind oder bei denen ein Börsengang unmittelbar

---

481 *Maier-Reimer/Kessler*, in: Henssler/Strohn, § 20 Rn. 1; *Bayer*, in: MünchKomm/AktG, § 20 Rn. 1; *Krieger*, in: MünchHdb. GesR IV, § 69 Rn. 115; *Koch*, in: Hüffer/Koch, AktG, § 20 Rn. 1.

482 BGH, Urt. vom 22.04.1991 – II ZR 231/90 = DStR 1991, 1122, 1123; *Krieger*, in: MünchHdb. GesR IV, § 69 Rn. 115; *Koppensteiner*, in: KölnerKomm/AktG, § 20 Rn. 1; *Koch*, in: Hüffer/Koch, AktG, § 20 Rn. 1; *Bayer*, in: MünchKomm/AktG, § 20 Rn. 1; *Hirschmann*, in: Hölters, AktG, § 20 Rn. 1.

bevorsteht.[483] Die Erfüllung der Mitteilungspflichten nach den §§ 20 ff. AktG spielt somit bei Familienkonsortien nur eine untergeordnete Rolle und soll im Folgenden nur in Kürze erläutert werden.

Stellt man auf den Stimmbindungspool in der Rechtsform der Innengesellschaft bürgerlichen Rechts ab, so ist für diesen bereits festzustellen, dass mangels Unternehmenseigenschaft sowie eigenen Aktienbesitzes eine Mitteilungspflicht ausscheidet.[484] Eine Mitteilungspflicht der Konsortialmitglieder kommt in Betracht, wenn die einzelnen Mitglieder Unternehmenseigenschaft aufweisen und sie darüber hinaus die Voraussetzungen des § 20 Abs. 1 AktG oder des § 20 Abs. 4 AktG erfüllen. Bezogen auf die Mitteilungspflicht nach § 20 Abs. 1 AktG ist ein Konsorte im Pool somit mitteilungspflichtig, wenn er unmittelbar kraft eigener Beteiligung die Anteilsquote des § 20 Abs. 1 AktG erfüllt.[485]

Fraglich ist, ob eine Mitteilungspflicht auch für (einflusslose) Mitglieder besteht, die im Konsortium regelmäßig überstimmt werden. Nach einer überzeugenden Auffassung in der Literatur unterliegt der Konsorte trotz Einflusslosigkeit der Mitteilungspflicht nach § 20 Abs. 1 AktG.[486] Für die Mitteilungspflicht ist nicht relevant, ob die Konsorten dauerhaft (aufgrund einer Majorisierung) überstimmt werden oder ob das Überstimmen im Einzelfall erfolgt.[487] Nach dem Sinn und Zweck der Vorschrift soll § 20 AktG Transparenz über die Beteiligungsstruktur schaffen. Wer faktisch in der

---

483 Vgl. dazu bereits Einführung A. Problemdarstellung und Ziele

484 *Krieger*, in: MünchHdb. GesR IV, § 69 Rn. 122; *Hüffer*, in: FS K. Schmidt, 2009, S. 747, 749 ff.

485 *Müller*, Der Aktionärspool in der Familienaktiengesellschaft, 2011, S. 111, wonach es der Mitteilungspflicht nicht entgegensteht, wenn er im Pool überstimmt wird; *Löbbe*, in: Happ, Konzern- und Umwandlungsrecht, S. 469 zu Muster 5.01, Anmerkung 1.18; *Janberg/Schlaus*, AG 1967, 33, 38; *Joussen*, AG 1998, 329, 332. *Lübbert*, Abstimmungsvereinbarungen, 1971, S. 201, *Rodemann*, Stimmbindungsvereinbarungen in den Aktien- und GmbH-Rechten, 1998, S. 165.

486 *Noack*, Gesellschaftervereinbarungen, 1994, S. 252 f.; *Lübbert*, Abstimmungsvereinbarungen, 1971, S. 202.

487 Keine Differenzierung vornehmend *Noack*, Gesellschaftervereinbarungen, 1994, S. 252 f.; *Lübbert*, Abstimmungsvereinbarungen, 1971, S. 202.

Gesellschaft „das Sagen“ hat, ist für § 20 AktG nicht von Bedeutung.[488] Dies führt umgekehrt dazu, dass das majorisierende Mitglied im gleichen Maße mitteilungspflichtig ist, wie die einflusslosen Mitglieder.[489]

Hinsichtlich solcher Mitglieder, welche kraft eigener Beteiligung keine der relevanten Schwellen der § 20 Abs. 1 AktG bzw. § 20 Abs. 4 AktG überschreiten, kommt eine Mitteilungspflicht einzig dann in Betracht, wenn man ihnen die Anteile der übrigen Konsorten zum Zwecke der Beteiligungshöhe zurechnet. § 20 Abs. 1 S. 2 AktG bestimmt die Anwendung des § 16 Abs. 4 AktG. Auch § 20 Abs. 2 AktG berücksichtigt in den dort beschriebenen Fällen weitere Anteile zur Feststellung der Beteiligungshöhe. Eine Zurechnung von Anteilen nach §§ 20 Abs. 1 S. 2, 16 Abs. 4 AktG ist jedoch schon deshalb abzulehnen, da § 16 Abs. 4 AktG bei Stimmbindungspools keine wechselseitige Zurechnung der Anteile begründet.[490] Auch stellt der Wortlaut des § 20 Abs. 1 AktG nur auf eigene Kapitalbeteiligungen ab, so dass eine Zurechnung von fremden Kapitalanteilen, nicht jedoch von Stimmrechten möglich ist.[491] Ob über den Wortlaut hinaus auch bei § 20 Abs. 1 AktG in Anlehnung an § 16 Abs. 4 AktG Stimmrechte berücksichtigt werden, bedarf hier keiner näheren Erläuterung, da jedenfalls eine Anwendung von § 16 Abs. 4 AktG bei Stimmbindungspool ausscheidet.[492]

II. Faktische Konzernierung

Die §§ 311 ff. AktG regeln die Rechtsfolgen eines bestehenden Abhängigkeitsverhältnisses, bei denen kein Beherrschungsvertrag mit der abhängigen Gesellschaft besteht. Durch § 311 AktG wird die abhängige Gesellschaft vor

---

488 *Müller*, Der Aktionärspool in der Familienaktiengesellschaft, 2011, S. 111 f.; *Janberg/Schlaus*, AG 1997, 33, 38; *Koppensteiner*, in: FS Ulmer, 2003, S. 349, 360 f.

489 Vgl. *Noack*, Gesellschaftervereinbarungen, 1994, S. 253; *Lübbert*, Abstimmungsvereinbarungen, 1971, S. 202.

490 *Krieger*, in: MünchHdb. GesR IV, § 69 Rn. 122.

491 *Rodemann*, Stimmbindungsvereinbarungen in den Aktien- und GmbH-Rechten, 1998, S. 164 ff.; *Müller*, Der Aktionärspool in der Familienaktiengesellschaft, 2011, S. 112 ff.

492 Anders wohl *Koppensteiner*, in: FS Ulmer, 2003, S. 349, 360 f., welcher im Falle einer Majorisierung eine Zurechnung nach § 16 Abs. 4 AktG unmittelbar oder analog bewürwortet.

kompensationsloser Benachteiligung geschützt, die nicht dadurch gerechtfertigt wird, dass sie dem Interesse des herrschenden Unternehmens oder des Konzerns dient.[493]

1. *Nachteilsausgleich und Haftung nach §§ 311, 317 AktG*

Nach § 311 AktG sind nachteilige Einflussnahmen auf die abhängige Gesellschaft zulässig, wenn die Nachteile durch das herrschende Unternehmen ausgeglichen werden.[494] Nach § 317 AktG ist ein herrschendes Unternehmen zum Ersatz solcher Schäden verpflichtet, die eine abhängige Gesellschaft aufgrund von nachteiligen Rechtsgeschäften auf nachteiligen Maßnahmen, die sie auf Veranlassung des herrschenden Unternehmens tätigt, erleidet.

Es stellt sich die Frage, wer innerhalb eines Konsortiums für nachteilige Maßnahmen als Haftungsschuldner ersatzpflichtig ist. Die Frage stellt sich deshalb, weil im Konzernrecht eine ausdrückliche Regelung für den Fall, dass die Einflussnahme von mehreren Unternehmen erfolgt, nicht besteht. Es soll verhindert werden, dass im Falle einer Ausgleichspflicht einzelne Konsortialmitglieder sich aus der Verantwortung ziehen. Die Norm zur Bestimmung des Haftungsschuldners knüpft dabei an die Stellung als herrschendes Unternehmen an.[495]

Grundsätzlich haften im klassischen Stimmbindungspool alle Konsortialmitglieder als Gesamtschuldner im Sinne des § 421 BGB.[496] Sie haften somit nach den allgemeinen Vorschriften im BGB gem. §§ 422 bis 430 BGB. In

---

493 *Koch*, in: Hüffer/Koch, AktG, § 311 Rn. 1, Regierungsbegründung zu § 311 des Regierungsentwurfs zum AktG 1965 bei *Kropff,* Textausgabe des AktG vom 6.9.1965 und des EG AktG 1965, S. 407; zum Sinn und Zweck der Vorschriften näher *Klosterkemper*, Abhängigkeit von einer Innengesellschaft, 2003, S. 145 ff.

494 Zum Schutz- und Ausgleichsystem im Konzernrecht vgl. bereits Einleitung zu Kapitel 3: A.

495 *Klosterkemper*, Abhängigkeit von einer Innengesellschaft, 2003, S. 149; ausführlich dazu *Coenen*, Konzenrrechtliche Relevanz von Stimmbindungsverträgen, 2014, S. 208 ff.

496 BGH, Urt. v. 4.3.1974 – II ZR 89/72 („Seitz“) = BGHZ 62, 193, 198; *Krieger*, in: MünchHdb. GesR IV, § 70 Rn. 132; *Müller*, in: Spindler/Stilz, AktG, § 311 Rn. 7, 17; *Habersack*, in: Emmerich/Habersack, Aktien- und GmbH- KonzernR, § 311 Rn. 14; *Altmeppen*, in: MünchKomm/AktG, § 311 Rn. 143 f.; *Vetter,* in: Schmidt/Lutter, AktG, § 311 Rn. 15, 37; *Rodemann*,

diesem Zusammenhang wird die Frage diskutiert, ob die gesamtschuldnerische Haftung auch dann greift, wenn einzelne Stimmbindungsbeteiligten die nachteilige Maßnahme selbst nicht tragen, weil sie beispielsweise im Mehrheitsbeschluss überstimmt wurden. Nach wohl einhelliger Auffassung[497] ist jedoch in einem solchen Fall von der gesamtschuldnerischen Haftung keine Ausnahme zu machen. Die gemeinsame Veranlassung sei von der Grundvereinbarung – dem Konsortialvertrag – gedeckt.[498] Denn es entspricht dem System der gemeinsamen Willensbildung des Pools, dass auch ungewünschte Mehrheitsmeinungen mitgetragen werden müssen. Erfolgt die Veranlassung somit auf Grundlage der innengesellschaftsrechtlichen Willensbildung, haften auch solche Konsorten nach den Grundsätzen der gesamtschuldnerischen Haftung, die im konkreten Beschluss überstimmt wurden. Aus der Perspektive der abhängigen Gesellschaft handelt es sich nämlich um eine gemeinsame Veranlassung.[499] Eine Ausnahme wird im klassischen Stimmpool einzig für den Fall vertreten, dass ein Konsortialmitglied in „Eigenregie" eine nachteilige Maßnahme veranlasst, die nicht auf einem Mehrheitsbeschluss des Pools beruht.[500] In einem solchen Fall ist

---

Stimmbindungsvereinbarungen in den Aktien- und GmbH-Rechten, 1998, S. 160; *Klosterkemper*, Abhängigkeit von einer Innengesellschaft, 2003, S. 147.

497 BGH, Urt. v. 4.3.1974 – II ZR 89/72 („Seitz") = BGHZ 62, 193, 198; *Koch*, in: Hüffer/Koch, AktG, § 311 Rn. 16; *Habersack*, in: Emmerich/Habersack, Aktien- und GmbH- KonzernR, § 311 Rn. 14; *Altmeppen*, in: MünchKomm/AktG, § 311 Rn. 143f.; *Vetter*, in: Schmidt/Lutter, AktG, § 311 Rn. 37; *Krieger*, in: MünchHdb. GesR IV, § 70 Rn. 132; *Rodemann*, Stimmbindungsvereinbarungen in den Aktien- und GmbH-Rechten, 1998, S. 159; *Klosterkemper*, Abhängigkeit von einer Innengesellschaft, 2003, S. 147; *Gansweid*, Gemeinsame Tochtergesellschaften, 1976, S. 176.

498 Anders einzig *Marchand*, Abhängigkeit von Gemeinschaftsunternehmen, 1985, S. 149, welcher die Veranlassung von einer bewussten, über die bloße Konsortialmitgliedschaft hinausgehender Einflussnahme abhängig macht.

499 *Koch*, in: Hüffer/Koch, AktG, § 311 Rn. 16; *Emmerich*, in: Emmerich/Habersack, Aktien- und GmbH- KonzernR, § 311 Rn. 24; *Fett*, in: Bürgers/Körber, AktG, § 311 Rn. 21; *Klosterkemper*, Abhängigkeit von einer Innengesellschaft, 2003, S. 147; anderer Ansicht *Altmeppen*, in: MünchKomm/AktG, § 311 Rn. 144, weil es bei der Veranlassung ausschließlich um eine objektiv zu beurteilende Kausalitätsfrage geht; im Ergebnis auch *Vetter*, in: Schmidt/Lutter, AktG, § 311 Rn. 37 aE; *Grigoleit*, in: Grigoleit, AktG, § 311 Rn. 26.

500 *Müller*, in: Spindler/Stilz, AktG, § 311 Rn. 7; *Habersack*, in: Emmerich/Habersack, Aktien- und GmbH- KonzernR, § 311 Rn. 14, 26; *Altmeppen*,

einzig das Poolmitglied Haftungsschuldner, welches die nachteilige Maßnahme eigenmächtig veranlasst.

Im Fall des majorisierten Pools ist der Mehrheitskonsorte für Maßnahmen, die rein formal auf Mehrheitsbeschluss des Pools beruhen, faktisch jedoch von ihm alleine getroffen werden, allein verantwortlich. Seine alleinige Stellung als Haftungsschuldner berechtigt sich aus dem Umstand, dass das Haftungsregime der §§ 311, 317 AktG voraussetzt, dass die einzelnen Haftungsschuldner zum einen die Unternehmenseigenschaft besitzen und zum anderen ein Abhängigkeitsverhältnis zwischen ihnen und der abhängigen Gesellschaft besteht.[501] An einem Abhängigkeitsverhältnis zu den einflusslosen Konsorten fehlt es bereits, so dass im majorisierten Pool diese als Haftungsschuldner nicht zur Verantwortung gezogen werden.

2. *Pflicht zur Aufstellung eines Abhängigkeitsberichts nach §§ 312 ff. AktG*

Besteht ein Abhängigkeitsverhältnis zu einem herrschenden Unternehmen, so ist gemäß § 312 Abs. 1 AktG der Vorstand der abhängigen Gesellschaft verpflichtet, innerhalb der ersten drei Monate eines jenen Geschäftsjahres einen Abhängigkeitsbericht aufzustellen. In diesem Abhängigkeitsbericht hat er über alle Rechtsgeschäfte, die mit dem herrschenden Unternehmen oder einem mit diesem verbundenen Unternehmen oder auf Veranlassung oder im Interesse dieser Unternehmen getätigt worden sind, im Einzelnen und unter Angabe von Leistung und Gegenleistung zu berichten.[502] Ferner

---

in: MünchKomm/AktG, § 311 Rn. 144; *Vetter*, in: Schmidt/Lutter, AktG, § 311 Rn. 37; *Krieger*, in: MünchHdb. GesR IV, § 70 Rn. 132; *Maul*, NZG 2000, 470, 471; anderer Ansicht *Gansweid*, Gemeinsame Tochtergesellschaften, 1976, S. 174 ff., welcher die Verantwortung aller Konsortialmitlgieder auch auf die eigenmächtige Veranlassung eines oder mehrerer Mitglieder erstreckt; ebenso *Klosterkemper*, Abhängigkeit von einer Innengesellschaft, 2003, S. 147 ff., der von einer Zurechnung der Veranlassung nur in diesem Fall absehen will, wenn der Verstoß gegen die innergesellschaftliche Absprache für das abhängige Unternehmen erkennbar ist.

501 *Klosterkemper*, Abhängigkeit von einer Innengesellschaft, 2003, S. 149. Ausführlich dazu *Coenen*, Konzernrechtliche Relevanz von Stimmbindungsverträgen, 2014, S. 208 ff.

502 *Maul*, NZG 2000, 470, 471.

hat der Vorstand im Abhängigkeitsbericht unter Angaben von Gründen und der Vor- und Nachteile von solchen Maßnahmen zu berichten, die im Interesse der vorgenannten Unternehmen getroffen worden sind.[503] Sinn und Zweck des Abhängigkeitsberichts besteht darin, die Informationsbasis für Gesellschaftsgläubiger und außenstehende Aktionäre zu verbessern, die wiederum der Durchsetzung von Ersatzansprüchen dienen soll.[504] Eine Aufstellung eines Abhängigkeitsberichts ist nach dem Sinn und Zweck nur für solche Unternehmensgesellschafter erforderlich, die für sich genommen die Unternehmenseigenschaft erfüllen und zu denen ein Abhängigkeitsverhältnis im Sinne des § 17 AktG besteht.[505]

Im Fall des klassischen Stimmbindungspools stellt sich hingegen die Frage, ob der Vorstand aufgrund der mehrfachen Abhängigkeit zu jedem einzelnen Unternehmen einen Abhängigkeitsbericht erstellen muss. Dies ist abzulehnen.[506] Denn für den Fall mehrfacher Abhängigkeit ist allgemein anerkannt, dass die Verpflichtung zur Aufstellung eines Abhängigkeitsberichts hinsichtlich jedes Unternehmens mit der Aufstellung eines einheitlichen Berichts erfüllt ist.[507] Im Fall des majorisierten Stimmbindungspools

---

503 *Maul*, NZG 2000, 470, 471.

504 BGH, Beschl. v. 17.03.1997 – II ZB 3/96 = NJW 1997, 1855, 1855.

505 *Coenen*, Konzernrechtliche Relevanz von Stimmbindungsvereinbarungen, 2014, S. 211.

506 Im Ergebnis so auch *Koch*, in: Hüffer/Koch, AktG, § 312 Rn. 19; *Altmeppen,* in: MünchKomm/AktG, § 312 Rn. 127; *Habersack*, in: Emmerich/Habersack, Aktien- und GmbH- KonzernR, § 312 Rn. 9; *Koppensteiner*, in: KölnerKomm/ AktG, § 312 Rn. 11; *Müller,* in: Spindler/Stilz, AktG, § 312 Rn. 8 f.; *Vetter,* in: Schmidt/Lutter, AktG, § 312 Rn. 9; *Krieger,* in: MünchHdb. GesR IV, § 70 Rn. 99; *Rehbinder*, ZGR 1977, 581, 594 f.; *Gansweid,* Gemeinsame Tochtergesellschaften, 1976, S. 185; *Rodemann*, Stimmbindungsvereinbarungen in den Aktien- und GmbH-Rechten, 1998, S. 159; *Klosterkemper*, Abhängigkeit von einer Innengesellschaft, 2003, S. 152 Rn. 627; *Coenen*, Konzernrechtliche Relevanz von Stimmbindungsverträgen, 2014, S. 11. Zu den Problemen bei Aufstellung nur eines einheitlichen Berichts kritisch *Maul*, NZG 2000, 470, 471 ff.

507 *Koch*, in: Hüffer/Koch, AktG, § 312 Rn. 19; *Altmeppen,* in: MünchKomm/ AktG, § 312 Rn. 127; *Habersack*, in: Emmerich/Habersack, Aktien- und GmbH- KonzernR, § 312 Rn. 9; *Koppensteiner*, in: KölnerKomm/AktG, § 312 Rn. 11; *Müller,* in: Spindler/Stilz, AktG, § 312 Rn. 8 f.; *Vetter,* in: Schmidt/ Lutter, AktG, § 312 Rn. 9; *Krieger,* in: MünchHdb. GesR IV, § 70 Rn. 99; *Rehbinder*, ZGR 1977, 581, 594 f.; *Gansweid,* Gemeinsame Tochtergesellschaften,

hat der Vorstand somit einen Abhängigkeitsbericht nur hinsichtlich des dominierenden Konsorten aufzustellen.

III. Rechnungslegungspflichten beim majorisierten Stimmbindungspool

1. *Pflicht zur Aufstellung eines Konzernabschlusses nach HGB*

Nach § 290 Abs. 1 HGB haben die gesetzlichen Vertreter einer Kapitalgesellschaft einen Konzernabschluss aufzustellen, wenn diese auf ein Tochterunternehmen unmittelbar oder mittelbar einen beherrschenden Einfluss ausüben kann. Die Regelung knüpft die Pflicht zur Aufstellung eines Konzernabschlusses unter Konsolidierung eines Tochterunternehmens an zwei Voraussetzungen. Zum einen muss das verpflichtete Unternehmen rechtlich als eine Kapitalgesellschaft formiert sein. Zum anderen muss die Kapitalgesellschaft beherrschenden Einfluss auf das Tochterunternehmen ausüben. Für Stimmbindungspools ist die Vorschrift von Bedeutung, weil bei Vorliegen beider Voraussetzungen die einzelnen Konsorten zur Aufstellung eines Konzernabschlusses unter Konsolidierung der Familiengesellschaft verpflichtet sind.

Da die einzelnen Konsorten in der Regel über die Rechtsform der GmbH ihre Stimmrechte im Konsortium ausüben, hängt die Pflicht zur Aufstellung eines Konzernabschlusses davon ab, ob diese nach den Vorschriften der Rechnungslegung beherrschenden Einfluss auf die Familiengesellschaft ausüben können.

a) *Beherrschender Einfluss nach § 290 Abs. 2 HGB*

§ 290 Abs. 2 HGB definiert den Begriff des beherrschenden Einflusses selbst nicht. Auch hat der Gesetzgeber auf einen Verweis in andere Rechtsgebiete verzichtet. Der Gesetzesbegründung entsprechend liegt beherrschender Einfluss vor, „wenn ein Unternehmen die Möglichkeit hat, die Finanz- und Geschäftspolitik eines anderen Unternehmens dauerhaft zu bestimmen, um

1976, S. 185; *Rodemann*, Stimmbindungsvereinbarungen in den Aktien- und GmbH-Rechten, 1998, S. 159; *Klosterkemper*, Abhängigkeit von einer Innengesellschaft, 2003, S. 152 Rn. 627; *Coenen*, Konzernrechtliche Relevanz von Stimmbindungsverträgen, 2014, S. 11.

aus dessen Tätigkeit Nutzen zu ziehen".[508] Beherrschender Einfluss wird somit für die Fälle angenommen, in denen ein Mutterunternehmen Einfluss auf die wesentlichen, strategischen, operativen und finanziellen Entscheidungen des Tochterunternehmens nehmen kann.[509] § 290 Abs. 2 HGB regelt Fälle, in denen beherrschender Einfluss in der Regel vorliegt. Diese Fälle betreffen die wichtigsten Ausprägungen des Tatbestandes der beherrschenden Einflussmöglichkeit. Sie sind nicht abschließend, so dass beherrschender Einfluss auch über die in Abs. 2 genannten Fälle bestehen kann.[510]

Bei Stimmbindungsverträgen kann beherrschender Einfluss grundsätzlich über Stimmenmehrheit (*nachfolgend unter a)*) und über Bestellungsrechte hinsichtlich der Organbesetzung des Unternehmens (*nachfolgend unter b)*) vorliegen.

aa) Stimmenmehrheit, § 290 Abs. 2 Nr. 1 HGB

Nach § 290 Abs. 2 Nr. 1 HGB besteht ein beherrschender Einfluss stets dann, wenn der Kapitalgesellschaft bei der Tochtergesellschaft die Mehrheit der Stimmrechte zusteht. Nach herrschender Meinung ist hierbei eine streng formaljuristische Auslegung des Tatbestandes vorzunehmen.[511] Das Kontrollsystem des HGB ist dabei so ausgestaltet, dass es rein auf formale Rechtspositionen abstellt; tatsächliche und rechtliche Umstände werden erst durch etwaige Einbeziehungsverbote- bzw. Wahlrechte korrigiert.[512] Maßgeblich ist alleine das Innehaben der gesellschaftsrechtlichen Stimmrechtsmehrheit.[513] Es kommt somit nicht darauf an, ob eine Kapitalgesellschaft auch tatsächlich beherrschenden Einfluss auf ein anderes Unternehmen

---

508 Beschlussempfehlung und Bericht BT-Drucks. 16/12407, S. 89.

509 *v. Kanitz/Hoffmann*, in: Häublein/Hoffmann-Theinert, BeckOK/HGB, § 290 Rn. 7; *Grottel/Kreher*, in: Beck'scher Bilanz-Kommentar, § 290 Rn. 25.

510 *Busse von Colbe*, in: MünchKomm/HGB, § 290 Rn. 13.

511 So auch DRS 19.18; herrschende Meinung, vgl. *Grottel/Kreher*, in Beck'scher Bilanz.Kommentar, § 290 Rn. 31; *Senger/Hoehne*, in: MünchKomm/Bil, § 290 HGB, Rn. 63; anderer Ansicht *von Keitz/Ewelt-Knauer*, in: Baetge/Kirsch/Thiele, Bilanzrecht, § 290 HGB Rn. 90 ff.

512 *Busse von Colbe*, in: MünchKomm/HGB, § 290 Rn. 25 ff.

513 DRS 19.18; h.M. *Grottel/Kreher*, in: Beck'scher Bilanz-Kommentar, § 290 Rn. 31 ff.; *Senger/Hoehne*, in: MünchKomm/Bil, § 290 HGB, Rn. 63; anderer Ansicht von Keitz/Ewelt-Knauer, in: Baetge/Kirsch/Thiele, Bilanzrecht, § 290 HGB Rn. 90 ff.

ausüben kann.[514] Etwaige Beschränkungen aufgrund schuldrechtlicher Vereinbarungen, bspw. Stimmrechtsbindungs- oder Stimmrechtsbeschränkungsverträge bleiben hierbei außer Betracht.[515] Dieses Ergebnis erscheint mit Blick auf das Begriffsverständnis des beherrschenden Einflusses in § 17 Abs. 1 AktG überraschend, da dort gerade materielle Erwägungen in die Begriffsbestimmung hineinfließen.[516] Der Begriff des beherrschenden Einflusses in der Rechnungslegung unterscheidet sich somit von dem des Konzernrechts, indem er allein an das formelle Vorliegen eigener Stimmkraft anknüpft.[517]

Für Stimmbindungspools bedeutet dies, dass ein beherrschender Einfluss nach § 290 Abs. 2 Nr. 1 HGB bei solchen Konsorten zu bejahen ist, welche aufgrund ihrer unmittelbaren Stimmkraft über die Mehrheit der Stimmrechte verfügen. Die Tatsache, dass der Konsortialvertrag die Ausübung beherrschenden Einflusses insofern beschränkt, als dass er für die Beschlussfassungen eine Mehrheit von 50 %+ der abgegebenen Stimmen im Konsortium fordert, ändert an dieser rein formalen Betrachtung zunächst nichts.

Für den Fall des majorisierten Stimmbindungspool lässt sich im Hinblick auf den beherrschenden Einfluss jedenfalls feststellen, dass eine Pflicht zur Aufstellung eines Konzernabschlusses aufgrund der rein formalen Betrachtungsweise nicht begründet wird, so lange dem Mehrheitskonsorten nicht unmittelbar aus eigener Stimmkraft mehr als 50 % der Anteile an der Familiengesellschaft zustehen. Es ist somit rechnungslegungsrechtlich ohne Belang, ob ein Konsorte für sich eine beherrschende Stellung im Konsortium einnimmt.

514 DRS 19.18; herrschende Meinung, *Grottel/Kreher*, in: Beck'scher Bilanz-Kommentar, § 290 Rn. 31; *Senger/Hoehne*, in: MünchKomm/Bil, § 290 HGB, Rn. 63 andere Ansicht von Keitz/Ewelt-Knauer, in: Baetge/Kirsch/Thiele, Bilanzrecht, § 290 HGB Rn. 90 ff.

515 DRS 19.23; *Grottel/Krehe*, in: Beck'scher Bilanz-Kommentar, § 290 HGB, Rz. 45 f; *Senger/Hoehne*, in: MünchKomm/Bil, § 290 HGB, Rn. 65, 75; anderer Ansicht *Busse von Colbe*, in: MünchKomm/HGB, § 290 HGB, Rn. 29, 67.

516 Vgl. Kapitel 3: B. I. 2.

517 *Grottel/Kreher*, in: Beck'scher Bilanz-Kommentar, § 290 Rn. 50; *Senger/Hoehne*, in: MünchKomm/Bil, § 290 HGB, Rn. 62.

bb) Recht zur Bestellung der Mehrheit der Organmitglieder, § 290 Abs. 2 Nr. 2 HGB

Eine Rechnungslegungspflicht kann jedoch auch durch anderen beherrschenden Einfluss als den durch Stimmrechte vermittelten Einfluss begründet werden. So besteht nach § 290 Abs. 2 Nr. 2 HGB die unwiderlegliche Vermutung des beherrschenden Einflusses, wenn ein Konsortialmitglied gemäß dem Konsortialvertrag das Recht zur Bestellung von Aufsichtsratsmitgliedern zusteht. Nach § 290 Abs. 2 Nr. 2 HGB besteht beherrschender Einfluss eines Mutterunternehmens stets, wenn ihm bei einem anderen Unternehmen das Besetzungsrecht hinsichtlich der Mitglieder des die Finanz- und Geschäftspolitik bestimmenden Verwaltungs-, Leitungs- oder Aufsichtsorgans zusteht. Darüber hinaus wird verlangt, dass es sich bei dem Mutterunternehmen um einen Gesellschafter des Tochterunternehmens handelt. Die Konzernrechnungslegungspflicht wird somit auch durch das Recht des Mutterunternehmens als Gesellschafter begründet, aufgrund einer Vereinbarung mit anderen Gesellschaftern die Mehrheit der Mitglieder des Verwaltungs- oder Leitungs- oder Aufsichtsorgans des Tochterunternehmens zu bestellen oder abzurufen.[518] Auf den Stimmrechtsanteil kommt es bei § 290 Abs. 2 Nr. 2 HGB nicht an.[519]

Als Voraussetzung für das Eingreifen des Ausnahmetatbestandes bedarf es nach allgemeiner Ansicht einer rechtlich gesicherten Möglichkeit zur Bestellung.[520] Ein rein faktisches Bestellungsrecht, beispielsweise aufgrund von Hauptversammlungspräsenzen, genügt nicht.[521] Eine solche rechtlich gesicherte Möglichkeit der Bestellung kann hier in einem konsortialvertraglich vereinbarten Nominierungsrecht gesehen werden, wonach ein

518 *Busse von Colbe*, in: MünchKomm/HGB, § 290 Rn. 38; *v. Kanitz/Hoffman,* in: Häublein/Hoffmann-Theinert, BeckOK/HGB, § 290 Rn. 11.

519 *Busse von Colbe*, in: MünchKomm/HGB, § 290 Rn. 38; *Merkt*, in: Baumbach/Hopt, HGB, § 290 Rn. 11; *Böcking/Gros/Schurbohm-Ebneth*, in: Ebenroth/Boujong/Joost/Strohn, HGB, § 290 Rn. 27.

520 Vgl. *Grottel/Kreher*, in: Beck'scher Bilanz-Kommentar, § 290 HGB Rn. 53; *Böcking/Gros/Schurbohm-Ebneth*, in: Ebenroth/Boujong/Joost/Strohn, HGB, § 290 Rn. 28; *Senger/Hoehne*, in: MünchKomm/Bil, § 290 HGB, Rn. 85.

521 Vgl. *Grottel/Kreher*, in: Beck'scher Bilanz-Kommentar, § 290 HGB Rn. 53; *Böcking/Gros/Schurbohm-Ebneth,* in: Ebenroth/Boujong/Joost/Strohn, HGB, § 290 Rn. 28; *Senger/Hoehne*, in: MünchKomm/Bil, § 290 HGB, Rn. 85.

Konsortialmitglied die Mehrheit der Mitglieder des Aufsichtsrats vorschlagen kann.[522] Dass die zur Bestellung vorgeschlagenen Mitglieder schließlich noch durch die Hauptversammlung gewählt werden müssen, ändert an der rechtlich gesicherten Stellung des Konsortialmitgliedes nichts. Denn die übrigen Konsorten haben sowohl im Konsortium als auch in der Hauptversammlung der Gesellschaft entsprechend der Nominierung des Konsorten abzustimmen.

b) Verzichtsmöglichkeit bei Beschränkung der Stimmrechtsausübung

Besteht für ein Mitglied eine Pflicht zur Aufstellung eines Konzernabschlusses unter Konsolidierung der Familiengesellschaft, stellt sich die Frage, ob auf die Aufstellungspflicht verzichtet werden kann.

Nach § 290 Abs. 5 HGB ist ein Mutterunternehmen von der Verpflichtung zu Aufstellung eines Konzernabschlusses befreit, wenn sie ein Tochterunternehmen hat, das gemäß § 296 HGB nicht in den Konzernabschluss einbezogen werden braucht. Gemäß § 296 Abs. 1 Nr. 1 HGB braucht ein Tochterunternehmen in den Konzernabschluss dann nicht einbezogen zu werden, wenn erhebliche und andauernde Beschränkungen die Ausübung der Rechte des Mutterunternehmens in Bezug auf die Geschäftsführung dieses Unternehmens nachhaltig beeinträchtigen. In einem solchen Fall steht dem grundsätzlichen Konsolidierungsverpflichteten ein Wahlrecht hinsichtlich der Aufstellung eines Konzernabschlusses unter Einbeziehung der beherrschten Gesellschaft zu.[523] § 296 HGB stellt dabei eine Einschränkung des in § 294 HGB normierten Vollständigkeitsgrundsatzes dar.[524] Durch die Ausnahmetatbestände soll eine Konsolidierung in Fällen vermieden werden,

---

522 Zur Vereinbarung solcher Nominierungsrechte in Familienpools vgl. Kapitel 1: A. V.

523 *Morck*, in: Koller/Kindler/Roth/Morck, HGB, § 296 Rn. 1; *Jakob*, in: Häublein/Hoffmann-Theinert, BeckOK/HGB, § 296 Rn. 2; *Merkt*, in: Baumbach/Hopt, HGB, § 296 Rn. 1; *Böcking/Gros/Schurbohm-Ebneth*, in: Ebenroth/Boujong/Joost/Strohn, HGB, § 296 Rn. 2; *Senger/Hoehne*, in: MünchKomm/Bil, § 296 HGB Rn. 1.

524 *Jakob*, in: Häublein/Hoffmann-Theinert, BeckOK/HGB, § 296 Rn. 1; *Merkt*, in: Baumbach/Hopt, HGB, § 296 Rn. 1; *Böcking/Gros/Schurbohm-Ebneth*, in: Ebenroth/Boujong/Joost/Strohn, HGB, § 296 Rn. 1; *Senger/Hoehne*, in: MünchKomm/Bil, § 296 HGB Rn. 1.

in welchen zwar nach den Regelvermutungen des § 290 Abs. 2 HGB ein Beherrschungsverhältnis angenommen wird, nach den tatsächlichen Verhältnissen jedoch keine Beherrschungsmöglichkeit besteht.[525]

aa) Vorliegen und Erheblichkeit einer Beschränkung

Eine solche erhebliche und dauerhafte Beeinträchtigung der Ausübung der Herrschaftsmacht des Mutterunternehmens ist von Bedeutung, wenn ein Mitglied zwar kraft eigener Anteilsmacht über eine Mehrheit der Stimmrechte der Familiengesellschaft verfügt, jedoch bei der Stimmrechtsausübung aufgrund der rechtlichen Beschränkung im Konsortialvertrag an die Mehrheitsentscheidung des Konsortiums gebunden ist. Dies würde jedoch voraussetzen, dass ein Konsortialvertrag eine erhebliche Beschränkung der Stimmrechtsausübung darstellt. Wann eine erhebliche Beschränkung im Sinne des § 296 Abs. 1 Nr. 1 HGB vorliegt, regelt das Gesetz nicht. Jedoch wird eine erhebliche Beschränkung dann angenommen, wenn die mit einem beherrschenden Einfluss verbundene Möglichkeit besteht, dass Befugnisse und Entscheidungen nicht bzw. nicht mehr bestehen oder durchsetzbar sind.[526] Beschränkungen in diesem Sinne sind insbesondere Mitwirkungs- und Zustimmungserfordernisse anderer Gesellschafter oder qualifizierte Mehrheitserfordernisse.[527] Ferner kommen als erhebliche Beschränkung auch Beschränkungen aufgrund schuldrechtlicher Vereinbarungen in Betracht.[528]

---

525 *Senger/Hoehne*, in: MünchKomm/Bil, § 296 HGB Rn. 14; *Merkt*, in: Baumbach/Hopt, HGB, § 296 Rn. 1; *Böcking/Gros/Schurbohm-Ebneth*, in: Ebenroth/Boujong/Joost/Strohn, HGB, § 296 Rn. 2;

526 Vgl. DRS 19.83, *Senger/Hoehne*, in: MünchKomm/Bil, § 296 HGB, Rn. 17; *Pfaff*, in MünchKomm/HGB, § 296 HGB Rn. 25; *Jakob*, in: Häublein/Hoffmann-Theinert, BeckOK/HGB, § 296 Rn. 5; *Winkeljohann/Deubert*, in: Beck'scher Bilanz-Kommentar, § 296 HGB Rn. 7.

527 Vgl. DRS 19.85; *Senger/Hoehne*, in: MünchKomm/Bil, § 296 HGB Rn. 16; *Winkeljohann/Deubert*, in: Beck'scher Bilanz-Kommentar, § 296 HGB Rn. 6; anderer Ansicht *Pfaff*, in: MünchKomm/HGB, § 296 Rn. 21, der in solchen Fällen bereits nicht von einer Beherrschung ausgeht und insofern ein Einbeziehungsverbot greifen lassen möchte.

528 DRS 19.83; *Winkeljohann/Deubert*, in: Beck'scher Bilanz-Kommentar, § 296 HGB Rn. 6.

Die die Stimmrechtsausübung einschränkenden Regelungen des Konsortialvertrages, dass für Beschlüsse eine notwendige Stimmenmehrheit von mehr als 50 % der Stimmen erforderlich sind sowie die Verpflichtung, in der Hauptversammlung der Familiengesellschaft entsprechend der Beschlüsse der Konsortialversammlung abzustimmen, stellen eine erhebliche Beschränkung dar, die die Einflussnahme auf die Geschäftsführung der Familiengesellschaft nachhaltig beeinträchtigt. Sie hindern die eigenmächtige Stimmrechtsausübung und beschränken damit die Ausübung der durch das Stimmrecht vermittelnden Rechte.

bb) Andauernde und nachhaltige Beschränkung

Diese Beschränkung muss nach dem Wortlaut des § 296 Abs. 1 Nr. 1 HGB auch andauernd und nachhaltig. Dafür muss die Beschränkung während des gesamten Geschäftsjahres und bis zur Aufstellung des Konzernabschlusses bestanden haben, aber auch von voraussichtlicher Dauer sein, d.h. es darf mit ihrer Aufhebung bei Würdigung aller bekannten Umstände nicht in absehbarer Zeit zu rechnen sein.[529] Damit ein Stimmbindungsvertrag als andauernde und nachhaltige Beschränkung qualifiziert werden kann, wird in der Regel eine Mindestlaufzeit von wenigstens fünf Jahren, mindestens aber über die nächste Aufsichtsratswahl hinaus, gefordert, in der auch eine ordentliche Kündigung ausgeschlossen sein soll.[530]

Zwar entsprechen die unbestimmte Laufzeit des Konsortialvertrags und die Kündigungsfrist von einem Jahr zum Ende des Geschäftsjahres nicht den geforderten Voraussetzungen. Jedoch hat eine Kündigung des Konsortialvertrags für einen Konsorten nicht die Folge, dass dieser seine Mehrheitsmacht wieder ungeschmälert geltend machen kann. Vielmehr ist der Konsorten im Kündigungsfall verpflichtet, die von ihm gehaltenen Aktien an der Familiengesellschaft an die übrigen Konsorten zu veräußern. Es besteht daher gar keine Möglichkeit, sich vom Konsortium loszusagen, um die alleinige Stimmenmacht zu erhalten.

---

529 Vgl. *Pfaff*, in: MünchKomm/HGB, § 296 Rn. 26; *Jakob*, in: Häublein/Hoffmann-Theinert, BeckOK/HGB, § 296 Rn. 6.

530 *Jakob*, in: Häublein/Hoffmann-Theinert, BeckOK/HGB, § 296 Rn. 6.

c) *Zwischenergebnis*

Die vorgenannten Grundsätze demonstrieren das unterschiedliche Verständnis des Begriffs des beherrschenden Einflusses in § 17 AktG einerseits und in § 290 HGB andererseits. Die fehlende Berücksichtigung tatsächlicher Einflussmöglichkeiten führt dazu, dass die Situation des beherrschten Stimmbindungspools keine Auswirkungen auf die Pflicht zur Aufstellung eines Konzernabschlusses hat. Eine solche differenzierende Betrachtung entspricht dem Schutzweck der Rechnungslegungsvorschriften nach Schaffung von Transparenz.

2. *Behandlung nach IFRS*

Fraglich ist, ob Konsortialmitglieder einen Konzernabschluss nach internationaler Rechnungslegungsstandart aufzustellen haben. Eine solche Pflicht könnte sich nach IFRS 10 ergeben, welche entsprechend ihrer Zielsetzung die Grundsätze zur Darstellung und Aufstellung von Konzernabschlüssen bei Unternehmen festlegen, die ein oder mehrere andere Unternehmen beherrschen. Damit werden ähnlich wie § 17 AktG und § 290 HGB die Rechtsfolgen nach IFRS an das Vorliegen einer Beherrschungssituation von verbundenen Unternehmen geknüpft. Inwieweit sich das Verständnis der einzelnen Beherrschungsbegriffe unterschiedet, bedarf an dieser Stelle keiner näheren Untersuchung.

§ 315e HGB ist eine nationalstaatliche gesetzliche Ergänzung zur sog. IAS-VO (Verordnung (EG) 1606/2002 des Europäischen Parlamentes und des Rates v. 19.7.2002 betreffend die Anwendung internationaler Rechnungslegungsstandards (ABl. EG L 243, 1)), die unmittelbar geltendes Recht schafft.[531] Artikel 4 dieser Verordnung sieht vor, dass Mutterunternehmen, deren Wertpapiere an einem geregelten Markt eines EU-Mitgliedsstaates gehandelt werden, ihren Konzernabschluss nach den von der EU-Kommission in dem dafür vorgesehenen Beschlussverfahren übernommenen IFRS-Standards zu erstellen haben.[532] Die Verordnung beschränkt die

531 *v. Kanitz/Hoffmann*, in: Häublein/Hoffmann-Theinert, BeckOK/HGB, § 315e Rn. 1.

532 Vgl. dazu *v. Kanitz/Hoffmann*, in: Häublein/Hoffmann-Theinert, BeckOK/HGB, § 315e Rn. 1.

Verpflichtung zur Aufstellung eines IFRS-Konzernabschluss auf kapitalmarktorientierte Unternehmen. Unternehmen, die von dieser Verpflichtung nicht betroffen sind, haben gemäß § 315e HGB ein Wahlrecht zur Aufstellung nach internationalen Rechnungslegungsstandards.

Für Stimmbindungspools wird eine Aufstellungsverpflichtung regelmäßig nicht bestehen. Es fehlt bereits an ihrer Stellung als kapitalmarktorientiertes Unternehmen. Die Stimmbindungsbeteiligten werden allenfalls als GmbH formiert sein. Eine nähere Untersuchung der IFRS Grundsätze in Bezug auf Stimmbindungspools erübrigt sich somit aufgrund der fehlenden praktischen Relevanz.

IV. Zwischenergebnis

Die konzernrechtlichen Rechtsfolgen lassen sich für Stimmrechtskonsortium wie folgt zusammenfassen:

Für die Bestimmung des Haftungsschuldners knüpfen die §§ 311, 317 AktG an das Vorliegen einer Stellung als herrschendes Unternehmen im Sinne des § 17 AktG an. Das hat für den klassischen Stimmbindungspool zur Folge, dass grundsätzlich alle Konsorten gesamtschuldnerisch für solche nachteiligen Maßnahmen haften, die auf Grundlage des Mehrheitsbeschlusses im Konsortium veranlasst werden. Dies gilt unabhängig davon, ob einzelne Konsorten die Entscheidung nicht tragen. Denn es entspricht dem Willensbildungssystem des Stimmbindungspools, dass auch gegenteilige Meinungen mitgetragen werden müssen. Eine Ausnahme besteht nur dann, wenn ein Konsortialmitglied in „Eigenregie“ eine nachteilige Maßnahme veranlasst. In einem solchen Fall ist einzig das Poolmitglied Haftungsschuldner. Im Fall des majorisierten Pools ist der Mehrheitskonsorte als herrschendes Unternehmen zu qualifizieren, so dass er für Maßnahmen, die rein formal auf Mehrheitsbeschluss des Pools beruhen, faktisch jedoch von ihm alleine getroffen werden, verantwortlich.

Nach § 312 AktG hat der Vorstand der Familiengesellschaft einen Abhängigkeitsbericht zu jedem herrschenden Unternehmen aufzustellen. Beim klassischen Stimmbindungspool ist dabei die Einbeziehung aller Konsorten in einem Bericht ausreichend.

Rechnungslegungsrechtlich stellen Stimmbindungsvereinbarungen eine erhebliche und andauernde Beschränkung der Stimmrechtsausübung dar, so dass die einzelnen Konsorten im Falle unmittelbarer Anteilsmehrheit an der Familiengesellschaft auf die Aufstellungspflicht eines Konzernabschlusses unter Konsolidierung der Familiengesellschaft verzichten können. Der Fall des majorisierten Pools weist rechnungslegungsrechtlich keine Besonderheiten auf, da der beherrschende Einfluss nach § 290 HGB rein formal betrachtet wird.

Etwaige Mitteilungspflichten nach § 20 ff. AktG sind bei börsennotierten Familienunternehmen nicht von Relevanz, da diese in der Regel aufgrund ihrer Börsennotierung den Transparenzpflichten nach WpHG unterliegen.

Kapitel 4: Übernahmerechtliche Konsequenzen der Majorisierung für Pflichten nach dem WpÜG

A. Übernahmerechtliche Relevanz von Stimmbindungsvereinbarungen

Eine Mehrheitsbildung in einem Stimmbindungspool ist übernahmerechtlich von erheblicher Relevanz. Grund dafür sind die Vorschriften über das sog. Pflichtangebot, welches in den §§ 35 ff. WpÜG geregelt ist und eines der zentralen Regelungsgegenstände des WpÜG bildet. Den Vorschriften über das Pflichtangebot kommt in der Praxis eine erhebliche Bedeutung zu, da sie ausschlagend dafür sind, ob und wann ein Bieter einen Kontrollerwerb nach den §§ 29 ff. WpÜG gemäß § 35 Abs. 2 WpÜG veröffentlichen und den übrigen Aktionären ein Angebot auf Erwerb ihrer Aktien unterbreiten muss.[533] Nach dem Sinn und Zweck der Vorschriften über das Pflichtangebot soll den außenstehenden Aktionären so die Möglichkeit gegeben werden, zu angemessenen Bedingungen aus der Gesellschaft auszuscheiden, wenn sich die Einfluss- und Kontrollverhältnisse wesentlich verändern.[534]

Voraussetzungen für eine solche Angebotspflicht ist, dass ein Aktionär Kontrolle über eine Zielgesellschaft erlangt. Der Begriff der Kontrolle hat im Übernahmerecht in § 29 Abs. 2 WpÜG eine eigenständige formale Bestimmung erfahren und unterscheidet sich damit grundlegend von den materiell geprägten Kontroll- bzw. Beherrschungsbegriffen in anderen Rechtssetzungen wie beispielsweise in § 17 AktG, § 37 GWB oder auch in § 290 HGB. Das bedeutet, dass anders als im Konzernrecht oder im Kartellrecht die tatsächliche Einflussmöglichkeit bei der Bestimmung von übernahmerechtlicher Kontrolle ohne Bedeutung ist.[535] Nichtsdestotrotz

533 *Schlitt/Ries*, in: MünchKomm/AktG, § 35 WpÜG Rn. 1; *Harbarth*, ZIP 2002, 321.

534 RegE BT-Drucks. 14/7034, S. 60.

535 Vgl. zum materiellen Begriffsverständnis bei § 17 AktG Kapitel 3: B. I. 2. Vgl. zum kartellrechtlichen Kontroll- und Beherrschungsbegriff Kapitel 3: B. III. 2. b) bb) (6).

bildet der übernahmerechtliche Kontrollbegriff eine Schnittstelle zwischen WpÜG und Konzernrecht, indem er beide Rechtssetzungen durch einen gemeinsamen Schutzzweck, dem Individualschutz der Minderheitsaktionäre bzw. außenstehender Aktionäre, vereint.[536] Das unterschiedliche Begriffsverständnis von Kontrolle und Beherrschung im Aktienrecht einerseits und Kontrolle im WpÜG andererseits hat jedoch zur Folge, dass sich das Eingreifen der gesetzlich vorgeschriebenen Rechtsfolgen beider Rechtsgebiete unterscheidet. So werden bestimmte Beherrschungssituationen im Konzernrecht anders beurteilt als im Übernahmerecht, obwohl beide Situationen einem gleichen Schutzbedürfnis Rechnung tragen. Dieses Spannungsverhältnis ist der Grund für eine Diskussion in der Literatur, die insbesondere seit Inkrafttreten des WpÜG das Augenmerk auf den übernahmerechtlichen Kontrollbegriff gelegt hat.[537]

Die Voraussetzungen für das Eingreifen einer Pflicht nach § 35 Abs. 1, 2 WpÜG sind bei Stimmbindungspools von erheblicher Praxisrelevanz. Ein Grund dafür bildet die Tatsache, dass bereits die Nichterfüllung dieser Pflicht durch ein Mitglied im Pool zu einem Rechtsverlust der vom Stimmbindungsvertrag erfassten Anteile der übrigen Poolmitglieder führen kann.[538] Auch widerspricht die Abgabe eines Pflichtangebotes durch einzelne Poolmitglieder grundsätzlich den Interessen und dem Sinn und Zweck des Pools. Dieser ist auf eine langfristige gemeinsame Einflusssicherung der Familienmitglieder gerichtet und würde im Falle einer Angebotspflicht eines Mitglieds zu einer erheblichen wirtschaftlichen Belastung des angebotspflichtigen Poolmitgliedes führen.

Stimmbindungsverträge haben im WpÜG – neben § 33 b Abs. 2 Nr. 3 WpÜG – lediglich in § 30 Abs. 2 S. 1 WpÜG – wenn auch nicht ausdrücklich – Erwähnung gefunden. Danach werden dem Bieter auch Stimmrechte

---

536 Ausführlich zur kapitalmarkt- und konzernrechtlichen Überschneidung vgl. *Fleischer*, in: Paschos/Fleischer, Übernahmerecht, § 2 Rn. 17 f.; vgl. auch *Mülbert*, ZIP 2001, 1221, 1222; *Fleischer*, NZG 2002, 545, 546.

537 *Mülbert,* ZIP 2001, 1221, 1226 f.; *Brellochs*, NZG 2012, 1010 f.; *Cahn*, in: *Mülbert/Kiem/Wittig*, 10 Jahre WpÜG, 2011, S. 77 ff.; *Hopt/Mülbert/Kumpan*, AG 2005, 109, 111; *Habersack,* ZHR 166 (2002), 619, 623 f.; *Eggers*, Das Pflichtangebot, 2008, S. 187 m.w.N.

538 Näher dazu *Gaede,* Koordiniertes Aktionärsverhalten, 2008, S. 231; ebenso *S. H. Schneider/U. H. Schneider,* ZIP 2006, 493ff.

eines Dritten aus Aktien der Zielgesellschaft in voller Höhe zugerechnet, mit dem der Bieter oder sein Tochterunternehmen sein *Verhalten* in Bezug auf die Zielgesellschaft *auf Grund einer Vereinbarung* oder in sonstiger Weise *abstimmt*. Die Norm des § 30 Abs. 2 S. 1 WpÜG erfasst – wie auch der wortgleich formulierte § 34 Abs. 2 S. 1 WpHG – im Wesentlichen Verhaltensweisen, die international unter dem Begriff des sog. *Acting in Concert* zusammengefasst werden.[539] Während bei § 34 Abs. 2 S. 1 WpHG Acting in Concert als Rechtsfolge eine Mitteilungspflicht über wesentliche Beteiligungen begründet,[540] kann Acting in Concert nach § 30 Abs. 2 S. 1 WpÜG zu einer Pflicht zur Abgabe eines Pflichtangebotes führen.[541]

Im Nachfolgenden sollen die übernahmerechtlichen Konsequenzen einer Majorisierung innerhalb eines Stimmbindungspools untersucht werden. Dafür soll der übernahmerechtliche Kontrollbegriff dargestellt und die übernahmerechtlichen Konsequenzen bei mehrheitlich beteiligten Stimmbindungspools untersucht werden. Im Zuge dessen sollen die Auswirkungen einer Majorisierung innerhalb eines Stimmbindungspools nach den Vorschriften des WpÜG aufgezeigt werden. Dafür ist in einem ersten Schritt auf Tatbestandsseite zu analysieren, ob ein Mehrheitskonsorte durch die Erlangung der Mehrheit im Stimmbindungspool als alleiniger Kontrollinhaber im Sinne des § 29 Abs. 2 WpÜG zu qualifizieren ist (*nachfolgend unter B. I.)*. Die alleinige Kontrollinhaberschaft unterstellt gilt es in einem zweiten Schritt zu untersuchen, ob ein solcher Kontrollwechsel von gemeinsam herrschenden Konsortium zu alleinherrschenden Mehrheitskonsorten eine (*erneute*) Kontrollerlangung im Sinne des § 35 Abs. 2 WpÜG darstellt, aus welcher die Verpflichtung zur Veröffentlichung und zur Abgabe eines Pflichtangebotes resultiert (*nachfolgend unter B. II.*).

---

539 RegE BT-Drucks. 14/7034, S. 54; *Oechsler*, in: Ehricke/Ekkenga/Oechsler, WpÜG, § 30 Rn. 22.

540 Näher zum Acting in Concert nach § 34 Abs. 2 WpHG Kapitel 5: A. III. 1.

541 *Schneider*, WM 2009, 1321, 1321.

B. Verpflichtung zur Abgabe eines Übernahmeangebotes nach § 35 Abs. 1, 2 WpÜG

Gemäß § 35 Abs. 1, Abs. 2 WpÜG ist ein Aktionär zur Abgabe eines öffentlichen Erwerbsangebotes verpflichtet (*Pflichtangebot*), wenn er *Kontrolle* über eine Zielgesellschaft[542] *erlangt.* § 35 WpÜG nimmt Bezug auf den Kontrollbegriff des § 29 Abs. 2 WpÜG, wonach Kontrolle als das Halten von mindestens 30 % der Stimmrechte an einer Zielgesellschaft definiert wird.[543] Das Gesetz knüpft an die Kontrollerlangung grundsätzlich – das heißt ohne Eingreifen eines Befreiungstatbestandes – die Pflicht des Kontrollinhabers ein Erwerbsangebot den außenstehenden Aktionären zu unterbreiten, ihre Anteile an den Kontrollinhaber zu veräußern. Dieser gesetzlichen Regelung liegt der Gedanke zugrunde, dass die außenstehenden Aktionäre im Falle einer Kontrollsituation aufgrund der damit verbundenen möglichen Neuausrichtung der Geschäftspolitik die Möglichkeiten haben müssen, ihre Aktien zu einem angemessenen Preis zu veräußern.[544] Diesem Vorteil der außenstehenden Aktionäre steht der Nachteil des Kontrollinhabers gegenüber, welcher zum Erwerb von bis zu 100 % der Aktien zu am Börsenpreis und Vorerwerben orientierten Preisen gezwungen wird. Diese Pflicht beeinflusst nicht nur seine unternehmerische Handlungsfreiheit, sondern bürdet ihm auch die Beschaffung finanzieller Mittel für die Erwerbsfinanzierung auf.[545] Ein Verstoß gegen die Pflicht zur Abgabe eines Angebotes wird von § 60 WpÜG mit einem Bußgeld von bis zu einer Million Euro sanktioniert und führt nach § 59 WpÜG zu einem Verlust der Rechte aus den Aktien sowie zu einem Zinsanspruch der außenstehenden Aktionäre nach § 38

542 Gemäß § 2 Abs. 3 WpÜG sind Zielgesellschaften Aktiengesellschaften oder Kommanditgesellschaften auf Aktien mit Sitz im Inland und Gesellschaften mit Sitz in einem anderen Staat des Europäischen Wirtschaftsraum. § 1 WpÜG begrenzt den Anwendungsbereich des WpÜG dabei auf solche Gesellschaften, deren Aktien zum Handel an einem organisierten Markt zugelassen sind.

543 *Meyer,* in: Angerer/Geibel/Süßmann, WpÜG, § 35 Rn. 29; *Schlitt/Ries*, in: MünchKomm/AktG, § 35 WpÜG Rn. 1.

544 *Harbarth*, ZIP 2002, 321, 322; *Liebscher,* ZIP 2001, 853, 866; *Schlitt/Ries*, in: MünchKomm/AktG, § 35 WpÜG Rn. 5.

545 *Harbarth*, ZIP 2002, 321, 322; vgl. zu verfassungsrechtlichen Bedenken *Thoma,* ZIP 1996, 1725, 1731 f.; *Liebscher,* ZIP 2001, 853, 866.

WpÜG.[546] Aufgrund dieser einschneidenden Rechtsfolgen sind die Voraussetzungen für das Eingreifen einer solchen Pflicht von wesentlicher Bedeutung für die Aktionäre und die Gesellschaft selbst.

I. Kontrollinhaberschaft nach § 29 Abs. 2 WpÜG

Wann eine Pflicht zur Abgabe eines Erwerbsangebotes an die außenstehenden Aktionäre besteht, richtet sich zunächst danach, wann ein Aktionär eine Kontrollposition im Sinne des § 29 Abs. 2 WpÜG innehat.

1. *Der formale Kontrollbegriff des § 29 Abs. 2 WpÜG*

Die Legaldefinition des § 29 Abs. 2 WpÜG statuiert, dass Kontrolle das Halten von mindestens 30 % der Stimmrechte an einer Zielgesellschaft ist. Eine Person ist demnach Kontrollinhaber, wenn sie unmittelbar oder im Wege der Zurechnung mindestens 30 % der Stimmrechte an einer börsennotierten deutschen Aktiengesellschaft hält. Dem übernahmerechtlichen Kontrollbegriff liegt dabei ein rein formales Verständnis zugrunde.[547] Der Gesetzgeber hat sich mit § 29 Abs. 2 WpÜG für eine unwiderlegbare Kontrollvermutung entschieden.[548] Das bedeutet, dass die tatsächliche oder potentielle Einflussmöglichkeit auf die Zielgesellschaft oder die Frage, ob ein Abhängigkeitstatbestand nach konzernrechtlichen Vorschriften besteht,

546 *Meyer,* in: Angerer/Geibel/Süßmann, WpÜG, § 35 Rn. 76; *Noack/Zetzsche*, in: Schwark/Zimmer, KMRK, § 35 Rn. 48 f.; *Schlitt/Ries*, in: MünchKomm/AktG, § 35 WpÜG Rn. 230 ff.; *Krause/Pötzsch*, in: Assmann/Pötzsch/Schneider, WpÜG, § 30 Rn. 260.

547 Herrschende Meinung; RegE BT-Drucks. 14/7034, S. 53; *Wackerbarth*, in: MünchKomm/AktG, § 29 WpÜG Rn. 7 f.; *Noack*, in: Schwark/Zimmer, KMRK, § 29 Rn. 30; *von Bülow,* in: KölnerKomm/WpÜG, § 29 Rn. 73; *Diekmann*, in: Baums/Thoma, WpÜG, § 29 Rn. 37; *Rothenfußer*, in: Paschos/Fleischer, Übernahmerecht, § 11 Rn. 18; *Verse*, NZG 2009, 1331, 1333; *Brellochs*, NZG 2012, 1010, 1011; *Habersack*, ZHR 2002, 619, 622.

548 OLG München, Urt. v. 27.04.2005 – 7 U 2792/04 = NZG 2005, 848, 849; *Noack*, in: Schwark/Zimmer, KMG, § 29 Rn. 30; *Steinmeyer*, in: Steinmeyer/Häger, WpÜG, § 29 Rn. 13; *Oechsler*, in: Ehricke/Ekkenga/Oechsler, WpÜG, § 29 Rn. 17; *Süßmann*, in: Angerer/Geibel/Süßmann, WpÜG, § 29 Rn. 15; *Ekkenga/Hofschroer*, DStR 2002, 768, 772; *Eggers*, Das Pflichtangebot im Spannungsfeld zwischen Kapitalmarkt- und Konzernrecht, 2006, S. 172.

für den übernahmerechtlichen Kontrollbegriff unerheblich ist.[549] Dies hat zur Folge, dass bei fehlender Überschreitung der 30 %-Schwelle eine übernahmerechtliche Kontrolle auch dann abzulehnen ist, wenn der Aktionär auf Grund der konkreten Situation den Abhängigkeitstatbestand des § 17 AktG erfüllt. Begründet wird diese Wertungsdivergenz zwischen konzernrechtlichem und übernahmerechtlichem Kontrollbegriff mit den spezifischen Zwecken des Wertpapiererwerbs- und Übernahmegesetzes.[550] Durch den Schwellenwert von 30 % wird eine Angleichung an die Regelungen anderer europäischer Staaten erreicht, welche ebenfalls eine Schwelle von 30 % als Grenzwert für die Erreichung einer Kontrollposition festgelegen.[551] Die 30 %-Schwelle trägt auch der typischen Präsenz in der Hauptversammlung börsennotierter Gesellschaften Rechnung, nach der mit einer Beteiligung von 30 % der Stimmrechte regelmäßig eine Hauptversammlungsmehrheit erreicht wird.[552] Gleichzeitig wird durch den starren Schwellenwert die Möglichkeit des Erwerbs gesellschaftsrechtlicher Minderheitsbeteiligungen aufrechterhalten.[553] In der Regierungsbegründung heißt es, eine formale Betrachtungsweise habe den Vorteil, für den Markt klar erkennbare Vorgaben zu schaffen und die Ermittlung der Beteiligungsverhältnisse zu erleichtern.[554] Dieser Rechtsklarheit sei nur durch ein rein formales Verständnis zu erreichen.[555] Das Gesetz ging somit von einem Gleichlauf von formeller Kontrolle und tatsächlicher Kontrollmöglichkeit aus.[556]

---

549 *Noack*, in: Schwark/Zimmer, KMRK, § 29 Rn. 22; *Diekmann,* in: Baums/Thoma, WpÜG, § 29 Rn. 37; *Rothenfußer*, in: Paschos/Fleischer, Übernahmerecht, § 11 Rn. 21 f.; *Eggers*, Das Pflichtangebot, 2006, S. 172; *Brellochs*, NZG 2012, 1010, 1011.

550 *Noack*, in: Schwark/Zimmer, KMRK, § 29 Rn. 30; *Brellochs*, NZG 2012, 1010, 1011; *Diekmann*, in: Baums/Thoma, WpÜG, § 29 Rn. 5; *Steinmeyer*, in: Steinmeyer, WPÜG, § 29 Rn. 12.

551 RegE, BT-Drucks. 14/7034, S. 53.

552 RegE, BT-Drucks. 14/7034, S. 53; *Casper*, ZIP 2003, 1469, 1469; *Thoma*, NZG 2002, 105, 111.

553 RegE, BT-Drucks. 14/7034, S. 53; *Thoma*, NZG 2002, 105, 111.

554 RegE, BT-Drucks. 14/7034, S. 53.

555 RegE, BT-Drucks. 14/7034, S. 54.

556 *Noack/Zetzsche*, in: Schwark/Zimmer, KMRK, § 35 Rn. 19; *Gaede*, Koordiniertes Aktionärsverhalten, 2008, S. 148.

Der BGH hat in seinem Urteil vom 15. Dezember 2011[557] das erste Mal zur Abgrenzung zwischen dem konzernrechtlichen Beherrschungsbegriff und dem übernahmerechtlichen Kontrollbegriff Stellung genommen.[558] Dabei stellt der BGH klar, dass der Kontrollbegriff des § 29 Abs. 2 WpÜG rein formal zu verstehen ist und der übernahmerechtliche Kontrolltatbestand unabhängig von der konzernrechtlichen Beherrschung ausgelegt wird.[559] Trotz dieser Entscheidung und der klaren Aussage der Regierungsbegründung stößt der übernahmerechtliche Kontrollbegriff im Hinblick auf sein formales Verständnis in der Literatur auf Kritik.[560] Die Diskussion kreist um die Frage, ob der formale Kontrollbegriff des WpÜG in das Grundkonzept des WpÜG passt und im Einzelfall zu sachgerechten Ergebnisse führt. Gewünscht wird von den Verfechtern einer materiellen Prägung ein Gleichlauf zum konzernrechtlichen Kontrollbegriff nach § 17 AktG und somit eine „Materialisierung" des Kontrolltatbestandes im WpÜG.[561]

Die tatsächliche Einflussnahme bleibt jedoch im Übernahmerecht nicht ganz ohne Bedeutung. Ihr wird durch die Befreiungstatbestände des § 37 WpÜG und des § 9 Angebots-VO Rechnung getragen. Danach kann eine Befreiung von den Pflichten des § 35 WpÜG von der BaFin gemäß § 37 Abs. 1 WpÜG dann erteilt werden, wenn ein Aktionär zwar rein formal 30 % der Stimmrechte einer Zielgesellschaft hält, jedoch im Hinblick auf die Art der Erlangung, die mit der Erlangung der Kontrolle beabsichtigte Zielsetzung, ein nach der Erlangung der Kontrolle erfolgendes Unterschreiten der Kontrollschwelle, die Beteiligungsverhältnisse an der Zielgesellschaft oder die tatsächliche Möglichkeit zur Ausübung der Kontrolle unter Berücksichtigung der Interessen des Antragstellers und der Inhaber der Aktien der Zielgesellschaft gerechtfertigt erscheint.

557 BGH, Urt. v. 15.12.2011 – I ZR 129/10 = NZG 2012, 1033.

558 Ausführlich besprochen inbesondere von *Brellochs*, NZG 2012, 1010 ff.

559 BGH, Urt. v. 15.12.2011 – I ZR 129/10 = NZG 2012, 1033, 1035.

560 Siehe *Mülbert,* ZIP 2001, 1221, 1226 f.; *Brellochs*, NZG 2012, 1010 f.; *Cahn*, in: *Mülbert/Kiem/Wittig*, 10 Jahre WpÜG, 2011, S. 77 ff.; *Hopt/Mülbert/Kumpan*, AG 2005, 109, 111; *Habersack,* ZHR 166 (2002), 619, 623 f.; *Eggers*, Das Pflichtangebot, 2006, S. 187.

561 Ausführlich dazu *Brellochs,* NZG 2012, 1010, 1012.

2. *Der materielle Kontrollbegriff im Konzernrecht*

Ein Kritikpunkt an der Wertungsdivergenz des Kontrollbegriffs im Übernahmerecht und Konzernrecht ist die Gemeinsamkeit in einem ihre Schutzziele.[562] Denn sowohl die Zielsetzungen der Pflichtangebotsregeln als auch diejenigen der §§ 311 ff. AktG stimmen in einem zentralen Punkt überein. Sie wollen die Minderheit vor den Gefahren schützen, die aus der Existenz eines herrschenden und kontrollierenden Aktionärs erwachsen.[563] Auch dienen die Pflichtangebotsregeln dem funktional-konzernrechtlichen Präventivschutz, weil sie Minderheitsaktionäre davor bewahren, überhaupt in die Position des außenstehenden Aktionärs einer abhängigen Gesellschaft zu geraten.[564] Aus diesem Grund widerspräche es einer wertungsstimmigen Zivilrechtsordnung[565], wenn der intensivere Aktionärsschutz in Form der Pflichtangebotsregeln auf einen Ausschnitt der Abhängigkeitslagen beschränkt bleibe.[566]

Ferner wird der Versuch kritisiert, durch die Befreiungstatbestände des § 9 WpÜG-Angebots-VO sowie § 37 WpÜG eine Art Materialisierung in das formale Verständnis hineinzuführen.[567] Die Befreiungstatbestände werden mit Blick auf die weitreichenden Folgen des § 35 WpÜG als unzureichend angesehen.[568] Grund dafür ist, dass Befreiungstatbestände allein

---

562 *Fleischer*, in: Paschos/Fleischer, Übernahmerecht, § 2 Rn. 17 f., 33; *Mülbert*, ZIP 2001, 1221, 1227; *Harbarth*, ZIP 2002, 321, 323; *Fleischer*, NZG 2002, 545, 546.

563 *Fleischer*, in: Paschos/Fleischer, Übernahmerecht, § 2 Rn. 17, *Fleischer*, in: GroßKomm/AktG, § 311 Rn. 5; *Koch*, in: Hüffer/Koch, AktG, § 311 Rn. 2; *Mülbert*, ZIP 2001, 1221, 1227; *Harbarth*, ZIP 2002, 321, 323.

564 *Fleischer*, in: Paschos/Fleischer, Übernahmerecht, § 2 Rn. 18; *Mülbert*, ZIP 2001, 1221, 1226; *Habersack*, ZHR 2002, 619, 623.

565 Begriff verwendet von *Mülbert*, ZIP 2001, 1221, 1227 ff.

566 *Mülbert*, ZIP 2001, 1221, 1227.

567 Eine „Materilisierung" des formalen Kontrollbegriffs verneinend Begr. RegE WpÜG, BT-Drs. 14/7034, S. 53; *Emmerich*, in: Emmerich/Habersack, Aktien- und GmbH- KonzernR, vor § 311 Rn. 27; *Eggers*, Das Pflichtangebot, 2006, S. 182.

568 *Habersack*, ZHR 2002, 619, 622.

im Erteilungsermessen der BaFin stehen, welche weder zu einer Befreiungserteilung gezwungen werden kann, noch einen Anspruch des Aktionärs begründet.

Aus diesem Befund folgt nach einigen Stimmen in der Literatur die Notwendigkeit, die Voraussetzungen der aktienrechtlichen Abhängigkeit und der übernahmerechtlichen Kontrolle tatbestandlich zu harmonisieren.[569] Als Lösung zur Harmonisierung besteht zum einen der Vorschlag, die Kontrollschwelle am konzernrechtlichen Abhängigkeitstatbestand zu orientieren und der 30 %-Schwelle nur eine Indizwirkung zuzusprechen.[570] Zum anderen wird auch eine einheitliche Festlegung fester Kontrollschwellen befürwortet.[571]

II. Kontrollinhaberschaft im majorisierten Stimmbindungspool

Vor dem Hintergrund dieses formalen Begriffsverständnisses von übernahmerechtlicher Kontrolle stellt sich die Frage, ob und welche Mitglieder im Falle einer Beherrschungssituation innerhalb des Stimmbindungspools als Kontrollinhaber in Betracht kommen. Die Beantwortung der Frage kreist dabei um die formale Auslegung von Kontrolle im Übernahmerecht und wird begleitet von der These, dass dieses formale Begriffsverständnis von übernahmerechtlicher Kontrolle bei einer Mehrheitsbildung im Stimmbindungspool zu unsachgerechten Ergebnissen führt.

Vorgelagert ist als *status quo* zu untersuchen, wer bei einem „klassischen" Stimmbindungspool als Kontrollinhaber bzw. Bieter in Betracht kommt. Das Stimmrechtskonsortium selbst, welches mehr als 30 % der Stimmrechte seiner Mitglieder vereint, scheidet als Kontrollinhaber aus, da das Stimmrechtskonsortium in der Rechtsform der Innengesellschaft bürgerlichen Rechts mangels Rechtsfähigkeit nicht Bieter im Sinne des § 35 Abs. 2 WpÜG sein kann.[572] Stellt man zunächst unmittelbar auf die

---

569 Ausführlich *Mülbert,* ZIP 2001, 1221, 1227.

570 Für den Wunsch nach einer einheitlichen Kontrollschwelle siehe *Zinser*, NZG 2000, 573, 578. Vgl. auch *Cahn*, in: Mülbert/Kiem/Wittig, 10 Jahre WpÜG, 2011, S. 77, 93.

571 *Mülbert,* ZIP 2001, 1221, 1227; *Hopt/Mülbert/Kumpan*, AG 2005, 109, 111; *Harbarth*, ZIP 2002, 321, 323; *Habersack*, ZHR 2002, 619, 622.

572 Vgl. auch *Pentz*, ZIP 2003, 1478, 1488; *Casper*, ZIP 2003, 1469, 1474.

einzelnen Mitglieder des Stimmbindungspools ab, so scheiden diese in der Regel als Kontrollinhaber aus, da sie selbst die kontrollrelevante Schwelle von 30 % nicht überschreiten. Die Mitglieder schließen sich gerade aus dem Grund zusammen, durch Bündelung der Stimmkraft mit anderen Aktionären eine einflussvermittelnde Position einzunehmen. Konsortialmitglieder sind somit regelmäßig aufgrund ihrer unmittelbaren Stimmkraft nicht als Kontrollinhaber im Sinne des § 29 Abs. 2 WpÜG zu qualifizieren.

Dieses Ergebnis würde jedoch dazu führen, dass das Konsortium in der Rechtsform einer Innengesellschaft bürgerlichen Rechts den Konsortialmitgliedern die gemeinsame Ausübung von Kontrolle auf die Zielgesellschaft ermöglicht, ohne dass sie selber als Kontrollinhaber an die Rechtsfolgen der übernahmerechtlichen Vorschriften gebunden sind. Diesem Wertungsdefizit hat der Gesetzgeber durch die Einführung der Vorschrift des § 30 Abs. 2 WpÜG entgegengewirkt.

1. *Stimmrechtszurechnung durch Acting in Concert, § 30 Abs. 2 WpÜG*

Nach dem Wortlaut des § 30 Abs. 2 S. 1 WpÜG werden dem Bieter auch Stimmrechte eines Dritten aus Aktien der Zielgesellschaft in voller Höhe zugerechnet, mit dem der Bieter oder sein Tochterunternehmen sein *Verhalten* in Bezug auf die Zielgesellschaft *auf Grund einer Vereinbarung* oder in sonstiger Weise *abstimmt*.

§ 30 WpÜG erweitert den Tatbestand der gehaltenen Stimmrechte im Sinne des § 29 Abs. 2 WpÜG, so dass unter bestimmten Voraussetzungen für die Zwecke der Bestimmung der Höhe des Stimmrechtsanteils auch Stimmrechte Dritter so behandelt werden, als ob sie vom Bieter selbst gehalten werden.[573] Im Unterschied zu den individuellen Zurechnungstatbeständen des § 30 Abs. 1 S. 1 Nrn. 1 bis 6 WpÜG stellt § 30 Abs. 2 S. 1 WpÜG nicht auf den konkreten Typus eines unter den Zurechnungssubjekten bestehenden Rechtsverhältnisses ab, sondern erfasst generalklauselartig ein bestimmtes Verhalten der betreffenden Personen.[574]

---

573 *von Bülow*, in: KölnerKomm/WpÜG, § 30 Rn. 1.
574 *Steinmeyer*, in: Steinmeyer, WpÜG, § 30 Rn. 50.

Der Wortlaut des § 30 Abs. 2 S. 1 WpÜG setzt zwar voraus, dass ein Zurechnungssubjekt bereits Bieter im Sinne des § 2 Abs. 4 WpÜG und damit bereits Kontrollinhaber im Sinne des § 29 Abs. 2 WpÜG ist. Nach Sinn und Zweck der Vorschrift ist für eine Zurechnung jedoch bereits ausreichend, dass *durch* die Zurechnung die Parteien die Bietereigenschaft erfüllen. Die Verwendung des Begriffs des *Bieters* nimmt die Rechtsfolge der Zurechnung somit bereits vorweg.[575] Im Ergebnis kann ein Aktionär durch die Zurechnungsvorschrift des § 30 Abs. 2 WpÜG Kontrollinhaber im Sinne des § 29 Abs. 2 WpÜG und somit zur Abgabe eines Übernahmeangebotes gemäß § 35 Abs. 2 WpÜG verpflichtet sein, wenn er zwar selbst weniger als 30% der Anteile an einer Aktiengesellschaft hält, er aber durch Stimmrechtszurechnung nach § 30 Abs. 2 WpÜG die Kontrollschwelle überschreitet und dadurch die Bietereigenschaft erfüllt.[576]

a) Sinn und Zweck von § 30 Abs. 2 WpÜG

Das Gesetz will durch die Vorschrift des § 30 Abs. 2 WpÜG Umgehungssachverhalte erfassen, in welchen Kontrolle im Sinne des § 29 Abs. 2 WpÜG trotz geringer Beteiligung durch tatsächliches Zusammenwirken ausgeübt wird.[577] Eine Umgehung von § 29 Abs. 2 WpÜG kann durch Zusammenschluss mehrere Personen erreicht werden, die für sich nur eine Minderheitsbeteiligung halten, jedoch gemeinsam über mehr als 30 % der Stimmrechte verfügen können.[578] Eine solche Umgehung wird vom Anwendungsbereich des § 30 Abs. 2 WpÜG erfasst, indem der Einfluss nicht nur allein anhand unmittelbarer eigener Stimmkraft gemessen wird.

Vor dem Hintergrund des formalen Begriffsverständnisses lässt der Gesetzgeber durch die Einführung der Vorschrift des § 30 Abs. 2 WpÜG ein materielles Element in die Begriffsbestimmung von Kontrolle einfließen. Er erkennt durch die Einführung des § 30 WpÜG sowie durch die

---

575 *von Bülow*, in: KölnerKomm/WpÜG, § 30 Rn. 20; *Diekmann*, in: Baums/Thoma, WpÜG, § 30 Rn. 12.

576 *Diekmann*, in: Baums/Thoma, WpÜG, § 30 Rn. 1.

577 *von Bülow*, in: KölnerKomm/WpÜG, § 30 Rn. 203; *Casper*, ZIP 2003, 1469, 1472; *von Bülow,* in: Veil, Übernahmerecht in Praxis und Wissenschaft, S. 137, 138; *Wackerbarth*, ZIP 2007, 2340, 2341.

578 *Gaede*, Koordiniertes Aktionärsverhalten, 2008, S. 162 f.; vgl. näher zum Normzweck *Seibt*, ZIP 2004, 1828, 1830 f.

parallele Regelung des § 22 WpHG den Grundsatz an, dass es im Hinblick auf einflussvermittelnde wesentliche Beteiligungen an börsennotierten Aktiengesellschaften kein Recht auf Anonymität gibt.[579] Vielmehr soll durch die Zurechnungsvorschriften durchgesetzt werden, dass auf dem Kapitalmarkt Transparenz über die Beteiligungsstruktur von Aktiengesellschaften herrscht, soweit es um die Vermittlung wesentlicher Einflussmöglichkeiten geht.[580]

b) Reichweite von § 30 Abs. 2 S. 1 WpÜG

Voraussetzung für das Eingreifen der Zurechnungsvorschrift ist, dass eine Verhaltensabstimmung auf Grund einer Vereinbarung in Bezug auf die Stimmrechtsausübung in der Zielgesellschaft vorliegt. Wann eine Verhaltensabstimmung im Sinne des § 30 Abs. 2 S. 1 WpÜG vorliegt, regelt das Gesetz jedoch näher nicht. Einzig bestimmt § 30 Abs. 2 S. 1 WpÜG, dass eine Verhaltensabstimmung aufgrund einer Vereinbarung durch die Parteien hervorgerufen werden kann. Die im Regelungstatbestand des § 30 Abs. 2 S. 1 WpÜG genannte Abstimmungsform hat in der Praxis im Hinblick auf die mit ihr verbundenen Rechtsfolgen verschiedentlich Unruhe ausgelöst.[581] Grund dafür ist die fehlende Schärfe des Zurechnungstatbestands und die damit verbundene weite Auslegungsinterpretation des Begriffs der *Verhaltensabstimmung* aufgrund einer Vereinbarung.[582] Diese Auslegungszweifel stehen dabei im Widerspruch zu der vom Gesetzgeber geforderten Rechtssicherheit und dem formal und starr konzipierten Kontrollbegriff des § 29 WpÜG.[583]

Stimmbindungspools zur Koordinierung von Stimmrechten in der Rechtsform der Innengesellschaft ohne eigenen Anteilsbesitz bilden den Hauptanwendungsfall für ein abgestimmtes Verhalten auf Grund einer Vereinbarung.[584] Die Vereinbarung als Rechtsgrundlage bildet dabei der

579 *Wackerbarth*, in: MünchKomm/AktG, § 30 WpÜG Rn. 3.

580 *Wackerbarth*, in: MünchKomm/AktG, § 30 WpÜG Rn. 3.

581 *Pentz*, ZIP 2003, 1478.

582 *von Bülow*, in: KölnerKomm/WpÜG, § 30 Rn. 205; *Krause*, ZGR 2002, 500, 513; *Lange*, ZBB 2004, 22, 26; *Drinkuth*, ZIP 2008, 676, 676.

583 *Drinkuth*, ZIP 2008, 676, 676.

584 *Liebscher*, ZIP 2002, 1005, 1007; *Pentz*, ZIP 2003, 1478, 1482; *Schneider*, in: Assmann/Pötzsch/Schneider, WpÜG, § 30 Rn. 218; *Wackerbarth*, in: MünchKomm/AktG, § 30 WpÜG Rn. 59; *Noack/Zetzsche*, in: Schwark/

Stimmbindungsvertrag. In welcher Weise die Stimmrechtszurechnung unter den abstimmenden Aktionären erfolgt, lässt das Gesetz offen. So stellt sich im Falle der Bejahung der Zurechnungsvoraussetzungen die Frage, welcher der sich abstimmenden Personen die Stimmrechte der jeweils anderen zurechnen lassen muss.

c) Grundsatz der wechselseitigen Zurechnung

Nach wohl überwiegender Auffassung in der Literatur bestimmt § 30 Abs. 2 S. 1 WpÜG eine wechselseitige Stimmrechtszurechnung unter den Abstimmenden.[585] Auch das OLG Frankfurt am Main ging in seinem Pixelpark-Beschluss von einer wechselseitigen Zurechnung aus.[586] Die wechselseitige Zurechnung berechtigt sich aus dem Gedanken der Interessengemeinschaft, da jedes Abstimmungsmitglied potentiell Begünstigter des Abstimmungsverhaltens der anderen Mitglieder ist.[587] Einer wechselseitigen Zurechnung lässt sich auch nicht entgegenhalten, dass keines der Mitglieder für sich genommen eine Kontrollposition einnimmt, die eine Zurechnung begründen würde.[588] Denn gerade die vertragliche Einigung über die tatsächliche Ausübung der Stimmrechte begründet ein Beherrschungsverhältnis

---

Zimmer, KMRK, § 30 Rn. 35; *Diekmann*, in: Baums/Thoma, WpÜG, § 30 Rn. 79; *Veil*, in: FS K. Schmidt, 2009, S. 1647; *Lenz/Linke*, AG 2002, 361, 368; *Braun*, NZG 2008, 928, 929; *Schüppen/Walz*, in: Frankfurther Kommentar WpÜG, § 30 Rn. 71; *von Bülow*, in: KölnerKomm/WpÜG, § 30 Rn. 253; *Eggers*, Das Pflichtangebot, 2006, S. 220; *Löhdefink*, Acting in Concert und Kontrolle, 2007, S. 260 ff.

585 Vgl. *Noack/Zetzsche*, in: Schwark/Zimmer, KMRK, § 30 Rn. 45; *Schneider*, in: Assmann/Pötzsch/USchneider, WpÜG, § 30 Rn. 208; *Süßmann*, in: Angerer/Geibel/Süßmann, WpÜG, § 30 Rn. 29; *Diekmann*, in: Baums/Thoma, WpÜG, § 30 Rn. 87; *Steinmeyer*, in: Steinmeyer, WpÜG, § 30 Rn. 70; *Lenz/Linke*, AG 2002, 361, 368; *Liebscher*, ZIP 2002, 1005, 1007; *Pentz*, ZIP 2003, 1478, 1480, 1488; *Pittroff*, Die Zurechnung von Stimmrechten gemäß § 30 WpÜG, 2004, S. 309; *Löhdefink*, Acting in Concert und Kontrolle, 2007, S. 325; *Casper*, ZIP 2003, 1469, 1476; *Braun*, NZG 2008, 928, 930.

586 OLG Frankfurt/Main, Beschl. v. 25.08.2003 – WüÜG 5/03, WpÜG 8/03 („Pixelpark") = ZIP 2003, 1977, 1979.

587 *Veil*, in: FS K. Schmidt, 2009, S. 1645, 1652; *Eggers*, Das Pflichtangebot, 2006, S. 220; *von Bülow*, in: KölnerKomm/WpÜG, § 30 Rn. 254.

588 *Pentz*, ZIP 2003, 1478, 1488; *Löhdefink*, Acting in Concert und Kontrolle, 2007, S. 325.

der Zielgesellschaft gegenüber den Abstimmenden und damit Kontrolle im Sinne des § 29 Abs. 2 WpÜG.[589] Die Gefahrenlage für die Gesellschaft bzw. die übrigen Aktionäre gegenüber der Kontrolle durch nur eine Person unterscheidet sich qualitativ daher nicht.[590] Nach Sinn und Zweck des § 30 Abs. 2 WpÜG und aufgrund des weiten Anwendungsbereichs dieser Vorschrift sollen gerade solche Konstellationen erfasst werden, bei dem ein Kontrollverhältnis zwar nicht rechtlich-formal, jedoch materiell begründet wird.[591]

Bei einem Stimmbindungspool, in dem mangels eigener Stimmenmehrheit kein Mitglied alleine eine beherrschende Stellung in der Gesellschaft und im Pool einnimmt, werden die Anteile der Mitglieder somit wechselseitig in voller Höhe zugerechnet werden.[592] Die Poolmitglieder kontrollieren die Gesellschaft gemeinsam. Die wechselseitige Zurechnung der Stimmrechte im Stimmbindungspool führt dazu, dass jedes Mitglied als Kontrollinhaber im Sinne des § 29 Abs. 2 WpÜG zu qualifizieren und somit grundsätzlich jedes Mitglied zur Abgabe eines eigenen Pflichtangebotes im Sinne des § 35 Abs. 2 WpÜG an die außenstehenden Aktionäre der Zielgesellschaft verpflichtet ist.[593]

---

589 *Pentz*, ZIP 2003, 1478, 1488; *Löhdefink*, Acting in Concert und Kontrolle, 2007, S. 325.

590 *Pentz*, ZIP 2003, 1478, 1488.

591 Vgl. *Pentz*, ZIP 2003, 1478, 1488.

592 *Wackerbarth*, in: MünchKomm/AktG, § 30 WpÜG Rn. 59; *Noack/Zetzsche*, in: Schwark/Zimmer, KMRK, § 30 Rn. 35; *Lenz/Linke*, AG 2002, 361, 368; *Braun*, NZG 2008, 928, 929; *von Bülow*, in: KölnerKomm/WpÜG, § 30 Rn. 254; *Schüppen/Walz*, in: Frankfurther Kommentar WpÜG, § 30 Rn. 71; *Pentz*, ZIP 2003, 1478, 1488; *von Bülow/Bücker*, ZGR 2004, 669, 707; *Eggers*, Das Pflichtangebot, 2006, S. 220.

593 *Wackerbarth*, in: MünchKomm/AktG, § 30 WpÜG Rn. 59; *Noack/Zetzsche*, in: Schwark/Zimmer, KMRK, § 30 Rn. 35; *Süßmann*, in: Angerer/Geibel/Süßmann, WpÜG, § 29 Rn. 33; *Diekmann*, in: Baums/Thoma, WpÜG, § 30 Rn. 87; *Lenz/Linke*, AG 2002, 361, 368; *Braun*, NZG 2008, 928, 929; *Schüppen/Walz,* in: Frankfurther Kommentar WpÜG, § 30 Rn. 71; *Pentz*, ZIP 2003, 1478, 1488; *von Bülow/Bücker*, ZGR 2004, 669, 707; *Casper*, ZIP 2003, 1469, 1474.

d) Abgabepflichtiger bei sich abstimmenden Kontrollinhabern

Fraglich ist, wen die Pflicht zur Meldung und zur Abgabe des Pflichtangebotes trifft, wenn die Zurechnung wechselseitig an mehrere Personen erfolgt und somit grundsätzlich mehrere Personen als Bieter im Sinne des § 2 Abs. 4 WpÜG zu qualifizieren sind.[594] Das Gesetz regelt nicht, wer von mehreren Verpflichteten zur Abgabe eines Erwerbsangebotes verpflichtet ist.[595] Ein Pflichtangebot durch jeden Aktionär einzeln würde dazu führen, dass diese trotz kleinster Beteiligungen zum Erwerb der Anteile außenstehender Aktionäre verpflichtet wären. Auch im Hinblick auf den Sinn und Zweck des WpÜG, Kapitalmarkttransparenz zu schaffen, ist ein solches Ergebnis abzulehnen. Ferner würde ein solches Verständnis zwangsläufig die Bereitschaft der Aktionäre, sich als Stimmpool zusammen zu schließen, erheblich verringern. Gegen ein Pflichtangebot durch jeden Stimmrechtskonsorten spricht letztlich auch, dass es schon an einer Gefahrenlage der außenstehenden Aktionäre bezogen auf die einzelnen Konsortialmitglieder fehlt, welche ein Pflichtangebot und damit eine Ausstiegsmöglichkeit begründen würde. Ferner liegt der Sinn und Zweck der Norm auch nicht darin, die Aktionäre mit mehreren Pflichtangeboten zu „beglücken“, sondern ihnen einen geordneten Ausstieg zu ermöglichen.[596]

Gegen eine Pflicht zu individuellen Angeboten der einzelnen Poolmitglieder spricht der Zweck des Gesetzes, das Übernahmeverfahren zu vereinfachen.[597] Mehrere identisch ausgestaltete Übernahmeangebote würden bei den außenstehenden Aktionären zu Irritationen führen.[598] Ein solches Maß an Rechtsunsicherheit kann auch nicht durch den Hinweis auf die Zurechnung in den Angebotsunterlagen und die weiteren Veröffentlichungen vermieden werden.[599] Aus diesem Grund wird diskutiert, ob ein gemeinsames

594 Ausführlich zu der Frage nachem Angebotsverpflichteten beim Kontrollerwerb durch einen Pool vgl. *Krause/Pötzsch*, in: Assmann/Pötzsch/Schneider, WpÜG, § 35 Rn. 55 ff. Siehe auch auch bei *Gaede,* Koordiniertes Aktionärsverhalten, 2008, S. 228.

595 *Pentz*, ZIP 2003, 1478, 1488; *Krause*, NJW 2002, 705, 713; *Gaede,* Koordiniertes Aktionärsverhalten, 2008, S. 228.

596 *Noack/Zetzsche*, in: Schwark/Zimmer, KMRK, § 35 Rn. 19.

597 *Gaede*, Koordiniertes Aktionärsverhalten, 2008, S. 230.

598 *Süßmann,* WM 2003, 1453, 1457; die Gefahr von Irritationen ebenfalls erkennend *Baums/Hecker*, in: Baums/Thoma, WpÜG, § 35 Rn. 294.

599 So aber *Baums/Hecker,* in: Baums/Thoma, WpÜG, § 35 Rn. 294.

Angebot aller am Pool Beteiligten anstelle jeweils einzelner Angebote zulässig ist.[600] Jedoch folgt aus einem solchen Ergebnis de facto ein Angebot einer Gesellschaft bürgerlichen Rechts, was darauf hinauslaufen würde, dem Pool die Rechtsfähigkeit zuzuerkennen.[601] Dies würde im Hinblick auf das Transparenzgebot die Kontrollinhaberschaft nicht widerspiegeln.[602] Auch wäre ein solches Ergebnis widersprüchlich vor dem Hintergrund, dass das Konsortium selbst ja gerade aufgrund fehlender Rechtsfähigkeit nicht als Bieter im Sinne des § 35 Abs. 2 WpÜG in Betracht kommt.[603]

Teilweise wird auch vertreten, das Mitglied mit dem höchsten Stimmrechtsanteil sei angebotspflichtig.[604] Dieser Ansicht kann nur einschränkend gefolgt werden. Dominiert kein Mitglied den Pool, so verkennt ein solches Verständnis den Sinn und Zweck des Zusammenschlusses als Stimmbindungspool. Das verdeutlicht folgendes Beispiel: Schließen sich die Familienmitglieder A, B, C und D mit 5 %, 8 %, 15 % und 21 % ihrer Anteile zu einem Stimmbindungspools zusammen, um gemeinsam ihren Einfluss im Unternehmen zu sichern, so würde eine Angebotspflicht des D allein aufgrund seines höchsten Stimmanteils nach dieser Ansicht eine Angebotspflicht auslösen. Ein solches Ergebnis würde indes die Interessen der zusammengeschlossenen Familienmitglieder nicht konkret widerspiegeln. Der Zusammenschluss erfolgt gerade aus der Motivation, gemeinsame Einflussnahme auf die Zielgesellschaft ausüben zu können. Dass derjenige, der im Verhältnis zu den anderen Mitgliedern über die (zufällige) Anteilsmehrheit verfügt, angebotspflichtig sein soll, widerspricht der Tatsache der gemeinsamen Kontrollausübung. Denn D hat im vorliegenden Fall durch das im Stimmbindungspool herrschende Mehrheitsprinzip keinen größeren Einfluss auf die Ausübung der Kontrolle als die minder Beteiligten A, B und C. Auch würde eine solche Sichtweise dem formalen Kontrollverständnis und der Schaffung von Rechtssicherheit widersprechen. Denn nach dem

---

600 *von Bülow*, in: KölnerKomm/WpÜG, § 35 Rn. 170 f. Ausführlich zum Meinungsstand *Gaede*, Koordiniertes Aktionärsverhalten, 2008, S. 228.

601 *Braun*, Die Befreiung vom Pflichtangebot, 2008, S. 236.

602 *Pentz*, ZIP 2003, 1478, 1488.

603 *Pentz*, ZIP 2003, 1478, 1488.

604 *Krause*, NJW 2002, 705, 714 unter Hinweis auf City Code Rule 9.2.; *Hopt*, ZHR 166 (2002), 383, 417; *Noack/Zetzsche*, in: Schwark/Zimmer, KMRK, § 35 Rn. 19.

Wortlaut des §§ 29 Abs. 2, 35 Abs. 2 WpÜG ist bereits derjenige angebotspflichtig, wer „durch Zurechnung mindestens 30 % der Anteile hält". Da aufgrund der Zurechnung alle Poolmitglieder über einen gleichen Wert an Beteiligungsstimmrechten verfügen, würde somit die Verteilung der im Pool bestehenden eigenen Beteiligungsverhältnissen über die einschneidenden Folgen des Pflichtangebotes entscheiden. Dies würde als Rechtsfolge bedeuten, dass im Falle einer Angebotspflicht das höchst beteiligte Mitglied das Kapitalrisiko trägt, da es finanziell in der Lage sein muss, Anteile außenstehender Aktionär im zunächst ungewissen Umfang zu erwerben. Anders ist der Fall zu beurteilen, in dem ein Mitglied im Stimmbindungspool die Willensbildung im Pool beherrscht.

Aus Gründen der Rechtssicherheit, des Transparenzgebotes sowie nach Sinn und Zweck des Pflichtangebotes wird man im Ergebnis festhalten müssen, dass bei einem klassischen Stimmbindungspool ohne Beherrschungssituation *de lege lata* mangels anderslautender Regelung eine Angebotspflicht durch jeden Konsorten anordnet. Jedes Poolmitglied wird somit zur Abgabe eines Pflichtangebotes verpflichtet sein, so dass einzig die Befreiungsmöglichkeit nach § 37 WpÜG zu einer sachgerechten Lösung führen wird.[605] Für die Veröffentlichungspflicht empfiehlt es sich, diese zentral und gebündelt durch ein Poolmitglied erfüllen zu lassen.[606]

2. *Stimmrechtszurechnung beim majorisierten Stimmbindungspool*

Ungeklärt ist, ob im Rahmen des § 30 Abs. 2 S. 1 WpÜG eine wechselseitige Zurechnung von Stimmrechten im Stimmbindungspool ausnahmelos stattfindet oder ob im Einzelfall eine einseitige Zurechnung geboten erscheint. Würde man im Fall einer Mehrheitsbildung im Stimmbindungspool eine wechselseitige Zurechnung weiterhin annehmen, hätte dies zur Konsequenz, dass die Mitglieder als Kontrollinhaber im Sinne des § 29 Abs. 2 WpÜG zu qualifizieren sind, ihnen jedoch rein tatsächlich jeglicher beschlusserhebliche Stimmrechtseinfluss verwehrt bleibt.

---

605 *Noack/Zetzsche*, in: Schwark/Zimmer, KMRK, § 35 Rn. 19.

606 *von Bülow*, in: KölnerKomm/WpÜG, § 35 Rn. 133; *Krause/Pötzsch*, in: Assmann/Pötzsch/Schneider, WpÜG, § 35 Rn. 61; *Lenz/Behnke*, BKR 2003, 43, 50; *Faden*, Das Pflichtangebot, 2008, S. 90.

a) Meinungsstand

Die Rechtsprechung hat sich bislang noch nicht dazu geäußert, ob bei einem abgestimmten Verhalten im Sinne des § 30 Abs. 2 WpÜG eine einseitige Zurechnung im Einzelfall erfolgen kann. Das OLG Frankfurt am Main ging in seinem oben bereits angesprochenen Pixelpark-Beschluss von einer wechselseitigen Zurechnung aus, jedoch deuten die Entscheidungsgründe auf die Möglichkeit einer einseitigen Stimmrechtszurechnung bei § 30 Abs. 2 S. 1 WpÜG hin.[607]

In der Literatur wird die Möglichkeit einer einseitigen Zurechnung im Fall einer Beherrschungssituation im Stimmrechtspool nur am Rande erörtert. Die wohl herrschende Auffassung spricht sich für eine einseitige Zurechnung zulasten des Mehrheitskonsorten aus (*nachfolgend unter aa)*), während gewichtige Stimmen in der Literatur nicht vom Grundsatz der wechselseitigen Zurechnung abweichen (*nachfolgend unter bb)*). Im Nachfolgenden sollen beide Ansichten dargestellt und anschließend einer kritischen Würdigung unterzogen werden.

aa) Einseitige Zurechnung in Richtung des herrschenden Mitglieds

Teile der Literatur befürworten die Möglichkeit einer einseitigen Zurechnung der Stimmrechte in Richtung des herrschenden Mitglieds.[608] In

607 OLG Frankfurt/Main, Beschl. v. 25.08.2003 – WüÜG 5/03, WpÜG 8/03 („Pixelpark") = ZIP 2003, 1977, 1979.

608 *Diekmann*, in: Baums/Thoma, WpÜG, § 30 Rn. 87; *Diekmann*, in: Gesellschaftsrecht in der Diskussion 2005, S. 69, 84 f.; *Veil*, in: FS K. Schmidt, 2009, S. 1645, 1656; *Noack/Zetzsche*, in: Schwark/Zimmer, KMRK, § 30 Rn. 37; *Schlitt/Rieß,* in: MünchKomm/AktG, § 35 WpÜG Rn. 47; *Casper*, in: Veil/Drinkuth, Reformbedarf im Übernahmerecht, S. 45, 50; *Kocher/Mattig*, BB 2018, 1667, 1668 ff.; *Löhdefink*, Acting in Concert und Kontrolle, 2007, S. 330; *von Bülow*, in: KölnerKomm/WpÜG, § 30 Rn. 256; *Krause*, ZGR 2002, 500, 513; *Lange*, ZBB 2004, 22, 26; *Casper,* ZIP 2003, 1469, 1474; *Pentz*, ZIP 2003, 1478, 1488 Fn. 52; *von Bülow/Bücker*, ZGR 2004, 669, 707; *Gaede*, Koordiniertes Aktionärsverhalten, 2008, S. 227 f.; *Faden*, Das Pflichtangebot, 2008, S. 87; *Raloff,* Die Zurechnungstatbestände, 2010, S. 183 ohne nähere Begründung; wohl auch *Seibt*, ZIP 2004, 1829, 1831, wonach eine wechselseitige Zurechnung nur dann erfolgen soll, wenn alle Abstimmenden im Interesse der Abstimmungspartner handeln. Vgl. auch *Schaub*, DStR 2018, 871, 874; *Schaub*, DStR 2017, 1438, 1441; *Kotzenberg/Lorenz*, NJW

diesem Fall begründet die Mehrheitserlangung einen Wechsel von gemeinsam herrschenden Konsortium zu alleinherrschendem Mehrheitskonsorten, so dass einzig der Mehrheitskonsorte zu einem Pflichtangebot nach §§ 35, 30 Abs. 2 WpÜG verpflichtet ist.[609] In der Begründung knüpfen die Vertreter zum Teil an die Zurechnungswirkung[610], zum Teil an die Bietereigenschaft[611] an. Nach *Diekmann* kann eine gegenseitige Zurechnung vom Grundsatz her nur gelten, wenn keiner der Poolmitglieder die Möglichkeit habe, seine Auffassung auch gegen den Willen der übrigen Poolmitglieder durchzusetzen.[612] *Noack* und *Zetzsche* sprechen sich bei einer einseitigen Unterwerfung für eine teleologische Restriktion des § 30 Abs. 2 S. 1 WpÜG und damit für eine einseitige Stimmrechtszurechnung beim Stimmrechtsführer aus.[613] Auch *von Bülow* plädiert für eine einseitige Zurechnung, da eine

---

2017, 2433, 2435, im Hinblick auf die Pflichten von Stimmbindungsvereinbarungen nach dem neuen Transparenzregister.

609 *Diekmann*, in: Baums/Thoma, WpÜG, § 30 Rn. 87; *Diekmann*, in: Gesellschaftsrecht in der Diskussion 2005, S. 69, 84 f.; *Veil*, in: FS K. Schmidt, 2009, S. 1645, 1656; *Noack/Zetzsche*, in: Schwark/Zimmer, KMRK, § 30 Rn. 37; *Schlitt/Rieß*, in: MünchKomm/AktG, § 35 WpÜG Rn. 47; *Casper*, in: Veil/Drinkuth, Reformbedarf im Übernahmerecht, S. 45, 50; *Löhdefink*, Acting in Concert und Kontrolle, 2007, S. 330; *von Bülow*, in: KölnerKomm/WpÜG, § 30 Rn. 256; *Krause*, ZGR 2002, 500, 513; *Lange*, ZBB 2004, 22, 26; *Casper*, ZIP 2003, 1469, 1474; *Pentz*, ZIP 2003, 1478, 1488 Fn. 52; *von Bülow/Bücker*, ZGR 2004, 669, 707.

610 *Diekmann*, in: Baums/Thoma, WpÜG, § 30 Rn. 87; *Diekmann*, in: Gesellschaftsrecht in der Diskussion 2005, S. 69, 84f.; *Veil*, in: FS K. Schmidt, 2009, 1645, 1656; *Noack/Zetzsche*, in: Schwark/Zimmer, KMRK, § 30 Rn. 37; *von Bülow*, in: KölnerKomm/WpÜG, § 30 Rn. 256; *Krause*, ZGR 2002, 500, 513; *Lange*, ZBB 2004, 22, 26; *Löhdefink*, Acting in Concert und Kontrolle, 2007, S. 330; *von Bülow/Bücker*, ZGR 2004, 669, 707.

611 So *Casper*, ZIP 2003, 1469, 1474; *Pentz*, ZIP 2003, 1478, 1488; *Schlitt/Rieß*, in: MünchKomm/AktG, § 35 WpÜG Rn. 47; so wohl auch *Gaede*, Koordiniertes Aktionärsverhalten, 2008, S. 227 f.

612 *Diekmann*, in: Baums/Thoma, WpÜG, § 30 Rn. 87; *Diekmann*, in: Gesellschaftsrecht in der Diskussion 2005, S. 69, 84 f.; so auch *Veil*, in: FS K.Schmidt, 2009, S. 1645, 1656.

613 *Noack/Zetzsche*, in: Schwark/Zimmer, KMRK, § 30 Rn. 37; *Veil*, in: FS K. Schmidt, 2009, S. 1645, 1656; *Veil*, in: Schmidt/Lutter, AktG, § 22 WpHG, Rn. 44; so auch *Löhdefink*, Acting in Concert und Kontrolle, 2007, S. 330; *Kocher/Mattig*, BB 2018, 1667, 1668.

wechselseitige Zurechnung weder vom Wortlaut noch vom Regelungszweck des § 30 Abs. 2 S. 1 WpÜG gedeckt wäre.[614] Für eine einseitige Zurechnung in Richtung des beherrschenden Poolmitglieds spreche der Wortlaut des § 30 Abs. 2 S. 1 WpÜG, wonach die Stimmrechte *„dem Bieter zugerechnet werden"*.[615] Vom Regelungszweck des § 30 Abs. 2 S. 1 WpÜG könne eine Stimmrechtszurechnung nur beim Begünstigten einer potentiellen Verhaltensabstimmung stattfinden.[616] Auch *Krause* spricht sich für eine Zurechnung aus, wenn ein Mitglied des Stimmpools durch ein Weisungsrecht „das Sagen" hat.[617] Zu dem gleichen Ergebnis kommt wohl auch *Lange*, der eine einseitige Zurechnung fordert, wenn ein Poolmitglied für die Stimmrechtsausübung eine „entscheidende Rolle" spielt.[618]

Die übrigen Befürworter einer einseitigen Zurechnung knüpfen als Begründung an die Bietereigenschaft an. Danach kann ein Aktionär schon nicht als Bieter in Betracht kommen, wenn er aufgrund eigener oder fremder Stimmrechte schon nicht die Möglichkeit hat, die Gesellschaft materiell zu beherrschen.[619] Bieter ist demnach nur der Mehrheitskonsorte, mit der Folge, dass einzig ihm die Stimmrechte der übrigen Mitglieder zugerechnet werden.[620]

bb) Wechselseitige Zurechnung trotz Einflusslosigkeit

Die Annahme einer einseitigen Stimmrechtszurechnung im Fall einer Majorisierung im Pool stößt bei Teilen in der Literatur auf Kritik.[621] Danach soll

---

614 *von Bülow*, in: KölnerKomm/WpÜG, § 30 Rn. 256.

615 *von Bülow/Bücker*, ZGR 2004, 669, 708; jüngst *Kocher/Mattig,* BB 2018, 1667, 1668.

616 *von Bülow*, in: KölnerKomm/WpÜG, § 30 Rn. 256.

617 *Krause*, ZGR 2002, 500, 513.

618 *Lange*, ZBB 2004, 22, 26.

619 *Casper,* ZIP 2003, 1469, 1474; *Pentz*, ZIP 2003, 1478, 1488 Fn. 52; *Schlitt/Rieß*, in: MünchKomm/AktG, § 35 WpÜG Rn. 47.

620 *Casper,* ZIP 2003, 1469, 1474; *Pentz*, ZIP 2003, 1478, 1488 Fn. 52; *Schlitt/Rieß*, in: MünchKomm/AktG, § 35 WpÜG Rn. 47.

621 *Baums/Hecker*, in: Baums/Thoma, WpÜG, § 35 Rn. 78 f., 290 f.; *Hommelhoff/Witt*, in: Haarmann/Schüppen, Frankfurter Kommentar WpÜG, § 35 Rn. 64; *Rothenfußer*, in: Paschos/Fleischer, Übernahmerecht, § 11 Rn. 309; *Strunk/Salomon/Holst*, in: Veil, Übernahmerecht in Praxis und Wissenschaft, S. 1, 32. so auch *Uwe H. Schneider*, in: Assmann/Pötzsch/Schneider, WpÜG, § 30 Rn. 218; *Lenz/Linke*, AG 2002, 361, 368; *Braun*, Die Befreiung vom

eine wechselseitige Zurechnung auch dann erfolgen, wenn im Stimmpool ein Mitglied aufgrund seiner Anteilsmehrheit über die Stimmabgabe der übrigen Mitglieder disponieren kann.[622] Die fehlende Einflussmöglichkeit der übrigen Mitglieder sei kein Kriterium, welches bei der Bestimmung der Bietereigenschaft zu berücksichtigen sei.[623] *Baums* und *Hecker* betonen ausdrücklich, dass der Gesetzgeber mit der starren Kontrollschwelle von 30 % gerade verhindern wolle, dass die konkreten Verhältnisse in der Gesellschaft und auf Seiten der Kontrollerwerber das Entstehen der Angebotspflicht beeinflussen.[624] Dabei wird zum Teil befürwortet, den einflusslosen Mitgliedern eine Befreiung zu erteilen und diese mit einer Nebenbestimmung zu versehen, nach der sich die Kontrollsituation nicht zugunsten der befreiten Bieter verändern darf.[625]

b) Diskussion und Lösungsvorschlag

Beiden Ansichten ist in Teilen ihrer Argumentation zuzustimmen. Der Wortlaut der Vorschrift lässt es offen, ob eine wechselseitige Zurechnung ausnahmslos stattfindet (*nachfolgend unter aa)*). Für eine wechselseitige Zurechnung spricht der Wille des Gesetzgebers und damit das rein formale Begriffsverständnis von Kontrolle (*nachfolgend unter bb)*). Auch aus dem Umstand, dass der Gesetzgeber in § 30 Abs. 1 WpÜG eine einseitige Zurechnung von Stimmrechten vorsieht, kann der Schluss gezogen werde, dass in allen anderen Fällen die Zurechnung wechselseitig erfolgt (*nachfolgend*

Pflichtangebot, 2008, S. 210 ff.; *Braun*, NZG 2008, 928, 930 f.; *Weiß*, Acting in Concert, 2006, S. 142.

622 *Baums/Hecker*, in; Baums/Thoma, WpÜG, § 35 Rn. 78 f., 290 f.; *Hommelhoff/Witt*, in: Haarmann/Schüppen, Frankfurter Kommentar WpÜG, § 35 Rn. 64; *Braun*, Die Befreiung vom Pflichtangebot, 2008, S. 210 ff.; *Braun*, NZG 2008, 928, 930f.; *Rothenfußer*, in: Paschos/Fleischer, Übernahmerecht, § 11 Rn. 309; *Lenz/Linke*, AG 2002, 361, 368; *Strunk/Salomon/Holst*, in: Veil, Übernahmerecht in Praxis und Wissenschaft, S. 1, 32. so auch *Uwe H. Schneider*, in: Assmann/Pötzsch/Schneider, WpÜG, § 30 Rn. 218; *Weiß*, Acting in Concert, 2006, S. 142.

623 *Lenz/Linke*, AG 2002, 361, 368.

624 *Baums/Hecker*, in; Baums/Thoma, WpÜG, § 35 Rn. 78f.

625 *Strunk/Salomon/Holst*, in: Veil, Übernahmerecht in Praxis und Wissenschaft, S. 1, 32.

unter cc)). Eine analoge Anwendung dieser Tatbestände scheitert an der Analogiefähigkeit des § 30 WpÜG (*nachfolgend unter ee)*).

Den Befürwortern einer einseitigen Stimmrechtszurechnung im Falle einer Beherrschungssituation ist hingegen aus teleologischen Gesichtspunkten zuzustimmen (*nachfolgend unter dd)*). In ausländischen Rechtssetzungen ist – wie beispielsweise im österreichischen Übernahmegesetz – eine entsprechende Regelung vorhanden (*nachfolgend unter gg)*). Eine Lösung über die Befreiungstatbestände ist aufgrund des Erteilungsermessens der BaFin für eine rechtssichere Lösung unzureichend (*nachfolgend unter ff)*). Im Ergebnis ist *de lege ferenda* die Schaffung eines Ausnahmetatbestandes für den Fall denkbar. Dieser würde jedoch gleichzeitig eine Kritik am formalen Kontrollbegriff darstellen, welches durch Einführung eines Ausnahmetatbestands eine weitere Materialisierung erfahren würde (*nachfolgend unter ii)*).

aa) Wortlaut

Der Wortlaut des § 30 Abs. 2 WpÜG ist offen formuliert und bietet ein erhebliches Auslegungspotential. Für eine einseitige Zurechnung im Falle einer Beherrschung durch ein Mitglied spricht zum einen der Wortlaut *„dem Bieter ... zugerechnet"*.[626] Danach geht es um die Ermittlung des Kontrollsubjektes.[627] Als Kontrollsubjekt kann aber nur derjenige Aktionär in Betracht kommen, der über Einflussmöglichkeiten verfügt. Aus dem Umstand, dass die Norm ausdrücklich vom Wortlaut her keine wechselseitige Zurechnung anordnet, folgt, dass eine Hinzurechnung der Stimmrechte immer bei demjenigen erfolgen muss, der als Bieter Einflussmöglichkeiten auf die Stimmrechte eines Dritten hat.[628]

Ein anderer Ansatzpunkt wäre, nicht auf die Bietereigenschaft abzustellen, sondern allein auf den Wortlaut *„Abstimmung durch Vereinbarung"*. Demnach würde allein die Teilnahme am Abstimmungsvorgang und die vertragliche Bindung eine (wechselseitige) Stimmrechtszurechnung begründen. Denn auch wenn der Stimmrechtspool von einem Mitglied beherrscht wird, nehmen die übrigen Mitglieder an der Abstimmung teil. Einer Abstimmung im Sinne des § 30 Abs. 2 WpÜG kann vom Wortlaut her somit nicht

626 *von Bülow/Bücker*, ZGR 2004, 669, 708; *Kocher/Mattig*, BB 2018, 1667, 1668.
627 *von Bülow/Bücker*, ZGR 2004, 669, 708.
628 *von Bülow/Bücker*, ZGR 2004, 669, 708.

entgegenstehen, wenn der Mehrheitskonsorte über die Stimmabgabe der übrigen Mitglieder disponieren kann.[629] Im Ergebnis ist die Auslegung des Wortlauts offen und kann mit vertretbarer Begründung sowohl für eine wechselseitige als auch für eine einseitige Zurechnung bei einer Beherrschungssituation im Stimmbindungspool gedeutet werden.

bb) Formaler Kontrollbegriff

Für eine wechselseitige Zurechnung im Fall des majorisierten Stimmbindungspools spricht das formale Verständnis des Kontrollbegriffs. Der Gesetzgeber wollte mit der starren Kontrollschwelle tatsächliche und damit interne Verhältnisse auf Seiten des Kontrollerwerbers unberücksichtigt lassen.[630] Daraus folgt, dass man sich entsprechend dem Willen des Gesetzgebers bei der Bestimmung der Zurechnungsrichtung nicht von tatsächlichen Elementen leiten lassen darf. Berücksichtigt man allein diese formale Beurteilung bei der Frage nach der Zurechnungsrichtung, so liegt eine Verhaltensabstimmung rein formal auch dann vor, wenn ein Mitglied über das Ergebnis der Abstimmung im Pool letztendlich entscheiden kann. Teilweise wird angeführt, dass es keine Anhaltspunkte dafür gebe, dass das formale Kontrollverständnis auch für die Zurechnungsrichtung von Belang sei.[631] Im Ergebnis wird man jedoch aus Gründen der Rechtssicherheit bei der Bestimmung der Kontrollinhaberschaft eine einheitlich formale Auslegung vornehmen müssen, welche auch bei der Bestimmung der Zurechnungsrichtung Berücksichtigung findet. Die rein formale Auslegung spricht somit für eine wechselseitige Zurechnung trotz Majorisierung im Pool.

cc) Parallele zu § 30 Abs. 1 S. 1 Nr. 1 oder Nr. 6 WpÜG

Für eine einseitige Zurechnung spricht hingegen der Vergleich zu § 30 Abs. 1 S. 1 Nr. 1 oder Nr. 6 WpÜG. In den dort beschriebenen Konstellationen

---

629 Anders hingegen *Krause*, ZGR 2002, 500, 513, der eine Verhaltensabstimmung vom Wortsinn verneint, wenn ein Aktionär nur die Anweisungen eines Mehrheitsaktionärs entgegennimmt. Ebenso *jüngst Kocher/Mattig*, BB 2018, 1667, 1668, nach denen es schon an einer Abstimmung im Sinne der Norm fehle, wenn ein Abstimmungsmitglied keine Möglichkeit besitzt, materiell Einfluss auf die Umsetzung des Abstimmungsergebnisses zu nehmen.

630 *Baums/Hecker*, in: Baums/Thoma, WpÜG, § 35 Rn. 78.

631 So *Faden*, Das Pflichtangebot, 2008, S. 87.

werden bei einer einseitigen Einflussmöglichkeit des Bieters auf stimmberechtigte Aktien eines Dritten dem Bieter diese Stimmrechte gleichgestellt. Der Gesetzgeber hat eine einseitige Zurechnung für solche Fälle vorgesehen, bei denen ein Bieter durch die Stimmrechtszurechnung begünstigt wird. Daraus könnte der Wille abgeleitet werden, dass der Gesetzgeber eine einseitige Stimmrechtszurechnung dann nicht für erforderlich hält, wenn keine Einflussmöglichkeit auf die Stimmrechtsausübung besteht.[632] Die Fälle des § 30 Abs. 1 WpÜG zeigen, dass der Gesetzgeber entsprechend dem Sinn und Zweck der Vorschriften über das Pflichtangebot eine Einschränkung von der wechselseitigen Zurechnung macht, wenn durch ein bestimmtes Verhalten ein vertikales Verhältnis begründet wird und eine tatsächliche Einflussmöglichkeit ausscheidet.[633] Eine Vergleichbarkeit zu § 30 Abs. 1 WpÜG besteht in der einseitigen Verfügungsmacht.[634] Diese besteht in den in § 30 Abs. 1 WpÜG genannten Fällen aufgrund wirtschaftlicher Abhängigkeit, so dass schon keine Abstimmungsvereinbarung im Sinne des § 30 Abs. 2 WpÜG getroffen werden muss. Sind Einflussverhältnisse jedoch gleichartig, so kann nicht bereits das Vorliegen einer Abstimmungsvereinbarung eine wechselseitige Zurechnung begründen.[635] Der Unterschied zu den von § 30 Abs. 1 WpÜG erfassten Fällen besteht somit einzig und allein darin, dass die Mitglieder in der Regel nicht an einem Abstimmungsprozess teilnehmen.[636] Dass eine Teilnahme bei der Willensbildung jedoch keinesfalls gänzlich ausgeschlossen ist, zeigt auch die Parallele zu § 30 Abs. 1 Nr. 1 WpÜG, wonach auch Tochterunternehmen bei der Umsetzung einer vom Mutterunternehmen stammenden Einflussnahme auf die Stimmrechtsausübung gewisse Einflussmöglichkeiten auf die Willensbildung des Mutterunternehmens haben, ohne dass aus diesem Umstand eine wechselseitige

632 *Löhdefink*, Acting in Concert und Kontrolle, 2007, S. 330 f.; *Pentz*, ZIP 2003, 1278, 1488; ebenso *Faden*, Das Pflichtangebot, 2008, S. 87.

633 *Löhdefink*, Acting in Concert und Kontrolle, 2007, S. 330 f.

634 *Gaede*, Koordiniertes Aktionärsverhalten, 2008, S. 227 f.

635 So auch *Gaede*, Koordiniertes Aktionärsverhalten, 2008, S. 228.

636 *Pentz*, ZIP 2003, 1278, 1488; *Gaede*, Koordiniertes Aktionärsverhalten, 2008, S. 228.

Stimmrechtszurechnung folgt.[637] § 30 Abs. 1 Nr. 1 WpÜG verbietet damit nicht gänzlich eine Mitwirkung bei der Willensbildung.

Dieser Begründung ist entgegenzuhalten, dass die in § 30 Abs. 1 WpÜG genannten Fälle abschließend die Zurechnung von Stimmrechten bestimmen.[638] Eine Zurechnung von Stimmrechtsanteilen für die Zwecke des § 29 Abs. 2 bzw. § 35 Abs. 1 WpÜG auf Grund von Konstellationen, die nicht unter § 30 WpÜG fallen, erfolgt grundsätzlich nicht.[639]

dd) Teleologische Reduktion

Für eine einseitige Zurechnung der Stimmrechte im Fall des majorisierten Stimmbindungspools sprechen jedoch teleologische Gesichtspunkte. Die Notwendigkeit einer teleologischen Reduktion wird durch den Rechtsgedanken der in § 30 Abs. 1 WpÜG genannten Fälle zum Ausdruck gebracht. Danach soll eine einseitige Zurechnung immer dann erfolgen, wenn typischerweise eine einseitige Einflussmöglichkeit besteht.[640] Die Einflussnahme durch den Mehrheitskonsorten spiegelt eine solche einseitige Einflussnahme wider. Er kann über die Stimmabgabe der übrigen Poolmitglieder in den Grenzen der Treuepflichten disponieren. Diese unterwerfen sich der Entscheidung des Mehrheitskonsorten und haben keinerlei Entscheidungsbefugnis über die Ausübung ihrer Stimmrechte. Eine einseitige Zurechnung ist nach dem Sinn und Zweck der übernahmerechtlichen Vorschriften geboten. Diese bezwecken den Schutz der außenstehenden Aktionäre vor demjenigen, der die maßgebliche Entscheidung im Unternehmen beeinflusst. Die Einbeziehung solcher Aktionäre, die lediglich ihre Stimmrecht dem Mehrheitskonsorten zur Verfügung stellen, rein faktisch jedoch keinen Einfluss ausüben, würde zu weit gehen.[641] Es wäre wertungswidersprüchlich, dass die übrigen Mitglieder im Falle einer Beherrschungssituation den einschneidenden Rechtsfolgen des Pflichtangebotes unterliegen. Im Ergebnis sprechen

---

637 *Pentz*, ZIP 2003, 1278, 1488; anders wohl *Löhdefink*, Acting in Concert und Kontrolle, 2007, S. 330 f.

638 *Süßmann*, in: Angerer/Geibel/Süßmann, WpÜG, § 30 Rn. 1; *Noack/Zetzsche*, in: KMRK, § 30 Rn. 3; *von Bülow*, in: KölnerKomm/WpÜG, § 30 Rn. 2.

639 *von Bülow*, in: KölnerKomm/WpÜG, § 30 Rn. 2.

640 *Wackerbarth*, in: MünchKomm/AktG, § 30 WpÜG Rn. 32.

641 Im Ergebnis zustimmend *Kocher/Mattig*, BB 2018, 1667, 1668 m.w.N.

somit teleologische Gesichtspunkte für eine einseitige Zurechnung im Fall einer Majorisierung. Dennoch ist nicht außer Acht zu lassen, dass durch diese teleologische Restriktion der formale Kontrollbegriff um eine weitere „Ausnahme" materialisiert wird, indem die tatsächliche Beherrschungssituation im Stimmbindungspool über die Zurechnung entscheidet.

ee) Analoge Anwendung von § 30 Abs. 1 WpÜG

Es wäre denkbar, aus dem vorstehend Gesagtem den Schluss zu ziehen, aufgrund der fehlenden Berücksichtigung des Falls der Beherrschungssituation im Stimmbindungspool § 30 Abs. 1 WpÜG analog auf eine Mehrheitsbindung im Stimmbindungspool anzuwenden. Dies hätte zur Folge, dass die Stimmrechte allein dem herrschenden Mitglied zugerechnet werden. Nach allgemeiner Definition ist eine Analogie die Anwendung eines Rechtssatzes auf einen von ihm nicht erfassten Sachverhalt, der aber dem geregelten Sachverhalt rechtsähnlich ist, sowie das Entwickeln neuer Rechtssätze aus ähnlichen, schon bestehenden Rechtssätzen.[642] Das bedeutet, dass eine entsprechenden Anwendung § 30 Abs. 1 WpÜG nach den allgemeinen Regeln der Methodenlehre voraussetzt, dass die Norm analogiefähig ist und zum anderen das geschriebene Recht bei objektiver Betrachtung eine planwidrige Regelungslücke enthält.[643]

Eine analoge Anwendung von § 30 WpÜG scheitert daran, dass es sich bei § 30 WpÜG um eine nicht analogiefähige Norm handelt.[644] Aus den Bußgeldvorschriften des § 60 WpÜG in Verbindung mit Art. 103 Abs. 2 GG und § 3 OWiG folgt für die Auslegung der Zurechnungsbestimmungen,

---

642 BGH, Urt. v. 11.02.1955 – 2 St 173/54 = BGHSt 7, 190, 193; BGH, urt. v. 13.07.1955 – StE 68/52 = BGHSt. 8, 66, 70; BayObLG, Beschl. v. 19.11.1969 – Reg. 4 a St 125/69 = NJW 1970, 479, 480.

643 Für § 34 WpHG (§ 22 a.F. WpHG) *Zimmermann*, in: Fuchs, WpHG, Vor §§ 21–30 WpHG Rn. 26.

644 BGH, Urt. v. 18.9.2006 – II ZR 137/05 („WMF") = NZG 2006, 945, 947; *Süßmann*, in: Angerer/Geibel/Süßmann, WpÜG, § 30 Rn. 1; *Liebscher*, ZIP 2002, 1005, 1010; *Pentz*, ZIP 2003, 1478, 1480; *Casper*, ZIP 2003, 1469, 1473; *von Bülow/Bücker*, ZGR 2004, 669, 713; *Casper*, in: Veil/Drinkuth, Reformbedarf im Übernahmerecht, S. 45, 49; *Zimmermann*, in: Fuchs, WpHG, Vor §§ 21–30 Rn 25; *Schanz*, DB 2008, 1899, 1904.

dass diese wortlautgemäß zu verstehen sind.[645]Aus dem strafrechtlichen Analogieverbot folgt, dass Analogien von strafrechtlichen Tatbeständen im weiteren Sinne zu Lasten des Betroffenen verfassungsrechtlich ausgeschlossen sind.[646] Würde man eine einseitige Zurechnung im Falle einer Beherrschungssituation im Pool durch eine analoge Anwendung zulassen, ginge dies zu Lasten des Mehrheitskonsorten. Aus diesem Grund scheidet eine Analogie nach § 30 Abs. 1 Nr. 1 WpÜG der Zurechnungsvorschrift im Falle einer Beherrschungssituation aus. Im Übrigen fehlt es an einer planwidrigen Regelungslücke. Eine Regelungslücke besteht nämlich nicht, wenn ein bestimmter Normenkomplex nach dem erkennbaren Willen des Gesetzgebers abschließende Geltung beansprucht.[647]

ff) Befreiungslösung nach § 37 WpÜG

Löhdefink schlägt als Lösungsansatz für eine wechselseitige Zurechnung trotz Einflusslosigkeit eine Befreiungsmöglichkeit nach § 37 WpÜG vor.[648] Nach dieser Vorschrift kann die BaFin den Bieter von der Verpflichtung zur Abgabe eines Pflichtangebotes befreien, sofern dies im Hinblick auf die tatsächliche Möglichkeit zur Ausübung von Kontrolle unter Berücksichtigung der Interessen des Antragsstellers und der Inhaber der Aktien der Zielgesellschaft gerechtfertigt erscheint.[649] Diese Vorschrift könnte nach ihrem Wortlaut dahingehend angewendet werden, als dass ein einflussloses Mitglied einer Stimmbindungsvereinbarung von der Pflicht nach § 35 WpÜG befreit wird.[650] Die Mitglieder eines Stimmbindungspools müssten im Falle einer durch Anteilsverschiebung entstehenden Mehrheit einen Antrag bei der BaFin stellen, um den Angebotspflichten nach § 35 Abs. 2 WpÜG zu entgehen. Die Befreiungsmöglichkeit hat jedoch den Nachteil,

---

645 *Pentz*, ZIP 2003, 1478, 1480 mit weiteren Nachweisen; *Liebscher*, ZIP 2002, 1005, 1009; *Casper*, ZIP 2003, 1469, 1473; *Casper*, in: Veil/Drinkuth, Reformbedarf im Übernahmerecht, S. 45, 49.

646 *Schmidt-Aßmann*, in: Maunz/Dürig/Herzog/Scholz, GG, Art. 103 Rn. 231 ff.; *Pentz*, ZIP 2003, 1478, 1480.

647 Dies trifft vor allem auf die enumerativen Aufzählungen zu, also etwa auf die der Zurechnungstatbestände des § 30 Abs. 1 WpÜG.

648 *Löhdefink*, Acting in Concert und Kontrolle, 2007, S. 327.

649 *Veil*, in: FS K. Schmidt, 2009, S. 1645, 1658.

650 *Veil*, in: FS K. Schmidt, 2009, S. 1645, 1658.

dass die Entscheidung über die Befreiungserteilung letztlich im Ermessen der BaFin liegt.[651] Ferner läuft dieser Lösungsweg dem Sinn und Zweck der Befreiungsvorschriften entgegen, der in erster Linie darin liegt, das formale Begriffsverständnis nach § 29 Abs. 2 WpÜG abzumildern und die notwendige Einzelfallgerechtigkeit herzustellen.[652] Zuletzt spricht gegen eine Befreiung die Parallelwertung zu § 34 WpHG. Im WpHG steht ein Befreiungsverfahren gerade nicht zur Verfügung, so dass bei fehlendem Einflusspotential der Einzelfallgerechtigkeit durch eine teleologische Reduktion Rechnung getragen wird.[653] Die Bestimmung der Anwendungsgrenze ist Aufgabe des materiellen Rechts und kann somit nicht durch Befreiungsentscheidungen einer Behörde ersetzt werden.[654] Aus diesen Gründen wird eine Befreiung nach § 37 WpÜG wohl eine Möglichkeit, nicht jedoch eine zwingende Lösung sein, um das Problem der Stimmrechtszurechnung bei einem Stimmpool mit Beherrschungssituation rechtssicher und transparent zu lösen.

gg) Behandlung in ausländischen Rechtsordnungen

Die Stimmrechtszurechnung bei einer Beherrschungssituation im Stimmbindungspool findet in kaum einer ausländischen Rechtsordnung Erwähnung. Auch die EU-Übernahmerichtlinie schweigt zu diesem Fall.[655] Einzig im österreichischen Übernahmerecht ist dieser Fall ausdrücklich geregelt. Nach § 23 Abs. 1 ÜbG sind im Grundsatz gemeinsam vorgehenden Rechtsträgern die von ihnen gehaltenen Beteiligungen wechselseitig zuzurechnen. Eine einseitige Zurechnung erfolgt nach § 23 Abs. 2 ÜbG dann, wenn der Rechtsträger oder ein mit ihm gemeinsam vorgehender Rechtsträger auf

651 *Noack/Zetzsche*, in: KMRK, § 30 Rn. 37; *Veil*, in: FS K. Schmidt, 2009, S. 1645, 1658; *Löhdefink*, Acting in Concert und Kontrolle, 2007, S. 327; *Habersack*, ZHR 2002, 619, 622.

652 *Veil*, in: FS K. Schmidt, 2009, S. 1645, 1658; *Krause/Pötzsch/Seiler*, in: Assmann/Pötzsch/Schneider, WpÜG, § 37 Rn. 5; *Meyer*, in: Angerer/Geibel/Süßmann, WpÜG, § 37 Rn. 4; *Schlitt/Ries*, in: MünchKomm/AktG, § 37 WpÜG Rn. 5; *Löhdefink*, Acting in Concert und Kontrolle, 2007, S. 329.

653 *Veil*, in: FS K. Schmidt, 2009, S. 1645, 1658.

654 *Noack/Zetzsche*, in: Schwark/Zimmer, KMRK, § 30 Rn. 37.

655 Vgl. Richtlinie 2004/25/EG des Europäischen Parlaments und des Rates vom 21. April 2004 betreffend Übernahmeangebote.

die Ausübung von Stimmrechten Dritter direkt oder indirekt Einfluss ausüben kann. Nach dem Regelbeispiel des § 23 Abs. 2 Nr. 2 ÜbG erfolgt eine Hinzurechnung insbesondere für Beteiligungen, aus denen der Rechtsträger Stimmrechte ausüben kann, ohne Eigentümer zu sein. Der österreichische Gesetzgeber hat das Merkmal der Einflussnahme in den Wortlaut des § 23 Abs. 2 ÜbG aufgenommen.[656] Dadurch werden solche Fälle berücksichtigt, in denen eine Stimmrechtsausübung aufgrund fehlender (tatsächlicher) Einflussnahme ausscheidet. Die in § 23 Abs. 2 ÜbG genannten Regelbeispiele sind dabei nicht abschließend und sind vom Wortlaut her weit zu verstehen.[657] Der Fall einer Stimmrechtsausübung aufgrund eines Poolvertrags demonstriert dabei den Fall einer Stimmrechtsausübung ohne Eigentümerstellung. Dem herrschenden Mitglied ist es nur über die vertragliche Bindung des Stimmbindungsvertrages möglich, auf die Stimmrechtsausübung der übrigen Mitglieder Einfluss zu nehmen, ohne dass ihm eine Eigentümer- oder eine eigentümerähnliche Stellung zukommt.[658] Eine solche Regelung besteht im deutschen Recht nicht.

hh) Verwaltungspraxis der BaFin

Berücksichtigt man die für die Beratungspraxis bedeutende Verwaltungspraxis der BaFin, so spricht sich diese ausdrücklich gegen eine einseitige Zurechnung beim Acting in Concert aus.[659] Auf Seite 122 des Emittentenleitfaden der BaFin heißt es: „*Für eine bisweilen in der Kommentarliteratur vertretene Auffassung, wonach nur der einen Stimmrechtspool beherrschenden Person Stimmrechte (einseitig) zugerechnet werden sollen, gibt es im Gesetz keine Anhaltspunkte. Die Zurechnung hat wechselseitig zu erfolgen, da sich aus dem Wortlaut („in voller Höhe“) ergibt, dass sämtliche*

656 *Diregger/Kalss/Winner,* in: MünchKomm/AktG, Das österreichische Übernahmerecht, Rn. 23 ff.

657 *Diregger/Kalss/Winner,* in: MünchKomm/AktG, Das österreichische Übernahmerecht, Rn. 24

658 Vgl. ausführlich dazu insgesamt *Diregger/Kalss/Winner*, in: MünchKomm/AktG, Das österreichische Übernahmerecht, Rn. 23 ff.

659 BaFin, Emittentenleitfaden 2013, VIII.2.5.8.3, S. 122; *Hoppe/Michel*, Bundesanstalt für Finanzdienstleistungsaufsicht Journal 04/10, S. 3. Ebenfalls auf die Verwaltungspraxis der BaFin hinweisend *Süßmann,* in: Angerer/Geibel/Süßmann, WpÜG, § 30 Rn. 39.

Stimmrechte der anderen Beteiligten zuzurechnen sind.“[660] Ähnliche Aussagen liest man auch von Referatsmitarbeitern der BaFin.[661]

Trotz diesem deutlichen Standpunkt der BaFin wird man daraus nicht den Schluss auf eine „gefestigte“ Verwaltungspraxis des BaFin ziehen können. Insbesondere der Umstand, dass der Emittentenleitfaden von 2013 überarbeitungsbedürftig ist und nicht mehr mit den aktuellen Entwicklungen des Kapitalmarktrechts übereinstimmt, spricht dafür, dass eine anderslautende Aussage von der BaFin in Zukunft keineswegs ausgeschlossen ist. Darüber hinaus ist schon fraglich, ob dem Standpunkt im *status quo* Aussagekraft hat, da der Abschnitt ausdrücklich als „veraltet“ überschrieben wurde. Ob die BaFin somit von ihrem Standpunkt abweicht, bleibt abzuwarten.

ii) Lösungsmöglichkeit de lege ferenda

Die Majorisierung könnte als ein weiteres Regelbeispiel in § 30 Abs. 1 WpÜG zu Geltung kommen. Die in Abs. 1 geregelten Tatbestände erfassen solche Fälle, in denen ein Dritter entweder gesellschafts- oder zivilrechtlich an den Bieter eng gebunden ist oder der Bieter eine rechtliche Position innehat, die eine Stimmrechtswahrnehmung nach seinen Vorgaben erwarten lässt.[662] Eine solche zivilrechtliche Bindung könnte hier durch den Abschluss des Stimmbindungsvertrages entstehen.

Der Ausnahmetatbestand könnte bestimmen, dass im Falle einer Beherrschung beim Acting in Concert die Zurechnung die Stimmrechte allein dem Beherrscher nach § 30 Abs. 1 WpÜG zuzurechnen sind.

> ***§ 30 Zurechnung von Stimmrechten; Verordnungsermächtigung***
> *(1) Stimmrechten des Bieters stehen Stimmrechte aus Aktien der Zielgesellschaft gleich,*
>
> 1. *die einem Tochterunternehmen des Bieters gehören,*
> 2. *die einem Dritten gehören und von ihm für Rechnung des Bieters gehalten werden,*
> 3. *die der Bieter einem Dritten als Sicherheit übertragen hat, es sei denn, der Dritte ist zur Ausübung der Stimmrechte aus diesen Aktien befugt und*

660 BaFin, Emittentenleitfaden 2013, VIII.2.5.8.3, S. 122.

661 *Hoppe/Michel*, Bundesanstalt für Finanzdienstleistungsaufsicht Journal 04/10, S. 3.

662 Vgl. *Noack/Zetzsche*, in: Schwark/Zimmer, KMRK, § 30 Rn. 7 f.

bekundet die Absicht, die Stimmrechte unabhängig von den Weisungen des Bieters auszuüben,

4. *an denen zugunsten des Bieters ein Nießbrauch bestellt ist,*
5. *die der Bieter durch eine Willenserklärung erwerben kann,*
6. *die dem Bieter anvertraut sind oder aus denen er die Stimmrechte als Bevollmächtigter ausüben kann, sofern er die Stimmrechte aus diesen Aktien nach eigenem Ermessen ausüben kann, wenn keine besonderen Weisungen des Aktionärs vorliegen,*
7. *aus denen der Bieter die Stimmrechte auf Grund einer Vereinbarung, die eine zeitweilige Übertragung der Stimmrechte ohne die damit verbundenen Aktien gegen Gegenleistung vorsieht, ausüben kann,*
8. *die bei dem Bieter als Sicherheit verwahrt werden, sofern dieser die Stimmrechte hält und die Absicht bekundet, sie auszuüben,*
9. *die einem Dritten gehören und auf die der Bieter auf Grund einer vertraglichen Vereinbarung tatsächlichen Einfluss ausübt.*

Denkbar wäre es in Anlehnung an die österreichische Regelung, *de lege ferenda* einen weiteren Ausnahmetatbestand in § 30 Abs. 2 WpÜG für eine Beherrschung *durch* Acting in Concert zu schaffen. Dies hat den Vorteil, dass die Diskrepanz zwischen formeller und materieller Kontrolle gelöst wird, in dem der Gesetzgeber eine weitere Situation in das Gesetz mit aufnimmt, wo die Berücksichtigung materieller Elemente geboten erscheint.

§ 30 Zurechnung von Stimmrechten; Verordnungsermächtigung
(2) Dem Bieter werden auch Stimmrechte eines Dritten aus Aktien der Zielgesellschaft in voller Höhe zugerechnet, mit dem der Bieter oder sein Tochterunternehmen sein Verhalten in Bezug auf die Zielgesellschaft auf Grund einer Vereinbarung oder in sonstiger Weise abstimmt; ausgenommen sind Vereinbarungen in Einzelfällen. Eine Zurechnung im Sinne des Satz 1 erfolgt nicht, wenn ein Dritter auf die Ausübung des Stimmrechts des Bieters tatsächlich Einfluss ausüben kann.

Der vorgenannten Regelungen lassen sich jedoch auch nicht unbeachtliche Einwände entgegenhalten. Eine Einführung eines weiteren Regelbeispiels in § 30 Abs. 1 WpÜG würden zu Rechtsunsicherheit führen. Das Merkmal des tatsächlichen Einflusses ist in dem formalen Zurechnungskonzept des WpÜG zu unbestimmt. Ferner würde der Gesetzgeber sich immer weiter vom formellen Kontrollverständnis entfernt, so dass die Kritik der Literatur und damit der Wunsch nach einem einheitlichen Begriff von Kontrolle immer mehr in den Vordergrund rücken. Gegen die Aufnahme eine Einschränkung des Acting in Concert, wie es das österreichische Übernahmerecht vorsieht, würde sprechen, dass in diesem Fall eine Zurechnung gänzlich ausbleiben würde. Der Wortlaut regelt nur, wann eine wechselseitige Zurechnung nicht besteht, trifft jedoch keine Aussage darüber, dass in diesem Fall eine einseitige Zurechnung notwendig ist.

Aus diesen Gründe sprechen wohl die besseren Argumente gegen die Einführung einer vorgenannten Regelung. Überzeugend scheint nach der Auffassung der Verfasserin die Lösung über die juristischen Auslegungsmethoden. Durch eine teleologische Reduktion ist entsprechend der wohl herrschenden Auffassung in der Literatur eine einseitige Zurechnung im Fall der Majorisierung interessengerecht und führt im Einzelfall zu sachgerechten Ergebnissen.

3. *Zwischenergebnis*

Im klassischen Stimmpool ohne Beherrschungssituation werden die Stimmrechte den einzelnen Mitgliedern wechselseitig nach § 30 Abs. 2 S. 1 WpÜG zugerechnet. Dies kann im Ergebnis zur Folge haben, dass die einzelnen Mitglieder zur Abgabe eines Pflichtangebotes an die außenstehenden Aktionäre verpflichtet sind. Dieses Ergebnis ist *de lege lata* hinzunehmen, jedoch wird dem Sinn und Zweck des Pflichtangebotes in der Regel mit einer Befreiungserteilung durch die BaFin Rechnung getragen. Wird der Stimmrechtspool von einem Mitglied beherrscht, so überzeugt aus dogmatischer Sicht die herrschende Auffassung in der Literatur, welche im Fall eines majorisierten Stimmbindungspools eine teleologische Reduktion von § 30 Abs. 2 S. 1 WpÜG befürwortet, so dass eine Stimmrechtszurechnung einseitig in Richtung des dominierenden Mitglieds stattfindet. Dies hat zur Folge, dass ein Wechsel von gemeinsamer Kontrolle zu alleiniger Kontrolle stattfindet. Im Rahmen der Beratungspraxis ist die derzeitig herrschende Verwaltungspraxis der BaFin zu berücksichtigen. Nach Ansicht der BaFin bleibt die faktische Einflussnahme bei der Bestimmung des Zurechnungssubjektes im Rahmen des § 30 Abs. 2 S. 1 und § 34 Abs. 2 S. 1 WpHG unberücksichtigt. Die fehlende gesetzliche Regelung führt zu Rechtsunsicherheit, welcher insbesondere durch Schaffung eines Ausnahmetatbestandes entgegengewirkt werden kann. Eine solche Regelung würde jedoch dazu führen, dass der Gesetzgeber sich immer weiter vom formellen Kontrollverständnis entfernt.

III. Kontrollerlangung nach § 35 Abs. 2 WpÜG

Wird auf eine Zielgesellschaft Kontrolle im Sinne des §§ 29 Abs. 2, 35 Abs. 2 WpÜG ausgeübt, so ist Voraussetzung für die Verpflichtung zur Veröffentlichung und Abgabe eines Pflichtangebotes, dass der Kontrollinhaber die Kontrolle „erlangt". Wann eine solche Kontrollerlangung vorliegt, definiert das Gesetz selbst nicht. Für die Frage, ob ein Aktionär Kontrolle im Sinne des §§ 29 Abs. 2, 35 Abs. 2 WpÜG erlangt, kommt es nicht alleine auf die von ihm selbst gehaltenen Aktien an.[663] Aufgrund der Zurechnung der Stimmrechte Dritter gemäß § 30 WpÜG sind für die Bestimmung der Kontrollerlangung auch die zugerechneten Anteile von Bedeutung.

Übt ein Bieter Kontrolle auf eine Zielgesellschaft – alleine oder gemeinsam mit anderen Bietern – aus, so ist die Kontrollposition unbeständig. Die Frage nach dem Kontrollerwerb stellt sich nämlich immer dann neu, wenn auf Seiten der Kontrollinhaber eine Veränderung eintritt. Eine solche Veränderung kann sich beispielsweise aus der Änderung der Zusammensetzung der kontrollvermittelnden Position ergeben. Eine solche tritt insbesondere dann ein, wenn personelle und inhaltliche Veränderungen in einem Stimmbindungspool dazu führen, dass sich die Anteile der einzelnen Mitglieder zugunsten eines Mitglieds verschieben. Erlangt ein Mitglied im Pool die Mehrheit, so wird nach herrschender Meinung die Auffassung vertreten, dass die Zurechnung aus teleologischen Gesichtspunkten einseitig in Richtung des herrschenden Poolmitgliedes erfolgt.[664] In dem Moment der einseitigen Zurechnung erfolgt nicht nur ein Wechsel von gemeinsamer zu alleiniger Kontrolle, auch das Beherrschungssubjekt verändert sich. Der Begriff der Kontroll*erlangung* ist in einer solchen Situation deshalb problematisch,

---

663 *Schlitt/Ries*, in: MünchKomm/AktG, § 35 WpÜG Rn. 77.

664 Anderer Ansicht *Baums/Hecker*, in; Baums/Thoma, WpÜG, § 35 Rn. 78 f., 290 f.; *Hommelhoff/Witt*, in: Haarmann/Schüppen, Frankfurter Kommentar WpÜG, § 35 Rn. 64; *Lenz/Linke*, AG 2002, 361, 368; *Braun*, Die Befreiung vom Pflichtangebot, 2008, S. 210 ff.; *Braun*, NZG 2008, 928, 930 f.; *Strunk/Salomon/Holst*, in: Veil, Übernahmerecht in Praxis und Wissenschaft, S. 1, 32; so auch *Schneider*, in: Assmann/Pötzsch/Schneider, WpÜG, § 30 Rn. 218; *Weiß*, Acting in Concert, 2006, S. 142. Anders wohl auch die Verwaltungspraxis der BaFin vgl. dazu *BaFin*, Emittentenleitfaden VIII. 2.5.8, S. 147. Vgl. dazu ausführlich Kapitel 4: B. I. 2. Vgl. zur bisherigen Verwaltungspraxis der BaFin unten IV. 2. Verwaltungsentscheidungen der BaFin.

da der Mehrheitskonsorte bereits vor dem Wechsel zu alleiniger Kontrolle eine kontrollrelevante Position im Sinne des § 29 Abs. 2 WpÜG besaß. Es stellt sich somit die Frage, wie der Begriff der *Erlangung* zu verstehen ist und ob die Intensivierung einer kontrollrelevanten Position verbunden mit einem Kontrollwechsel als *Erlangung* im Sinne des § 35 Abs. 2 WpÜG zu qualifizieren ist und zur Abgabe eines Pflichtangebots führt.

1. *Kontroll*erlangung *beim Übergang von gemeinsamer zu alleiniger Kontrolle?*

Anders als in ausländischen Rechtsordnungen ist im deutschen Recht (noch) nicht geregelt, ob der Übergang von gemeinsamer zu alleiniger Kontrolle eine Kontrollerlangung und damit die Verpflichtung zur Abgabe eines Pflichtangebotes auslöst.[665] In der Literatur ist diese Frage nicht abschließend geklärt.[666] Die überwiegende Zahl der Stimmen steht der Annahme einer (erneuten) Kontrollerlangung beim Übergang von gemeinsamer zu alleiniger Kontrolle ablehnend gegenüber.[667] Jedoch stehen diesem Meinungsstand

---

665 *Verse*, NZG 2009, 1331.

666 Einen (erneuten) Kontrollerwerb beim Wechsel von gemeinsamer zu alleiniger Kontrolle ablehnend *Schlitt/Ries,* in: MünchKomm/AktG, § 35 WpÜG Rn. 84a; *Meyer*, in: Angerer/Geibel/Süßmann, WpÜG, § 35 Rn. 45; *Krause/Pötzsch,* in: Assmann/Pötzsch/Schneider, WpÜG, § 35 Rn. 108; *von Bülow*, in: KölnerKomm/WpÜG, § 35 Rn. 92; *Hommelhoff/Witt*, in: Haarmann/Schüppen, Frankfurter Kommentar WpÜG, § 35 Rn. 50 f.; *Verse*, NZG 2009, 1331 ff.; *Rothenfußer*, in: Paschos/Fleischer, Übernahmerecht, § 11 Rn. 33; *Brellochs*, NZG 2012, 1010, 1013; *Liebscher,* ZIP 2002, 1004, 1015; wohl auch *Noack/Zetzsche*, in: Schwark/Zimmer, KMRK, § 35 Rn. 11; *Mülbert*, in: FS Raiser, 2005, S. 273, 290. Anderer Ansicht *Baums/Hecker*, in: Baums/Thomas, WpÜG, § 35 Rn. 128 ff.; *Assmann*, in Assman/Pötzsch/Schneider, WpÜG, § 29 Rn. 12; so auch die nicht entscheidungserhebliche Aussage der BaFin in der Entscheidung MobilCom/France Télécom aus dem Jahr 2002; wohl auch *Faden*, Das Pflichtangebot, 2008, S. 91.

667 *Schlitt/Ries,* in: MünchKomm/AktG, § 35 WpÜG Rn. 84a; *Meyer*, in: Angerer/Geibel/Süßmann, WpÜG, § 35 Rn. 45; *Krause/Pötzsch,* in: Assmann/Pötzsch/Schneider, WpÜG, § 35 Rn. 108; *von Bülow*, in: KölnerKomm/WpÜG, § 35 Rn. 92; *Hommelhoff/Witt*, in: Haarmann/Schüppen, Frankfurter Kommentar WpÜG, § 35 Rn. 50 f.; *Verse*, NZG 2009, 1331 ff.; *Rothenfußer*, in: Paschos/Fleischer, Übernahmerecht, § 11 Rn. 33; *Brellochs*, NZG 2012, 1010, 1013; *Liebscher,* ZIP 2002, 1004, 1015; wohl auch *Noack/Zetzsche*, in: Schwark/Zimmer, KMRK, § 35 Rn. 11; *Mülbert*, in: FS Raiser, 2005, S. 273, 290.

gewichtige Stimmen in der Literatur gegenüber,[668] was die Untersuchung der Frage erforderlich macht.

a) Kein Kontrollerwerb bei Änderung der Zusammensetzung der kontrollvermittelnden Beteiligung

Nach der wohl herrschenden Ansicht in der Literatur begründet ein Wechsel von gemeinsamer zu alleiniger Kontrolle keine Kontrollerlangung.[669] Zur Begründung stellt die herrschende Auffassung zunächst auf den Wortlaut des § 35 Abs. 1 WpÜG ab. Danach entsteht eine Angebotspflicht, wenn der Bieter Kontrolle *erlangt.* Da sich jedoch in Fällen der Verstärkung der Kontrollposition die Gesamtzahl der Stimmrechte eines Bieters nicht ändert, liegt ein (erneutes) Erlangen von Kontrolle nicht vor.[670]

Gegen eine Kontrollerlangung beim Wechsel von gemeinsamer zu alleiniger Kontrolle spricht auch das rein formale Verständnis des Kontrollbegriffs.[671] Da der nun allein kontrollierende Konsorte bereits vorher die Kontrolle im Sinne des formal auszulegenden § 29 Abs. 2 WpÜG erlangt habe, kann von einer neuerlichen Erlangung der Kontrolle im Sinne des § 35 WpÜG keine Rede sein.[672] Ferner kann die Kontrollerlangung auch

---

668 *Baums/Hecker*, in: Baums/Thomas, WpÜG, § 35 Rn. 128 ff.; *Assmann*, in Assman/Pötzsch/Schneider, WpÜG, § 29 Rn. 12; so auch die nicht entscheidungserhebliche Aussage der BaFin in der Entscheidung MobilCom/France Télécom aus dem Jahr 2002; wohl auch *Faden*, Das Pflichtangebot, 2008, S. 91.

669 *Schlitt/Ries,* in: MünchKomm/AktG, § 35 WpÜG Rn. 84a; *Meyer*, in: Angerer/Geibel/Süßmann, WpÜG, § 35 Rn. 45; *Krause/Pötzsch,* in: Assmann/Pötzsch/Schneider, WpÜG, § 35 Rn. 108; *von Bülow*, in: KölnerKomm/WpÜG, § 35 Rn. 92; *Hommelhoff/Witt*, in: Haarmann/Schüppen, Frankfurter Kommentar WpÜG, § 35 Rn. 50 f.; *Verse*, NZG 2009, 1331 ff.; *Rothenfußer*, in: Paschos/Fleischer, Übernahmerecht, § 11 Rn. 33; *Brellochs*, NZG 2012, 1010, 1013; *Liebscher,* ZIP 2002, 1004, 1015; wohl auch *Noack/Zetzsche*, in: Schwark/Zimmer, KMRK, § 35 Rn. 11; *Mülbert*, in: FS Raiser, 2005, S. 273, 290.

670 *Schlitt/Ries,* in: MünchKomm/AktG, § 35 WpÜG Rn. 84a; *Meyer*, in: Angerer/Geibel/Süßmann, WpÜG, § 35 Rn. 45; *Krause/Pötzsch,* in: Assmann/Pötzsch/Schneider, WpÜG, § 35 Rn. 108; *von Bülow,* in: KölnerKomm/WpÜG, § 35 Rn. 92.

671 Allgemein zum formalen Kontrollbegriff auch *Thoma*, NZG 2002, 105, 111; vgl. auch *Rothenfußer*, in: Paschos/Fleischer, Übernahmerecht, § 11 Rn. 18 ff.

672 *Schlitt/Ries,* in: MünchKomm/AktG, § 35 WpÜG Rn. 84a; *Meyer*, in: Angerer/Geibel/Süßmann, WpÜG, § 35 Rn. 45; *Krause/Pötzsch,* in: Assmann/Pötzsch/Schneider, WpÜG, § 35 Rn. 108; *von Bülow*, in: KölnerKomm/WpÜG, § 35

nicht dadurch begründet werden, dass sich der Grund für die oder der Umfang der Zurechnung von Stimmrechten (§ 30 Abs. 1 Nr. 1–6 und Abs. 2 WpÜG) ändert, soweit der Bieter seine Kontrollposition behält.[673] Zwar mag sich graduell die Art der Kontrolle ändern, hieran knüpft das Gesetz jedoch gerade nicht an.[674] Der Anlegerschutz gebietet hier keine teleologische Reduktion, da die Art der Kontrolle für den Anleger in den Einzelheiten ohnehin schwer durchschaubar ist und er sich daher auch in der Regel bei seiner Investmententscheidung an der formalen Kontrollmöglichkeit orientieren wird.[675]

Auch eine analoge Anwendung des § 35 WpÜG für den Fall des Übergangs von gemeinsamer zu alleiniger Kontrolle kommt nicht in Betracht, da dies dem bewusst formalisierten Verständnis des Kontrollbegriffs zu wider laufen würde und Transaktionsunsicherheiten auslösen würde.[676] Dass etwa im Kartellrecht der Wechsel von gemeinsamer zu alleiniger Kontrolle einen relevanten Zusammenschlusstatbestand darstellen kann, darf keine abweichende Beurteilung rechtfertigen.[677] Insoweit führt bereits die

---

Rn. 92; *Hommelhoff/Witt*, in: Haarmann/Schüppen, Frankfurter Kommentar WpÜG, § 35 Rn. 50 f.; *Verse*, NZG 2009, 1331 ff.; *Rothenfußer*, in: Paschos/Fleischer, Übernahmerecht, § 11 Rn. 33; *Brellochs*, NZG 2012, 1010, 1013; *Liebscher*, ZIP 2002, 1004, 1015; *Mülbert*, in: FS Raiser, 2005, S. 273, S. 290; allgemein zu Binnenänderungen vorhandenen Einflusses *Noack/Zetzsche*, in: Schwark/Zimmer, KMRK, § 35 Rn. 11.

673 *Meyer*, in: Angerer/Geibel/Süßmann, WpÜG, § 35 Rn. 45; *Hommelhoff/Witt*, in: Haarmann/Schüppen, Frankfurter Kommentar WpÜG, § 35 Rn. 50f.; *Hasselbach*, in: KölnerKomm/WpÜG, § 35 Rn. 137; *Ekkenga/Schulz*, in: Ehricke/Ekkenga/Oechsler, WpÜG, § 35 Rn. 39; *Schlitt/Ries,* in: MünchKomm/AktG, § 35 WpÜG Rn. 84a; *Krause/Pötzsch,* in: Assmann/Pötzsch/Schneider, WpÜG, § 35 Rn. 108; *Brellochs*, NZG 2012, 1010, 2012; *Liebscher*, ZIP 2002, 1005, 1015 f.

674 *Meyer*, in: Angerer/Geibel/Süßmann, WpÜG, § 35 Rn. 45.

675 *Meyer*, in: Angerer/Geibel/Süßmann, WpÜG, § 35 Rn. 45.

676 *Schlitt/Ries,* in: MünchKomm/AktG, § 35 WpÜG Rn. 84a; *Verse*, NZG 2009, 1331, 1332; *Krause/Pötzsch,* in: Assmann/Pötzsch/Schneider, WpÜG, § 35 Rn. 108.

677 Vgl. zur kartellrechtlichen Behandlung III. 1. c) (1) Kartellrechtliche Behandlung des Kontrollwechsels.

Gesetzesbegründung aus, dass der Kontrollbegriff nach anderen Gesetzen, insbesondere nach GWB, unberührt bleibt.[678]

b) Kritik in der Literatur

Nach gegenteiliger Auffassung ist der Wechsel von gemeinsamer zu alleiniger Kontrolle als Kontrollerwerb zu qualifizieren.[679] Beim Wechsel von zugerechneten zu (mittelbar) gehaltenen Stimmrechten sei selbst dann ein Kontrollerwerb anzunehmen, wenn sich der Gesamtstimmrechtsanteil eines Bieters dadurch nicht verändert.[680] Dies wird damit begründet, dass sich die Kontrollposition des Bieters durch einen solchen Wechsel materiell verstärkt, da die betreffende Person nach dem Wechsel allein über die Ausübung der Stimmrechte entscheiden kann.[681] Dies stelle aus Sicht außenstehender Aktionäre faktisch einen Kontrollwechsel dar, der eine Angebotspflicht rechtfertige.[682] Die Einflussmöglichkeit des Alleinkontrolleurs sei von erheblicher Bedeutung für das Schutzbedürfnis der Minderheitsaktionäre, da dieser bei der geschäftspolitischen Ausrichtung nunmehr keine Rücksicht auf Interessen der übrigen Mitglieder des Stimmbindungspools nehmen muss.[683] Würde man personenbezogen auf die Kontrollerlangung abstellen, so würden die Minderheitsaktionäre immer dann schutzlos gestellt werden,

678 RegE., BT-Drucks. 14/7034, S. 53.

679 *Baums/Hecker*, in: Baums/Thomas, WpÜG, § 35 Rn. 128 ff.; *Assmann*, in Assman/Pötzsch/Schneider, WpÜG, § 29 Rn. 12; so auch die nicht entscheidungserhebliche Aussage der BaFin in der Entscheidung MobilCom/France Télécom aus dem Jahr 2002; wohl auch *Faden*, Das Pflichtangebot, 2008, S. 91.

680 *Baums/Hecker*, in: Baums/Thomas, WpÜG, § 35 Rn. 128.

681 *Baums/Hecker*, in: Baums/Thomas, WpÜG, § 35 Rn. 134; *Assmann*, in: Assman/Pötzsch/Schneider, WpÜG, § 29 Rn. 12; *Gaede*, Kooridniertes Aktionärsverhalten, 2008, S. 264 f.; *Pittroff*, Die Zurechnung von Stimmrechten gemäß § 30 WpÜG, 2004, S. 298, der aufgrund einer erweiternden Auslegung des § 35 WpÜG den Übergang von gemeinsamer zu alleiniger Kontrolle als Kontrollwechsel auf Grund des Wegfalls der übrigen ehemaligen Kontrollinhaber qualifiziert.

682 *Baums/Hecker*, in: Baums/Thomas, WpÜG, § 35 Rn. 134; *Gaede*, Kooridniertes Aktionärsverhalten, 2008, S. 264 f.; *Pittroff*, Die Zurechnung von Stimmrechten gemäß § 30 WpÜG, 2004, S. 298; *Assmann*, in: Assman/Pötzsch/Schneider, WpÜG, § 29 Rn. 12; so auch die Aussage der BaFin in der Entscheidung MobilCom/France Télécom aus dem Jahr 2002.

683 *Assmann*, in: Assman/Pötzsch/Schneider, WpÜG, § 29 Rn. 12.

wenn die bisherige Kontrollposition eines bisherigen Kontrollinhabers sich verstärkt.[684] In einem solchen Fall muss der Vertrauensschutz des Kontrollinhabers hinter dem Schutzbedürfnis der Aktionäre zurücktreten.[685] Eine Ausnahme wird jedenfalls dann für den Fall gemacht, in dem der nun alleinige Kontrollinhaber schon vorher eine beherrschende Stellung im Pool innehatte.[686]

c) Eigene Stellungnahme

aa) Unionsrechtliche Vorgaben

Der nachfolgenden Würdigung vorangestellt ist zunächst festzuhalten, dass die Übernahmerichtlinie[687] keine Aussage darüber trifft, ob ein Wechsel von gemeinsamer zu alleiniger Kontrolle als Kontrollerlangung zu qualifizieren ist. Die Richtlinie beschränkt sich auf einige Eckpunkte des Pflichtangebotes und überlässt die konkrete Ausgestaltung weitestgehend den Mitgliedsstaaten.[688] Art. 5 Abs. 3 der Richtlinie sieht ausdrücklich vor, dass die Art der Berechnung des Stimmrechtsanteils sowie die Höhe des die Kontrollschwelle bildenden Stimmrechtsanteils von den Mitgliedsstaaten zu regeln ist.[689] Art. 5 Abs. 1 der Richtlinie bestimmt lediglich, dass bei Berechnung des Stimmrechtsanteils auch die Anteile gemeinsam handelnder Personen zu berücksichtigen sind.[690]

---

684 *Pittroff*, Die Zurechnung von Stimmrechten gemäß § 30 WpÜG, 2004, S. 298.
685 *Pittroff*, Die Zurechnung von Stimmrechten gemäß § 30 WpÜG, 2004, S. 298.
686 *Gaede*, Kooridniertes Aktionärsverhalten, 2008, S. 264 f.
687 Richtlinie 2004/25/EG des Europäischen Parlaments und des rates vom 21.04.2004 betreffend Übernahmeangebote, ABlEU Nr. L 142 vom 30.4.2004, S. 12.
688 *Verse*, NZG 2009, 1331, 1332; *Veil*, in: FS K. Schmidt, 2009, S. 1645, 1662.
689 *Richtlinie* 2004/25/EG des Europäischen Parlaments und des Rates vom 21. April 2004 betr. Übernahmeangebote, ABlEU Nr. L 142 vom 30.4.2004, S. 17.
690 *Richtlinie* 2004/25/EG des Europäischen Parlaments und des Rates vom 21. April 2004 betr. Übernahmeangebote, ABlEU Nr. L 142 vom 30.4.2004, S. 17.

bb) Wortlaut/Systematik

Angebotspflichten werden gemäß § 35 Abs. 1 WpÜG ausgelöst, wenn ein Bieter Kontrolle über eine Zielgesellschaft „*erlangt*". Gemäß § 29 Abs. 2 WpÜG ist „Kontrolle (...) das Halten von mindestens 30 % der Stimmrechte an der Zielgesellschaft". Gemäß § 30 Abs. 2 WpÜG wiederum werden einem Bieter auch Stimmrechte aus Aktien eines Dritten, mit dem der Bieter sein Verhalten in Bezug auf die Zielgesellschaft abstimmt, zugerechnet. Das Gesetz stellt somit für die Zwecke des § 29 Abs. 2 WpÜG Stimmrechte aus Aktien Stimmrechten aus solchen Aktien gleich, die ein Bieter unmittelbar hält. Entsprechend wird eine Angebotspflicht bereits dann ausgelöst, wenn ein Bieter lediglich 10 % der Stimmrechte unmittelbar hält, ihm jedoch weitere 20 % gemäß § 30 Abs. 2 WpÜG erstmalig zugerechnet werden. Aufgrund dieser gesetzlichen Gleichstellung ist der herrschenden Meinung darin zu folgen, dass der Erwerb von Aktien, deren Stimmrechte bereits zuvor Gegenstand einer Zurechnung nach § 30 Abs. 2 WpÜG waren, nicht zur Erlangung von Kontrolle führt, da entsprechende Stimmrechte bereits zuvor, – kraft ausdrücklicher gesetzlicher Wertung – eigenen Stimmrechten gleichstanden. Nach dem Wortsinn kann man nur etwas Erlangen, was man nicht ohnehin schon hat.[691] Dass das dominierende Mitglied materiell in eine einflussreichere Position rückt, ist nach dem Wortlaut des Gesetzes unbeachtlich, da die Legaldefinition der Kontrolle allein an die Zurechnung der Stimmrechte anknüpft.[692] Der eindeutige Wortlaut von § 35 Abs. 1 WpÜG spricht somit gegen die Annahme einer Kontrollerlangung und gegen eine unmittelbare Anwendung des § 35 WpÜG.[693]

Der Ablehnung einer Angebotspflicht steht auch die Regelungssystematik des WpÜG nicht entgegen. Der Angebotspflicht liegt – wie bereits eingangs demonstriert – eine zweistufige Prüfung zugrunde. Auf erster Stufe ist dabei die Bestimmung einer kontrollrelevanten Position im Sinne des § 29 Abs. 2 WpÜG und somit die Kontrollinhaberschaft zu prüfen. Die Kontrollinhaberschaft wird dabei an den rein formalen Kriterien des § 29 Abs. 2 WpÜG gemessen. Unerheblich für die Bestimmung der Kontrollinhaberschaft ist

691 *Verse*, NZG 2009, 1331, 1333.
692 *Verse*, NZG 2009, 1331, 1333.
693 *Verse*, NZG 2009, 1331, 1333; *Löhdefink*, Acting in Concert und Kontrolle, 2007, S. 391 f.

demnach, ob Kontrolle tatsächlich ausgeübt wird. Faktische Umstände werden einzig durch die Befreiungsentscheidung der BaFin berücksichtigt. Diese Systematik hat zur Folge, dass im Rahmen des zweistufigen Systems eine bestehende Kontrollposition nicht erneut die rein formalen Voraussetzungen des § 29 Abs. 2 WpÜG erfüllen kann.

cc) Formaler Kontrollbegriff

Anknüpfend an den Wortlaut und die Gesetzessystematik ist als schlagendes Argument gegen eine Angebotspflicht das rein formale Kontrollverständnis hervorzuheben. Das WpÜG knüpft für die Frage, ob ein Bieter Kontrolle im Sinne des § 35 Abs. 1 WpÜG erlangt hat, formal daran an, ob der Bieter gemäß § 29 Abs. 2 WpÜG mindestens 30 % der Stimmrechte hält.[694] Entgegen der Mindermeinung kommt es auf tatsächliche Einflussmöglichkeiten gerade nicht an. Unerheblich ist insoweit insbesondere, (i) ob aufgrund hoher Hauptversammlungspräsenzen eine 30 %-ige Beteiligung *de facto* keine Kontrolle vermittelt, (ii) ob eine effektive Kontrolle durch Vorhandensein eines weiteren Großaktionärs ausgeschlossen ist[695] oder (iii) ob sich ein Bieter im Wege der Entherrschung oder Stimmbindung dazu verpflichtet, von dem ihm zustehenden Einflusspotential keinen Gebrauch zu machen.[696] Derartige Umstände schließen einen Kontrollerwerb im Sinne des § 35 Abs. 1 WpÜG nicht aus, wenn ein Bieter (nur) rein formal Kontrolle im Sinne des § 29 Abs. 2 WpÜG erlangt.

Andererseits sind tatsächliche Umstände auch nicht geeignet, unabhängig vom Erreichen der formalen Kontrollschwelle des § 29 Abs. 2 WpÜG eine

---

694 Vgl. bereit in diesem Kapitel 5: B. I. 1.

695 Insoweit kommt lediglich eine Befreiung nach § 37 WpÜG in Betracht. Ausführlich unter Kapitel 4: B. III. 3.

696 *Noack*, in: Schwark/Zimmer, KMRK, § 29 Rn. 30; *Süßmann*, in: Angerer/Geibel/Süßmann, WpÜG, § 29 Rn. 30; *Krause/Pötzsch*, in: Assmann/Pötzsch/Schneider, WpÜG, § 35 Rn. 65 f.; *Schlitt/Ries*, in: MünchKomm/AktG, § 35 WpÜG Rn. 64 f.; *von Bülow*, in: KölnerKomm/WpÜG, § 29 Rn. 73, 76; *Hommelhoff/Witt*, in: Haarmann/Schüppen, Frankfurter Kommentar WpÜG, Vor §§ 35 bis 39 Rn. 27; vgl. auch *Oechsler*, NZG 2001, 817, 825, nach welchem der Anwendungsbereich des § 29 Abs. 2 WpÜG für solche Fälle teleologisch zu reduzieren ist.

im Sinne des § 35 Abs. 1 WpÜG relevante Kontrolle zu begründen.[697] Bloß faktische Umstände sind daher auch in sonstigen Konstellationen gänzlich irrelevant. Vor dem Hintergrund der klaren Entscheidung des Gesetzgebers, die Angebotspflicht formal an das Erreichen einer 30 %-Schwelle zu knüpfen, ist nicht ersichtlich, aus welchen Gründen dies im Falle des Wechsels von Zurechnungssachverhalten abweichend beurteilt werden sollte.

dd) Analoge Anwendung von § 35 WpÜG

Aufgrund des eindeutigen entgegenstehenden Wortlauts des Gesetzes spricht ein Teil der Literatur sich für eine analoge Anwendung des § 35 WpÜG beim Übergang von gemeinsamer auf alleinige Kontrolle aus.[698] Wie bereits für die Analogiefähigkeit von § 30 WpÜG erörtert handelt es sich bei § 35 WpÜG – auch nach Ansicht des BGH – um eine nicht analogiefähige Norm.[699] Für die einzelnen Begründungsansätze wird daher auf die Ausführungen zu § 30 WpÜG verwiesen.[700] Ferner würde eine analoge Anwendung von § 35 WpÜG dem bewusst formalen Verständnis des Kontrollbegriffs und der damit durch den Gesetzgeber bezweckten Rechtssicherheit widerlaufen. Es fehlt an einer planwidrigen Regelungslücke, da sich der Gesetzgeber in §§ 29 Abs. 2, 30, 35 WpÜG im Interesse der Rechtsklarheit ganz bewusst und abschließend für einen formalen Begriff der Kontrollerlangung

---

697 *Noack*, in: Schwark/Zimmer, KMRK, § 29 Rn. 30; *Krause/Pötzsch*, in: Assmann/Pötzsch/Schneider, WpÜG, § 35 Rn. 67; *Schlitt/Ries*, in: MünchKomm/AktG, § 35 WpÜG Rn. 67; *von Bülow*, in: KölnerKomm/WpÜG, § 29 Rn. 77; *Verse*, NZG 2009, 1331, 1334.

698 *Hammen*, Der Konzern 2009, 18, 20; *Hirte*, in: KölnerKomm/ WpHG, § 21 Rn. 7; *Koppensteiner*, in: KölnerKomm/AktG, Anh. § 22, §§ 21ff. WpHG Rn. 9; *Wackerbarth*, ZIP 2005, 1217, 1221.

699 BGH, Urt. v. 18.9.2006 – II ZR 137/05 („WMF") = NZG 2006, 945, 947; *Süßmann*, in: Angerer/Geibel/Süßmann, WpÜG, § 30 Rn. 1; *Liebscher*, ZIP 2002, 1005, 1010; *Pentz*, ZIP 2003, 1478, 1480; *Casper*, ZIP 2003, 1469, 1473; *von Bülow/Bücker*, ZGR 2004, 669, 713; *Casper*, in: Veil/Drinkuth, Reformbedarf im Übernahmerecht, S. 45, 49; *Zimmermann*, in: Fuchs, WpHG, Vor §§ 21–30 Rn 25; *Schanz*, DB 2008, 1899, 1904.

700 Siehe Kapitel 4: B. II. 2. b) ee)

entschieden hat.[701] Auf die tatsächliche Kontrollmöglichkeit kommt es dann im Befreiungsverfahren an.[702]

ee) Gleichlauf mit den Vorschriften des WpHG

Gegen eine Angebotspflicht beim Wechsel von gemeinsamer zur alleinigen Kontrolle spricht der ausdrückliche Wille des Gesetzgebers, bei der Kapitalmarktpublizität einen Gleichlauf zwischen den Vorschriften des WpHG und WpÜG herzustellen.[703] Zwar ist dieser gesetzlichen Intention entgegenzuhalten, dass WpÜG und WpHG unterschiedliche Schutzzwecke verfolgen und auf unterschiedlichen Richtlinien basieren, daraus folgt jedoch nicht, dass ein einheitliches Verständnis zum Schutz des Kapitalmarktes grundsätzlich erforderlich ist. In Rechtsprechung, Verwaltungspraxis der BaFin und Schrifttum zum WpHG besteht weitestgehend Einigkeit, dass eine Anteilsverschiebung, die zwar eine Auswechselung der anwendbaren Zurechnungsvorschriften mit sich bringt, nicht dazu führt, dass die Anzahl der dem Meldepflichtigen zuzurechnenden Stimmrechte einen neuen Schwellenwert im Sinne des § 33 WpHG erreicht und damit eine neuerliche Mitteilungspflicht auslöst.[704] Auch materielle Aspekte bleiben dabei unberücksichtigt.[705] Eine Angebotspflicht beim Wechsel von gemeinsamer zu alleiniger Kontrolle würde zu einer widersprüchlichen Behandlung des Normtatbestandes im WpHG und WpÜG führen.[706] Wegen der gravierenden Folge des

---

701 Vgl. Begr. RegE WpÜG, BT-Dr 14/7034, S. 53, 82: „(…) hat den Vorteil klarer, für den Markt erkennbarere Vorgaben und erleichtert die Ermittlung der Beteiligungsverhältnisse."

702 Vgl. ausführlich zur anaolgen Anwendung von § 35 WpÜG *Verse*, NZG 2009, 1331, 1333 ff.

703 RegE WpÜG, BT-Dr 14/7034, S. 53, 70; Begr. RegE TUG, BT-Dr 16/2498, S. 29; Begr. RegE Risikobegrenzungsgesetz, BT-Dr 16/7438, S. 11: „Da zur Vermeidung von Irritationen am Kapitalmarkt für die melderechtlichen Vorschriften dieselben Zurechnungsregeln zu gelten haben wie im Übernahmerecht, sind § 22 WpHG und § 30 WpÜG in derselben Weise auszulegen."

704 LG München I, Urt. v. 14.8.2003 – 5HK O 13413/03 = ZIP 2004, 167, 169; BaFin, Emittentenleitfaden, 2013, VIII. 2. 3. 1., S. 105; *Zimmermann*, in: Fuchs, WpHG, § 21 Rn. 41; *Schneider*, in: Assmann/Schneider, WpHG, § 21 Rn. 76; anderer Ansicht *Koppensteiner*, in: KölnerKomm/AktG, Anh. § 22, §§ 21 ff. WpHG Rn. 22.

705 *Verse*, NZG 2009, 1331, 1335.

706 *Verse*, NZG 2009, 1331, 1335.

Pflichtangebots sei im WpÜG unter Umständen eine restriktivere Auslegung geboten als im WpHG.[707] Das Gegenteil hiervon würde erreicht, wenn man beim Übergang von gemeinsamer zu alleiniger Kontrolle einen Kontrollerwerb im Sinne des WpÜG bejahen würde, obwohl die ganz herrschende Meinung eine Mitteilungspflicht des vermeintlichen Kontrollerwerbers nach § 33 WpHG verneint.

ff) Schutzzweck des Pflichtangebotes

Der Gesetzeszweck des Übernahme- und Pflichtangebotes könnte dafürsprechen, eine Erlangung von Kontrolle und damit die Abgabe eines Pflichtangebotes zu bejahen. Der Zweck besteht primär im Schutz der Minderheitsaktionäre bei grundlegenden Veränderungen der Mehrheitsverhältnisse. Die Interessenlage der außenstehenden Aktionäre ist vergleichbar mit der bei einem vollständigen Wechsel der Kontrolle.[708] Da es im Rahmen der Erlangung einer Kontrollposition zu einer veränderten Geschäftsgrundlage ihrer Investitionsentscheidung kommen kann, kann man mit nachvollziehbarer Begründung vertreten, dass ihnen ein Austrittsrecht zu angemessenen Konditionen gewährt werden sollte.[709] Ein Wechsel von gemeinsamer zu alleiniger Kontrolle kann mit einer Neuausrichtung des Unternehmens verbunden sein. Denn beherrscht ein Mitglied den Stimmbindungspool, so kann das nun nicht mehr bestehende Mitspracherecht der übrigen Mitglieder dazu führen, dass die Einstellung des Stimmrechtskonsortiums in Bezug auf die Unternehmenspolitik der Gesellschaft sich wandelt. Der Kontrollaktionär, der seine Vorstellungen bisher nur im Zusammenwirken mit den anderen Konsorten durchsetzen konnte, bestimmt nun im Wesentlichen allein über das Meinungsbild des Stimmbindungspools und damit über die Zielgesellschaft. Aus diesem Grund spricht viel dafür, einen Kontrollerwerb

---

707 *Casper*, in: Veil/Drinkuth, Reformbedarf im Übernahmerecht, 2004, S. 45, 48f.; *Drinkuth*, ZIP 2008, 676, 677 ff.; *Mülbert*, in: Hadding/Hopt/Schimansky, Vermögensverwaltung – Übernahmerecht im Gefolge der Übernahmerichtlinie, 2007, S. 141, 151; *Schneider*, WM 2006, 1321, 1322 f.

708 *Löhdefink*, Acting in Concert und Kontrolle, 2007, S. 386.

709 *Verse*, NZG 2009, 1331, 1332; *Noack/Zetzsche*, in: Schwark/Zimmer, KMRK, Einl. WpÜG Rn. 9; *Fleischer*, NZG 2002, 545, 546; *Kleindiek*, ZGR 2002, 546, 558 f.; *Faden*, Das Pflichtangebot, 2008, S. 9 f.

anzunehmen und die außenstehenden Aktionäre durch ein Pflichtangebot zu schützen.[710]

Für Angebotspflicht sprechen ferner Umgehungsmöglichkeiten. So könnten potentielle Investoren bzw. Übernahmeinteressenten durch Bildung eines Stimmbindungspools zuerst einer Angebotspflicht durch die Befreiungsmöglichkeit nach § 37 WpÜG entgehen. Anschließend wäre der Weg frei für eine Anteilsverschiebung zugunsten einer Gruppe Investoren, die durch Mehrheitserlangung eine spätere vollständige Übernahme vorbereiten könnten, ohne der Angebotspflicht nach § 35 Abs. 1 WpÜG zu unterliegen.[711]

Auf der anderen Seite sprechen auch gewichtige Argumente gegen eine Angebotspflicht und somit für eine Reduzierung des Schutzes der außenstehenden Aktionäre. Für einen beschränkten Schutz spricht, dass einerseits keine gänzliche Änderung der Kontrollsituation eintritt, sondern die nunmehrige alleinige Kontrolle durch einen bereits vormals mitkontrollierenden Aktionär ausgeübt wird.[712]

Liebscher geht bei der Einschränkung des Aktionärsschutzes sogar so weit, dass er die Ansicht vertritt, dass in Fällen einer aufgrund von Zurechnung bestehenden gemeinsamen Kontrolle gemäß § 30 Abs. 2 WpÜG die Möglichkeit, dass sich die Kontrollverhältnisse zugunsten eines mitkontrollierenden Konsortialmitglieds verschieben, für außenstehende Aktionäre nicht vollkommen überraschend ist.[713] Diesem Argument ist allerdings entgegen zu halten, dass auch in anderen Fällen eine Angebotspflicht nicht dadurch ausgeschlossen wird, dass der Kontrollwechsel für Minderheitsaktionäre vorhersehbar war.[714] Würde man die Vorhersehbarkeit einer Kontrollerlangung als Ausschlusskriterium hinzuziehen, würde

---

710 So auch *Löhdefink*, Acting in Concert und Kontrolle, 2007, S. 387; *Pittroff*, Die Zurechnung von Stimmrechten gemäß § 30 WpÜG, 2004, S. 298 f.

711 Beispiel von *Löhdefink*, Acting in Concert und Kontrolle, 2007, S. 387.

712 *Verse*, NZG 2009, 1331, 1332 f.; *Krause/Pötzsch*, in: Assmann/Pötzsch/Schneider, WpÜG, § 35 Rn. 108, anderer Ansicht *Assmann*, in: Assmann/Pötzsch/Schneider, WpÜG, § 29 Rn. 12, welcher hier einen Kontrollerwerb aufgrund der Schutzbedürftigkeit der Minderheitsaktionäre bejaht.

713 *Liebscher*, ZIP 2002, 1005, 1015.

714 *Verse*, NZG 2009, 1331, 1332 Fn. 14.; kritisch auch *Löhdefink*, Acting in Concert und Kontrolle, 2007, S. 287.

man dem formalen Verständnis des Kontrollbegriffs, welches Transparenz und Rechtsklarheit schaffen will, widersprechen.

Jedenfalls ist aufgrund der durch das WpHG gewährleisteten Transparenz für jeden zukünftigen Aktionär aufgrund von Mitteilungen nach den §§ 33, 34 WpHG ersichtlich, dass eine Zielgesellschaft – wenn auch gemeinschaftlich – von einem Stimmbindungspool kontrolliert wird. Wenn und soweit – wie in der Regel üblich – die Vereinbarung zugleich Vorkaufs – bzw. Andienungsrechte der gemeinsam kontrollierenden Aktionäre an den Aktien des jeweils anderen enthält, sind diese sogar gemäß § 39 WpHG gesondert offen zu legen, was den übernahmerechtlichen Schutz außenstehender Aktionäre weiter reduziert.

Eine danach allenfalls geringe Schutzbedürftigkeit außenstehender Aktionäre reicht nicht aus, trotz der klaren gesetzlichen Vorgaben und Wertungen eine Angebotspflicht auch in Fällen des Wechsels von Zurechnung zu unmittelbar gehaltenen Aktien bzw. bei Wechsel von gemeinsamer zu alleiniger Beherrschung einer Zielgesellschaft zu begründen.

gg) Parallele zu „Altfällen“

Bei Fällen, in denen sich die vor Inkrafttreten des WpÜG bestehende formale Kontrolle später in eine materielle Kontrolle wandelt, besteht Einigkeit, dass dies keine Angebotspflicht nach sich zieht, da es allein auf die (vor Inkrafttreten des WpÜG erfolgte) Erlangung der formalen Kontrolle ankommt.[715] Wer also bei Inkrafttreten des Gesetzes bereits die Kontrolle über eine Zielgesellschaft im Sinne von § 29 Abs. 2 WpÜG erlangt hatte, war durch das Inkrafttreten des Gesetzes nicht zur Veröffentlichung der Kontrolle und zur Abgabe eines Pflichtangebotes verpflichtet. Begründet wurde dies zum einen damit, dass der Bieter die Kontrolle nach Inkrafttreten des Gesetzes nicht „*erlangt*“ haben konnte.[716]

---

715 Allgemeine Meinung, vgl. insbesondere *Baums/Hecker*, in Baums/Thoma, WpÜG, § 35 Rn. 28; *Schlitt/Ries*, in: MünchKomm/AktG, § 35 WpÜG Rn. 152 f.; *Verse*, NZG 2009, 1331, 1334.

716 *Meyer*, in: Angerer/Geibel/Süßmann, WpÜG, § 35 Rn. 67; *Schlitt/Ries*, in: MünchKomm/AktG, § 35 WpÜG Rn. 149; *Noack/Zetzsche*, in: Schwark/Zimmer, KMRK, § 35 Rn. 33; RegBegr., BT-Drs. 14/7034, S. 59.

Daraus kann für das Verständnis des Begriffs der Erlangung der Schluss gezogen werden, dass ein Teil der Literatur für die Erlangung auf einen aktiven Erwerbstatbestand und damit auf eine Veränderung der Anteilsposition abstellt. Da im Fall der Anteilsverschiebung im Stimmbindungspool der Stimmrechtsanteil unverändert bleibt, sich lediglich die Machtverhältnisse verschieben, kann für den Begriff der Erlangung nichts Anderes gelten. Es fehlt somit beim Wechsel von gemeinsamer zu alleiniger Kontrolle aufgrund einer Anteilsverschiebung an einer Erlangung von Kontrolle.

hh) Behandlung in anderen Rechtsgebieten

Bei der Frage der Kontrollerlangung beim Wechsel von gemeinsamer zu alleiniger Kontrolle sind die Auslegung von Kontrolle über eine Gesellschaft und die Voraussetzungen für einen Kontrollwechsel in anderer Gesetze heranzuziehen.

(1) Kartellrechtliche Behandlung des Kontrollwechsels

Zentrale Vorschrift zur Bestimmung von Kontrollverhältnissen ist der Zusammenschlusstatbestand des § 37 Abs. 1 GWB. Nach § 37 Abs. 1 Nr. 2 S. 1 GWB ist ein Zusammenschluss von Unternehmen gegeben, wenn ein oder mehrere Unternehmen die unmittelbare oder mittelbare Kontrolle über die Gesamtheit oder Teile eines oder mehrerer Unternehmen *erwerben*. Der Begriff der Kontrolle wird in S. 2 konkretisiert, wonach Kontrolle besteht, wenn auf die Tätigkeit eines anderen Unternehmens bestimmender Einfluss genommen werden kann.[717] Ähnlich wie in anderen Rechtsgebieten muss Kontrolle im kartellrechtlichen Sinn nicht alleine durch ein Unternehmen ausgeübt werden, sondern kann auch durch Zusammenwirken mehrerer Unternehmen erfolgen.[718] Eine solche gemeinsame Kontrolle wird dabei häufig durch den Abschluss von Stimmbindungsvereinbarungen begründet.[719] Die Anerkennung dieser Form der Kontrollausübung durch mehrere

717 *Löhdefink*, Acting in Concert und Kontrolle im Übernahmerecht, 2007, S. 112; *Bechthold/Bosch*, in: Bechthold/Bosch, GWB, § 37 Rn. 10.

718 Vgl. *Löhdefink*, Acting in Concert und Kontrolle, 2007, S. 112; *Bechthold/Bosch*, in: Bechthold/Bosch, GWB, § 37 Rn. 13.

719 BGH Urt. v. 18.11.1986 („Hussel/Mara“) = WuW/E BGH 2337; BGH Urt. v. 12.9.1989 („Springer/Kieler Zeitung“) = WuW/E BGH 2620.

Unternehmen führt zwangsläufig zu der Frage, welche kartellrechtlichen Auswirkungen der Wechsel von gemeinsamer Kontrollausübung zu einer alleinigen Kontrollausübung auf den Kontrollerwerb nach § 37 Abs. 1 Nr. 2 S. 1 GWB hat. Nach wohl allgemeiner Ansicht erfüllt der Übergang von gemeinsamer Kontrolle zu alleiniger Kontrolle den Zusammenschlusstatbestand des Kontrollerwerbs. Begründet wird dies mit der durch den Wechsel entstehenden materiellen Strukturveränderung.[720] Zwar ändern sich bei der Alleinbeherrschung nicht die am Zusammenschluss beteiligten Parteien, die auch vorher bereits strukturell verbunden waren.[721] Es verändert sich jedoch die *Art* der Kontrolle, weil alleinige Kontrolle dem Einzelnen mehr Einfluss gewährt als gemeinsame Kontrolle.[722] Für einen übernahmerechtlich relevanten Kontrollerwerb könnte somit die kartellrechtliche Behandlung eines Wechsels von gemeinsamer zu alleiniger Kontrolle sprechen.[723]

Einem solchen Gleichlauf steht jedoch das unterschiedliche Verständnis des Kontrollbegriffs im Kartellrecht einerseits und im Übernahmerecht andererseits entgegen. Der Kontrollbegriff des GWB ist im Gegensatz zum übernahmerechtlichen Kontrollbegriff materiell auszulegen.[724] Aus diesem Grund kann aus der kartellrechtlichen Behandlung eines Wechsels von gemeinsamer zu alleiniger Kontrolle kein Rückschluss auf eine Behandlung im WpÜG gezogen werden. Vielmehr deuten die unterschiedlichen Begriffsverständnisse auch auf eine unterschiedliche Wertung eines solchen Wechsels hin.

(2) Konzernrechtliche Behandlung von Strukturänderungen

Auch das Konzernrecht kann als Anknüpfungspunkt für die Qualifizierung eines Wechsels von gemeinsamer zu alleiniger Kontrolle herangezogen werden. Zwar fehlt es im Konzernrecht an einem mit dem Kartellrecht vergleichbaren Kontrolltatbestand. Mit Blick auf das Mehrheitsverhältnis lassen sich jedoch einige Parallelen zu einer Strukturänderung im

---

720 Vgl. dazu insgesamt *Bechthold/Bosch*, in: Bechthold/Bosch, GWB, § 37 Rn. 15; *Thomas*, in: in: Immenga/Mestmäcker, GWB, § 37 Rn. 187.

721 *Thomas*, in: Immenga/Mestmäcker, GWB, § 37 Rn. 187.

722 *Thomas*, in: Immenga/Mestmäcker, GWB, § 37 Rn. 187.

723 So *Löhdefink*, Acting in Concert und Kontrolle, 2007, S. 390.

724 *Löhdefink*, Acting in Concert und Kontrolle, 2007, S. 113.

Vertragskonzern ziehen. So ist nach herrschender Meinung in der Literatur und in der Rechtsprechung ein neues Abfindungsangebot nach § 305 AktG abzugeben, wenn sich im Rahmen eines Beherrschungsvertrages die Herrschaftsverhältnisse durch den Beitritt eines weiteren Unternehmens wesentlich verändern.[725] Begründet wird eine neue Angebotspflicht mit der Tatsache, dass die außenstehenden Unternehmen beim Wechsel des Unternehmens einer neuen Beherrschungssituation gegenüberstehen, die Auswirkungen auf deren Verbleiben in der Gesellschaft haben kann.[726]

Die Situation des Beitritts zu einem Beherrschungsvertrag ist nicht vergleichbar mit einem Wechsel von gemeinsamer zu alleiniger Kontrolle, da der alleinige Kontrollinhaber schon vorher Kontrolle ausgeübt hat. Dem Wechsel von gemeinsamer zu alleiniger Kontrolle ist vielmehr immanent, dass aus einem Beherrschungsvertrag mit mehreren herrschenden Unternehmen einzelne aus diesem ausscheiden, so dass nur noch ein herrschendes Unternehmen als Vertragspartner besteht. Ob ein solcher Fall konzernrechtlich ebenfalls ein Abfindungsangebot erforderlich ist, wird bisher offengelassen.[727]

Auch fehlt es wohl an einer Parallelwertung zum konzernrechtlichen Abfindungsanspruch, dessen Funktion und Voraussetzungen mit dem Pflichtangebot nach WpÜG nicht übereinstimmen, da beiden Rechtgebieten – wie oben bereits erwähnt – ein unterschiedliches Kontrollverständnis zugrunde liegt.[728]

---

725 OLG Karlsruhe, Urt. v. 28.02.1997 – 15 W 35/95 = AG 1997, 270, 271f.; *Emmerich*, in: Emmerich/Habersack, Aktien-und GmbH-KonzernR, § 295 Rn. 13 ff., 26; *Krieger*, in: MünchHdb. GesR IV, § 71 Rn. 193 f; *Löhdefink*, Acting in Concert und Kontrolle, 2007, S. 390; *Hasselbach/Hirte*, in: Großkomm/AktG, § 304 Rn. 154; *Veil*, in: Spindler/Stilz, AktG, § 304 Rn. 77; *Koch*, in: Hüffer/Koch, AktG, § 305 Rn. 2; *Geng*, NZG 1998, 715, 717; *Röhricht*, ZHR 162 (1998), 249, 253; *Bayer*, ZGR 1993, 599, 607; anderer Ansicht *Pentz,* in: FS Kropff, 1997, S. 225, 234 ff.

726 OLG Karlsruhe, Urt. v. 28.02.1997 – 15 W 35/95 = AG 1997, 270, 271 f.; *Röhricht,* ZHR 162 (1998), 249, 253.

727 *Verse,* NZG 2009, 1331, 1333.

728 So auch *Noack/Zetzsche*, in: Schwark/Zimmer, KMRK, § 35 Rn. 14, wonach im Gegensatz zum Übernahmerecht im Konzernrecht richtigerweise auf tatsächliche Beherrschung abzustellen ist. Anders wohl *Löhdefink*, Acting in Concert und Kontrolle, 2007, S. 390.

ii) Rechtsvergleich

Aus Regelungen anderer Rechtsordnungen lassen sich unterschiedliche Schlüsse ziehen. Gegen einen Kontrollerwerb bei einer Veränderung von Kontrollverhältnissen innerhalb eines kontrollierenden Stimmbindungspools bzw. bei einem Wechsel von gemeinsamer zu alleiniger Kontrolle könnte angeführt werden, dass in Regelwerken anderer Rechtsordnungen derartige Fälle ausdrücklich als Kontrollerwerb vom Gesetz erfasst werden. Entsprechende Regelungen enthält das WpÜG gerade nicht.

Im vereinigten Königreich sieht der City Code on Takeovers and Mergers in Note 4 on Rule 9.1 bei einer Verschiebung der Beteiligungsverhältnisse innerhalb eines Abstimmungspools unter bestimmten Umständen die Angebotspflicht ausdrücklich vor.[729] Eine Angebotspflicht wird demnach ausgelöst, wenn die sich durch Acting in Concert abstimmenden Personen insgesamt mindestens 30 % der Aktien halten und ein Mitglied durch den Hinzuerwerb von Aktien eines anderen Gruppenmitglieds entweder alleine mehr als 30 % der Aktien hält oder seine bestehende Beteiligung von 30 % ausbaut. Eine Pflicht besteht insbesondere dann, wenn sich die Machtverhältnisse erheblich verändert haben.[730] Die Angebotspflicht ist jedoch nicht zwingend und der Bieter kann letztlich befreit werden. Nach dem Takeover Panel hängt die Angebotspflicht somit im Einzelfall davon ab, ob durch die Veränderung der internen Verhältnisse der abgestimmt Handelnden aufgrund der Dominanz über die Beteiligungsverhältnisse eine Neuausrichtung der Interessen der Zielgesellschaft stattfindet.

Auch im österreichischen Übernahmegesetz ist sowohl der Wechsel von gemeinsamer zu alleiniger Kontrolle (§ 22 a Nr. 2 ÜbG), als auch die Veränderung der Beherrschungsverhältnisse innerhalb einer gemeinsam kontrollierenden Gruppe (§ 22 a Nr. 3 ÜbG) ausdrücklich geregelt. In beiden Fällen besteht ein Kontrollwechsel und damit eine Angebotspflicht. Auch vor Einführung des § 22 a Nr. 3 ÜbG war bereits durch die österreichische

729 City Code on Takeovers and Mergers, Rule 9.1, note 4: "[T]here will be circumstances when the acquisition of an interest in shares by one member of a group acting in concert from another member will result in the acquirer of the interest in shares having an obligation to make an offer."

730 City Code on Takeovers and Mergers, Rule 9.1, note 4, lit. a. "whether the balance between the interests in the group has changed significantly.

Übernahmekommission anerkannt, dass der Wechsel von gemeinsamer zu alleiniger Kontrolle eine Angebotspflicht auslöst.[731] Entsprechende Regelungen enthält das WpÜG nicht. Vereinzelt wird insoweit zwar auch vertreten, dass aufgrund der Intention, sich an internationalen Standards orientieren zu wollen, der Rechtsvergleich als Argument für die Erfassung derartiger Fälle auch nach dem WpÜG angeführt werden kann.[732] Auch insoweit wird man jedoch einräumen müssen, dass Regelungen des ausländischen Rechts keine zwingenden Rückschlüsse auf die Auslegung des WpÜG zulassen.

d) Zwischenergebnis

Die genaue Analyse zeigt, dass den Erwägungen der herrschenden Meinung letztlich der Vorrang einzuräumen ist. Der Wechsel von gemeinsamer zu alleiniger Kontrolle stellt nach dem Wortlaut, der Systematik, sowie nach dem rein formalen Kontrollbegriff keine erneute Kontrollerlangung dar. Auch können keine aussagekräftigen Parallelen zur rechtlichen Behandlung eines Kontrollwechsels im Kartell- bzw. Konzernrecht gezogen werden. Ein Rechtsvergleich zeigt, dass anders als in ausländischen Vorschriften der deutsche Gesetzgeber von einer ausdrücklichen Regelung abgesehen hat. Zwar sprechen Schutzzweckargumente für eine Kontrollerlangung, jedoch reichen diese nicht aus, eine solche zu begründen. *De lege lata* kann man somit den Schluss ziehen, dass die Auslegung des Gesetzes gegen die Annahme einer Kontrollerlangung beim Wechsel von gemeinsamer zu alleiniger Kontrolle spricht.

731 Bescheid GZ 2002/3/3-63 der Übernahmekommission vom 6.8.2002, abrufbar unter http://www.takeover.at/uploads/u/pxe/A2_Entscheidungen/Bescheide/GZ_2002-3-3-63_Anonym__-_6.8.2002.pdf (Stand: 29.06.2018). Die Übernahmekommission hat sich auf einen Umkehrschluss aus § 25 Abs. 1 Nr. 2 ÜbG a.F berufen. Nach dieser Vorschrift waren „nur" geringfügige Änderungen innerhalb einer bestehenden Kontrollgruppe von der Angebotspflicht ausgenommen.

732 *Verse,* NZG 2009, 1331, 1333, der beim Wechsel von gemeinsamer zu alleiniger Kontrolle eine Angebotspflicht im Ergebnis allerdings eindeutig ablehnt.

2. *Kontrollerlangung beim Übergang von alleiniger zu gemeinsamer Kontrolle*

Für die Frage der Kontrollerlangung ebenfalls relevant ist der Fall, in dem ein bisher herrschender Kontrollinhaber seine Anteile in einem Stimmbindungspool gebündelt hat und durch Beitritt weiterer Mitglieder seine Anteilsmehrheit im Stimmbindungspool verliert. In einem solchen Fall werden – wie oben bereits festgestellt – die Anteile der Mitglieder wechselseitig gem. § 30 Abs. 2 S. 1 WpÜG zugerechnet, so dass jedes Mitglied als Kontrollinhaber im Sinne des § 29 Abs. 2 WpÜG zu qualifizieren ist. In der Literatur besteht in diesem Fall Einigkeit, dass ein Wechsel von alleiniger Kontrolle und gemeinsamer Kontrolle für vorher nicht kontrollierende Poolmitglieder eine Kontrollerlangung darstellt.[733] Fraglich ist jedoch auch hier, ob der bisherige alleinige Kontrollinhaber ein Pflichtangebot abgeben muss. Dies ist mit der Begründung abzulehnen, dass bei diesem die für eine Angebotspflicht erforderliche Kontrollerlangung fehlt.[734] Gegen eine Angebotspflicht des früheren alleinigen Kontrollinhabers spricht auch die Behandlung in anderen Rechtsordnungen.[735] Nach dem City Code, dem österreichischen ÜbG und dem französischen *reglement general* tritt bei einem Beitritt zu einem Kontrollpool bzw. der Bildung eines Pools mit einem bisher allein kontrollierenden Gesellschafter keine Angebotspflicht ein.[736]

In der Regel wird eine Befreiung von der Angebotspflicht aufgrund der fehlenden Kontrollausübungsmöglichkeit nach § 37 WpÜG erteilt. Ob eine besondere Art der Kontrollerlangung vorliegt, bestimmt sich nach den Umständen des Einzelfalls, etwa wenn der vormals allein kontrollierende

---

733 *Schlitt/Ries*, in: MünchKomm/AktG, § 37 WpÜG Rn. 52; *Ekkenga*, in: Ehricke/Ekkenga/Oechsler, WpÜG, § 37 Rn. 38; *Krause/Pötzsch/Seiler*, in: Assmann/Pötzsch/ Schneider, WpÜG, § 37 Rn. 33; *Liebscher*, ZIP 2002, 1005, 1015 f.; *Pentz*, ZIP 2003, 1478, 1488; *Pittroff*, Die Zurechnung von Stimmrechten gemäß § 30 WpÜG, 2004, S. 299 f.; *Lenz/Linke*, AG 2002, 361, 368; *Meyer*, in: Angerer/Geibel/Süßmann, WpÜG, § 37 Rn. 38; *Faden*, Das Pflichtangebot, 2008, S. 87.

734 *Löhdefink*, Acting in Concert und Kontrolle, 2007, S. 395; *Liebscher*, ZIP 2002, 1005, 1016; *Pittroff*, Die Zurechnung von Stimmrechten gemäß § 30 WpÜG, 2004, S. 299.

735 *Löhdefink*, Acting in Concert und Kontrolle, 2007, S. 395.

736 *Löhdefink*, Acting in Concert und Kontrolle, 2007, S. 395.

Aktionär immer noch die Mehrheit der Stimmrechte hält, die die kontrollierende Beteiligung bilden.[737] Ergibt sich dabei keine wesentliche Änderung der Herrschaftsverhältnisse, kommt eine Befreiung nach pflichtgemäßem Ermessen in Betracht.[738] Wenn der vormals allein kontrollierende Aktionär nur einen Zwerganteil abgibt und er die Gruppe der kontrollierenden Aktionäre dominiert, wäre im Regelfall anzunehmen, dass das Ermessen der BaFin hinsichtlich einer Befreiungserteilung auf null reduziert ist.[739]

3. *Befreiungsmöglichkeit durch die BaFin nach § 37 WpÜG*

Unterstellt man mit der Mindermeinung eine Kontrollerlangung beim Wechsel von gemeinsamer zu alleiniger Kontrolle, so kommt eine Befreiungsmöglichkeit von der Angebotspflicht durch die BaFin in Betracht. Dafür soll im Nachfolgenden auf die derzeitigen – bisher nur wenig bekannt gewordenen Fälle – der BaFin eingegangen und diese erläutert werden. Anschließend wird im Hinblick auf einen Kontrollwechsel bei Familienpools eine (mögliche) Argumentation für den Befreiungsantrag vorgeschlagen.

a) Art der Kontrollerlangung

Eine entsprechende Befreiung durch die BaFin kann auf Grund der Art der Kontrollerlangung gerechtfertigt sein. Die „Art der Erlangung“ ist weniger der zum Erwerb führende rechtliche Tatbestand,[740] sondern vielmehr die Gesamtheit der tatsächlichen Umstände, die den Erwerb geprägt haben und die für die Beurteilung, ob das Interesse des Bieters dem Interesse

---

737 *Krause/Pötzsch/Seiler*, in: Assmann/Pötzsch/Schneider, WpÜG, § 37 Rn. 33; *Löhdefink*, Acting in Concert und Kontrolle, 2007, S. 395; *Meyer*, in: Angerer/Geibel/Süßmann, WpÜG, § 37 Rn. 38.

738 *Krause/Pötzsch/Seiler*, in: Assmann/Pötzsch/ Schneider, WpÜG, § 37 Rn. 33.

739 *Krause/Pötzsch/Seiler*, in: Assmann/Pötzsch/ Schneider, WpÜG, § 37 Rn. 33; *Liebscher*, ZIP 2002, 1005, 1016; *Schlitt/Ries*, in: MünchKomm/AktG, § 37 WpÜG Rn. 28.

740 *Krause/Pötzsch*, in: Assman/Pötzsch/Schneider, WpÜG, § 37 Rn. 25; *Versteegen*, in: KölnerKomm/WpÜG, § 37 Rn. 24; *Hommelhoff/Witt*, in: Haarmann/Schüppen, Frankfurter Kommentar WpÜG, § 37 Rn. 12; *Schlitt/Ries*, in: MünchKomm/AktG, § 37 WpÜG Rn. 22; *Meyer*, in: Angerer/Geibel/Süßmann, WpÜG, § 37 Rn. 32.

der Aktionäre überwiegt, typischerweise oder im Einzelfall von Bedeutung sind.[741] So kann eine Befreiung von den Verpflichtungen des § 35 WpÜG gerechtfertigt sein, wenn die Aktionäre der Zielgesellschaft wegen der besonderen Art der Kontrollerlangung einen dem WpÜG gleichwertigen Schutz genießen oder aus anderen Gründen nicht oder nur beschränkt schutzbedürftig sind.[742]

b) Verwaltungspraxis der BaFin

Es lassen sich nur wenig veröffentlichte Befreiungsentscheide finden, in denen sich die BaFin mit dem Problem des Übergangs von gemeinsamer zu alleiniger Kontrolle und dem damit verbundenen Befreiungsantrag auseinandergesetzt hat.

Im Jahre 2002 (kurz nach Inkrafttreten des WpÜG) hat die BaFin das erste Mal zur Frage der Kontrollerlangung beim Wechsel von gemeinsamer zu alleiniger Kontrolle Stellung genommen. Im Fall MobilCom/France Télécom hat die BaFin zu erkennen gegeben, dass sie zur Annahme eines Kontrollerwerbs beim Wechsel von gemeinsamer zu alleiniger Kontrolle neigt. France Télécom und der MobilCom-Gründungsaktionär Schmid hielten bereits vor Inkrafttreten des WpÜG gemeinsam die Kontrolle an der MobilCom AG.[743] Die BaFin entschied, dass sich trotz der Abberufung von Herrn Schmid als Vorstandsvorsitzendem nichts an der gemeinsamen Kontrolle geändert habe und deshalb kein Pflichtangebot zu unterbreiten sei.[744] Im *Obiter dictum* fügte die BaFin hinzu, dass ein Pflichtangebot dann abzugeben gewesen wäre, wenn France Télécom die alleinige Kontrolle erlangt hätte.[745]

---

741 *Krause/Pötzsch,* in: Assman/Pötzsch/Schneider, WpÜG, § 37 Rn. 25; *Versteegen*, in: KölnerKomm/WpÜG, § 37 Rn. 24; *Hommelhoff/Witt*, in: Haarmann/Schüppen, Frankfurter Kommentar WpÜG, § 37 Rn. 12; *Schlitt/Ries*, in: MünchKomm/AktG, § 37 WpÜG Rn. 22; *Meyer*, in: Angerer/Geibel/Süßmann, WpÜG, § 37 Rn. 32.

742 *Krause/Pötzsch*, in: Assman/Pötzsch/Schneider, WpÜG, § 37 Rn. 31.

743 http://www.faz.net/aktuell/wirtschaft/mobilfunk-mobilcom-aktie-verliert-weiter-an-wert-169389.html (Stand: 29.06.2018); *Verse*, NZG 2009, 1331, 1332.

744 http://www.faz.net/aktuell/wirtschaft/mobilfunk-mobilcom-aktie-verliert-weiter-an-wert-169389.html (Stand: 03.08.2018); *Verse*, NZG 2009, 1331, 1332.

745 Vgl. unter Bezugnahme auf die BaFin *Buchholz,* France Télécom gewinnt im Übernahme-Poker, abrufbar unter http://www.manager-magazin.de/finanzen/

Da diese Äußerung nicht entscheidungserheblich war, nicht näher begründet wurde und aus einer Zeit stammt, in der sich im Schrifttum noch nicht die nunmehr überwiegende Gegenansicht herausgebildet hatte, wird man aus dieser Aussage allerdings noch nicht auf eine gefestigte Verwaltungspraxis der BaFin schließen können. Nichtsdestotrotz besitzt diese Entscheidung nicht unbeachtliche Aussagekraft.

C. Zwischenergebnis

Im Ergebnis führt das formale Begriffsverständnis dazu, dass die Mehrheitsbildung im Stimmbindungspool übernahmerechtlich *de lege lata* bei zwei Fragestellungen Diskussionspotential und damit Rechtsunsicherheit hervorruft.

Zum einen ist im Falle einer Mehrheitsbildung innerhalb eines Stimmbindungspools bisher ungeklärt, ob eine solche entgegen des Grundsatzes einer wechselseitigen Stimmrechtszurechnung bei § 30 Abs. 2 WpÜG eine einseitige Stimmrechtszurechnung in Richtung des Beherrschers begründet. Den Befürwortern einer einseitigen Stimmrechtszurechnung ist aus teleologischen Gesichtspunkten zuzustimmen. Dafür spricht sowohl der Schutzzweck des WpÜG als auch die Parallele zu entsprechenden Regelungen in ausländischen Rechtssetzungen. Die Lösung über die Befreiungstatbestände ist aufgrund des Erteilungsermessens der BaFin keine rechtssichere Lösung. Im Ergebnis ist *de lege ferenda* die Schaffung eines Ausnahmetatbestandes für den Fall denkbar, in dem die tatsächliche Wahrnehmung der Stimmrechte der Mitglieder durch die Majorisierung verhindert wird. Dieses Ergebnis stellt jedoch gleichzeitig eine Kritik des formalen Verständnisses des Kontrollbegriffs dar, welcher durch einen Ausnahmetatbestand eine weitere Materialisierung erfahren würde.

Zum anderen schweigt das Gesetz darüber, ob der Wechsel von gemeinsamer zu alleiniger Kontrolle eine Kontrollerlangung darstellt, mit der Folge, dass ein Pflichtangebot durch den allein kontrollierenden Konsorten

---

artikel/a-207682.html (Stand: 03.08.2018). In der Entscheidung traf die BaFin auch die Aussage, dass einem Wechsel von gemeinsamer zu alleiniger Kontrolle dann vorliegt, wenn ein zuvor mittelbar kontrollierender Aktionär mindestens 30 % der Anteile unmittelbar an einer Gesellschaft hält. In einem solchen Fall ist der Aktionär zur Abgabe eines Pflichtangebotes verpflichtet.

abzugeben ist. Der Wechsel von gemeinsamer zu alleiniger Kontrolle stellt nach dem Wortlaut, Systematik, sowie nach dem rein formalen Kontrollbegriff keine erneute Kontrollerlangung dar. Ein Rechtsvergleich zeigt, dass anders als in ausländischen Vorschriften der deutsche Gesetzgeber von einer ausdrücklichen Regelung abgesehen hat. Zwar sprechen Schutzzweckargumente für eine Kontrollerlangung, jedoch reichen diese nicht aus, eine Kontrollerlangung nach geltenden Recht zu begründen. *De lege lata* wird man den Schluss ziehen, dass die Auslegung des Gesetzes gegen die Annahme einer Kontrollerlangung beim Wechsel von gemeinsamer zu alleiniger Kontrolle spricht.

Kapitel 5: Publizitätspflichten bei Familienpools nach den Vorschriften des WpHG bzw. MAR

Familienpools werfen unter dem WpHG Probleme auf, die vom Gesetzgeber bisher unbedacht geblieben sind.[746] Diese betreffen zum einen die Mitteilungspflichten nach den Vorschriften der §§ 33, 34 WpHG als auch insiderrechtliche und ad-hoc-relevante Sachverhalte nach Art. 9, 17 MAR. Die Publizitätspflichten sind im sechsten Teil des WpHG sowie in der Marktmissbrauchsverordnung geregelt. Ihnen kommt eine große Bedeutung zu, weil sie Transparenz auf dem Kapitalmarkt schaffen und damit gleichzeitig dessen Funktionsfähigkeit fördern.[747] Trotz der herausragenden Stellung der Publizitätspflichten für die Schutzrichtung des WpHG ist deren Erfüllung in Bezug auf Familienpools im Vergleich zu den Vorschriften in anderen Rechtssetzungen eher von geringer Relevanz. Grund dafür ist, dass die Publizitätspflichten auf börsennotierte Unternehmen zugeschnitten sind und damit hauptsächlich Verhaltenspflichten für Emittenten begründen. Die Aktionäre selbst sind neben der Beachtung der insiderrechtlichen Verbotstatbestände im Wesentlichen zur Abgabe von Stimmrechtsmitteilungen verpflichtet, welche bei Verletzung zu einem Rechtsverlust nach § 44 WpHG führen kann.

Im Rahmen der nachfolgenden Untersuchung sollen die Publizitätspflichten für Stimmbindungspools, deren Mitglieder sowie für den Emittenten selbst im Fall einer Majorisierung beleuchtet werden. Dazu stellt sich zunächst die Frage, wer in einem Stimmbindungspool zur Stimmrechtsmitteilung verpflichtet ist. Inwieweit sich die Majorisierung auf die mitteilungspflichtige Beteiligungshöhe der einzelnen Mitglieder auswirkt, betrifft die Auslegung des Zurechnungstatbestandes des § 34 Abs. 2 S. 1 WpHG bei Abstimmungsvereinbarungen über die Stimmrechtsausübung. Dabei sind

---

746 Vgl zu weiteren wertpapierhandelsrechtlichen Fragestellungen in Bezug auf Familienpools *Hopt*, ZGR 1997, 1, 5.

747 Zum Schutzzweck der Mitteilungspflichten vgl. unter A. II.

insbesondere die wertpapierübernahmerechtlich geltenden Grundsätze des wortgleichen § 30 Abs. 2 S. 1 WpÜG zu berücksichtigen und eine etwaige abweichende Beurteilung zu diskutieren. Ferner soll in erforderlicher Kürze im Rahmen der Pflicht zur Stimmrechtsmeldung auf die in der Literatur häufig diskutierte Frage eingegangen werden, wer die Mitteilungspflicht bei sich abstimmenden Poolmitglieder zu erfüllen hat.

Ob eine Majorisierung innerhalb eines Familienpools als insiderrelevante Information für den Emittenten angesehen werden kann, ist im Rahmen der Ad-hoc-Publizität zu beleuchten. Dabei stellt sich die Frage, ob eine solche Majorisierung innerhalb eines Pools – ihre Insiderqualität vorausgesetzt – den Emittenten *unmittelbar* betrifft.

Während die spezifische Problematik im Hinblick auf die Mitteilungspflichten bei Familienpools bereits in der Literatur an einigen Stellen Erwähnung gefunden hat, wird der Fall der Majorisierung in Bezug auf die Stimmrechtszurechnung noch nicht hinreichend erläutert. Auch finden sich in Bezug auf mögliche Ad-hoc-Pflichten keine Aussagen darüber, inwieweit sich insiderrelevanten Sachverhalte innerhalb eines Konsortiums auf die Ebene des Emittenten auswirken können.

A. Mitteilungspflichten nach §§ 33, 34 WpHG

Zentrale Kernvorschrift im sechsten Abschnitt des WpHG bildet § 33 WpHG, welcher die Voraussetzungen für das Eingreifen einer Mitteilungspflicht normiert.[748] § 33 Abs. 1 WpHG legt prozentuale Werte fest, bei welchen Schwellenberührungen aus einer wesentlichen Stimmanteilsveränderung eine Meldepflicht resultiert. Nach § 33 Abs. 1 WpHG hat derjenige der Gesellschaft sowie der BaFin unverzüglich mitzuteilen, der durch Erwerb, Veräußerung oder auf sonstige Weise 3, 5, 10, 25, 50 oder 75 % der Stimmrechte an einer börsennotierten Gesellschaft erreicht, überschreitet oder unterschreitet. § 33 Abs. 1 S. 1 WpHG nimmt Bezug auf § 34 Abs. 1 und 2 WpHG, welcher eine Zurechnung von fremden Stimmrechten für die Bestimmung der Schwellenhöhe anordnet. Dies hat zur Folge, dass unter die Meldepflicht nicht nur Stimmrechte aus selbst gehaltenen Aktien fallen,

748 *Zimmermann*, in: Fuchs, WpHG, § 21 Rn. 1 bezogen auf die alte Fassung des WpHG vom 26.11.2015.

sondern auch solche, welche nach § 34 Abs. 1 und 2 WpHG zugerechnet werden.

I. Änderungen durch das 2. Finanzmarktnovellierungsgesetz (2. *FiMaNog*)

Vor dem 3. Januar 2018 waren die Mitteilungspflichten eines Meldepflichtigen in den §§ 21, 22 WpHG a.F. geregelt. Durch das zweite Finanzmarktnovellierungsgesetz[749] hat das WpHG eine grundlegende Neunummerierung erfahren, welche auch die Normierung der Mitteilungspflichten betrifft.[750] Eine inhaltliche Änderung der Mitteilungspflichten erfolgte im Rahmen der Novellierung nicht. Die Vorschriften der §§ 21, 22 WpHG a. F. wurden wortgleich übernommen und sind nun in den §§ 33, 34 WpHG geregelt. Dabei handelt es sich nach der Gesetzesbegründung um redaktionelle Folgeänderungen auf Grund der Neunummerierung des Gesetzes, welche die bessere Übersichtlichkeit des WpHG bezweckt.[751] Bei der nachfolgenden Untersuchung können somit die für §§ 21, 22 WpHG a. F. geltenden Grundsätze und wissenschaftlichen Untersuchungen auf die §§ 33, 34 WpHG übertragen werden.

II. Schutzzweck der Mitteilungspflichten

Der Schutzzweck der Mitteilungspflichten liegt in der Gewährleistung einer umfassenden Beteiligungstransparenz sowie der Offenlegung des Binneneinflusses beim Emittenten.[752] Die Beteiligungstransparenz ermöglicht es zum

---

749 Zweites Gesetz zur Novellierung von Finanzmarktvorschriften auf Grund europäischer Rechtsakte (Zweites Finanzmarktnovellierungsgesetz – 2. FiMaNoG), Begr. RegE, BT-Drs. 18/10936.

750 Die neusten Änderungen im WpHG verdeutlichen exemplarisch die zunehmende Bedeutung von europäischem Recht und die abnehmende Bedeutung nationaler Regulierung. Das zeigt auch die Gesetzesbegründung, in der die wesentlichen Inhalte der Änderungen zusammengefasst sind. Vgl. Begr. RegE, BT-Drs. 18/10936, S. 2 ff. sowie den Fachartikel der BaFin zu den Änderungen durch das 2. FiMaNoG, abrufbar unter https://www.bafin.de/SharedDocs/Veroeffentlichungen/DE/Fachartikel/2017/fa_bj_1706_FiMaNoG.html;jsessionid=281FE560EE56F699B23C768E860522E1.2_cid390?nn=7847010#doc9466440bodyText2 (Stand: 03.08.2018).

751 RegE, BT-Drs. 18/10936, S. 231.

752 *von Bülow*, in: KölnerKomm/WpHG, § 22 Rn. 37.

einen, dass Emittenten Unternehmensübernahmen und Kontrollverhältnisse im Vorfeld frühzeitig erkennen.[753] Zum anderen führt die Beteiligungstransparenz für die Aktionäre zu einem umfassenden Anlegerschutz, indem die Rahmenbedingungen für Anleger fair und ordnungsgemäß organisiert werden.[754] Diese können sich anhand der Stimmrechtsmitteilungen ein Bild über die Aktionärsstruktur der Gesellschaft verschaffen und dieses bei ihrer Investitionsentscheidung berücksichtigen.[755] Dies hat zur Folge, dass sich die Markteffizienz erhöht und das Investitionsinteresse auch ausländischer Investoren gefördert wird.[756].

Das Transparenzgebot spiegelt sich auch in der Entwicklung der gesetzlichen Vorschriften über die Mitteilungspflichten wider. §§ 21, 22 WpHG a. F. wurden zuletzt durch das Transparenzrichtlinie-Umsetzungsgesetz vom 5. Januar 2007 wesentlich geändert, wo im Rahmen der Umgestaltung unter anderem die Schwellenwerte von 15, 20 und 30 % sowie die neue Eingangsmeldeschwelle von 3 % eingefügt wurden.[757] Sinn und Zweck dieser Verschärfung war die Erhöhung der Beteiligungstransparenz sowie die Erschwerung von „unbemerktem Anschleichen" an Emittenten.[758] Die Einführung der Eingangsmeldeschwelle von 3 % folgte aus dem Umstand, dass Aktionäre bereits mit einer Beteiligung unterhalb von 5 % entscheidenden Einfluss auf den Emittenten einnehmen konnten.[759]

---

753 RegE, BT-Drs. 14/7034, S. 70; Begr. Reg, BT 12/6679 S. 52; *Zimmermann*, in: Fuchs, WpHG, Vor § 21 bis 30 Rn. 18; *Petersen*, in: Spindler/Stilz, AktG, § 30 WpHG Rn. 2; *Schneider*, in: Assmann/Schneider, WpHG, vor. § 21 Rn. 21; *Schürnbrand*, in: Emmerich/Habersack, Aktien- und GmbH-KonzernR, Vor § 21 WpHG Rn. 2.

754 Vgl. dazu ausführlich *Zimmer*, in: Schwark/Zimmer, KMRK, § 1 Rn. 4; *Bayer*, in: MünchKomm/AktG, Anh. § 22 § 21 WpHG Rn. 1.

755 RegE, BT Drs. 12/6679, S. 52 *Zimmermann*, in: Fuchs, WpHG, Vor § 21 bis 30 Rn. 16; *Petersen*, in: Spindler/Stilz, AktG, § 30 WpHG Rn. 2; *Schürnbrand*, in: Emmerich/Habersack, Aktien- und GmbH-KonzernR, Vor § 21 WpHG Rn. 2.

756 RegE, BT Drs. 12/6679, S. 52; Begr. RegE BT Drs. 17/3628, S. 17; *Zimmermann*, in: Fuchs, WpHG, Vor § 21 bis 30 Rn. 16.

757 *Zimmermann*, in: Fuchs, WpHG, § 21 Rn. 2.

758 Vgl. Erwägungsgrund 9 Transparenz-RL; RegE, BT-Drs. 14/7034, S. 26, 34.

759 RegE, BT-Drs. 14/7034, S. 34.

III. Mitteilungspflichten von Familienpools nach §§ 33, 34 WpHG

Die gesetzlichen Anforderungen an die Stimmrechtsmitteilungen im Hinblick auf abgestimmtes Verhalten von Familienaktionären aufgrund von Stimmbindungsvereinbarungen werden seit Inkrafttreten der §§ 21 ff. WpHG von der Literatur kritisiert. Gegenstand der Kritik ist, dass bei einem zahlreiche Personen umfassenden Familienpool auch eine geringfügige Änderung im Aktienbesitz (nur) eines Familienmitglieds die Mitteilungspflicht der anderen Poolteilnehmer gemäß §§ 33, 34 Abs. 2 WpHG (§§ 21, 22 Abs. 2 WpHG a. F.) auslösen kann.[760] Des Weiteren besteht Uneinigkeit über die Stimmrechtszurechnung nach § 34 Abs. 2 WpHG (§ 22 Abs. 2 WpHG a. F.) für den Fall, dass ein Familienmitglied das Familienkonsortium beherrscht. Hier widerspricht die Mitteilungspflicht der Poolmitglieder dem tatsächlichen Einflussverhalten im Pool, was zu einer Verwirrung der übrigen Aktionäre hinsichtlich des Einflusses der einzelnen Familienmitglieder führen kann. Aus diesem Grund wird diskutiert, ob in einem majorisierten Stimmbindungspool eine Stimmrechtszurechnung nach § 34 Abs. 2 S. 1 WpHG (§ 22 Abs. 2 S. 1 WpHG a. F.) erfolgt oder ob vielmehr dem dominierenden Poolmitglied die Stimmrechte der übrigen Poolmitglieder einseitig zuzurechnen sind (*nachfolgend unter 1.*). Bei der Untersuchung kann auf die zu § 30 Abs. 2 WpÜG getroffenen Wertungen weitestgehend verwiesen werden.[761] Der Frage der Zurechnungsrichtung nachgelagert ist sodann zu untersuchen, ob eine Anteilsverschiebung im Pool eine Meldepflichte jedes einzelnen Mitglieds auslöst (*nachfolgend unter 2.*).

1. *Stimmrechtszurechnung nach § 34 Abs. 2 S. 1 WpHG*

Nach § 34 Abs. 2 S. 1 WpHG werden dem Meldepflichtigen auch Stimmrechte eines Dritten aus Aktien des Emittenten in voller Höhe zugerechnet, mit dem der Meldepflichtige oder ein Tochterunternehmen des

760 *Zimmermann*, in: Fuchs, WpHG, § 22 Rn. 110; *Schwark*, in: Schwark/Zimmer, WpHG, § 22 Rn. 32 ff.; *Falkenhagen*, WM 1995, 1005, 1007 f.; *Hopt*, ZGR 1997, 1, 26 f.; *Nottmeier/Schäfer*, AG 1997, 87, 94 f.; *Schneider*, AG 1997, 81, 85; *Sudmeyer*, BB 2002, 685, 688.

761 Zu dieser Frage beim wortgleich formulierten § 30 Abs. 2 WpÜG vgl. bereits ausführlich Kapitel 4: B. I. 2.

Meldepflichtigen sein Verhalten in Bezug auf diesen Emittenten *auf Grund einer Vereinbarung* oder in sonstiger Weise *abstimmt*. Sinn und Zweck der Norm besteht in der Eindämmung von Umgehungsmöglichkeiten der Mitteilungspflicht nach § 33 WpHG, indem die Norm auch die Offenlegung von mittelbaren Stimmrechtseinflüssen erfasst.[762] Bei der Auslegung der Zurechnungsnorm ist das von §§ 33, 34 WpHG bezweckte Transparenzgebot zu berücksichtigen.[763] Dies führt jedoch nicht dazu, dass bei der Auslegung der einzelnen Tatbestände ein umfassendes Transparenzbedürfnis besteht.[764] Vielmehr hat der Gesetzgeber im Gesetz in § 34 Abs. 1 und Abs. 2 WpHG Tatbestandsmerkmale genannt, bei welchem Eingreifen das Informationsinteresse der Anleger dem Anonymitätsinteresse überwiegt.[765]

a) Zurechnungsregeln des § 34 Abs. 2 WpHG bei Stimmbindungspools

Nach dem Wortlaut des § 34 Abs. 2 S. 1 WpHG ist Voraussetzung für die Zurechnung von Stimmrechten eine *Verhaltensabstimmung auf Grund einer Vereinbarung*. Wann eine solche Verhaltensabstimmung vorliegt, ist – wie auch bei § 30 Abs. 2 S. 1 WpÜG – nicht näher geregelt.[766] In der Literatur ist anerkannt, dass bei Abschluss eines Poolvertrages, der zum Zwecke der gemeinschaftlichen Durchsetzung von Geschäftsführungszielen und somit zur Einflusserhaltung der Familien vereinbart wird, eine solche Verhaltensabstimmung vorliegt.[767] Poolverträge lassen sich somit grundsätzlich unter

---

762 *Petersen*, in: Spindler/Stilz, AktG, § 30 Rn. 37; *Schneider*, in: Assmann/Schneider, WpHG § 22 Rn. 3ff.; *Burgard*, BB 1995, 2069, 2071.

763 *von Bülow,* in: KölnerKomm/WpHG, § 22 Rn. 37; *Veil,* in: Schmidt/Lutter, AktG, Anh. § 22 AktG: Vor §§ 21 ff. Rn. 8.

764 *Schürnbrand*, in: Emmerich/Habersack, Aktien- und GmbH- KonzernR, Vorbemerkungen zu §§ 21 ff. WpHG, Rn. 1 f.

765 *Schürnbrand*, in: Emmerich/Habersack, Aktien- und GmbH- KonzernR, Vorbemerkungen zu §§ 21 ff. WpHG, Rn. 1 f.

766 Vgl zur Kritik des offen formulierten Zurechnungstatbestandes die Ausführungen zu § 30 Abs. 2 S. 1 WpÜG, Kapitel 4: B. I. 2. A) bb) Reichweite von § 30 Abs. 2 S. 1 WpÜG

767 *Bayer*, in: MünchKomm/AktG, § 22 WpHG Rn. 46; *Petersen*, in: Spindler/Stilz, AktG, § 22 Anh. Rn. 52; ausführlich *Schneider*, in: Assmann/Schneider, WpHG, § 22 Rn. 200ff.; *Schwark*, in: Schwark/Zimmer, KMRK, § 22 Rn. 22; *Heinrich*, in: Heidel, AktG, § 22 WpHG Rn. 19; *Weiß*, Acting in Concert, 2006, S. 141.

den Tatbestand des § 34 Abs. 2 S. 1 WpHG als auch unter den des wortgleichen § 30 Abs. 2 S. 1 WpÜG subsumieren.[768] Dies hat zur Folge, dass die Stimmrechte der sich abstimmenden Familienmitglieder wechselseitig nach § 34 Abs. 2 S. 1 WpHG zugerechnet werden.[769] Der Grundsatz der wechselseitigen Stimmrechtszurechnung entspricht der herrschenden Meinung in der Literatur zu § 34 Abs. 2 S. 1 WpHG (bzw. § 22 Abs. 2 WpHG a. F.)[770] sowie der Verwaltungspraxis der BaFin[771] und folgt ebenfalls aus der Parallelwertung des wortgleichen § 30 Abs. 2 S. 1 WpÜG.[772] Dem stehen die

---

768 Zum WpHG vgl. *Bayer*, in: MünchKomm/AktG, § 22 WpHG Rn. 46; *Petersen*, in: Spindler/Stilz, AktG, § 22 Anh. Rn. 52; ausführlich *Schneider*, in: Assmann/Schneider, WpHG, § 22 Rn. 200ff.; *Schwark*, in: Schwark/Zimmer, KMRK, § 22 Rn. 22; *Weiß*, Acting in Concert, 2006, S. 141. Zum WpÜG vgl. *Liebscher*, ZIP 2002, 1005, 1007; *Pentz*, ZIP 2003, 1478, 1482; *Schneider*, in: Assmann/Pötzsch/Schneider, WpÜG, § 30 Rn. 218; *Wackerbarth*, in: MünchKomm/AktG, § 30 WpÜG Rn. 59; *Noack/Zetzsche*, in: Schwark/Zimmer, KMRK, § 30 Rn. 35; *Diekmann*, in: Baums/Thoma, WpÜG, § 30 Rn. 79; *Lenz/Linke*, AG 2002, 361, 368; *Braun*, NZG 2008, 928, 929; *Schüppen/Walz*, in: Haarmann/Schüppen, Frankfurter Kommentar WpÜG, § 30 Rn. 71; *Eggers*, Das Pflichtangebot im Spannungsfeld zwischen Kapitalmarkt- und Konzernrecht, 2006, S. 220; *von Bülow*, in: KölnerKomm/WpÜG, § 30 Rn. 253; *Löhdefink*, Acting in Concert und Kontrolle, 2007, S. 260 ff.; *Veil*, in: FS K.Schmidt, 2009, S. 1647.

769 Kritisch *von Bülow*, in: KölnerKomm/WpHG, § 22 Rn. 236.

770 Begr. RegE, BT-Drs. 12/6679, S. 53; *Schwark*, in: Schwark/Zimmer, KMRK, § 22 Rn. 18; *Zimmermann*, in: Fuchs, WpHG, § 22 Rn. 105; *Schürnbrand*, in: Emmerich/Habersack, Aktien-und GmbH-KonzernR, § 22 Rn. 31; *Petersen*, in: Spindler/Stilz, AktG, § 22 Anh. Rn. 58; *Bayer*, in: MünchKomm/AktG, § 22 WpHG Rn. 43; *Schneider*, in: Assmann/Schneider, WpHG, § 22 Rn. 193; *Becker*, in: Bürgers/Körber, AktG, Anh 22 AktG/§ 22 Rn. 9; kritisch *von Bülow*, in: KölnerKomm/WpHG, § 22 Rn. 236.

771 BaFin, Emmittentenleitfaden 2013, VIII.2.5.8.3, S. 122; *Hoppe/Michel*, Bundesanstalt für Finanzdienstleistungsaufsicht Journal 04/10, S. 3.

772 Zum Grundsatz der wechselseitigen Zurechnung bei § 30 Abs. 2 S. 1 WpÜG *Noack/Zetzsche*, in: Schwark/Zimmer, KMRK, § 30 Rn. 45; *Pentz*, ZIP 2003, 1478, 1480, 1488; *Pittroff*, Die Zurechnung von Stimmrechten gemäß § 30 WpÜG, 2004, S. 309; *Schneider*, in: Assmann/Pötzsch/Schneider, WpÜG, § 30 Rn. 208; *Süßmann*, in: Angerer/Geibel/Süßmann, WpÜG, § 30 Rn. 29; *Diekmann*, in: Baums/Thoma, WpÜG, § 30 Rn. 87; *Steinmeyer*, in: Steinmeyer, WpÜG, § 30 Rn. 70; *Lenz/Linke*, AG 2002, 361, 368; *Liebscher*, ZIP 2002, 1005, 1007; *Löhdefink*, Acting in Concert und Kontrolle, 2007, S. 325; *Casper*, ZIP 2003, 1469, 1476; *Braun*, NZG 2008, 928, 930.

unterschiedlichen Rechtsfolgen beider Zurechnungsnormen auch nicht entgegen.[773] Für Stimmbindungspools führt der Grundsatz der wechselseitigen Zurechnung dazu, dass beim Hinzutreten bzw. beim Generationswechsel eines Poolmitglieds oder bei Erwerb weiterer Anteile durch ein Poolmitglied sich die Anteilsverhältnisse aller Poolmitglieder ändern. Die Veröffentlichungspflicht trifft in diesem Fall auch die von dem Generationswechsel bzw. der Anteilserwerb nicht betroffenen Mitglieder.

Ob eine solche wechselseitige Zurechnung ausnahmelos stattfindet, ist bereits Gegenstand der dargestellten Diskussion zur Auslegung und Reichweite der Zurechnungsvorschrift des § 30 Abs. 2 S. 1 WpÜG.[774] Dort wurde im Wege einer teleologischen Reduktion im Ergebnis eine Ausnahme vom Grundsatz der wechselseitigen Zurechnung für den hier untersuchten Fall befürwortet, in dem ein Poolmitglied den Stimmbindungspool beherrscht.[775] Für den wortgleich formulierten § 34 Abs. 2 S. 1 WpHG stellt sich somit folgerichtig die Frage, ob eine solche Ausnahme nach dem Schutzzweck der Mitteilungspflichten bei herrschender Dominanz im Stimmbindungspool erforderlich ist. Eine von § 30 Abs. 2 WpÜG abweichende Auslegung der Zurechnungsvorschrift könnte sich für den Fall der Majorisierung nur unter besonderer Berücksichtigung des Transparenzgebotes als Schutzzweck der Mitteilungspflichten ergeben.

b) *Gleichlauf der übernahmerechtlichen und wertpapierhandelsrechtlichen Zurechnungsregeln beim majorisierten Stimmbindungspool*

Bei der Regelung des § 34 Abs. 2 WpHG handelt es sich nach der Regierungsbegründung[776] um die Parallelvorschrift zu § 30 Abs. 2 WpÜG, so dass die Ausführungen zur Stimmrechtszurechnung im Rahmen des § 30 Abs. 2 WpÜG auf § 34 Abs. 2 WpHG zu übertragen sind. Zwar besteht

773 Anderer Ansicht *Opitz*, in Schäfer/Hamann, Kapitalmarktgesetze, § 22 WpHG Rn. 93a, welcher aus der Ablehnung einer einseitigen Zurechnung bei § 22 Abs. 2 WpHG wegen der unterschiedlichen Rechtsfolgen von § 30 Abs. 2 WpÜG und § 22 Abs. 2 S. 1 WpHG ein teleologisch bedingtes anderes Ergebnis bei § 30 Abs. 2 WpÜG in Betracht zieht.

774 Vgl. Kapitel 4: B. I. 2. a) dd) (1)

775 Vgl. Kapitel 4: B. I. 2. a) ee)

776 RegE., BT-Drs. 14/7034, S. 53, 70.

in der Literatur und Rechtsprechung[777] Uneinigkeit, ob die Zurechnungstatbestände des § 30 Abs. 2 WpÜG und § 34 Abs. 2 WpHG einheitlich auszulegen sind. Insbesondere wird diskutiert, ob der unterschiedliche Normzweck beider Regelungen einer einheitlichen Auslegung der Zurechnungstatbestände entgegensteht.[778] Da die BaFin sich ausdrücklich für eine einheitliche Auslegung ausspricht, soll auf eine Darstellung der einzelnen Begründungsansätze verzichtet werden. Jedenfalls im Hinblick auf die Vermeidung einer Irreführung des Kapitalmarkts[779] als auch auf den einheitlichen Wortlaut beider Vorschriften ist im Sinne der überzeugenderen Ansicht in der Literatur[780] und der BaFin eine einheitliche Auslegung beider Tatbestände zu befürworten.

Nach einer Auffassung in der Literatur zu § 34 Abs. 2 WpHG (§ 22 Abs. 2 WpHG a. F.) ist im Falle eines majorisierten Stimmbindungspools eine Ausnahme von der wechselseitigen Stimmrechtszurechnung zu machen, so dass allein dem dominierenden Poolmitglied die Stimmrechte

777 Zu § 22 Abs. 2 WpHG: OLG Stuttgart, Urt. v. 10. 11. 2004 – 20 U 16/03 = NZG 2005, 432, 436.

778 Eine einheitliche Auslegung beider Zurechnungsvorschriften verneinend *von Bülow*, in: KölnerKomm/WpHG, § 22 Rn. 34 f.; *Franck*, BKR 2002, 709, 711 ff.; *Pluskat,* DB 2009, 383, 384 f.; *Schneider*, in: Assmann/Pötzsch/Schneider, WpÜG, § 30 Rn. 14; *Schneider*, WM 2006, 1321, 1322; *Drinkuth*, ZIP 2008, 675, 678; *von Bülow/Bücker,* ZGR 2004, 669, 696; *Fleischer,* ZGR 2008, 185, 197 f.; *Steinmeyer*, in: Steinmeyer, WpÜG, § 30 Rn. 3; *Borges*, ZIP 2007, 357, 361; *Casper*, ZIP 2003, 1469, 1473; *Eidenmüller*, DStR 2007, 2116, 2119 f.; *Seibt,* ZIP 2004, 1829, 1830; *Opitz,* in: Schäfer/Hamann, Kapitalmarktgesetze, § 22 WpHG Rn. 101.

779 So RegE, BT-Drucks. 14/7034, S. 53, 70.

780 Eine einheitliche Auslegung bejahend vgl. *Zimmermann*, in: Fuchs, WpHG, Vor § 21 Rn. 27; *Veil*, in: Schmidt/Lutter, AktG, § 22 Anh. Vor § 21 WpHG Rn. 10; *Diekmann*, in: Baums/Thoma, WpÜG § 30 Rn. 2; *Wackerbarth*, in: MünchKomm/AktG, § 30 WpÜG Rn. 5 ff.; *Kocher/Mattig*, BB 2018, 1667, 1668; *Liebscher*, ZIP 2002, 1005, 1009; *Sudmeyer,* BB 2002, 685, 686; *Walz*, in: Haarmann/Schüppen, Frankfurter Kommentar WpÜG, § 30 Rn. 71; *Diekmann/Merkner*, NZG 2007, 921, 922; *Engert,* ZIP 2006, 2105, 2111; *Spindler,* WM 2007, 2356, 2358; ausführlich Wackerbarth ZIP 2007, 2340 ff. m.w.N.; *Weiß*, Acting in concert, 2007, S. 19 ff., 33 ff.; *Veil*, in: FS K.Schmidt, 2009, S. 1645, 1659; *Süßmann*, in: Angerer/Geibel/Süßmann, WpÜG, § 30 Rn. 1; *Schockenhoff/Schuhmann,* ZGR 2005, 568, 608 f.

der Poolmitglieder einseitig zugerechnet werden.[781] *Veil* spricht sich für eine teleologische Reduktion von § 34 Abs. 2 S. 1 WpHG in Fällen einer strukturellen Dominanz aus.[782] Eine Ausnahme vom Grundsatz wechselseitiger Zurechnung sei geboten, wenn ein an der Vereinbarung beteiligter Aktionär sich gegenüber den anderen beteiligten Aktionären bei Abstimmungen im Pool durchsetzen kann.[783] Auch *von Bülow*[784] spricht sich bei struktureller Dominanz im Pool für eine einseitige Zurechnung zum beherrschenden Poolmitglied aus. Nur er könne über die für eine Stimmrechtszurechnung maßgebliche Möglichkeit der Einflussnahme auf das Stimmverhalten Dritter verfügen.[785] Es bestehe nach dem Normzweck des § 34 Abs. 2 WpHG gerade kein Grundsatz der wechselseitigen Zurechnung, sondern vielmehr müsse ein Gleichlauf von Stimmrechtsherrschaft und Stimmrechtszurechnung erreicht werden.[786] Eine Zurechnung sei somit nur anzunehmen, wenn

---

781 *Veil*, in: Schmidt/Lutter, AktG, § 22 WpHG, Rn. 44; *von Bülow*, in: KölnerKomm/WpHG, § 22 Rn. 236 ff., 248; *Schürnbrand*, in: Emmerich/Habersack, Aktien- und GmbH-KonzernR, § 22 WpHG Rn. 31; jüngst *Kocher/Mattig*, BB 2018, 1667, 1668 ff.; *Borges,* ZIP 2007, 357, 360; *Kocher,* BB 2012, 721, 722; offen gelassen *Schilha*, in: Bürgers/Körber, AktG; Anh § 22 AktG/§ 22 WpHG Rn. 20. Bei § 30 Abs. 2 WpÜG eine einseitige Zurechnung bejahend *Diekmann*, in: Baums/Thoma, WpÜG, § 30 Rn. 87; *Diekmann*, in: Gesellschaftsrecht in der Diskussion, 2005, S. 69, 84 f.; *Veil*, in: FS K. Schmidt, 2009, S. 1645, 1656; *Noack/Zetzsche*, in: Schwark/Zimmer, KMRK, § 30 Rn. 37; *Löhdefink*, Acting in Concert und Kontrolle, 2007, S. 330; *von Bülow*, in: KölnerKomm/WpÜG, § 30 Rn. 256; *Krause*, ZGR 2002, 500, 513; *Lange*, ZBB 2004, 22, 26; *Casper,* ZIP 2003, 1469, 1474; *Pentz*, ZIP 2003, 1478, 1488; *Schlitt/Rieß*, in: MünchKomm/AktG, § 35 WpÜG Rn. 47; *Casper*, in: Veil/Drinkuth, Reformbedarf im Übernahmerecht, S. 45, 50; *von Bülow/Bücker*, ZGR 2004, 669, 707. Vgl. auch *Schaub*, DStR 2018, 871, 874; *Schaub*, DStR 2017, 1438, 1441; *Kotzenberg/Lorenz*, NJW 2017, 2433, 2435, im Hinblick auf die Pflichten von Stimmbindungsvereinbarungen nach dem neuen Transparenzregister.

782 *Veil*, in: Schmidt/Lutter, AktG, § 22 WpHG, Rn. 44; *Veil*, in: FS K. Schmidt, 2009, S. 1645, 1656; jüngst *Kocher/Mattig*, BB 2018, 1667, 1668; vgl. für § 30 WpÜG *Noack/Zetzsche*, in: Schwark/Zimmer, KMRK, § 30 Rn. 37.

783 *Veil*, in: Schmidt/Lutter, AktG, § 22 WpHG, Rn. 44.

784 *von Bülow,* in: KölnerKomm/WpHG, § 22 Rn. 248.

785 *von Bülow,* in: KölnerKomm/WpHG, § 22 Rn. 248.

786 *von Bülow,* in: KölnerKomm/WpHG, § 22 Rn. 236; *Kocher/Mattig*, BB 2018, 1667, 1668; *Fleischer/Bedkowski*, DStR 2010, 933, 935.

der Meldepflichtige aufgrund des abgestimmten Verhaltens jedenfalls potentiell die Möglichkeit hat, auf die Stimmrechtsausübung Einfluss zu nehmen.[787] Die konkrete Möglichkeit sei deshalb als Voraussetzung für eine Stimmrechtszurechnung nach § 34 Abs. 2 WpHG zu verstehen.[788]

Dies stößt bei der wohl herrschenden Auffassung in der Literatur zu § 34 Abs. 2 WpHG auf erhebliche Kritik.[789] Auch die BaFin spricht sich in ihrem Emittentenleitfaden ausdrücklich gegen eine einseitige Zurechnung bei einem beherrschten Stimmbindungspool aus.[790] Eine Zurechnung „in voller Höhe“ sei durch die Zurechnungsvorschrift des § 34 Abs. 2 WpHG grundsätzlich angeordnet.[791]

Dieser Auffassung schließen sich einige Stimmen in der Literatur unter Hinweis auf die Auffassung der BaFin an. Nach *Merkner* und *Sustmann*[792] sei die Perspektive der Aktionäre bzw. des Kapitalmarkts maßgeblich.[793] Die Stimmabgabe in der Hauptversammlung erfolge im Namen der Familie „als Block“, so dass die übrigen Aktionäre nicht erkennen können,

---

787 *von Bülow,* in: KölnerKomm/WpHG, § 22 Rn. 236, 245 ff.

788 *von Bülow,* in: KölnerKomm/WpHG, § 22 Rn. 236.

789 *Zimmermann*, in: Fuchs, WpHG, § 22 Rn. 99 f.; *Schneider*, in: Assmann/Schneider, WpHG, § 21 Rn. 200; *Gaede,* Koordiniertes Aktionärsverhalten, 2008, S. 261; *Heinrich*, in: Heidel, AktG, § 22 WpHG Rn. 18; *Liebscher,* ZIP 2002, 1005, 1007; *Nietsch*, WM 2012, 2218, 2223; *Opitz*, in Schäfer/Hamann, Kapitalmarktgesetze, § 22 WpHG Rn. 93a; *Koppensteiner*, in: KölnerKomm/AktG, Anh. § 22, §§ 21 ff. WpHG, Rn. 23. *Petersen*, in: Spindler/Stilz, AktG, § 22 Anh Rn. 58; *Krämer/Heinrich*, ZIP 2009, 1737, 1744; *Weiß*, Zurechnungstatbestand des acting in concert, 2007, S. 142; wohl auch *Krämer/Heinrich*, ZIP 2009, 1737, 1744; offen gelassen *Schilha*, in: Bürgers/Körber, AktG, Anh § 22 AktG/§ 22 WpHG Rn. 20. Bei § 30 Abs. 2 WpÜG ebenfalls eine einseitige Zurechnung ablehnend: *Baums/Hecker*, in; Baums/Thoma, WpÜG, § 35 Rn. 78 f. und Rn. 290 f.; *Hommelhoff/Witt*, in: Haarmann/Schüppen, Frankfurter Kommentar WpÜG, § 35 Rn. 64; *Lenz/Linke*, AG 2002, 361, 368; *Braun*, Die Befreiung vom Pflichtangebot, 2008, S. 210 ff.; *Braun*, NZG 2008, 928, 930 f.; *Strunk/Salomon/Holst*, in: Veil, Übernahmerecht in Praxis und Wissenschaft, S. 1, 32. so auch *Schneider*, in: Assmann/Pötzsch/Schneider, WpÜG, § 30 Rn. 218.

790 BaFin, Emittentenleitfaden 2013, VIII. 2.5.8.3., S. 122; *Hoppe/Michel,* Bundesanstalt für Finanzdienstleistungsaufsicht Journal 04/10, S. 3, 4.

791 BaFin, Emittentenleitfaden 2013, VIII.2.5.8.3., S. 122.

792 *Merkner/Sustmann*, NZG 2009, 813, 818.

793 *Merkner/Sustmann*, NZG 2009, 813, 818.

wer die Entscheidungsfindung im Pool beeinflusse.[794] Teilweise wird eine ausnahmelos geltende wechselseitige Zurechnung mit dem Schutzzweck der Mitteilungspflichten begründet.[795] Bei der kapitalmarktrechtlichen Beteiligungstransparenz komme es nicht darauf an, ob eine formelle Stimmrechtsmacht auch materiell – als Möglichkeit der tatsächlichen Einflussnahme – besteht.[796] Ferner wird der BaFin dahingehend zugesprochen, dass eine einseitige Zurechnung keine Stütze im Gesetz findet.[797] *Weiß* sieht den Vorteil der wechselseitigen Zurechnung letztlich in dem Umstand, dass die Letztentscheidungsbefugnis so in den Kompetenzbereich der BaFin falle.[798] Dieser bleibe es erspart, etwaige verdeckte Poolabsprachen ausfindig zu machen und auf ihr Innenverhältnis hin zu untersuchen. Die Handlungspflicht liege somit bei den einzelnen Poolmitgliedern.[799]

Im Ergebnis ist der vorgenannten Auffassung in der Kommentarliteratur zu § 34 Abs. 2 WpHG (§ 22 Abs. 2 WpHG a. F.) sowie der Auffassung der BaFin nicht zu folgen. Wird ein Stimmbindungspool von einem Mitglied beherrscht, so findet eine Stimmrechtszurechnung einseitig in Richtung des herrschenden Poolmitgliedes statt. Die für § 30 Abs. 2 S. 1 WpÜG vertretenen Grundsätze sind somit *mutatis mutandis* auf § 34 Abs. 2 S. 1 WpHG zu übertragen.

Dies lässt sich zunächst mit einem Gleichlauf der übernahmerechtlichen und wertpapierhandelsrechtlichen Zurechnungsregeln begründen. Zu einer unterschiedlichen Behandlung beider Zurechnungsvorschriften gelangt man nicht unter besonderer Berücksichtigung des Sinn und Zwecks der Zurechnungsvorschriften. Das Transparenzgebot gebietet keine teleologisch bedingte Andersbehandlung von Beherrschungssituationen in

794 *Merkner/Sustmann*, NZG 2009, 813, 818.

795 *Opitz*, in Schäfer/Hamann, Kapitalmarktgesetze, § 22 WpHG Rn. 93a; *Zimmermann*, in: Fuchs, WpHG, § 22 Rn. 99 f.; *Schneider*, in: Assmann/Schneider, WpHG, § 21 Rn. 200; *Koppensteiner*, in: KölnerKomm/AktG, Anh. § 22, §§ 21 ff. WpHG Rn. 23.

796 *Zimmermann*, in: Fuchs, WpHG, § 22 Rn. 99 f.

797 *Heinrich*, in: Heidel, AktG, § 22 WpHG Rn. 19; *Opitz*, in: Schäfer/Hamann, Kapitalmarktgesetze, § 22 WpHG Rn. 93a; wohl auch *Krämer/Heinrich*, ZIP 2009, 1737, 1744.

798 Vgl. *Weiß*, Zurechnungstatbestand des acting in concert, 2007, S. 142.

799 Vgl. *Weiß*, Zurechnungstatbestand des acting in concert, 2007, S. 142.

Stimmbindungspools. Sinn und Zweck der Zurechnungsvorschrift ist die Aufdeckung faktischer und rechtlicher Einflussnahme auf die Stimmrechtsausübung, um so eine Umgehung kapitalmarktrechtlicher Pflichten im Wege der Gestaltung von Beteiligungsstrukturen zu verhindern.[800] Durch die einseitige Stimmrechtszurechnung wird den Aktionären ein genaues Bild über die Beherrschungsverhältnisse im Stimmbindungspool gegeben. Das herrschende Poolmitglied ist verpflichtet, eine Stimmrechtsmeldung über den ganzen Poolbestand zu veröffentlichen, während die übrigen Poolmitglieder einzig verpflichtet sind, ihre unmittelbar gehaltenen Anteile zu melden. Die Stimmrechtsmeldungen des herrschenden Poolmitglieds entsprechen dabei dem tatsächlichen Einfluss im Pool.

Auch besteht eine Ungleichbehandlung beider Zurechnungsregeln nicht unter Berücksichtigung der unterschiedlichen Rechtsfolgen. *Opitz* weist darauf hin, dass wegen der unterschiedlichen Rechtsfolgen von § 30 Abs. 2 S. 1 WpÜG und § 34 Abs. 2 S. 1 WpHG eine teleologisch bedingte andere Rechtsfolge in Betracht kommt.[801] Dieser Ansicht kann nicht gefolgt werden. Die Mitteilungspflicht begründet die Pflicht zur Stimmrechtsmeldung, während die Kontrollausübung die Pflicht zur Veröffentlichung und Abgabe eines Pflichtangebotes mit sich bringt. Die unterschiedlichen Rechtsfolgen sind nicht nur formaler Natur (Abgabe einer Meldung im Verhältnis zur Verpflichtung, die Anteile außenstehender Aktionäre zu übernehmen), auch sind mit deren Erfüllung unterschiedliche Konsequenzen verbunden. Die wortgleiche Formulierung der Vorschriften des Acting in Concert zeigt, dass der Gesetzgeber – trotz unterschiedlich gravierender Rechtsfolgen – bewusst keine Unterschiede bei der Erfüllung des Tatbestandes macht. Vielmehr ist eine einheitliche Auslegung geboten, weil durch die Stimmrechtsmeldungen Rückschlüsse auf die Pflichten nach WpÜG gezogen werden können. Eine differenzierende Auslegung würde somit dazu führen, dass das majorisierende Mitglied gegebenenfalls zur Abgabe eines Übernahmeangebotes verpflichtet wäre, während die Höhe der Stimmrechte nach der Stimmrechtsmeldung sich nicht von der Höhe der übrigen Konsortialmitglieder

---

800 Vgl. Begr. RegE, BT-Drs. 12/6679, S. 54 zu § 22 Abs. 1 S. 1 Nr. 6 aF; *Zimmermann*, in: Fuchs, WpHG, § 22 Rn. 1; *Schneider*, in: Assmann/Schneider, WpHG, § 22 Rn. 4 f.

801 *Opitz*, in Schäfer/Hamann, Kapitalmarktgesetze, § 22 WpHG Rn. 93a.

unterschiedet. Eine unterschiedliche Auslegung der Zurechnungsregeln würde somit zu einer unterschiedlichen Behandlung von Beherrschungssituationen innerhalb eines abgestimmten Verhaltens von Aktionären führen und ein gesteigertes Maß an Rechtsunsicherheit mit sich bringen.

Eine einseitige Zurechnung lässt sich auch aus den Entscheidungsgründen eines Urteils des BGH[802] zur Stimmrechtszurechnung nach § 34 Abs. 2 WpHG entnehmen. Dieser hat in seinem Urteil vom 19. Juli 2011 betont, dass maßgeblich für eine Zurechnung von Stimmrechten nach § 34 Abs. 2 WpHG die Möglichkeit des Meldepflichtigen zur Einflussnahme auf die Ausübung der betreffenden Stimmrechte ist. Der BGH hat nicht näher konkretisiert, wann eine solche Möglichkeit der Einflussnahme vorliegt. Für die Beantwortung der Frage nach der Zurechnungsrichtung im Falle einer Majorisierung ist somit entscheidend, ob eine solche *Möglichkeit der Einflussnahme* bereits dann gegeben ist, wenn ein Mitglied am Abstimmungsvorgang teilnimmt. Reicht bereits die Teilnahme an der Abstimmung im Familienpool aus, so ist der Tatbestand des § 34 Abs. 2 S. 1 WpHG erfüllt. Erfordert eine solche Möglichkeit hingegen, dass die Stimme eines Poolmitgliedes im Abstimmungsergebnis Niederschlag findet, etwa weil wechselnde Mehrheiten möglich sind, so fehlt es an einer Abstimmung im Sinne des § 34 Abs. 2 S. 1 WpHG.[803] Nach einem solchen Verständnis würde die Möglichkeit der Einflussnahme erfordern, dass sich der Meldepflichtige im Pool durchsetzen kann.[804]

Für eine einseitige Stimmrechtszurechnung spricht letztlich der Vergleich des § 34 Abs. 2 WpHG mit dem europäischen Pendant des Art. 10 lit. a Transparenz-RL.[805] Die Mitteilungspflicht umfasst danach auch solche Stimmrechte, die von einem Dritten gehalten werden, mit dem diese natürliche oder juristische Person eine Vereinbarung getroffen hat, die beide verpflichtet, langfristig eine gemeinsame Politik bezüglich der Geschäftsführung des betreffenden Emittenten zu verfolgen, indem sie die von ihnen gehaltenen Stimmrechte *einvernehmlich* ausüben. An einer einvernehmlichen

802 BGH, Urt. v. 19. 7. 2011 – II ZR 246/09 = NZG 2011, 1147, 1149.
803 Dieses Ergebnis befürten insbesondere *Kocher/Mattig*, BB 2018, 1667, 1668 f.
804 Ablehnend *Petersen*, in: Spindler/Stilz, AktG, § 22 WpHG Anh Rn. 58 Fn. 193.
805 Vgl. jüngst *Kocher/Mattig*, BB 2018, 1667, 1668 f. So auch *Schürnbrand*, in: Emmerich/Habersack, Aktien- und GmbH- KonzernR, § 22 WpHG Rn. 31.

Ausübung fehlt es nach dem Begriffsverständnis schon dann, wenn ein Mitglied über die Stimmrechtsausübung aller poolgebundenen Anteile gesichert und ständig disponieren kann.

Da die BaFin ihren Emittentenleitfaden in der aktuellen Fassung auf den relevanten Seiten als „veraltet“ kennzeichnet, ist somit derzeit nicht klar, ob die BaFin in Zukunft an ihrer bisherigen Rechtsauffassung festhalten wird.

c) Zwischenergebnis

Nach dem Wortlaut des § 34 Abs. 2 S. 1 WpHG ist Voraussetzung für die Zurechnung von Stimmrechten eine *Verhaltensabstimmung auf Grund einer Vereinbarung*. Poolverträge lassen sich somit grundsätzlich sowohl unter den Tatbestand des § 34 Abs. 2 S. 1 WpHG als auch unter den des wortgleichen § 30 Abs. 2 S. 1 WpÜG subsumieren. Dies hat zur Folge, dass die Stimmrechte der sich abstimmenden Familienmitglieder grundsätzlich wechselseitig nach § 34 Abs. 2 S. 1 WpHG zugerechnet werden. Eine Ausnahme vom Grundsatz der wechselseitigen Zurechnung nach § 34 Abs. 2 WpHG wird jedoch für den Fall vertreten, in dem ein Mitglied die Anteilsmehrheit in Stimmrechtspool besitzt, so dass er über die Stimmabgabe der übrigen Mitglieder disponieren kann. In diesem Fall erfolgt – ebenso wie bei der Parallelvorschrift des § 30 Abs. 2 WpÜG – eine einseitige Stimmrechtszurechnung in Richtung des beherrschenden Mitglieds. Dieser Annahme steht auch nicht das Transparenzgebot entgegen. In der Praxis ist auf die Auffassung der BaFin hinzuweisen, welche sich in ihrem Emittentenleitfaden von 2013 ausdrücklich für eine wechselseitige Zurechnung im Fall des majorisierten Stimmbindungspools ausspricht.

2. Adressat der Meldepflicht bei Familienpools

Die Frage nach dem Adressaten der Meldepflicht bei Familienpools stellt sich unabhängig von den Beherrschungsverhältnissen im Stimmbindungspool abstrakt bei jedweder Art von Konsortialverträgen. Da es sich regelmäßig bei den Konsortien um Innengesellschaften bürgerlichen Rechts ohne Rechtsträgerschaft handelt,[806] ist der Familienpool selbst nicht zur eigenen

806 Vgl. zur Rechtnatur bereits Kapitel 1: A. III.

Stimmrechtsmeldung nach § 33 WpHG verpflichtet. Eine Mitteilungspflicht kommt einzig im Hinblick auf die einzelnen Poolmitglieder in Betracht.[807]

In der Literatur werden die Mitteilungspflichten bei Familienpools kritisiert.[808] So wird diskutiert, ob die gesetzlichen Anforderungen an die Mitteilungspflicht bei Familienpools für das Transparenzgebot förderlich sind. Gerade durch den Schwellenwert von 3 % wurde die Meldepflicht nochmal verschärft. Dies führt bei Stimmbindungspools nochmal zu einer erhöhten Pflicht zur Stimmrechtsmeldung. Besonders unbefriedigend ist die Situation bei Familienpools mit zahlreichen Mitgliedern und Kleinstbeteiligungen. Bei diesen besteht grundsätzlich kein Bedürfnis für eine permanente Veröffentlichung, so dass hier die Mitteilungspflicht weniger zur öffentlichen Information, sondern vielmehr zur Verunsicherung beiträgt.[809]

Bei einem zahlreiche Personen umfassenden Familienpool wäre nach §§ 33 Abs. 1, 34 Abs. 2 S. 1 WpHG jedes Mitglied mitteilungspflichtig. Dies führt dazu, dass auch eine geringfügige Änderung im Aktienbesitz (nur) eines Familienmitglieds die Mitteilungspflicht der anderen Poolteilnehmer gemäß §§ 33, 34 Abs. 2 WpHG auslösen kann.[810] Diese Rechtsfolge wirft praxisrelevante Probleme auf. So wird in der Regel nicht jedes

---

807 Vgl. dazu insgesamt *Bayer*, in: MünchKomm/AktG, § 22 WpHG Rn. 46; *Zimmermann*, in: Fuchs, WpHG, § 21 Rn. 11; *Schwark*, in: Schwark/Zimmer, KMRK, § 21 Rn. 8; *Petersen*, in: Spindler/Stilz, AktG, § 30 WpHG Rn. 21; *Opitz*, in: Schäfer/Hamann, Kapitalmarktgesetze, § 21 WpHG Rn. 7; *Schneider*, in Assmann/Schneider, WpHG, § 21 Rn. 5; *Nottmeier/Schäfer*, AG 1997, 87, 91; *Falkenhagen*, WM 1995, 1005, 1007 f.; *Hopt*, ZGR 1997, 1, 26 f.; *Schneider*, AG 1997, 81, 85; *Sudmeyer*, BB 2002, 685, 688.

808 *Bayer*, in: MünchKomm/AktG, § 22 WpHG Rn. 46; *Zimmermann*, in: Fuchs, WpHG, § 21 Rn. 11; *Schwark*, in: Schwark/Zimmer, KMRK, § 21 Rn. 8; *Petersen*, in: Spindler/Stilz, AktG, § 30 WpHG Rn. 21; *Opitz*, in: Schäfer/Hamann, Kapitalmarktgesetze, § 21 WpHG Rn. 7; *Schneider*, in: Assmann/Schneider, WpHG, § 21 Rn. 5; *Nottmeier/Schäfer*, AG 1997, 87, 91; *Falkenhagen*, WM 1995, 1005, 1007 f.; *Hopt*, ZGR 1997, 1, 26 f.; *Schneider*, AG 1997, 81, 85; *Sudmeyer*, BB 2002, 685, 688.

809 *Schwark*, in: Schwark/Zimmer, KMRK, § 22 Rn. 33; *Schneider*, AG 1997, 81, 85; *Jäger*, WM 1996, 1356, 1357; *Kocher/Mattig*, BB 2018, 1667, 1668.

810 *Zimmermann*, in: Fuchs, WpHG, § 22 Rn. 110, *Schwark*, in: Schwark/Zimmer, WpHG, § 22 Rn. 32 ff.; *Falkenhagen*, WM 1995, 1005, 1007 f.; *Hopt*, ZGR 1997, 1, 26 f.; *Nottmeier/Schäfer*, AG 1997, 87, 94 f.; *Schneider*, AG 1997, 81, 85; *Sudmeyer*, BB 2002, 685, 688.

Poolmitglied die genaue Höhe der ihm zuzurechnen Anteile kennen.[811] Es scheinen Verstöße gegen die Meldepflichten des WpHG vorprogrammiert, wenn §§ 33, 34 WpHG bei Geburt Heirat, Wechsel eines Poolmitgliedes oder eine sonstige Anteilsverschiebung die Kenntnis aller Mitglieder von diesem Umstand voraussetzt.[812] Darüber hinaus würde eine Mitteilungspflicht jedes Poolmitglieds zu einem erheblichen Verwaltungsaufwand für das Bundesaufsichtsamt und dem börsennotierten Unternehmen durch die Zuordnung der einzelnen Meldungen entstehen.[813] Um zu verhindern, dass Poolmitglieder aufgrund einer Bestandsänderungen einzelner Aktionäre ihre Mitteilungspflicht versäumen, wird in der Praxis eine Klausel im Stimmbindungsvertrag aufgenommen, welche eine gegenseitige Informationspflicht der Mitglieder statuiert, die ihre Anteile veräußern bzw. weitere Anteile erwerben.[814]

Vorschläge zur Abhilfe bestehen darin, die Familie als solche als mitteilungspflichtig anzusehen oder § 34 Abs. 2 WpHG *de lege ferenda* so abzuändern, dass Anteilsveränderungen innerhalb des Familienpools die Mitteilungspflicht nicht auslösen.[815] Auch besteht der Vorschlag, „sich auf periodische etwa einmal jährliche Abgaben von Meldungen über den Poolbestand zu beschränken".[816]

IV. Mitteilungspflichten nach dem Transparenzregister

Auch im Geldwäscherecht (GwG) stellt sich beim neuen Transparenzregister die Frage, welches Mitglied in einem beherrschten Stimmbindungspool der Mitteilungspflicht unterliegt. Nach dem Geldwäscherecht ist mittels

---

811 *Jäger*, WM 1996, 1356, 1357; *Falkenhagen,* WM 1995, 1005, 1008.

812 *Nottmeier/Schäfer*, AG 1997, 87, 94.

813 *Jäger*, WM 1996, 1356, 1357.

814 Von einer Veräußerung poolgebundener Anteile werden die einzelnen Poolmitlgieder aufgrund der Stimmbindungsvetrag enthaltenen Vorkaufs- bzw. Andienungsrechte in der Regel Kenntnis haben.

815 Vgl. *Zimmermann*, in: Fuchs, WpHG, § 22 Rn. 110; *Hopt,* ZGR 1997, 1, 26 f.; siehe auch *Nottmeier/Schäfer*, AG 1997, 87, 95; *Falkenhagen,* WM 1995, 1005, 1008, mit dem Vorschlag jährlicher Mitteilungen über den Poolbestand. Ähnlich *Sudmeyer*, BB 2002, 685, 688, der sich für die Schaffung einer allgemeinen Regelung ausspricht.

816 So *Falkenhagen,* WM 1995, 1005, 1008.

Schwellenwerten der wirtschaftliche Berechtigte einer Vereinigung zu ermitteln, welcher nach § 20 Abs. 1 GwG verschiedene Angaben nach § 19 GwG dem Transparenzregister mitzuteilen hat.[817] Stimmbindungspools lösen eine solche Mitteilungspflicht an das Transparenzregister aus, wenn ein oder mehrere Poolmitglieder als wirtschaftliche Berechtigte einer Vereinigung einzuordnen sind.[818] Dies ist jedenfalls dann der Fall, wenn ein Poolmitglied Kontrolle nach § 3 Abs. 2 Nr. 2 oder Nr. 3 GwG vermittelt. § 19 Abs. 3 GWG konkretisiert den Begriff der Kontrolle, wonach die Stellung als wirtschaftlich Berechtigter auch aus „der Ausübung von Kontrolle auf sonstige Weise, insbesondere aufgrund von Absprachen zwischen einem Dritten und einem Anteilseigner oder zwischen mehreren Anteilseignern untereinander" folgen kann.

In der Literatur unstreitig ist die Einordnung einer Stimmbindungsvereinbarung als kontrollvermittelndes Instrument, wonach eine Mitteilung an das Transparenzregister erforderlich ist, wenn der Pool mehr als 25 % der Stimmrechte einer Gesellschaft auf sich vereint. Für den Pool selbst als Innengesellschaft bürgerlichen Rechts besteht eine Mitteilungspflicht jedoch nicht, da das Transparenzregister die BGB-Gesellschaft vom Anwendungsbereich ausnimmt.[819]

Fraglich ist somit, wer in einem mehrheitlich beteiligten Stimmbindungspool als wirtschaftlich Berechtigter zu qualifizieren ist. Der Wortlaut der Gesetzesbegründung deutet grundsätzlich auf eine wechselseitige Zurechnung der Kontrolle über die Stimmrechte der Poolmitglieder in einem klassischen Stimmbindungspool hin, so dass sämtliche Poolmitglieder als wirtschaftliche Berechtigte einzuordnen sind.[820] In der Literatur hat sich jedoch eine herrschende Auffassung herausgebildet, welche eine wechselseitige Zurechnung nicht für solche Poolmitglieder annimmt, die im Pool nur eine geringe Beteiligung besitzen und somit keinen Einfluss auf die

---

817 Vgl. zum neuen Transparenzregister insbesondere *Schaub*, DStR 2018, 871 ff.; *Kocher/Mattig*, BB 2018, 1667, 1670 ff.; *Longrée/Pesch*, NZG 2017, 1081 ff.

818 *Schaub*, DStR 2018, 871, 873.

819 *Schaub*, DStR 2018, 871, 872.

820 Begr. RegE, BT.-Drs. 18/11555, S. 128. Dem folgend *Mhamed*, ZIP 2017, 2133, 2141; *Zillmer*, DB 2017, 1931, 1935.

Umsetzung des Abstimmungsergebnis haben.[821] Ob eine solche Auffassung sachgerecht erscheint, oder nicht vielmehr eine Abweichung von den kapitalmarktrechtlichen Grundsätzen beim Acting in Concert nach § 34 Abs. 2 S. 1 WpHG und § 30 Abs. 2 S. 1 WpÜG darstellt, soll an dieser Stelle offenbleiben.[822]

In der Literatur wird jüngst diskutiert, ob eine wechselseitige Zurechnung im Falle einer strukturellen Dominanz im Pool erfolgen soll. Danach soll nur derjenige als wirtschaftlich Berechtigter zu qualifizieren sein, der den Pool aufgrund seiner internen Stimmenmehrheit beherrscht.[823] Dieser Auffassung hat sich auch das Bundesverwaltungsamtes (BVA) angeschlossen, wonach „in einer Stimmbindungsvereinbarung, wo nur eine Person Kontrolle ausübt, (…) folgerichtig nur die beherrschende Person wirtschaftlicher Berechtigter“ ist.[824]

Im Ergebnis hat sich in Bezug auf die Zurechnung einflussvermittelnder Positionen im Geldwäscherecht der Grundsatz durchgesetzt, dass bei Stimmbindungspools nur das dominierende Poolmitglied als wirtschaftlicher Berechtigter anzusehen ist. Dies kann mit Blick auf die streitig diskutierte Frage der Zurechnungsrichtung beim Acting in Concert entsprechend als Argument für eine einseitige Zurechnung herangezogen werden.

---

821 Vgl. *Assmann/Hütten*, AG 2017, 449, 456f.; *Kocher/Mattig*, BB 2018, 1667, 1671; *Kotzenberg/Lorenz*, NJW 2433, 2435; im Ergebnis auch *Schaub*, DStR 2018, 871, 874.

822 Ebenfalls kritisch *Longrée/Pesch*, NZG 2017, 1081, 10887f., welche im Hinblick auf die Regierungsbegründung aus Vorsichtsgründen dazu rät, eine wechselseitige Zurechnung anzunehmen.

823 *Schaub*, DStR 2018, 871,874; *Kotzenberg/Lorenz*, NJW 2017, 2433, 2435; *Assmann/Hütten*, AG 2017, 449, 456 f.; *Rieg*, BB 2017, 2310, 2318; anderer Ansicht *Longrée/Pesch*, NZG 2017, 1081, 1087.

824 Vgl. Ziff. II. 1 BVA-FAQ Abrufbar unter https://www.bva.bund.de/SharedDocs/Downloads/DE/BVA/Zuwendungen/Transparenzregister_FAQ.pdf?__blob=publicationFile&v=12 (Stand: 3.08.2018)

B. Ad-hoc-Publizitätspflicht des Emittenten bei Veränderungen der Aktionärsstruktur im Stimmbindungspool

Im Rahmen der Ad-hoc-Publizität ist zu untersuchen, ob und zu welchem Zeitpunkt eine wesentliche Veränderung der Beteiligungsstruktur innerhalb eines Stimmbindungspools für den Emittenten eine Ad-hoc-Pflicht auslöst. Die Frage ist für das Problem des majorisierten Stimmbindungspools relevant, weil sie Aussage darüber trifft, ob und wie sich eine insiderrelevante Machtveränderung innerhalb eines Familienpools auf die Ebene der Familiengesellschaft und deren Tochtergesellschaften auswirkt.

Die Frage nach den Auswirkungen von insiderrelevanten Konsortialangelegenheiten auf den Emittenten insbesondere dann relevant, wenn einzelne Konsortialmitglieder und Gründungsmitglieder in den Organen des Familienunternehmens oder deren Tochtergesellschaften vertreten sind. Hier könnten die einzelnen Mitglieder verpflichtet sein, das im Konsortium erlangte Wissen aufgrund ihrer Stellung als Organmitglied des Emittenten zu verwenden bzw. weiterzugeben.

An Praxisrelevanz gewonnen hat diese Frage im Jahr 2017 beim Ausstieg von Ferdinand Piëch aus dem VW-Porsche-Konzern. Dieser hat im Frühjahr 2017 seine Beteiligungen an der Porsche SE an seinen Cousin Wolfgang Porsche und seinen Bruder Hans-Michel Piëch veräußert, welche mit anderen Familienmitgliedern seit Jahrzehnten durch einen Konsortialvertrag verbunden sind.[825] Am 17. März 2017 veröffentlichte die Porsche SE die Ad-hoc-Meldung über eine mögliche Veränderung in der Aktionärsstruktur. In der Meldung hieß es wörtlich: *„Die Porsche Automobil Holding SE wurde davon unterrichtet, dass die Familien Porsche und Piëch*

---

825 Vgl. zum Sachverhalt bereits Einführung A. Problemdarstellung und Ziele; vgl. auch BaFin, Befreiungsbescheid vom 2. Februar 2016, abrufbar unter https://www.bafin.de/SharedDocs/Downloads/DE/Befreiungsentscheidung/porsche_ua.pdf?__blob=publicationFile&v=1 (Stand: 03.08.2018). Sämtliche stimmberechtigten Stammaktien der Porsche SE wurden unmittelbar von fünf Gründungsmitgliedern über ihre Gesellschaften gehalten und sind durch einen Konsortialvertrag gebunden. Anhand des Konsortialvertrags stimmten sich die fünf Gesellschaften bei der Ausübung ihrer Stimmrechte aus den Stammaktien der Porsche SE im Rahmen von Konsortialversammlungen ab.

Verhandlungen führen, ob die im Einfluss von Prof. Dr. Ferdinand K. Piëch stehenden Stiftungen den wesentlichen Anteil ihrer mittelbar gehaltenen Stammaktien der Porsche Automobil Holding SE an weitere Mitglieder der Familien Porsche und Piëch übertragen. Ob es zu den vorgenannten Veränderungen der Aktionärsstruktur der Porsche Automobil Holding SE kommt, ist aktuell nicht abzusehen.“[826]

Durch Ad-hoc-Meldung vom 3. April 2017 wurden die Veräußerung und damit die insiderrelevante Veränderung der Aktionärsstruktur bestätigt.[827]

Der vorgenannte Fall verdeutlicht die Praxisrelevanz von Veränderungen in der Struktur des Stimmrechtspools für den Emittenten. Die Veränderungen beziehen sich dabei zweifelsfrei nicht ausschließlich auf Aktionäre, die durch einen Pool verbunden sind. Vielmehr handelt es sich um eine allgemeine Frage, wann eine in der Person des Aktionärs begründete insiderrelevante Tatsache den Emittenten *unmittelbar* betrifft, so dass er zur unverzüglichen Ad-hoc-Meldung verpflichtet ist.

I. Änderungen durch die Marktmissbrauchsverordnung (MAR)

Die Ad-hoc-Publizität ist in ihrer aktuellen Fassung in Art. 17 MAR geregelt. Mit Inkrafttreten der Marktmissbrauchsverordnung[828] am 3. Juli 2016 wurden die bisher in § 15 WpHG a. F. zu findenden Regelungen zur Ad-hoc-Publizität durch Art. 17 MAR abgelöst.[829] Art. 17 Abs. 1 MAR bestimmt die Pflicht eines Emittenten, eine Insiderinformation unverzüglich zu veröffentlichen, sofern diese Insiderinformation diesen unmittelbar betrifft.

826 Ad-hoc Meldung der Porsche SE v. 17. März 2017, abrufbar unter https://www.porsche-se.com/mitteilungen/ad-hoc/details/?newsID=1610609&cHash=d0cf14bc5eaeffe15aa7132dff839713 (Stand: 03.08.2018).

827 Ad-hoc Meldung der Porsche SE v. 3. April 2017, abrufbar unter https://www.porsche-se.com/mitteilungen/ad-hoc/details/?newsID=1614889&cHash=148e5a8654399622b2aaeae580637d03 (Stand: 03.08.2018).

828 VO (EU) Nr. 596/2014 des Europäischen Parlaments und des Rates vom 16.4.2014 über Marktmissbrauch (Marktmissbrauchsverordnung) und zur Aufhebung der RL 2003/6/EG des Europäischen Parlaments und des Rates und der Richtlinien 2003/124/EG, 2003/125/EG und 2004/72/EG der Kommission, ABl. EU 2014 Nr. L 173 vom 12.6.2014, S. 1.

829 Zur Reichweite der Ad-hoc-Publizität nach Art. 17 MAR und § 15 WpHG aF vgl. *Scholz*, NZG 2016, 1286, 1286 f.

In welchen Fällen eine Information die Qualität einer Insiderinformation aufweist, bestimmt Art. 7 MAR. Die bis zum 2. Juli 2016 in § 13 WpHG a. F. enthaltene Definition der Insiderinformation findet sich nun unmittelbar in Art. 7 MAR. Eine wesentliche Rechtsänderung ist mit der Einführung der europäischen Legaldefinition der Insiderinformation nicht verbunden,[830] so dass die Auslegungsgrundsätze im Wesentlichen auch für das künftige Regelungsregime Geltung entfachen.[831] Im Übrigen können aber die bisherigen Überlegungen zur Ad-hoc-Publizität nach § 15 WpHG a. F., der bereits auf europäischen Vorgaben beruhte, herangezogen werden.[832]

II. Anteilsverschiebung als Ad-hoc-pflichtige Insiderinformation

1. *Kursrelevante Insiderinformation*

Voraussetzung für die Pflicht zur Veröffentlichung einer Ad-hoc-Meldung ist das Vorliegen einer kursrelevanten Insiderinformation. Die Insiderinformation bildet das zentrale Tatbestandsmerkmal des Insiderrechts.[833] Definiert ist der Begriff der Insiderinformation in Art. 7 MAR. Danach ist eine Insiderinformation eine nicht öffentlich bekannte präzise Information, die direkt oder indirekt einen oder mehrere Emittenten Finanzinstrumente betrifft. Ferner muss sie bei öffentlichem Bekanntwerden geeignet sein, den Kurs des Finanzinstrumentes oder den damit verbundenen derivativen Finanzinstrumenten erheblich zu beeinflussen. Die öffentliche Bekanntgabe von Insiderinformationen ist von großer Bedeutung für den Kapitalmarkt, da so Insidergeschäfte und eine Irreführung der Anleger

---

830 *Hilgendorf/Kusche*, in: Park, Kapitalmarktstrafrecht, Art. 7 MAR Rn. 8; *Mennicke/Jakovou*, in: Fuchs, WpHG, § 13 Rn. 18 b; *Franke/Grenzebach*, in: Hauschka/Moosmayer/Lösler, § 17 Rn. 48; *von der Linden,* DStR 2016, 1036, 1037; *Poelzig,* NZG 2016, 528, 531.

831 *Hilgendorf/Kusche*, in: Park, Kapitalmarktstrafrecht, Art. 7 MAR Rn. 8; *Mennicke/Jakovou*, in: Fuchs, WpHG, § 13 Rn. 18 c; *Veil,* ZBB 2014, 85, 90; *von der Linden*, DStR 2016, 1036, 1037.

832 *Schimansky/Bunte/Lwowski,* in: BankR-HdB, 19. Kapitel. Rn. 134; *Buck-Heeb*, Kapitalmarktrecht, Rn. 379.

833 Vgl. zur Entwicklung des Insiderrechts durch die Marktmissbrauchsverordnung *von der Linden*, DStR 2016, 1036, 1037 f.

verhindert werden.[834] Aus diesem Grund sind Emittenten nach Art. 17 Abs. 1 Unterabs. 1 MAR verpflichtet, Insiderinformation so bald wie möglich in einem geordneten Verfahren zu veröffentlichen.

Die Frage, ob eine wesentliche Anteilsverschiebung als kursrelevante Insiderinformation zu qualifizieren ist, lässt sich pauschal nicht beantworten. Vielmehr spielen eine Reihe von Parameter eine Rolle, welche insbesondere die Börsennotierung des Emittenten selbst, die Stellung des Veräußernden und erwerbenden Aktionärs sowie das Ausmaß der Anteilsverschiebung für den Kapitalmarkt betreffen. Betracht man die Situation der Majorisierung innerhalb eines Stimmbindungspools, so wird man jedenfalls dann von einer Kursrelevanz ausgehen können, wenn durch die Anteilsverschiebung Gründungsmitglieder aus dem Pool ausscheiden oder solche durch Erwerb eine Mehrheit erlangen.[835] Diese verfügen regelmäßig über einen hohen Identifikationscharakter und können für die Investitions- oder Desinvestitionsentscheidungen der Aktionäre maßgebliche Bedeutung einnehmen.

Im Ergebnis lässt sich somit festhalten, dass die Beantwortung der Frage nach der Kurserheblichkeit einer Anteilsverschiebung vom Einzelfall abhängt. Eine Kursrelevanz wird man jedoch jedenfalls dann annehmen müssen, wenn Schlüsselaktionäre bzw. Gründungsaktionäre aus dem Familienpool ausscheiden oder dort eine herausragende Einflussposition erhalten.

2. *Unmittelbare Betroffenheit des Emittenten*

Von der Literatur diskutiert wird die Frage, ob Veränderungen der Beteiligungsstruktur den Emittenten unmittelbar im Sinne des Art. 17 Abs. 1 MAR treffen. Diese Frage ist für einen majorisierten Stimmbindungspool relevant, weil sie Aussage darüber trifft, ob und wann der Emittent eine

---

834 Erwägungsgrund 49 der Verordnung (EU) Nr. 596/2014 des Europäischen Parlaments und des Rates v. 16.4.2014 über Marktmissbrauch (Marktmissbrauchsverordnung) und zur Aufhebung der Richtlinie 2003/6/EG des Europäischen Parlaments und des Rates und der Richtlinien 2003/124/EG, 2003/125/EG und 2004/72/EG der Kommission, ABl. 2014 L 173, 1, v. 12.6.2014.

835 Vgl. *BaFin*, Emittentenleitfaden, 2013, S. 52 f. („überraschende Veränderungen in Schlüsselpositionen des Unternehmens (z.B. Vorstandsvorsitzender, Aufsichtsratsvorsitzender, überraschender Ausstieg des Unternehmens*gründers*)“).

Ad-hoc-Meldung über die wesentliche Veränderung in den Machtverhältnissen des Pools veröffentlichen muss. Man könnte hier die Auffassung vertreten, dass es sich bei poolinternen Anteilsverschiebungen allein um poolinterne, aktienbezogene Veränderungen handelt, die keinerlei Auswirkungen auf den Emittenten selbst haben.

Nach der herrschenden Auffassung in der Literatur[836] kann eine Veränderung in der Aktionärsstruktur den Emittenten jedoch grundsätzlich unmittelbar betreffen. Welche Qualität eine solche Veränderung haben muss, wird in der Literatur kontrovers diskutiert. Teilweise wird eine unmittelbare Betroffenheit bei signifikanten „Machtverschiebungen oder Umgruppierungen im Aktionärskreis" angenommen.[837] Nach *Klöhn* ist der Emittent unmittelbar betroffen, wenn die Anteilsverschiebung „unmittelbare Fundamentalrelevanz" hat. Dies sei beim Ein- bzw. Ausstieg eines Ankeraktionärs der Fall.[838] Nach anderer Ansicht sind Veränderungen in der Beteiligungsstruktur nach dem Sinn und Zweck nur dann für den Emittenten relevant, wenn die Gesellschaft Kenntnis hat, dass diese von strategischer Natur sind und „in ihrer Wirkung der in der Regierungsbegründung[839] genannten Übermittlung eines Übernahmeangebots nach §§ 29 ff. WpÜG vergleichbar sein" könnten.[840]

836 Herrschende Meinung; *Langenbucher*, Aktien- und Kapitalmarktrecht, § 17 Rn. 23; *Frowein*, in: Habersack/Mülbert/Schlitt, Kapitalmarktinformation, § 10 Rn. 29; *Klöhn*, in: KölnerKomm/WpHG, § 15 Rn. 140; *Kuthe*, ZIP 2004, 883, 885; *Zimmer/Kruse*, in: Schwark/Zimmer, KMRK, § 15 Rn. 42; *Brandi/Süßmann*, AG 2004, 642, 657; *Pfüller*, in: Fuchs, WpHG, § 15 Rn. 166 ff.; *BaFin*, Emittentenleitfaden 2013, IV.2.2.2, S. 51 f. Weitergehend *Assmann*, in: Assman/Schneider, WpHG, § 15 Rn. 70; *Holzborn/Israel*, WM 2004, 1948, 1952; *Bürgers*, BKR 2004, 424, 426; *Simon*, Der Konzern 2005, 13, 16, welche schon bei *jeder* Veränderung in der Aktionärsstruktur einen unmittelbaren Emittentenbezug bejahen. Zur Begrenzung der Ad-hoc-Pflicht soll einzig Kriterium der Kurserheblichkeit dienen; vgl. auch *Gehrt*, Die neue Ad-hoc-Publizität, 1997, S. 140.

837 Vgl. so jedenfalls *Langenbucher*, Aktien- und Kapitalmarktrecht, § 17 Rn. 23.

838 *Klöhn*, in: KölnerKomm/WpHG, § 15 Rn. 140.

839 RegE., BT-Drucks. 14/3174, S. 35.

840 *Frowein*, in: Habersack/Mülbert/Schlitt, Kapitalmarktinformation, § 10 Rn. 29.

Nach *Brandi* und *Süßmann* besteht die Ad-hoc-Meldepflicht nur für derartige Umstände, die einen direkten und damit „unmittelbaren“ Einfluss auf die zukünftige Vermögens- oder Finanzlage oder den zukünftigen Geschäftsverlauf bzw. die zukünftige Geschäftspolitik des Emittenten haben werden.[841] Ein solche läge jedenfalls bei einem bevorstehenden Kontrollwechsel oder einem mit dem Kontrollwechsel vergleichbaren Anteilserwerb vor.[842] Teilweise wird vertreten, dass ein Emittentenbezug jedenfalls dann vorliege, wenn mit der Veränderung strategischer Ziele verfolgt werden, welche Einfluss aus das Management des Unternehmens und folglich langfristig auf die Entwicklung des Emittenten haben.[843] *Zimmer* und *Kruse* bejahen den Emittentenbezug nur dann, wenn die Unternehmensverwaltung Entscheidungen mit Bezug zu der Veränderung der Aktionärsstruktur treffen muss.[844]

Für den majorisierten Stimmbindungspool ist nach dem vorstehend Gesagten bei börsennotierten Unternehmen wohl ein Emittentenbezug annehmen. Durch die Majorisierung verändert sich nicht nur die Aktionärsstruktur im Pool, sondern auch die Einfluss- und Kontrollverhältnisse in Bezug auf den Emittenten. Das Tatbestandsmerkmal des unmittelbaren Emittentenbezugs will gerade solche Strukturveränderungen im Aktionärskreis erfassen, welche unmittelbar Auswirkungen auf die Geschäfts- und Finanzpolitik des Emittenten haben. Dies wird bei einer einseitigen Herrschaftsmacht auf der Seite des Mehrheitskonsorten zu bejahen sein. Geht man ferner – entsprechend der hier vertretenen Auffassung – davon aus, dass die Majorisierung übernahmerechtlich einen Kontrollwechsel von gemeinsam herrschendem Konsortium zu alleinherrschenden Mehrheitskonsorten zur Folge hat, so wird man nach den oben vertretenen Auffassungen auch insoweit einen unmittelbaren Emittentenbezug annehmen müssen.

---

841 *Brandi/Süßmann*, AG 2004, 642, 657.

842 *Brandi/Süßmann,* AG 2004, 642, 657; kritisch dazu *Assmann*, in: Assman/Schneider, WpHG, § 15 Rn. 70.

843 *Pfüller,* in: Fuchs, WpHG, § 15 Rn. 166 ff.; ähnlich *BaFin*, Emittentenleitfaden 2013, IV.2.2.2, S. 51 f.

844 *Zimmer/Kruse*, in: Schwark/Zimmer, KMRK, § 15 Rn. 42.

III. Maßgeblicher Zeitpunkt für die Ad-hoc-Pflicht

Maßgeblich für die Entstehung der Ad-hoc-Publizität ist – jedenfalls im vorliegenden Fall von meldepflichtigen Veränderungen des Stimmrechtsanteils – im Grundsatz der Zeitpunkt, in dem der Emittent über die Mitteilungspflichten nach §§ 33 ff. WpHG Kenntnis von der Veräußerung der Anteile erlangt hat.[845] Sofern der Emittent seiner Veröffentlichungs- und Mitteilungspflicht nach § 40 WpHG schnellstmöglich nachkommt, kann ohne Verstoß gegen Art. 17 MAR der mögliche Insidercharakter der Information beseitigt werden.[846] Etwas Anderes dürfte aber für den Fall gelten, dass der Vorstand des Emittenten (bereits vor Zugang der Mitteilungen nach den §§ 33 ff. WpHG) Kenntnis von der Anteilsverschiebung erlangt.

Im Fall der Majorisierung wäre somit bspw. nach Beendigung eines Familientreffens bzw. der Konsortialversammlung zu prüfen, ob sich der Wille der Beteiligten derart manifestiert hat, das mit überwiegender Wahrscheinlichkeit davon ausgegangen werden kann, dass das Vorhaben auch tatsächlich durchgeführt wird.

IV. Zwischenergebnis

Im Ergebnis wird man bei börsennotierten Familiengesellschaften die eintretende Majorisierung als insiderrelevante Tatsache einordnen müssen, die den Emittenten unmittelbar betrifft. Ob die bevorstehende oder beschlossene Machtverschiebung innerhalb eines Pools als Insiderinformation zu qualifizieren ist, hängt jedoch letztlich von der Relevanz der Machtverschiebung für den Kapitalmarkt und damit von der Kurserheblichkeit ab. Steigen Unternehmensgründer wie im Fall Porsche aus dem Unternehmen aus und veräußern ihre Anteile an andere Familienangehörige, so stellt dies eine Tatsache dar, die unmittelbar Auswirkungen auf den Kapitalmarkt hat und zu einer Ad-hoc-Publizitätspflicht führt. Zeitlich verlagert sich Ad-hoc-Publizitätspflicht im Fall einer Anteilsverschiebung bzw. beim Hinzuerwerb

---

845 *Pfüller*, in: Fuchs, WpHG, § 15 Rn. 227; *Assmann*, in: Assman/Schneider, WpHG, § 15 Rn. 93 ff.

846 vgl. *Zimmer/Kruse*, in: Schwark/Zimmer, WpHG, § 15 Rn. 15.

im Stimmbindungspool nach vorne. Um die Informationen über die Anteilsverschiebung bzw. den Hinzuerwerb nicht zu einem für den Emittenten ungünstigen Zeitpunkt veröffentlichen zu müssen, kann es empfehlenswert sein, von der Möglichkeit der – notfalls vorsorglichen – Selbstbefreiung nach Art. 17 Abs. 4 MAR Gebrauch zu machen.

Kapitel 6: Zusammenfassung der wesentlichen Ergebnisse

Die in dieser Untersuchung erarbeiteten Ergebnisse lassen sich wie folgt zusammenfassen:

1. Stimmbindungsverträge gehören heute in familiengeführten börsennotierten Gesellschaften zum festen Bestandteil der Unternehmensstruktur. Die Motivation der Familienmitglieder zur Gründung eines Stimmbindungspools kennzeichnet den Gesellschaftszweck, welcher in der dauerhaften Einflusssicherung der Familie auf das Familienunternehmen besteht. Die Einflussnahme soll gesichert werden, weil die Öffnung des Gesellschafterkreises für außenstehende Kapitelanleger die Gefahr einer Fremdsteuerung der Familiengesellschaft mit sich bringt. Der Familienpool unterscheidet sich von den sonst vielfältig in Erscheinung tretenden Stimmbindungsvereinbarungen durch seinen besonderen Schutzzweck und hat durch den Begriff der sog. Schutzgemeinschaft eine eigenständige Begriffsbestimmung erfahren.
2. Die wesentlichen Charakteristika von Stimmbindungsverträgen gelten nach herrschender Meinung als geklärt. So besteht heute über die grundsätzliche Zulässigkeit von Stimmbindungsvereinbarungen Einigkeit. Auch verstoßen Stimmbindungsverträge nicht gegen gesetzliche Vorschriften des Aktiengesetzes sowie nicht gegen das Abspaltungsverbot. Die rechtliche Anerkennung von Stimmbindungsvereinbarungen hat der Gesetzgeber durch Einführungen zahlreicher Vorschriften in den neuen Rechtssetzungen des Kapitalmarkt- und Kartellrechts zum Ausdruck gebracht. Im Ergebnis unterliegen Stimmbindungsverträge damit den allgemeinen Grenzen vertraglicher Gestaltung.
3. Eine Majorisierung kennzeichnet die Situation, in der innerhalb eines Stimmbindungspools ein Mitglied aufgrund einer poolinternen Anteilsverschiebung oder eines Erwerbs weiterer Aktien die Stimmenmehrheit im Konsortium erlangt. Dies hat zur Folge, dass das majorisierende Mitglied die übrigen Poolmitglieder bei der Beschlussfassung in der Konsortialversammlung regelmäßig überstimmen und Entscheidungen in der Familiengesellschaft in eigenem Interesse durchsetzen kann. Ein

Sonderfall der Majorisierung stellt die Situation der Unterwanderung dar, welche sich durch eine gezielte Mehrheitserlangung zur Durchsetzung von dem Familienwillen widersprechenden, wirtschaftlichen Eigeninteressen des Mehrheitskonsorten in der Familiengesellschaft kennzeichnet.

4. Das Problem des majorisierten Stimmbindungspools demonstriert das Spannungsfeld zwischen Personen- und Kapitalgesellschaftsrecht aufgrund einer von der Satzung abweichender Gesellschaftervereinbarung. Die durch die Majorisierung hervorgerufenen Konflikte berühren die Vorschriften über die BGB-Gesellschaft, das Konzernrecht sowie die kapitalmarktrechtlichen Schutzvorschriften.
5. Im Hinblick auf die *vertraglichen* Auswirkungen einer Majorisierung ist festzustellen, dass die Stimmenmehrheit eines Konsorten ein zur außerordentlichen Kündigung berechtigender wichtiger Grund nach § 723 Abs. 1 S. 2 BGB darstellt. Die Mitglieder des Stimmbindungspools können sich somit wegen der durch die Mehrheitsbildung unzumutbaren Situation im Pool von der vertraglichen Bindung ihrer Stimmrechte lösen. Jedoch laufen sie gleichzeitig Gefahr aufgrund der im Vertrag enthaltenen Vorkaufs- und Andienungsrechte ihre Anteile an der Familiengesellschaft zu verlieren.
6. Ob die Majorisierung zu einer Unmöglichkeit der Erreichung des Gesellschaftszwecks und damit zur automatischen Beendigung des Pools nach § 726 Alt. 2 BGB führt, hängt im Einzelfall von der konkreten Bestimmung des Gesellschaftszwecks ab, sowie von der rechtlichen Ausgestaltung des Stimmbindungsvertrages. Ein generelles Eingreifen des § 726 Alt. 2 BGB im Falle einer Majorisierung ist abzulehnen. Ein weiter Anwendungsbereich von § 726 Alt. 2 BGB würde bei Stimmbindungsverträgen letztlich zu enormer Rechtsunsicherheit führen, weil die Feststellung der Unmöglichkeit der Zweckerreichung in der Praxis mit erheblichen Beweisproblemen verbunden ist und damit zu einer Ungewissheit über das Fortbestehen der vertraglichen Stimmrechtsbindung führt.
7. Rechtsschutz der von der Majorisierung betroffenen Mitglieder kann über § 737 BGB ersucht werden, wonach die Möglichkeit besteht, im Falle einer unfreiwilligen Majorisierung den Mehrheitskonsorten durch Gesellschafterbeschluss aus dem Pool auszuschließen und ggf.

seine Anteile zu erwerben. Diese Rechtsschutzmöglichkeit führt zu einer interessengerechten Lösung, weil sie die Entscheidungsautonomie in die Hände der Poolmitglieder legt, so dass es keines Rückgriffs auf § 726 Alt. 2 BGB bedarf. Um den Familienpool seinem Sinn und Zweck entsprechend abzusichern, ist es geboten, durch kautelarjuristische Ausgestaltung des Schutzgemeinschaftsvertrags eine umfassende Regelung für den Fall einer Majorisierung zu treffen, um dieser Situation *ex ante* vorzubeugen. Eine solche Vertragsklausel könnte regeln, dass neuer Aktienbesitz von den Mitgliedern der Schutzgemeinschaft in gleichen Teilen zu erwerben ist.

8. Im Rahmen der *konzernrechtlichen* Behandlung eines majorisierten Stimmbindungspools bilden die Vorschriften zum Unternehmensbegriff und Abhängigkeitstatbestand die rechtliche Grundlage der Untersuchung. Ein Stimmrechtskonsortium in der häufig gewählten Rechtsform einer Innengesellschaft bürgerlichen Rechts besitzt mangels Rechtsfähigkeit keine Unternehmenseigenschaft. Zu einem anderen Ergebnis kommt man auch dann nicht, wenn das Konsortium von einem Poolmitglied beherrscht wird. Die Gesellschafter des Konsortiums können jedoch als Unternehmen im konzernrechtlichen Sinne qualifiziert werden, wenn diese im Einzelnen einer anderweitig wirtschaftlichen Interessenbindung außerhalb der Familiengesellschaft unterliegen. Besitzt allein ein Gesellschafter die Unternehmenseigenschaft, so ist diese nicht auf die anderen Mitglieder im Wege der Zurechnung zu übertragen. Eine Zurechnung der anderweitig unternehmerischen Interessen scheidet auch im Fall des majorisierten Stimmbindungspools aus. Eine anderweitig wirtschaftliche Interessenbindung muss somit im Ergebnis für jeden Gesellschafter gesondert vorliegen. Ob ein Unternehmensgesellschafter als herrschendes Unternehmen einen Abhängigkeitstatbestand zur Familiengesellschaft begründet, ist auf zweiter Stufe im Rahmen des § 17 AktG zu prüfen.
9. Im klassischen Stimmbindungspool, in welchem kein Unternehmenskonsorte eine alleinige Beherrschungsmöglichkeit besitzt, begründet jedes Mitglied – gleich welcher Beteiligungshöhe – einen Abhängigkeitstatbestand zur beherrschten Gesellschaft und ist somit als herrschendes Unternehmen zu qualifizieren. Wird der Stimmbindungspool von einem Poolmitglied beherrscht, so ist eine Ausnahme vom Grundsatz

der gemeinsamen Beherrschung zu machen. Herrschendes Unternehmen im Sinne des § 17 Abs. 1 AktG ist somit einzig das dominierende Mitglied, wenn dieses neben seiner anderweitigen Interessenbindung einen unmittelbar beherrschenden Einfluss auf das Stimmrechtskonsortium ausüben kann und damit mittelbar herrschenden Einfluss auf die Gesellschaft ausübt. Zwar liegt aus Sicht der abhängigen Gesellschaft trotz einer strukturellen Dominanz im Pool eine gemeinsame Stimmrechtsausübung des Pools durch vorher festgelegte Mehrheitsentscheidung vor. Dies führt jedoch nicht dazu, dass die konzernrechtlichen Rechtsfolgen auch solche Gesellschafter treffen, denen keinerlei Entscheidungspotential bei der Ausübung von beherrschendem Einfluss zukommt. Eine Ausnahme vom Grundsatz der gemeinsamen Beherrschung entspricht dem Sinn und Zweck der konzernrechtlichen Vorschriften, faktische Einflussnahme vom Schutz- und Ausgleichssystem des Konzernrechts zu erfassen.

10. Eine Abhängigkeit nach der Abhängigkeitsvermutung des § 17 Abs. 2 AktG kommt in Betracht, wenn ein Mitglied unmittelbar eine Mehrheitsbeteiligung im Sinne des § 16 Abs. 1 AktG an der Familiengesellschaft hält. Andernfalls scheidet eine Abhängigkeit nach § 17 Abs. 2 AktG aus, da die Stimmrechte den Poolmitgliedern nicht nach § 16 Abs. 4 AktG zugerechnet werden. Eine Zurechnung nach § 16 Abs. 4 AktG scheidet sowohl unter direkter als auch analoger Anwendung aus, da Stimmbindungsverträge nicht unter die in § 16 Abs. 4 AktG genannten Fälle zu subsumieren sind. Auch ist die Situation im majorisierten Stimmbindungspool nicht mit den Interessenlagen der in § 16 Abs. 4 AktG ausdrücklich geregelten Fälle vergleichbar.
11. Die konzernrechtlichen Rechtsfolgen treffen sowohl das herrschende Unternehmen selbst, als auch die beherrschte Gesellschaft. Die Majorisierung hat zur Folge, dass der herrschende Konsorte allein für solche nachteiligen Maßnahmen haftet, die rein formal auf Mehrheitsbeschluss des Pools beruhen, faktisch jedoch von ihm alleine getroffen werden. Der Fall des majorisierten Pools weist rechnungslegungsrechtlich grundsätzlich keine Besonderheiten auf, da der beherrschende Einfluss nach § 290 HGB rein formal an die unmittelbar gehaltene Mehrheitsbeteiligung anknüpft. Die Verpflichtung zur Aufstellung eines Konzernabschlusses nach internationalem Rechnungslegungsstandard

entsprechend IFRS 10 besteht bei Stimmbindungspools in der Regel nicht, weil es sich bei den am Pool beteiligten Mitgliedern nicht um kapitalmarktorientierte Unternehmen im Sinne des § 264 d HGB handelt.

12. *Kapitalmarkrechtlich* hat die Situation der Majorisierung insbesondere Auswirkungen auf die Auslegung der Zurechnungsvorschrift des sog. *Acting in Concert*. Während im Übernahmerecht der Kontrollbegriff rein formal zu verstehen ist, werden Beherrschungssituationen im Konzernrecht oder Kartellrecht anhand materieller Kriterien bewertet. Dieses unterschiedliche Begriffsverständnis von übernahmerechtlicher Kontrolle und konzernrechtlicher Beherrschung spiegelt sich auch im differenzierenden Umgang mit dem Fall des majorisierten Stimmbindungspools wider.
13. Im Rahmen von Acting in Concert nach § 30 Abs. 2 S. 1 WpÜG und § 34 Abs. 2 S. 1 WpHG führt die wechselseitige Stimmrechtszurechnung im Fall der Majorisierung zu korrekturbedürftigen Ergebnissen. Aus diesem Grund überzeugt aus dogmatischer Sicht die Auffassung in der Literatur und wohl auch die Tendenz der Rechtsprechung, welche im Fall eines majorisierten Stimmbindungspool – entgegen dem Standpunkt der BaFin – eine teleologische Reduktion von § 30 Abs. 2 S. 1 WpÜG und § 34 Abs. 2 S. 1 WpHG befürworten. Diese hat zur Folge, dass als Ausnahme vom Grundsatz der wechselseitigen Zurechnung eine Stimmrechtszurechnung *einseitig* in Richtung des dominierenden Poolmitglieds stattfindet. *De lege lata* führt die fehlende Berücksichtigung von Beherrschungssituationen im Rahmen von Acting in Concert zu Rechtsunsicherheit. Der Fall der Mehrheitsbildung im Pool demonstriert dabei das Auseinanderfallen von formalen und materiellen Herrschaftselementen und verdeutlicht, dass dem rein formalen Verständnis des kapitalmarktrechtlichen Kontrollbegriffs durch die Majorisierung beim Acting in Concert Grenzen aufgezeigt werden.
14. Die einseitige Stimmrechtszurechnung im Pool hat zur Folge, dass übernahmerechtlich ein Wechsel von gemeinsamer Kontrolle zu alleiniger Kontrolle stattfindet. Dieser stellt nach dem Wortlaut, der Systematik sowie nach dem rein formalen Kontrollbegriff keine *erneute* Kontroll*erlangung* nach § 35 Abs. 2 WpÜG dar und begründet somit grundsätzlich keine Angebotspflicht des Mehrheitskonsorten. Ein

Rechtsvergleich zeigt, dass anders als in ausländischen Vorschriften der deutsche Gesetzgeber – bewusst – von einer ausdrücklichen Regelung abgesehen hat. Zwar sprechen Schutzzweckargumente für eine (erneute) Kontrollerlangung, jedoch reichen diese nicht aus, eine solche *de lege lata* zu begründen.

15. Die einheitliche Auslegung der Zurechnungsvorschrift des § 34 Abs. 2 S. 1 WpHG und § 30 Abs. 2 S. 1 WpÜG führt dazu, dass die Stimmrechte der Poolmitglieder dem herrschenden Poolmitglied auch bei einer *wertpapierhandelsrechtlichen* Beurteilung einseitig zugerechnet werden. Die für § 30 Abs. 2 S. 1 WpÜG vertretenen Grundsätze sind somit *mutatis mutandis* auf § 34 Abs. 2 S. 1 WpHG zu übertragen. Durch den Sinn und Zweck sowie das Transparenzbedürfnis des Kapitalmarktrechts wird ein Gleichlauf der übernahmerechtlichen und wertpapierhandelsrechtlichen Zurechnungsregeln erreicht. Im Rahmen der Ad-hoc-Publizität wird eine Majorisierung innerhalb eines Stimmbindungspools relevant, wenn die Machtverschiebung eine kursrelevante Insiderinformation darstellt und diese den Emittenten unmittelbar betrifft. Das Tatbestandsmerkmal der Kursrelevanz wird man jedenfalls in solchen Fällen bejahen können, in denen Gründungsaktionäre oder bedeutende Großaktionäre aus dem Pool bzw. dem Unternehmen ausscheiden oder eine Mehrheit im Stimmbindungspool erlangen. Der Emittent ist durch ein solches Szenario unmittelbar betroffen, weil sich durch die Machtverschiebung die Kontroll- und Beherrschungsverhältnisse im Stimmbindungspool wesentlich verändern. Diese Veränderung begründet nach dem Sinn und Zweck der Ad-hoc-Publizitätsvorschriften ein frühzeitiges Informationsinteresse der Aktionäre, so dass es für den Emittenten empfehlenswert sein kann, von der Möglichkeit der – notfalls vorsorglichen – Selbstbefreiung nach Art. 17 Abs. 4 MAR Gebrauch zu machen.

Literaturverzeichnis

Angerer, Lutz/Geibel, Stephan/Süßmann, Rainer (Hrsg.), Wertpapiererwerbs- und Übernahmegesetz Kommentar, 3. Auflage, München 2017, zitiert: *Bearbeiter,* in: Angerer/Geibel/Süßmann, WpÜG.

Assmann, Heinz-Dieter/Hütten, Hilmar, Das elektronische Transparenzregister – Die Mitteilungs- und Angabepflichten, AG 2017, S. 449–464.

Assmann, Heinz-Dieter/Pötzsch, Torsten/Schneider, Uwe H. (Hrsg.), Wertpapiererwerbs- und Übernahmegesetz, Kommentar, 2. Auflage, Köln 2013, zitiert: *Bearbeiter*, in: Assmann/Pötzsch/Schneider, WpÜG.

Assmann, Heinz-Dieter/Schneider, Uwe H. (Hrsg.), Wertpapierhandelsgesetz, 6. Auflage, Köln 2012, zitiert: *Bearbeiter*, in: Assmann/Schneider, WpHG.

Baetge, Jörg/Hans-Jürgen Kirsch/Thiele, Stefan (Hrsg.), *Bilanzrecht,* Loseblattwerk, Stand Mai 2018, Bonn/Berlin, zitiert: *Bearbeiter*, in: Baetge/Kirsch/Tiehle, Bilanzrecht.

Bahntje, Udo, Gentlemen's Agreement und abgestimmtes Verhalten, Univ. Diss., Königstein 1982, zitiert: *Bahntje*, Gentlemen's Agreement, 1982.

Ballerstedt, Kurt, Der gemeinsame Zweck als Grundbegriff des Rechts der Personengesellschaften, Jus 1963, S. 253–263.

Bamberger, Heinz Georg/Roth, Herbert/Hau, Wolfgang/Poseck, Roman (Hrsg.), Beck'scher Online-Kommentar BGB, Edition 45, Stand: 01.03.2018, München 2018, zitiert: *Bearbeiter*, in: Bamberger/Roth/Hau/Poseck, BeckOK, BGB.

Barz, Carl Hans, Das 50:50-Gemeinschaftsunternehmen und das Konzernrecht, in: Festschrift für Heinz Kaufmann zum 65. Geburtstag, herausgegeben von Horst Bartholomeyczik, Kurt H. Biedenkopf, Helmuth von Hahn, Köln 1972, S. 59–72, zitiert: *Barz*, in: FS Kaufmann, 1972, S. 59.

Bauer, Patrick, Zur Abhängigkeit einer AG von einem Konsortium – Kommentar zu OLG Hamm, NZG 2001, und LG Mosbach NZG 2001, 763, NZG 2001, S. 742–745.

Bauer, Stephan/Garbe, Sebastian, Stimmenpools im Spannungsfeld von Erbschaftsteuerrecht und § 136 Abs. 2 AktG, ZEV 2014, S. 61–66.

Baumann, *Horst*/*Reiß*, *Wilhelm*, Satzungsergänzende Vereinbarungen – Nebenverträge im Gesellschaftsrecht, ZGR 1989, S. 157–215.

Baumann, *Horst*/*Reiß*, *Wilhelm*, Satzungsergänzende Vereinbarungen – Nebenverträge im Gesellschaftsrecht, ZGR 1989, S. 157–215.

Baumbach, *Adolf*/*Hopt*, *Klaus J.* (Hrsg.), Handelsgesetzbuch, Kommentar, 38. Auflage, München 2018, zitiert: *Bearbeiter*, in: Baumbach/Hopt, HGB.

Baumbach, *Adolf*/*Hueck*, *Alfred* (Hrsg.), Gesetz betreffend die Gesellschaft mit beschränkter Haftung, 21. Auflage, München 2017, zitiert: *Bearbeiter*, in: Baumbach/Hueck, GmbHG.

Baums, *Theodor*/*Thoma*, *Georg F.* (Hrsg.), Kommentar zum Wertpapiererwerbs- und Übernahmegesetz, 7. Lieferung, Köln 2012, zitiert: *Bearbeiter,* in: Baums/Thoma, WpÜG.

Bayer, *Walter*, Der an der Tochter beteiligte Mehrheitsgesellschafter der Mutter: herrschendes Unternehmen?, ZGR 2002, S. 933–954.

Bayer, *Walter*, Herrschaftsveränderungen im Vertragskonzern, ZGR 1992, S. 599–613.

Bechthold, Rainer (Begr.) /*Bosch*, *Wolfgang*, Gesetz gegen Wettbewerbsbeschränkungen, 8. Auflage, München 2015, zitiert: *Bearbeiter,* in: Bechthold/Bosch, GWB.

Berger, *Christian*, Nebenverträge im GmbH-Recht, Univ. Diss., Münster 1995, zitiert: *Berger,* Nebenverträge, 1995.

Binz, *Mark*/*Mayer*, *Gerd*, Anteilsvinkulierung bei Familienunternehmen, NZG 2012, S. 201–212.

Borges, *Georg*, Acting in Concert: Vom Schreckengespenst zur praxistauglichen Zurechnungsnorm, ZIP 2007, S. 357–365.

Böttcher, *Conrad*/*Beinert*, *Jörg*/*Hennerkes*, *Brun-Hagen*, Möglichkeiten zur Aufrechterhaltung des Familiencharakters einer Aktiengesellschaft, DB 1971, S. 1998–2002.

Böttcher, *Lars*/*Liekefett*, *Kai Haakon*, Mitbestimmung bei Gemeinschaftsunternehmen mit mehr als zwei Muttergesellschaften – Eine kautelarjuristische Betrachtung, NZG 2003, S. 701–708.

Braun, *Hendrik*, Das einflusslose Mitglied im Stimmrechtspool – Bieter im Sinne des § 35 Abs. 2 WpÜG?, NZG 2008, S. 928–933.

Braun, *Hendrik*, Die Befreiung vom Pflichtangebot nach WpÜG, Univ. Diss., Baden-Baden 2008, zitiert: *Braun*, Die Befreiung vom Pflichtangebot, 2008.

Brellochs, *Michael*, Konzernrechtliche Beherrschung und übernahmerechtliche Kontrolle, NZG 2012, S. 1010–1019.

Buck-Heeb, *Petra*, Kapitalmarktrecht, 9. Auflage, Köln 2017, zitiert: *Bueck-Heeb,* Kaitalmarktrecht.

Burgard, *Ulrich*, Die Berechnung des Stimmrechtsanteils nach §§ 21–23 Wertpapierhandelsgesetz, BB 1995, S. 2069–2078.

Bürgers, *Tobias*, Das Anlegerschutzverbesserungsgesetz, BKR 2004, S. 424–432.

Bürgers, *Tobias/Körber*, *Torsten* (Hrsg.), Heidelberger Kommentar zum Aktiengesetz, 3. Auflage, Heidelberg 2014, zitiert: *Bearbeiter*, in: Bürgers/Körber, AktG.

Butzke, *Volker*, Die Hauptversammlung der Aktiengesellschaft, 5. Auflage, Stuttgart 2011, zitiert: *Butzke*, Die Hauptversammlung.

Casper, *Matthias*, Acting in Concert – Grundlagen eines neuen kapitalmarktrechtlichen Zurechnungstatbestandes, ZIP 2003, S. 1469–1477.

Casper, *Matthias*, Acting in Concert: Reformbedürftigkeit eines neuen kapitalmarktrechtlichen Zurechnungstatbestandes?, in: Rüdiger Veil, *Henrik Drinkuth*, (Hrsg.), Reformbedarf im Übernahmerecht, Band I/2, München 2005, S. 45–58, zitiert: *Casper*, in: Veil/Drinkuth, Reformbedarf im Übernahmerecht.

Coenen, *Peter*, Die konzernrechtliche Relevanz von Stimmbindungsvereinbarungen, Univ. Diss., Frankfurt am Main 2014, zitiert: *Coenen*, Konzernrechtliche Relevanz von Stimmbindungsvereinbarungen, 2014.

Dauner-Lieb, *Barbara/Langen*, *Werner* (Hrsg.), BGB Schuldrecht, Band 2/2: §§ 611–853, 2. Auflage, Köln 2012, zitiert: *Bearbeiter*, in: Dauner-Lieb/Langen, BGB Schuldrecht.

Diekmann, *Hans*, Acting in Concert, Absprachen zur Besetzung des Aufsichtsrats – Besprechung des Urteils vom 18.9.2006, DStR 2007, S. 445–448.

Diekmann, *Hans*, Gesellschaftsrecht in der Diskussion, Band 10, Köln 2005, zitiert: *Diekmann*, in: Gesellschaftsrecht in der Diskussion.

Diekmann, Hans/Merkner, Andreas, Erhöhte Transparenzanforderungen im Aktien- und Kapitalmarktrecht – ein Überblick über den Regierungsentwurf zum Risikobegrenzungsgesetz, NZG 2007, S. 921–926.

Dieter Mayer, Grenzen der Aktionärsvereinbarungen, MittBayNot 2006, S. 281–292.

Dittert, Christian, Satzungsbegleitende Aktionärsvereinbarungen, Univ. Diss., Köln 2009, zitiert: *Dittert,* Aktionärsvereinbarungen, 2009.

Drasdo, Michael, Die Stimmrechtsmajorisierung im Wohnungseigentum, NJW – Spezial 2013, S. 225–226.

Dreher, Meinrad, Treuepflichten zwischen Aktionären und Verhaltenspflichten bei der Stimmrechtsbündelung, ZHR 157 (1993) S. 150–171.

Drinkuth, Henrik, Gegen den Gleichlauf des Acting in concert nach § 22 WpHG und § 30 WpÜG, ZIP 2008, S. 676–679.

Düchting, Holger, Acting in Concert, Univ. Diss., Frankfurt am Main 2009, zitiert: *Düchting*, Acting in Concert, 2009.

Dürr, Martin, Nebenabreden im Gesellschaftsrecht: außersatzungsmäßige Bindung von Gesellschaftern und die Willensbildung in der GmbH, Univ. Diss., Frankfurt am Main 1994, zitiert: *Dürr*, Nebenabreden im Gesellschaftsrecht, 1994.

Dutta, Anatol, Das Pooling von Kapitalgesellschaftsanteilen im inhabergeführten Unternehmen, ZGR 2016, S. 581–608.

Ebenroth, Carsten Thomas/Boujong, Karlheinz/Joost, Detlev (Hrsg.), Handelsgesetzbuch, 3. Auflage, München 2015, zitiert: *Bearbeiter*, in: Ebenroth/Boujong/Joost/Strohn, HGB.

Eggers, Frank, Das Pflichtangebot im Spannungsfeld zwischen Kapitalmarkt- und Konzernrecht, Univ. Diss., Frankfurt am Main 2006, zitiert: *Eggers*, Das Pflichtangebot, 2006.

Ehricke, Ulrich/Ekkenga, Jens/Oechsler, Jürgen (Hrsg.), Wertpapiererwerbs- und Übernahmegesetz, Kommentar, München 2003, zitiert: *Bearbeiter*, in: Ehricke/Ekkenga/Oechsler, WpÜG.

Eidmüller, Horst, Regulierung von Finanzinvestoren, DStR 2007, S. 2116–2121.

Ekkenga, Jens/Hofschroer, Josef, Das Wertpapiererwerbs- und Übernahmegesetz (Teil II), DStR 2002, S. 768–777.

Ellrott, Helmut/Fröschle, Gerhard/Grottel, Bernd/Kozikowski, Michael/ Schmidt, Stefan/Winkeljohann, Norbert (Hrsg.), Beck'scher Bilanz-Kommentar, 11. Auflage, München 2018, zitiert: *Bearbeiter*, in: Beck'scher Bilanz-Kommentar.

Emmerich, Volker/Habersack, Mathias (Hrsg.), Aktien- und GmbH-Konzernrecht, Kommentar, 8. Auflage, München 2016, zitiert: *Bearbeiter*, in: Emmerich/Habersack, Aktien- und GmbH-KonzernR.

Engert, Andreas, Hedgefonds als aktivistische Aktionäre, ZIP 2006, S. 2105–2113.

Faden, Christoph, Das Pflichtangebot nach dem Wertpapier- und Übernahegesetz (WpÜG), Univ. Diss., Göttingen 2008, zitiert: *Faden*, Das Pflichtangebot nach dem WpÜG, 2008.

Falkenhagen, Klaus, Aktuelle Fragen zu den neuen Mitteilungs- und Veröffentlichungspflichten nach Abschnitt 4 und 7 des Wertpapierhandelsgesetzes, WM 1995, S. 1005–1009.

Fischer, Robert, Zulässigkeit und Wirkung von Abstimmungsvereinbarungen, GmbHR 1953, S. 65–70.

Fleck, Hans-Joachim, Stimmrechtsabspaltung in der GmbH, in: Festschrift für Robert Fischer zum 70. Geburtstag, herausgegeben von Marcus Lutter, Walter Stimpel, Herbert Westermann, Berlin 1979, S. 107–129, zitiert: *Fleck*, in: FS Fischer, 1979, S. 107.

Fleischer, Holger, Finanzinvestoren im ordnungsobligatorischen Gesamtgefüge von Aktien- Bankaufsichts- und Kapitalmarktrecht, ZGR 2008, S. 185–224.

Fleischer, Holger, Schnittmengen des WpÜG mit benachbarten Rechtsmaterien – eine Problemskizze, NZG 2002, S. 545–551.

Fleischer, Holger/Bedkowski, Dorothea, Stimmrechtszurechnung zum Treuhänder gemäß § 22 I 1 Nr. 2 WpHG: Ein zivilgerichtlicher Fehlgriff und seine kapitalmarktrechtlichen Folgen, DStR 2010, S. 933–938.

Fleischer, Holger/Goette, Wulf (Hrsg.), Münchener Kommentar zum GmbH-Gesetz, Band 2, §§ 35–52, 2. Auflage, München 2016, zitiert: *Bearbeiter*, in: MünchKomm/GmbHG.

Flume, Werner, Allgemeiner Teil des Bürgerlichen Rechts, Erster Band, Zweiter Teil: Die juristische Person, Berlin 1983, zitiert: *Flume*, BGB AT I/2.

Franck, *Jens-Uwe*, Die Stimmrechtszurechnung nach § 22 WpHG und § 30 WpÜG, BKR 2002, S. 709–716.

Fuchs, *Andreas* (Hrsg.), Wertpapierhandelsgesetz Kommentar, 2. Auflage, München 2016, zitiert: *Bearbeiter*, in: Fuchs, WpHG.

Gaede, *Bettina*, Koordiniertes Aktionärsverhalten im Gesellschafts- und Kapitalmarktrecht, Univ. Diss., Köln 2008, zitiert: *Gaede*, Koordiniertes Aktionärsverhalten, 2008.

Gansweid, *Wolfgang*, Gemeinsame Tochtergesellschaften im deutschen Konzern- und Wettbewerbsrecht, Univ. Diss., Köln 1976, zitiert: *Gansweid*, Gemeinsame Tochtergesellschaften, 1976.

Gehrt, *John Alexander*, Die neue Ad-hoc-Publizität nach § 15 Wertpapierhandelsgesetz, Univ. Diss., Baden-Baden 1997, zitiert: *Gehrt*, Die neue Ad-hoc-Publizität, 1997.

Geng, *Norbert*, Erneute Ausgleichs- und Abfindungsansprüche beim Beitritt zu einem Beherrschungsvertrag, NZG 1998, S. 715–717.

Gersch, *Hartmut*, Die Grenzen zeitlicher Beschränkungen des ordentlichen Kündigungsrechts bei Personengesellschaften, BB 1977, S. 871–875.

Gessler, *Ernst*, Das „Unternehmen" im Aktiengesetz, in: Festschrift für Alexander Knur, herausgeben von Werner Flume und Richard Hamm, München 1972, S. 145–164, zitiert: *Gessler*, in: FS Knur, 1972, S. 145.

Goette, *Wulf*/*Habersack*, *Mathias* (Hrsg.), Münchener Kommentar zum Aktiengesetz,

Band 1, 4. Auflage, München 2016,

Band 3, 4. Auflage, München 2018,

Band 6, 4. Auflage, München 2017,

zitiert: *Bearbeiter*, in: MünchKomm/AktG.

Grigoleit, *Hans Christoph* (Hrsg.), Aktiengesetz, 2. Auflage, München 2019, zitiert: *Bearbeiter*, in: Grigoleit, AktG.

Großfeld, *Bernhard*/*Gersch*, *Hans-Georg*, Zeitliche Grenzen von privaten Schuldverträgen, JZ 1988, S. 937–946.

Grottel, *Bernd*/*Schmidt*, *Stefan*/*Schubert*, *Wolfgang J.*/*Winkeljohann*, *Norbert* (Hrsg.), Beck'scher Bilanz-Kommentar, 11. Auflage, München 2018, zitiert: *Bearbeiter*, in: Beck'scher Bilanz-Kommentar.

Grunewald, *Barbara*, Gesellschaftsrecht, 10. Auflage, Tübingen 2017, zitiert: *Grunewald*, Gesellschaftsrecht.

Gummert, *Hans*/*Weipert*, *Lutz* (Hrsg.), Münchener Handbuch des Gesellschaftsrecht, Band 1, 4. Auflage, München 2014, zitiert: *Bearbeiter*, in: MünchHdb. GesR I.

Haarmann, *Wilhelm*/*Schüppen*, *Matthias* (Hrsg.), Frankfurther Kommentar zum Wertpapiererwerbs- und Übernahmegesetz, 3. Auflage, Frankfurt am Main 2008, zitiert: *Bearbeiter*, in: Haarmann/Schüppen, Frankfurter Kommentar WpÜG.

Habersack, *Mathias*, Die Mitgliedschaft – subjektives und „sonstiges" Recht, Habilitation, Tübingen 1996, zitiert: *Habersack*, Die Mitgliedschaft – subjektives und „sonstiges" Recht.

Habersack, *Mathias*, Grenzen der Mehrheitsherrschaft in Stimmrechtskonsortien, ZHR 164 (2000) S. 1–22.

Habersack, *Mathias*, Reformbedarf im Übernahmerecht, ZHR 2002, S. 619–624.

Habersack, *Mathias*/ *Mülbert*, *Peter O.*/ *Schlitt*, *Michael* (Hrsg.), Kapitalmarktinformation, 2. Auflage, München 2013, zitiert: *Bearbeiter*, in: Habersack/Mülbert/Schlitt.

Haesen, *Wilfried*, Der Abhängigkeitsbericht im faktischen Konzern, Univ. Diss., Köln 1970, zitiert: *Haesen*, Abhängigkeitsbericht, 1970.

Hammen, *Horst*, Analogieverbot beim Acting in Concert, Der Konzern, 2009 S. 18–23.

Happ, *Wilhelm* (Hrsg.), Konzern- und Umwandlungsrecht, Köln 2011, zitiert: *Bearbeiter*, in: Happ, Konzern-und Umwandlungsrecht.

Harbarth, *Stephan*, Kontrollerlangung und Pflichtangebot, ZIP 2002, S. 321–332.

Häublein, *Martin*/*Hoffmann-Theinert*, *Roland* (Hrsg.), Beck'scher Online-Kommentar HGB, 20. Edition Stand: 15.04.2018, zitiert: B*earbeiter,* in: BeckOK, HGB.

Hauschka, *Christoph*/*Moosmayer*, *Klaus*/*Lösler*, *Thomas* (Hrsg.), Corporate-Compliance, 3. Auflage, München 2016, zitiert: *Bearbeiter*, in: Hauschka/Mossmayer/Lösler.

Heidinger, *Andreas*/*Leible*, *Stefan*/*Schmidt*, *Jessica* (Hrsg.), Michalski, Kommentar zum Gesetz betreffend die Gesellschaften mit beschränkter Haftung (GmbH-Gesetz), Band 2, 3. Auflage, München 2017, zitiert: *Bearbeiter*, in: Michaelski, GmbHG.

Hennrichs, Joachim/Kleindiek Detlef, Watrin, Christoph (Hrsg.), Münchener Kommentar zum Bilanzrecht, Band 2 §§ 238–342e HGB, 1. Auflage, München 2013, zitiert: *Bearbeiter*, in: MünchKomm/Bil.

Henssler, Martin/Strohn, Lutz (Hrsg.), Gesellschaftsrecht, 2. Auflage, München 2014, zitiert: *Bearbeiter*, in: Henssler/Strohn.

Herriger, Tillmann, Stimmrechtsbindung im GmbH-Recht, MittRhNotK 1993, S. 269–283.

Hirte, Heribert/ Mülbert, Peter O./ Roth, Markus (Hrsg.), Großkommentar Aktiengesetz, Erster Band, 5. Auflage, Berlin/ Boston 2015, zitiert: *Bearbeiter,* in: Großkomm/AktG.

Hirte, Heribert/Möllers, Thomas M. J./Eufinger, Thomas (Hrsg.), Kölner Kommentar zum WpHG, 2. Auflage, Köln 2014, zitiert: *Bearbeiter*, in: KölnerKomm/WpHG.

Hirte, Heribert/von Bülow, Christoph (Hrsg.), Kölner Kommentar zum WpÜG, 2. Auflage, Köln 2010, zitiert: *Bearbeiter*, in: KölnerKomm/WpÜG.

Hoffmann-Becking, Michael (Hrsg.), Münchener Handbuch des Gesellschaftsrechts, Band 4, 4. Auflage, München 2015, zitiert: *Bearbeiter*, in: MünchHdb. GesR IV.

Hoffmann-Becking, Michael, Der Einfluß schuldrechtlicher Gesellschaftsvereinbarungen auf die Rechtsbeziehungen in der Kapitalgesellschaft, ZGR 1994, S. 442–464.

Hoffmann-Becking, Michael/Rawert, Peter (Hrsg.), Beck'sches Formularbuch Bürgerliches, Handels- und Wirtschaftsrecht, 12. Auflage, München 2016, zitiert: *Bearbeiter*, in: Hoffmann-Becking/Rawert, Beck'sches Formularbuch.

Hölters, Wolfgang (Hrsg.), Aktiengesetz, Kommentar, 2. Auflage, München 2014, zitiert: *Bearbeiter*, in: Hölters, AktG.

Hopt, Klaus J./ Wiedemann, Herbert (Hrsg.), Aktiengesetz, Großkommentar, Vierter Band, 4. Auflage, Berlin/Bosten 2006, zitiert: *Bearbeiter*, in: GroßKomm/AktG.

Hopt, Klaus, Familien- und Aktienpools unter dem Wertpapierhandelsgesetz, ZGR 1997, S. 1–31.

Hopt, Klaus/Mülbert, Peter O./Kumpan, Christoph, Reformbedarf im Übernahmerecht, AG 2005, S. 109–119.

Hopt, Klaus J., Familien- und Aktienpools unter dem Wertpapierhandelsgesetz, ZGR 1997, S. 1–31.

Hopt, Klaus J., Grundsatz- und Praxisprobleme nach dem Wertpapiererwerbs- und Übernahmegesetz, ZHR 166 (2002), S. 383,–432.

Hueck, Alfred, Stimmbindungsverträge bei Personengesellschaften, in: Festschrift für Hans Carl Nipperdey zum 70. Geburtstag, herausgegeben von Rolf Dietz, München 1965, S. 401–426, zitiert: *Hueck*, in: FS Nipperdey, 1965, S. 401.

Hueck, Alfred, Zur Problematik langfristiger Gesellschaftsverträge, in: Festschrift für Karl Larenz zum 70. Geburtstag, herausgegeben von Gotthard Paulus, München 1973, S. 741–748, zitiert; *Hueck*, in: FS Larenz, 1973, S. 741.

Hüffer, Uwe (Begr.)/*Koch, Jens* (Hrsg.), Aktiengesetz, Kommentar, 12. Auflage, München 2016, zitiert: *Koch*, in: Hüffer/Koch, AktG.

Immenga, Ulrich/Mestmäcker, Ernst-Joachim (Hrsg.), Wettbewerbsrecht, Kommentar zum deutschen Kartellrecht, Band 2, 5. Auflage, München 2014, zitiert: *Bearbeiter,* in: Immenga/Mestmäcker, GWB.

Jäger, Regina, Rechtsprobleme bei der Meldung des Anteilsbesitzes gem. § 21 bzw. § 41 WpHG, insbesondere bei Familienaktiengesellschaften, WM 1996, S. 1356–1359.

Janberg, Hans/Schlaus, Wilhelm, Abstimmungsverträge nach neuem Aktienrecht unter Berücksichtigung des Rechts der verbundenen Unternehmen, AG 1967, S. 33–39.

Joussen, Edgar, Gesellschafterabsprachen neben Satzung und Gesellschaftervertrag, Univ. Diss., Köln 1994, zitiert: *Joussen,* Gesellschafterabsprachen, 1994.

Joussen, Edgar, Gesellschaftskonsortien im Konzernrecht, AG 1998, S. 329–332.

Joussen, Edgar, Die konzernrechtlichen Folgen von Gesellschaftervereinbarungen in einer Familien-GmbH, GmbHR 1996, S. 574–579.

Kleindiek, Detlef, Funktion und Geltungsanspruch des Pflichtangebots nach dem WpÜG, ZGR 2002, S. 546–578.

Kleinherne, Heribert J., Erscheinungsformen und Gestaltungsmöglichkeiten personenbezogener Aktiengesellschaften, Univ. Diss., Berlin 1990, zitiert: *Kleinherne,* Erscheinungsformen und Gestaltungsmöglichkeiten, 1990.

Klinkhammer, *Heinz*, Mitbestimmung im Gemeinschaftsunternehmen, Univ. Diss., Berlin 1977, zitiert: *Klinkhammer*, Mitbestimmung, 1977.

Klosterkemper, *Bernd*, Abhängigkeit von einer Innengesellschaft, Univ. Diss., Frankfurt am Main 2003, zitiert: *Klosterkemper*, Abhängigkeit von einer Innengesellschaft, 2003.

Klute, *Thorsten*, Änderungen des Kapitalmarkts durch das Anlegerschutzverbesserungsgesetz, ZIP 2004, S. 883–888.

Koch, *Jens*, Gesellschaftsrecht, 10. Auflage 2017, zitiert: *Koch*, Gesellschaftsrecht.

Kocher, *Dirk*/*Mattig*, *Daniel*, Zurechnung beim Acting in Concert nur auf kontrollierende Poolmitglieder? – Ein Problem im Kapitalmarktrecht und beim Transparenzregister, BB 2018, S. 1667–1672.

König, *Wolfgang*, Zur Willensbildung im Stimmpool, ZGR 2005, S. 417–436.

Koppensteiner, *Hans-Georg*, Unternehmergemeinschaften im Konzerngesellschaftsrecht, ZHR 131 (1968), S. 289–329.

Koppensteiner, *Hans-Georg*, Zur konzernrechtlichen Behandlung von BGB-Gesellschaften und Gesellschaftern, in: Festschrift für Peter Ulmer zum 70. Geburtstag, herausgegeben von Matthias Habersack, Peter Hommelhoff, Uwe Hüffer, Karsten Schmidt, Berlin 2003, S. 349–363, zitiert: *Koppensteiner*, in: FS Ulmer, 2003, S. 349.

Kort, *Michael*, Der "private" Großaktionär als Unternehmen?, DB 1986, S. 1909–1914.

Kotzenberg, *Jochen*/*Lorenz*, *Karsten*, Das Transparenzregister kommt – Ein dringliches Thema vor allem für Familienunternehmen, NJW 2017, S. 2433–2438.

Krämer. *Lutz*/*Heinrich*, *Tobias A.*, Emittentenleitfaden "reloaded", ZIP 2009, S. 1737–1747.

Krause, *Hartmut*, Das deutsche Übernahmegesetz vor dem Hintergrund der EU-Richtlinie, ZGR 2002, S. 500–519.

Krause, *Hartmut*, Das neue Übernahmerecht, NJW 2002, S. 705–716.

Krieger, *Gerd*, Mehrheitsbeschlüsse im Aktionärspool, in: Festschrift für Peter Hommelhoff zum 70. Geburtstag, herausgegeben von Bernd Erle, Wulf Goette, Gerd Krieger, Hans-Joachim Priester, Christian Schubel,

Martin Schwab, Christoph Teichmann, Carl-Heinz Witt, Köln 2012, S. 593–611, zitiert: *Krieger*, in: FS Hommelhoff, 2012, S. 593.

Langenbucher, *Katja*, Aktien- und Kapitalmarktrecht, 3. Auflage, München 2015, zitiert: *Langenbucher*, Aktien- und Kapitalmarktrecht.

Lenz, *Jürgen/Linke*, *Ulf*, Die Handhabung des WpÜG in der aufsichtsrechtlichen Praxis, AG 2002, S. 361–369.

Liebscher, *Thomas*, Das Übernahmeverfahren nach dem neuen Übernahmegesetz, ZIP 2001, S. 853–869.

Liebscher, *Thomas*, Die Zurechnungstatbestände des WpHG und WpÜG, ZIP 2002, S. 1005–1017.

Löhdefink, *Andreas*, Acting in Concert und Kontrolle im Übernahmerecht, Univ. Diss., Köln 2007, zitiert: *Löhdefink*, Acting in Concert und Kontrolle, 2007.

Longrée, *Sebastian/Pesch*, *Katja*, Das neue Transparenzregister in der Praxis, NZG 2017, S. 1081–1090.

Lorz, *Rainer/Pfisterer*, *Benedikt/Gerber*, *Olaf* (Hrsg.), Beck'sches Formularbuch GmbH-Recht, 1. Auflage, München 2010, zitiert: *Bearbeiter*, in: Lorz/Pfisterer/Gerber, Beck'sches Formularbuch GmbH-Recht.

Lübbert, *Hartmut*, Abstimmungsvereinbarungen in den Aktien- und GmbH-Rechten der EWG-Staaten, der Schweiz und Großbritanniens, Univ. Diss., Baden-Baden 1971, zitiert: *Lübbert*, Abstimmungsvereinbarungen, 1971.

Lutter, *Marcus*, Zur Herrschaft mehrerer Unternehmen über eine Aktiengesellschaft, NJW 1973, S. 113–118.

Marchand, *Gerhard*, Abhängigkeit und Konzernzugehörigkeit von Gemeinschaftsunternehmen, Univ. Diss., Berlin 1985, zitiert: *Marchand*, Abhängigkeit von Gemeinschaftsunternehmen, 1985.

Markwardt, *Karsten*, Diskussionsbericht zu den Referaten "Acting in Concert" von Casper und Pentz, ZIP 2003, S. 1492–1494.

Marsch-Barner, *Reinhard*, Treuepflichten zwischen Aktionären und Verhaltenspflichten bei der Stimmrechtsbündelung, ZHR 157 (1993) S. 172–195.

Maul, *Silja*, Aktienrechtliches Konzernrecht und Gemeinschaftsunternehmen (GU), NZG 2000, S. 470–473.

Maunz, Theodor/Dürig, Günter (Begr.)/*Herzog, Roman/Herdegen, Matthias/Scholz, Rupert/Klein, Hans H.* (Hrsg.), Grundgesetz Kommentar, Band IV, München 2017, zitiert: *Bearbeiter*, in: Maunz/Dürig/Herzog/Scholz, GG.

Mayer, Dieter, Grenzen von Aktionärsvereinbarungen, MittBayNot 2006, S. 281–292.

Mohamed, Jean, Aktien- und Aktienrepräsentanz im Zuge des Transparenzregisters (?), ZIP 2017, S. 2133–2142.

Mülbert, Peter O./Kiem, Robert/Wittig, Arne (Hrsg.), 10 Jahre WpÜG, 1. Auflage, Frankfurt am Main 2011, zitiert: *Bearbeiter, in:* Mülbert/Kiem/Wittig, *10* Jahre WpÜG, 2011.

Mülbert, Peter, „Altfälle" im Recht der Pflichtangebote, in: Festschrift für Thomas Raiser zum 70. Geburtstag, herausgegeben von Reinhard Darm, Peter W. Heerman, Rüdiger Veil, Berlin 2005, S. 254–291, zitiert: *Mülbert*, in: FS Raiser, 2005, S. 254.

Mülbert, Peter, Übernahmerecht zwischen Kapitalmarktrecht und Aktien(konzern)recht – die konzeptionelle Schwachstelle des RegE WpÜG, ZIP 2001, S. 1221–1229.

Müller, Cedric, Der Aktionärspool in der Familienaktiengesellschaft, Konzern- und aktienrechtliche Zurechnungsfragen, Univ. Diss., Frankfurt am Main 2011, zitiert: *Müller*, Der Aktionärspool in der Familienaktiengesellschaft, 2011.

Münch, Christoph (Hrsg.), Familienrecht in der Notar- und Gestaltungspraxis, 2. Auflage, München 2016, zitiert: *Bearbeiter*, in: Münch, Familienrecht.

Neumann, Uwe/Ogorek Markus, Reichweite und verfassungsrechtliche Grenzen der Veröffentlichungs- und Mitteilungspflichten des § 23 Abs. 2 S. 1 Alt. 1 WpÜG bei fehlendem Kontrollerwerb, BB 2010, S. 1297–1301.

Nietsch, Michael, Kapitalmarktrechtliche Beteiligungstransparenz bei Treuhandverhältnissen, WM 2012, S. 2217–2260.

Noack, Ulrich, Gesellschaftervereinbarungen bei Kapitalgesellschaften, Habilitation, Tübingen 1994, zitiert: *Noack*, Gesellschaftervereinbarungen, 1994.

Nordmeyer, Andreas, Der Unternehmensbegriff im Konzernrecht, Univ. Diss., Köln 1970, zitiert: *Nordmeyer*, Unternehmensbegriff, 1970.

Nottmeier, Horst/Schäfer, Holger, Praktische Fragen im Zusammenhang mit §§ 21, 22 WpHG, AG 1997, S. 87–96.

Odersky, Walter, Stimmbindungen im Pool und "Unterpool", in: Festschrift für Marcus Lutter zum 70. Geburtstag, herausgegeben von Uwe H Schneider, Peter Hommelhoff, Karsten Schmidt, Köln 2000, S. 557–570, zitiert: *Odersky*, FS Lutter 2000, S. 557.

Oechsler, Jürgen, Der ReE zum Wertpapiererwerbs- und Übernahmegesetz – Regelungsbedarf auf der Zielgeraden!, NZG 2001, S. 817–826.

Oetker, Hartmut, Das Dauerschuldverhältnis und seine Beendigung, Habilitation, Tübingen 1994, zitiert: *Oetker,* Das Dauerschuldverhältnis und seine Beendigung, 1994.

Overrath, Hans-Peter, Die Stimmrechtsbindung, Univ. Diss., Köln 1973, zitiert: *Overrath,* Stimmrechtsbindung, 1972.

Palandt, Otto (Begr.), Bürgerliches Gesetzbuch, Kommentar, 78. Auflage, München 2018, zitiert: *Bearbeiter,* in: Palandt, BGB.

Park, Tido (Hrsg.), Kapitalmarktstrafrecht, 4. Auflage, Baden-Baden 2017, zitiert: *Bearbeiter,* in: Park, Kapitalmarktstrafrecht.

Paschos, Nikolaos/Fleischer, Holger (Hrsg.), Handbuch Übernahmerecht zum WpÜG, 1. Auflage, München 2017, zitiert: *Bearbeiter*, in: Paschos/Fleischer, Übernahmerecht.

Pentz, Andreas, Acting in Concert – Ausgewählte Einzelprobleme zur Zurechnung und zu den Rechtsfolgen, ZIP 2003, S. 1478–1491.

Pentz, Andreas, Mitwirkungsrechte und Sicherung außenstehender Aktionäre im Falle der Änderung eines Unternehmensvertrags durch Beitritt eines weiteren Unternehmens, Festschrift für Bruno Kropff, herausgegeben von Karl H. Forster, Barbara Grunewald, Marcus Lutter, Johannes Semler, Düsseldorf 1997, S. 227–242, zitiert: *Pentz*, in: FS Kropff, 1997, S. 227.

Pittroff, Holger, Die Zurechnung von Stimmrechten gemäß § 30 WpÜG, Univ. Diss., Frankfurt am Main 2004, zitiert: *Pittroff*, Die Zurechnung von Stimmrechten gemäß § 30 WpÜG.

Pluskat, Sorika, Acting in Concert in der Fassung des Risikobeteiligungsgesetzes – jetzt alles anders?, DB 2009, S. 383–387.

Podewils, Felix, Mehrheitsklauseln in Stimmrechts-Poolgesellschaften: Maßgeblichkeit des Trennungsprinzips, BB 2009, S. 733–738.

Poelzig, Dörthe, Insider- und Marktmanipulationsverbot im neuen Marktmissbrauchsrecht, NZG 2016, S. 528–538.

Priester, *Hans-Joachim*, Der Stimmrechtspool, in: Festschrift für Dieter Reuter zum 70. Geburtstag, herausgegeben von Michael Martinek, Peter Rawert, Birgit Weitemeyer, Berlin 2010, S. 1139–1153, zitiert: *Priester*, in: FS Reuter, 2010, S. 1139.

Priester, *Hans-Joachim*, Drittbindung des Stimmrechts und Satzungsautonomie, in: Festschrift für Winfried Werner zum 70. Geburtstag, herausgegeben von Walther Hadding, Ulrich Immenga, Hans-Joachim Mertens, Klemens Pleyer, Uwe H. Schneider, Berlin 1984, S. 657–679, zitiert: *Priester*, in: FS Werner, 1984, S. 657.

Prinz, *Ulrich/Hoffmann*, *Wolf-Dieter* (Hrsg.), Beck'sches Handbuch der Personengesellschaften, 4. Auflage, München 2014, zitiert: *Bearbeiter*, in: Beck'sches Hdb. Personengesellschaften, Prinz/Hoffmann.

Rehbinder, *Eckhard*, Gesellschaftsrechtliche Probleme mehrstufiger Unternehmensverbindungen, ZGR 1977, S. 581–649.

Richardi, *Reinhard*, Konzernzugehörigkeit eines Gemeinschaftsunternehmens nach dem Mitbestimmungsgesetz, Univ. Diss., Heidelberg 1977, zitiert: Richardi, Konzernzugehörigkeit, 1977.

Richter, *Bernd*, Umgehung der Konzernvorschriften des Mitbestimmungsgesetzes 1976 durch Widerlegung der Abhängigkeitsvermutung und/oder Konzernvermutung?, AG 1982, 261–268.

Rieg, *Jürgen*, Prüfung- und Handlungsbedarf aufgrund der Einführung des Transparenzregisters, BB 2017, S. 2310–2320.

Rodemann, *Carsten*, Stimmbindungsvereinbarungen in den Aktien- und GmbH-Rechten Deutschlands, Englands, Frankreichs und Belgiens, Univ. Diss., Köln 1998, zitiert: *Rodemann*, Stimmbindungsvereinbarungen in den Aktien- und GmbH-Rechten, 1998.

Röhricht, *Volker*, Die Rechtsstellung der außenstehenden Aktionäre beim Beitritt zum Beherrschungsvertrag, ZHR 1998, S. 249–260.

Rowedder, Heinz (Begr.)/*Schmidt-Leithoff*, *Christian* (Hrsg.), Gesetz betreffend die Gesellschaften mit beschränkter Haftung (GmbHG), 6. Auflage, München 2017, zitiert: *Bearbeiter*, in: Rodwedder/Schmidt-Leithoff, GmbHG.

Rulf, *Philipp*, Die Zurechnungstatbestände des WpHG und WpÜG, Univ. Diss., Frankfurt am Main 2009, zitiert: *Rulf*, Die Zurechnungstatbestände, 2009.

Säcker, Franz Jürgen, „Mehrmütterklausel“ und Gemeinschaftsunternehmen – Zur Bedeutung der Brost & Funke-Entscheidung des BGH, NJW 1980, S. 801–806.

Säcker, Franz Jürgen/Rixecker, Rolan/Oetker, Hartmut/Limperg, Bettina (Hrsg.), Münchener Kommentar zum Bürgerlichen Gesetzbuch,
Band 2, 7. Auflage, München 2016,
Band 6, 7. Auflage, München 2017,
zitiert: *Bearbeiter*, in: MünchKomm/BGB.

Schäfer, Uwe/Hamann, Frank H. (Hrsg.), Kapitalmarktgesetze, 7. Aktualisierung, Stuttgart 2013, zitiert: *Bearbeiter,* in: Schäfer/Hamann, Kapitalmarktgesetze.

Schanz, Kay-Michael, Schaeffler/Continental: Umgehung von Meldepflichten bei öffentlichen Übernahmen durch Einsatz von derivativen Finanzinstrumenten, DB 2008, S. 1899–1905.

Schaub, Peter, Stimmbindungsvereinbarungen im neuen Transparenzregister, DStR 2018, S. 871–877.

Scheifele, Bernd, Der Ausschluß aus der Gesellschaft als ultima ratio?, BB 1989, S. 792–795.

Schimansky, Herbert/Bunte, Hermann-Josef/Lwowski, Hans-Jürgen (Hrsg.), Bankrechts-Handbuch, 5. Auflage, München 2017, zitiert: *Bearbeiter*, in: BankR-HdB.

Schmidt, Karsten, Gesellschaftsrecht, 4. Auflage, Köln 2002, zitiert: *K. Schmidt*, Gesellschaftsrecht.

Schmidt, Karsten, Schutzgemeinschaftsvertrag II: ein Gesellschaftsrechtliches Lehrstück über Stimmrechtskonsortien, ZIP 2009, S. 737–743.

Schmidt, Karsten/Lutter, Marcus (Hrsg.), Aktiengesetz, Kommentar, 3. Auflage, Köln 2015, zitiert: *Bearbeiter*, in: Schmidt/Lutter AktG.

Schneider, Stefan, Der Stimmbindungsvertrag, Univ. Diss., Tübingen 2017, *zitiert: Schneider,* Der Stimmbindungsvertrag, 2017.

Schneider, Sven H./Schneider Uwe H., Der Rechtsverlust gemäß § 28 WpHG bei Verletzung der kapitalmarktrechtlichen Meldepflichten – zugleich eine Untersuchung zu § 20 Abs. 7 AktG und § 59 WpÜG, ZIP 2006, S. 493–500.

Schneider, Uwe H., Acting in Concert – ein kapitalmarktrechtlicher Zurechnungstatbestand, WM 2006, S. 1321–1327.

Schneider, Uwe H., Anwendungsprobleme bei den kapitalmarktrechtlichen Vorschriften zur Offenlegung von wesentlichen Beteiligungen an börsennotierten Aktiengesellschaften (§§ 21 ff. WpHG), AG 1997, S. 81–87.

Schockenhoff, Martin/Schuhmann, Alexander, Acting in Concert – geklärte und ungeklärte Rechtsfragen, ZGR 2005, S. 568–610.

Scholz, Franz (Hrsg.), Kommentar zum GmbH-Gesetz, Band 2, 11. Auflage, Köln 2012, zitiert: *Bearbeiter*, in: Scholz, GmbHG.

Scholz, Philipp, Ad-hoc-Publizität und Freiverkehr, NZG 2016, S. 1286–1291.

Schröder, Jan, Stimmrechtskonsortien unter Aktionären: Gesellschafts- und erbrechtliche Probleme, ZGR 1978, S. 578–607.

Schrötter, Hans Jörg, Der Schutzgemeinschaftsvertrag, NJW 1979, S. 2592–2597.

Schulz, Peter/Lehmann, Daniel, Erbschaftsteuerliche Begünstigung von Stimmbindungsvereinbarungen, ZIP 2009, S. 2230–2236.

Schulze, Joachim, Einheitliche Leitung von Konzernunternehmen durch mehrere Obergesellschaften und ihre Bedeutung für die Konzernrechnungslegung nach dem Aktiengesetz, WPg 1968, S. 85–90.

Schulze, Reiner (Hrsg.), Bürgerliches Gesetzbuch, Handkommentar, 8. Auflage, Köln 2014, zitiert: *Bearbeiter*, in: Schulze, BGB.

Schüppen, Matthias/Schaub, Bernd (Hrsg.), Münchener Anwalts Handbuch Aktienrecht, 2. Auflage, München 2010, zitiert: *Bearbeiter*, in: Münchener AnwaltsHdb. AktienR.

Schürnbrand, Jan, Gestaltungsrechte als Verfügungsgegenstand, AcP 204, 2014, S. 178–207.

Schwark, Eberhard/Zimmer, Daniel (Hrsg.), Kapitalmarktrechts-Kommentar, 4. Auflage, München 2010, zitiert: *Bearbeiter*, in: Schwark/Zimmer, KMRK.

Seibt, Christoph H., Grenzen des übernahmerechtlichen Zurechnungstatbestandes in § 30 Abs. 2 WpÜG (Acting in Concert), ZIP 2004, S. 1829–1837.

Seibt, Christoph H., Stimmrechtszurechnung nach § 30 WpÜG zum Allein-Geschäftsführer einer GmbH?, ZIP 2005, S. 729–740.

Semler, *Johannes/Volhard*, *Rüdiger/Reichert*, *Jochem*, Arbeitshandbuch für die Hauptversammlung, 3. Auflage, München 2011, zitiert: *Semler/Volhard/Reichert*, in: HV-Hdb.

Simon, *Stefan*, Die neue Ad-hoc-Publizität, Der Konzern 2005, S. 13–22.

Soergel, *Theodor* (Hrsg.), Bürgerliches Gesetzbuch mit Einführungsgesetz und Nebengesetzen, Kommentar, 13. Auflage, Stuttgart 2011, zitiert: *Bearbeiter*, in: Soergel, BGB.

Spindler, *Gerald/Stilz*, *Eberhard* (Hrsg.), Kommentar zum Aktiengesetz, 3. Auflage, München 2015, zitiert: *Bearbeiter*, in: Spindler/Stilz, AktG.

Spindler, *Gerald*, Acting in Concert – Begrenzung von Risiken der Finanzinvestoren, WM 2007, S. 2356–2364.

Steinmeyer, *Roland/Häger*, *Michael* (Hrsg.), Wertpapiererwerbs- und Übernahmegesetz, Kommentar, 3. Auflage, Berlin 2013, zitiert: *Bearbeiter*, in: Steinmeyer, WpÜG.

Stürmer, *Rolf* (Hrsg.), Jauernig, BGB, 17. Auflage München 2018, zitiert: *Bearbeiter*, in: Jauernig, BGB.

Sudmeyer, *Jan*, Mitteilungs- und Veröffentlichungspflichten nach §§ 21, 22 WpHG, BB 2002, S. 685–692.

Süßmann, *Rainer*, Anwendungsprobleme des WpÜG, WM 2003, S. 1453–1464.

Theißen, *Rolf*, Die „verdrängende" Stimmrechtsausübung in der GmbH, DB 1993, S. 469–472.

Thoma, *Georg*, Das Wertpapiererwerbs- und Übernahmegesetz im Überblick, NZG 2002, S. 105–112.

Thoma, *Georg*, Der neue Übernahmekodex der Börsensachverständigenkommission, ZIP 1996, S. 1725–1739.

Ulmer, *Peter*, Die unterwanderte Schutzgemeinschaft, in: Festschrift für Peter Hommelhoff zum 70. Geburtstag, herausgegeben von Bernd Erle, Detlef Kleindiek, Gerd Krieger, Hans-Joachim Priester, Christian Schubel, Martin Schwab, Christoph Teichmann Carl-Heinz Witt, Wulf Goette, Köln 2012, S. 1249–1262, zitiert: *Ulmer*, in: FS Hommelhoff, 2012, S. 1249.

Ulmer, *Peter*, Die vertragliche Beschränkung des Austrittsrechts und der Abfindungsansprüche ausscheidenswilliger Gesellschafter in der großen, generationsübergreifenden Familien-KG, ZIP 2010, S. 805–816.

Ulmer, *Peter/Habersack*, *Mathias/Löbbe Marc* (Hrsg.), Gesetz betreffend die Gesellschaften mit beschränkter Haftung (GmbHG), Großkommentar, Band 2, §§ 29 bis 52, 2. Auflage, Tübingen 2014, zitiert: *Bearbeiter*, in: Ulmer/Habersack/Löbbe, GmbHG.

Ulmer, *Peter/Schäfer*, *Carsten* (Hrsg.), Gesellschaft bürgerlichen Rechts und Personengesellschaft, 7. Auflage, München 2017, zitiert: *Ulmer/Schäfer*, GbR/Personengesellschaft.

Ulmer, *Peter/Schäfer*, *Carsten*, Die rechtliche Beurteilung vertraglicher Abfindungsbeschränkungen bei nachträglich eintretendem groben Missverhältnis, ZGR 1995, S. 134–155.

Vedder, *Caroline*, Zum Begriff „für Rechnung" im AktG und im WpHG, Univ. Diss., Köln 1999, zitiert: *Vedder*, Zum Begriff „für Rechnung", 1999.

Veil, *Rüdiger* (Hrsg.), Übernahmerecht in Praxis und Wissenschaft, Köln 2009, zitiert: *Bearbeiter*, in: Veil, Übernahmerecht in Praxis und Wissenschaft.

Veil, *Rüdiger*, Europäisches Insiderrecht 2.0 – Konzeption und Grundsatzfragen der Reform durch MAR und CRIM-MAD, ZBB 2014, S. 85–93.

Veil, *Rüdiger*, Stimmrechtszurechnung aufgrund von Abstimmungsvereinbarungen gemäß § 20 Abs. 2 WpHG und § 30 Abs. 2 WpHG, in: Festschrift für Karsten Schmidt, herausgegeben von Georg Bitter, Marcus Lutter, Hans-Joachim Priester, Wolfgang Schön, Peter Ulmer, Köln 2009, S. 1645–1664, zitiert: *Veil*, in: FS K. Schmidt, 2009, S. 1645.

Verse, *Dirk A.*, Übergang von gemeinsamer zu alleiniger Kontrolle – ein Fall für das Pflichtangebot?, NZG 2009, S. 1331–1335.

von der Linden, *Klaus*, Das neue Marktmissbrauchsrecht im Überblick, DStR 2016, S. 1036–1041.

von Staudingers, *Julius* (Hrsg.), Kommentar zum Bürgerlichen Gesetzbuch, Buch 2, Recht der Schuldverhältnisse, §§ 705–740, Berlin 2013, zitiert: *Bearbeiter*, in: Staudinger, BGB.

Wackerbarth, *Ulrich*, Die Auslegung des § 30 Abs. 2 WpÜG und die Folgen des Risikobegrenzungsgesetzes, ZIP 2007, S. 2340–2348.

Wackerbarth, *Ulrich*, Die Zurechnung nach § 30 WpÜG zum Alleingesellschafter-Geschäftsführer einer GmbH, ZIP 2005, S. 1217–1221.

Wälzholz, Eckhard, Die Poolabrede im Sinne des § 13b Abs. 1 Nr. 3 Satz 2 und Abs. 2 Satz 2 Nr. 2 Satz 2 ErbStG in der notariellen Praxis, MittBayNot 2013, S. 281–288.

Weiß, Daniel, Der wertpapierhandelsrechtliche und übernahmerechtliche Zurechnungstatbestand des *acting in concert*, Univ. Diss., Frankfurt am Main 2006, zitiert: *Weiß*, Der Zurechnungstatbestand des acting in concert, 2006.

Wertenbruch, Johannes, Beschlussfassung und Pflichtverletzungen im Stimmrechtskonsortium, NZG 2009, S. 645–649.

Westermann, Harm Peter, Das Konsortium als Kampfinstrument in der GmbH, in: Festschrift für Gerold Bezzenberger zum 70. Geburtstag, herausgegeben von Harm Peter Westermann, Klaus Mock, Berlin 2000, S. 449–465, zitiert: *Westermann*, FS Bezzenberger, 2000, S. 449.

Westermann, Harm Peter, Kündigungsbeschränkungen durch Schutzgemeinschaftsvertrag, ZGR 1996, S. 272–285.

Westermann, Harm Peter/Grunewald, Barbara/Maier-Reimer, Georg (Hrsg.), Erman, Bürgerliches Gesetzbuch, Handkommentar, Band I, 14. Auflage, Köln 2014, zitiert: *Bearbeiter*, in: Erman, BGB.

Wiedemann, Herbert, Verbandssouveränität und Außeneinfluß, in: Festschrift für Wolfgang Schilling zum 65. Geburtstag, herausgegeben von Robert Fischer, Wolfgang Hefermehl, Berlin 1973, S. 105–124, zitiert: *Wiedemann*, FS Schilling, 1973, S. 105.

Winter, Martin, Mitgliedschaftliche Treubindungen im GmbH-Recht: rechtsformspezifische Aspekte eines allgemeinen gesellschaftsrechtlichen Prinzips, Univ. Diss., München 1988, zitiert: *Winter*, Mitgliedschaftliche Treubindung im GmbH-Recht, 1988.

Wirtz, Markus M., Der Stimmrechtspool als kartellrechtlicher Zusammenschlußtatbestand, AG 1999, S. 114–122.

Wolframm, Regina, Mitteilungspflichten familiär verbundener Aktionäre nach 20 Aktiengesetz, Univ. Diss., Berlin 1997, zitiert: *Wolframm,* Mitteilungspflichten, 1997.

Wunsch, Oliver, Börsennotierte Aktien als Gegenstand erbschaftsteuerrechtlich veranlasster Poolvereinbarungen, BB 2011, S. 2315–2319.

Zillmer, Inga, Transparenzregister: Das Steuergeheimnis bröckelt, DB 2017, S. 1931–1935.

Zinser, Alexander, Pflichtangebotsregelungen in europäischen Staaten, NZG 2000, S. 573–578.

Zöller, Wolfgang/Noack, Ulrich (Hrsg.), Kölner Kommentar zum Aktiengesetz,

Band 1, 3. Auflage, Köln 2012,

Band 2, 3. Auflage, Köln 2012,

Band 3, 3. Auflage, Köln 2016,

zitiert: Bearbeiter, in: KölnerKomm/AktG.

Zöllner, Wolfgang, Die Zulässigkeit von Mehrheitsregelungen in Konsortialverträgen, in: Festschrift für Peter Ulmer zum 70. Geburtstag, herausgegeben von Matthias Habersack, Peter Hommelhoff, Uwe Hüffer, Karsten Schmidt, Berlin 2003, S. 725–754, zitiert: *Zöllner*, in: FS Ulmer, 2003, S. 725.

Zöllner, Wolfgang, Zu Schranken und Wirkung von Stimmbindungsverträgen, insb. bei der GmbH, ZHR 155 (1991) S. 168–189.

Zutt, Jürg, Einstweiliger Rechtsschutz bei Stimmbindungen, ZHR 1991, S. 190–208.

Zutt, Jürg, Stimmbindungen gegenüber Dritten – Ergebnisse einer Umfrage, ZHR 1991, S. 213–215.

www.ingramcontent.com/pod-product-compliance
Ingram Content Group UK Ltd.
Pitfield, Milton Keynes, MK11 3LW, UK
UKHW020713041026
15590UKWH00002B/634

9 783631 791714